天
Borderless
下

天下，在乎正义和你

天
Borderless
下

Elite and Civilian

精英与平民

中国人的民主生活

刘哲昕 著

法律出版社 | LAW PRESS

作者简介

刘哲昕

男，1973年出生于福建，中国浦东干部学院教授、学术委员会委员、法律与人文综合教研部主任。2004年毕业于华东政法大学，获法学博士学位。长期致力于中国特色社会主义政治发展道路与国家治理体系现代化研究，著有《文明与法治：寻找一条通往未来的路》《精英与平民：中国人的民主生活》《生命与超越：一个命运共同体的理想》三部曲，以及《我们为什么自信》《家国情怀：中国人的信仰》《我们的社会主义》等理论著作。2010年，被中央组织部授予全国干部学院优秀教师荣誉称号。2017年，被中央宣传部授予全国基层理论宣讲先进个人荣誉称号。

序　言

历史正在西陵峡

这些年来，由于运用大尺度的历史方法研究中国未来的民主法治，因此常有人问我：中国究竟还需要多长时间，才能彻底完成转型，实现民主法治的梦想？面对这个问题，我常常一语带过，抑或一笑置之。没错，这些年来，当我将历史的“缺口”对准现实的“准星”之后，未来的“目标”的确已经在我的视野中日见清晰。然而，我终究只是一名射手，不是一名算命先生。在子弹出膛之前，我可以调匀自己的呼吸，宁静自己的内心，忘却外界的扰攘，锁定远方的目标，在一场孤独而漫长的等待中，静静计算，默默祈祷，然而一旦扣动扳机，子弹出膛，那么所有的精确计算与美好愿望都必须接受各种不测因素的干扰和挑战，结果如何的确殊难预料。在一场远距离的狙击中，从风力风向到温度湿度，从地心引力到光学偏折，每一种因素都有可能影响到射击的精度，乃至于决定狙击的成败，因此一名真正的射手从来都是怵惕谨慎，不敢轻言结果。

然而那扳机终究还是要扣动,那子弹终究还是会出膛。射手是球场上最果敢的前锋,也是战场上最勇敢的战士,盘带是为了射门,等待是为了狙杀,"中国究竟还需要多长时间,才能够彻底完成转型?"这个问题终究还是需要我们去面对,去回答。既然如此,那么今天我就借着唐德刚先生的"历史三峡"宏论,谈一点自己的看法吧。

唐德刚(1920~2009),美籍华人历史学家,中国近代人物口述史的主要推动者。1990年代,唐德刚先生提出了一个著名的历史观点——"历史三峡"说,在华人思想界引起了很大的反响。唐德刚先生认为,"自夏禹家天下以后有记录可征之国史,凡四千余年(公元前2200~公元2000年)。四千年中,如按我民族所特有之社会型态发展之程序而分析之,则四千年来我民族之社会政治型态之发展盖可综合之为三大阶段,亦即封建、帝制与民治是也。从封建转帝制,发生于商鞅与秦皇汉武之间,历时约三百年。从帝制转民治则发生于鸦片战争之后,吾侪及身而见之中国近现代史之阶段也。笔者鄙见认为此一转型至少亦非二百年以上难见肤功也。换言之,我民族于近代中国所受之苦难,至少需至下一世纪之中期,方可略见松动。此不学所谓两大转型也","两千多年前的中国政治社会制度的第一次大'转型'——从封建制'转'到郡县制。秦国实自公元前第四世纪中叶'商鞅变法'开始,一直到汉武帝与昭帝之间(公元前86年前后)才大致安定下来。前后'转'了二三百年之久。自此这一秦汉模式的中国政治、经济、文化制度,便一成不变地延续下来","可是这一秦汉模式延续到清朝末叶'鸦片战争'时期,就逐渐维持不下去了——在西方文明挑战之下,我们的传统制度被迫作有史以来'第二次政治社会制度大转型'。这第二次大转型是被迫的,也是死人如麻，极其痛苦的。这次惊涛骇浪的大转型，笔者试名之曰‘历史三峡’。我们要通过这个可怕的三峡，大致也要历时两百年。自1840年开始，我们能在2040年通过三峡，享受点风平浪静的清福，就算是很幸运的了。如果历史出了偏差，政治军事走火入魔，则这条‘历史三峡’还会无限期地延长下去。那我民族的苦日子就过不尽了。——不过不论时间长短，‘历史三峡’终必有通过之一日。这是个历史的必然。到那时‘晴川历历汉阳树，芳草萋萋鹦鹉洲’，我们在喝彩声中，就可以扬帆直下，随大江东去，进入海阔天空的太平之洋了。”[1]

“历史三峡”的观点主要记载于唐德刚先生的《晚清七十年》中，这本著作对于新中国的历史和人物常有犀利辛辣的点评，也不免有失于隔岸观火的武断。不过就“历史三峡”的观点而言，唐德刚先生的确展示出了非凡的历史大局观，而将中国历史上两次大转型称为两个“历史三峡”，也是再贴切不过的比喻了。长江之水，逶迤万里，泽被神州，的确堪当中国之象征；及水至巴蜀，山雄谷深，始有“长江三峡”之称谓。“长江三峡”，顾名思义，乃是由瞿塘峡、巫峡和西陵峡三大峡谷组成，西起奉节白帝城，东至宜昌南津关，全长193公里，两岸悬崖绝壁，江中滩峡相间，水流湍急难渡，堪称长江天险。唐德刚先生以三峡之险比喻中国大转型时的困难与惊险，可谓恰当；而以两次大转型将中国四千多年的历史分为“封建——帝制——民治”三个阶段，也可谓准确。

然而“历史三峡”的观点似乎也就止步于此了，唐先生鸟瞰历史的本领当然令人钦佩，不过如此的导航精度似乎不能让一个射手满

〔1〕［美］唐德刚：《晚清七十年》，台湾远流出版社1998年版，第8～9页。

意。地理上的“三峡”逶迤数百里,瞿塘雄奇,巫峡秀丽,西陵险要,真可谓是百转千回,各见奇美,“三峡”之谓,绝非笼统;既然如此,历史上的“三峡”同样持续数百年,其间跌宕摇摆,想必也是百转千回,各领风骚,又怎是一个“历史三峡”的笼统称谓就能全然揭示?唐德刚先生既然专工于中国近现代史,自然也是“历史三峡”中人,为何就不肯以如椽巨笔对其再作深描,而只肯以“三峡”为名笼而统之地称呼那历史的转型呢?笼统并不要紧,要紧的是评价。倘若我们不能对历史阶段进行精确的细分,又如何能够对历史人物进行精准的评价?倘若每个历史阶段的出现都是历史的必然,那么主要历史人物的出现难道就不会是历史的必然吗?倘若历史阶段和历史人物的出现都是一种历史的必然,那么那种以古非今、以此非彼的评价是否就有可能失于主观和武断呢?三峡是连续的,历史是接力的。在崇山峻岭中,峡谷的每一次迂回其实都是为了让河流更好地向前奔流;在田径赛场上,接力的每一棒奔跑其实都是为了让队伍取得更好的成绩。当我们看到有人似乎在走弯路的时候,我们是否意识到他其实只是在跑弯道?当我们埋怨于那些跑弯道的人的时候,我们是否意识到,倘若没有上一个弯道的奋力过渡,又怎会有下一个直道的完美冲刺?

“历史三峡”的确可以再作细分,而且十分巧合的是,“地理三峡”分为三段,“历史三峡”也是分为三段的。按照唐德刚先生的观点,第一次“历史三峡”的开端始于公元前770年平王东迁之后的商鞅变法,其实不然,第一次“历史三峡”的真正开端实乃始于春秋战国,因为夏商周三代的封建制至此就已经名存实亡,礼崩乐坏,人心不古,中国进入了空前纷乱的转型时期。春秋战国乃是第一次“历史三峡”的第一峡,或可称为“历史的瞿塘峡”,其阶段特点就是

“分”与“乱”：以封建制为特点的传统政治结构和以“天道礼乐”为特点的文化价值观由于不能适应社会发展的需要，逐渐分崩离析，诸侯各国群起争霸，各种思潮百家争鸣。经过春秋战国数百年的争霸和争鸣，“历史三峡”开始进入第二峡，或可称为“历史的巫峡”。地理的巫峡绮丽幽深，“历史的巫峡”却雄奇短促，持续时间大概从秦灭六国始至秦朝灭亡止，其阶段特点就是“合”与“统”：数百年的残酷竞争催生出了乱世的“终结者”——秦国，不仅在政治军事上完成了国家的重新统一，而且企图在思想文化上也重新完成统一，从而导致了大一统体制的横空出世与焚书坑儒的悲剧上演。从春秋战国极度的“分”与“乱”，到秦朝极度的“合”与“统”，历史钟摆在受到巨大干扰之后完成了一次报复性的摆动。而既然是报复性摆动，那么从“分”的极端摆向“合”的极端就绝不会是最后的均衡，历史钟摆注定还会从“合”的极端再次摆回，然后经过多次渐弱的摆动之后，稳定在“有分有合”的历史均衡点上。这就是“历史三峡”的第三峡，或可称为“历史的西陵峡”，持续时间大概从汉朝建立到“汉武帝——董仲舒”时代，其阶段特点是“有分有合”：在尝过“分”与“合”两个极端的苦头之后，中国人经过汉初70年的过渡，最后在汉武帝和董仲舒手中融合了三代的“天道礼乐”与秦的“大一统”，实现了“分”与“合”的辩证统一，儒家与法家的辩证统一，中国终于穿出第一次“历史三峡”，完成了中国历史上的第一次大转型。而这一次转型的成功，直接奠定了中国两千年不拔的基业。

倘若第一次“历史三峡”可以分为三段，那么第二次“历史三峡”显然也应该分为三段。第二次“历史的瞿塘峡”持续时间大致上是从1840年鸦片战争开始到解放战争之前，这一历史阶段的特点十分类似于春秋战国时期，也是“分”与“乱”：稳定了两千年之久的传统政治结构和文化价值由于不能适应时代的变化和外来文明的冲击,再次陷于分崩离析之中,军阀混战,外敌入侵,思潮多元,论战激烈。而第二次"历史的巫峡"自然也是雄奇短促,持续时间大致上从解放战争开始到"文化大革命"结束,其阶段特点十分类似于秦朝,也是"合"与"统":经过上百年的政治军事文化竞争,历史最终做出了自己的选择,解放战争成功地终结了中国政治军事上的长期分裂,而文化大革命则失败地上演了一场企图消灭思想文化多样性的悲剧。与两千多年前一样,这同样是一次从"分"与"乱"的极端向"合"与"统"的极端的报复性摆动,历史的钟摆规律注定了这个过程的所有成功与失败,也注定了中国必将走向第二次"历史的西陵峡",走向"分"与"合"的再度平衡。第二次"历史的西陵峡"大致上从中国改革开放的新时代起航,时至今日依然尚未出峡。钟摆犹在摆动中,历史正在西陵峡。

倘若历史正在西陵峡,那么我们是否还可以进一步提高精度,将"历史的西陵峡"再次细分成若干阶段呢?地理的西陵峡是分为四段的:香溪宽谷、西陵峡上段宽谷、庙南宽谷和西陵峡下段峡谷;倘以著名峡谷分,西陵峡也恰好有四个"峡中之峡",俗称"西陵四峡":兵书宝剑峡、牛肝马肺峡、崆岭峡、灯影峡。而不无巧合的是,地理的西陵峡分为四段,"历史的西陵峡"大致上也是分为四段的,比如第一次"历史的西陵峡"就是分为四段的:

第一段是"汉高祖——萧何"时代,这一阶段的基本特点是"半分"。经过秦朝极度的"合"与"统",历史钟摆再次从"合"的极端向"分"的极端摆回,然而这一次摆动的力量已经没有那么大了,不可能再次触及"分"的极端,而只能达到"半分"的状态。秦朝试水"大一统"导致的暴政深深地刺痛了当时的中国人,很多人都将秦朝的暴政归咎于对三代封建制的背离,因此主张以“黄老之道”治国,政治上重新封侯建国,经济上休养生息,以恢复国家元气。面对国力衰败,民力凋敝的现实,汉高祖和萧何在一定意义上采纳了这一治国方略。然而“大一统”体制的诞生毕竟是当时中国社会历史矛盾深刻发展的必然结果,它既然已经登场,就不会轻易退场。也正因如此,汉初的“封侯建国”虽然封了韩信、彭越等几个功臣当“异姓王”,但是很快就将这些“异姓王”贬的贬,杀的杀,最后基本上都换成了“同姓王”。与此同时,汉初的统治者也没有放弃中央集权,一边封王,一边委派官吏直接治理,大致上呈现出了“半封建半郡县”的格局。

第一次“历史的西陵峡”的第二段是“汉惠帝——曹参”时代,这一阶段的基本特点就是继续坚持“半分”,继续休养生息政策。一代人的休养生息不足以让偌大的中国恢复元气,因此继任者必须坚持休养生息政策,做到不折腾。汉惠帝二年,萧何去世。时任齐国丞相的曹参听说这一消息后,告诉门客马上收拾行装,说自己要入朝当相国了,“居无何,使者果召参。”入朝之后,曹参“举事无所变更,一遵萧何约束”,“日夜饮醇酒”(《史记》)。最后连汉惠帝也实在看不下去了,拐弯抹角地劝他干点正事,曹参却振振有词:既然你比不上高帝,我也比不上萧何,那么“且高帝与萧何定天下,法令既明,今陛下垂拱,参等守职,遵而勿失,不亦可乎?”(《史记》)“萧规曹随”看似碌碌无为,其实为汉初恢复民力起到了重要的作用,以至于老百姓都称道“载其清净,民以宁一”(《史记》)。

第一次“历史的西陵峡”的第三段是“文景之治”时代,这一阶段的基本特点是“由分向合”,一方面继续推行休养生息政策,另一方面开始加强中央集权。汉文帝在位 23 年,笃信“黄老之道”,提倡与民休息,实行“三十税一”,生活上省俭克奢,国防上移民实边。此时的汉朝国力已有一定增长,不过在与匈奴的较量中依然处于守势,在与同姓王的博弈中也多采取姑息政策,从而为国家赢得了发展的战略机遇,也将矛盾留给了后面的继任者;历史的转折点出现在汉景帝时期。雄才大略的汉景帝在位16年,继续推行休养生息的政策。经过几代人的努力,此时的汉朝国力已经获得了很大的增长,“京师之钱累巨万,贯朽而不可校。太仓之粟陈陈相因,充溢露积于外,至腐败不可食。”(《汉书·食货志》)然而即便如此,此时的汉朝在军事上依然无法与匈奴完全抗衡,在政治上也遭遇到了同姓王坐大之后的严峻挑战。为了应对内外双重挑战,加强中央集权,汉景帝采纳了晁错的削藩主张,从而引发了“七国之乱”。“七国之乱”先是导致朝廷冤杀晁错,继而又被无路可退的中央全力挫败,最终导致封国势力迅速衰微,中央集权大大加强,充分说明在这场“分”与“合”的世纪较量中,历史的天平开始在摇摆中向“合”的一端倾斜,中国终于一只脚迈上了新型中央集权制的门槛。

第一次“历史的西陵峡”的第四段是“汉武帝——董仲舒”时代,这个阶段的基本特点是“分合统一”。汉武帝初期继续执行休养生息政策,等到窦太后去世之后,开始全面加强和创新中央集权制。经过汉初几代人的不懈努力,此时的汉朝国力终于蒸蒸日上,事实上已经拥有了对匈奴的压倒性力量优势。时势造英雄,武帝刘彻横空出世。汉武帝16岁登基,70岁驾崩,在位长达54年,极大地影响和改变了中国其后两千年的历史命运。他是中国完成第一次历史转型之临门一脚的射手,也是中国穿越第一次“历史三峡”之破浪而出的船长。在内政上,汉武帝颁布“推恩令”,制度性地解构诸侯王的势力,禁止诸侯国铸钱,集财政权于中央,并设十三道刺史,巡回监察地方；在国防上，汉武帝主动出击，派大将军卫青、霍去病连续发动河西之战、河南之战和漠北之战，收复河套地区，夺取河西走廊，封狼居胥，饮马瀚海，将强敌匈奴彻底歼灭击溃。曾经不可一世的匈奴从此一蹶不振，或南迁归附，或西迁远遁，彻底退出了中国的历史舞台。匈奴既灭，广袤西域尽收眼底，征大宛，破楼兰，王师所至，威震四方，犯强汉者，虽远必诛。西域既平，王师再兴，先征朝鲜，设汉四郡，再征闽越，又平西南，所谓"东夷、西戎、南蛮、北狄"，至此基本一扫而光。政治军事的空前成就背后乃是治国理念的凤凰涅槃，汉武帝时代的中央集权制已经不再是秦朝法家政治的简单复制，而是采纳了董仲舒"罢黜百家，独尊儒术"的创新主张，为强大的中央集权注入了德治的灵魂。儒家首创于孔子，孔子却推崇于周礼，可见从某种意义上说，儒家的"克己复礼"实乃对三代"天道礼乐"的继承和发扬。一边是中央集权，一边是儒家德治，一边是秦朝的"合"，一边是三代的"分"，汉武帝与董仲舒"儒表法里"的政治思想变革事实上完成了中国历史上第一次"分"与"合"的辩证统一。从春秋战国的"分"，到秦朝的"合"，再到汉朝的"分合统一"，经过数百年的艰难转型，中国终于在"汉武帝——董仲舒"时代穿出了第一次"历史三峡"。

然而历史的钟摆并没有就此停止摆动，文治武功的汉武帝晚年杀戮太过，穷兵黩武，使得钟摆再一次摆过了平衡点，又有走向暴政的危险。幸而武帝自己随后幡然醒悟，并于征和四年（公元前89年）下《轮台罪己诏》："朕即位以来，所为狂悖，使天下愁苦，不可追悔。自今事有伤害百姓，靡费天下者，悉罢之！""当今务在禁苛暴，止擅赋，力本农"。武帝驾崩之后，昭帝、宣帝先后即位，很好地执行了武帝晚年的政策，多次下诏赈贷农民，减免税收，整顿吏治，安定民生,汉朝进入了“昭宣中兴”时期,武帝后期已经摆过的历史钟摆终于被再次纠正了回来。从这个意义上说,穿越第一次“历史三峡”的准确时点,的确应当如唐德刚先生所言,定在武帝和昭帝之间。然而即便如此,历史钟摆也没有从此一劳永逸地稳定在“分”与“合”的最佳平衡点上,恰恰相反,在随后的两千年时间里,历史钟摆从来就没有停止过摆动,只不过摆动的幅度不再像“历史三峡”时期那么大而已。在汉武帝和董仲舒所奠定的新型中央集权制道路上,后世的中国继续在儒家与法家,王道与霸道,“分”与“合”的张力之间不断地摇摆向前。在道德自觉还能够发挥作用的大多数时间里,这种摇摆基本上被控制在了可以忍受的范围之内。然而道德自觉总有失控的时候,一旦失控,那么摇摆就有可能逾越底线,失去平衡。到了这个时候,汉武帝和董仲舒所设计的体制就已经无法自我纠偏了,于是“王朝周期律”开始登场,以其体制外的破坏性力量对已经失衡的体制狠狠地踢上一脚,将其重新踢回原来的轨道,继续去玩它的平衡游戏去。倘若一脚还不足以将其踢回,那也只有继续狠狠地踢,一直踢到它回去为止。三国两晋南北朝和五代十国时期的连番苦难,大抵上便是受那历史大脚连番狠踢的缘故罢。此时的中国人还没有见识过西方文明,没有见识过那种“契约型”的“分”,也没有见识过那种“自下而上”的“民主”,因此不可能知道汉武帝和董仲舒所设计的这个体制的根本缺陷究竟是什么,也不可能知道自己除了用脚踢那体制之外其实还可以用手来推,于是只能无奈地练了两千年的脚法。当然了,在这两千年的大多数时间里,西方人自己也过得惨兮兮的,甚至过得更加惨兮兮,原因是他们虽然没有患上什么“强迫症”,却患有先天遗传的“分裂症”,因此就算当时见到了西方人,中国人恐怕也是不会羡慕的。至于后来西方人居然一不留神

“先阔了起来”，而且还跑来狠狠地欺负了天朝一把，却是当年的中国人所始料未及的了。

“以史为鉴，可知兴替”，深入了解第一次“历史的西陵峡”，应该可以为我们今天穿越第二次“历史的西陵峡”提供镜鉴：倘若中国从1978年“改革开放”开始进入第二次“历史的西陵峡”，那么这段历史苦旅是否也可以分为四段呢？它的第一段是否也是在“休养生息”？它的第二段是否也是在“萧规曹随”？倘若这一切为真，那么此时的它是否已经身处第三段的中后期，一如两千年前的“文景之治”的中后期？而倘若这个判断是对的，那么是否意味着第四段“文治武功”的梦想已经在不远的将来向我们招手？历史自有其规律，偶然之中有必然。历史人物的背后乃是历史阶段，历史阶段的背后乃是历史规律，这个历史规律是关于“分”与“合”辩证统一的规律，也是关于历史钟摆之能量守恒的规律。所谓“三峡”之喻，终究只是历史与地理的一次巧合，然而“分合”之辩，无疑却是人性与社会的永恒真理。当然了，历史规律从来就不是简单的重复，“社会不过分与合”也是“螺旋式上升，波浪式前进”的：两千年封建时代“分”与“合”的辩证统一，乃是“礼”的“等差”与“乐”的“混同”之间的辩证统一，其缺陷在于不管是“礼”还是“乐”，其实都是“柔软”有余，“刚强”不足；两千年帝制时代“分”与“合”的辩证统一，则是“礼乐”（儒家）的柔软与“法治”（法家）的刚强之间的辩证统一，其缺陷在于不管是儒家还是法家，其实都是“自上而下”有余，“自下而上”不足；由此可见，未来中国民主时代“分”与“合”的辩证统一，一定是“自上而下”与“自下而上”的辩证统一，政治向心力与人民民主的辩证统一，继承与学习的辩证统一。一旦完成这一次辩证统一，相信未来的中国就一定能够“两岸猿声啼不住，轻舟已过万重山”，顺利穿越第二次“历史三峡”,“扬帆直下,随大江东去,进入海阔天空的太平之洋了”。到那时,到处都是活跃跃的创造,到处都是日新月异的进步,欢歌将代替了悲叹,富裕将代替了贫穷,康健将代替了疾苦,智慧将代替了愚昧。这么光荣的一天,决不在辽远的将来,而在很近的将来,我们可以这样相信的,朋友!

目　录

CHAPTER 01 >>

第一章

统一与分裂

这本名为《精英与平民》的书乃是拙作《文明与法治》的姐妹篇，也是自己心目中三部曲的第二部。在《文明与法治》的再版序言中，关于三部曲的安排已作详述。

作为三部曲之一的一本独立著作，似乎很有必要在书中交代一下它的前传，否则它的读者难免要有一头雾水的感觉，仿佛一部连续剧忽然从中间看起一样。正好，《文明与法治》出版经年，对于书中某些内容的认识如今也走得更远一些了，那就不妨借助《精英与平民》的平台略作整理，奉献给我的读者朋友。而关于“生命与超越”的命题，尽管目前的智慧不曾圆熟，然而毕竟也略有体悟，似乎也不妨借助《精英与平民》的平台略作整理，写上一些文字，就像《文明与法治》的第六章“精神”一样。因此，这本名为《精英与平民》的著作实际上分为三个部分，第一个部分由前三章组成，可以看作是已经面世的《文明与法治》的“升级版”，第三个部分由最后第九章“信仰与生活”构成，可以看作是尚未面世的《生命与超越》的“片花”,第二个部分则由中间五章组成,乃是本书命题“精英与平民”的正解,篇幅最长,内容也最完整。希望这样的结构安排能够对本书的读者有所帮助。

在全书三个部分的安排中,第一部分是最好写的,也是最难写的。说最好写,是因为《文明与法治》早已面世,现在要做的似乎只是浓缩和补充而已。说最难写,是因为无论如何我都不想照搬照抄原来的文字,而且无论如何这一部分内容都难免会有点碎片化。不过好在已经有一本现成的著作出版了,倘若这一部分的内容依然无法令读者满意的话,那么或许可以将《文明与法治》找来,对照着看罢。

历史决定未来?

工欲善其事,必先利其器。在阐述观点之前,不妨先说说方法。在论证“文明与法治”的命题时,为了求得对中国未来道路的判断,我返身走向历史的深处,向历史求智慧。由于历史素材运用得如此之多,以至于在讲课的时候,许多人误以为我是学历史出身的,其实我只是一个“根红苗正”的法学院毕业生。之所以会大量运用历史分析方法,是因为我在研究的过程中发现,如果看不清过去,我们就看不清未来。打个比方吧,今天中国正处在现实的十字路口,未来该向何处去?于是专家甲出来指路了:“向左转,远方有一片杨梅林。”“现实”是一个点,“未来”是另一个点,两点之间直线最短,专家甲拍着胸脯言之凿凿:“此乃捷径。”这就叫做自圆其说,因为你的确画不出第二条线比他的更短。国人大喜,正要依计行事,忽然间专家乙杀了出来:“不对,是向右转,远方有一个黄粱梦。”同样是两点之间直线最短,同样是拍着胸脯言之凿凿,该听谁的?而正当人们左右为难之时,专家丙、专家丁也冲了出来:“不对,是向前进。”“不对,是向后退。”现实总归不太理想,张口批判其实是很容易的,而站在现实的基点上环顾四周,随手一指似乎也不是什么困难的事。每一个“专家”当然都可以自圆其说并借此颇得了些饭资,可是中国的未来究竟该向何处去?

曾经很纳闷,为什么每当中国的彷徨时刻,总有那么多的“专家”要出来乱指方向。后来我才明白,既然未来还没有发生,那么谁又能肯定还没有发生的事情就一定不会发生呢?而等到未来真的发生,证明大多数的“专家”都是错误的时候,对不起,这些“专家”很可能已经仙去了,你也不可能和他去较真了,就好像今天人们不可能因为中国没有走君主立宪的道路而去质问康有为和梁启超一样。可是,如此说来岂非是一个悖论:既然谁都不能穿越未来,那么谁又能准确地判断未来?“试错”当然是一个理由,可是大国之路,死生之地,存亡之道,怎可不察?倘若我们从此将理性踢下民族的瞭望台,任由那无轨电车随处乱开,谁又敢保证上帝就一定会永远无条件地善待中国人?尽管五千年的生命力一再地赋予我们信心,但是中国人只要还有一点科学精神,就永远都不要忘记欧文·拉兹洛的警告——“进化不是命运而是机遇,未来不是被预见而是被创造”。[1]

中国不需要再增加一个随手乱指的“专家”,我想找到一个相对客观科学的方法,以帮助中国人无须穿越未来就能够比较准确地判断未来的方向,这个方法就是——历史。打个比方吧,我们都知道枪支射击的基本原理叫做“三点一线”,枪口的“准星”是一个点,远方的“目标”是另一个点。两点一线,距离最短,可就是打不准。因

〔1〕［美］欧文·拉兹洛:《布达佩斯俱乐部全球问题最新报告》,社会科学文献出版社2004年版,第3页。

此人们还要找到第三个点,也就是枪管后端的“缺口”。将“缺口”、“准星”、“目标”三点连成一线,子弹才可以打得准。为什么呢?那是因为子弹在出膛之前,实际上已经在枪膛里运行过一段轨迹了;而恰恰是这一段发生在过去的轨迹,决定了子弹出膛之后的方向。尽管子弹出膛之后还会受到重力、风力等多种因素的影响,然而“三点一线”的方法无疑已经决定了它大致的方向。我究竟想说什么呢?我想说的是——也许历史是决定未来的。在很多彷徨的时刻,我们之所以不知道自己要到哪里去,很大程度上是因为我们已经忘却了自己究竟从哪里来。反过来,如果我们能够将自己的历史轨迹描绘清晰,也许我们就能够准确地判断中国未来的方向。“历史—现实—未来”三点一线,正是我多年来求证“文明与法治”命题的主要方法。

很多人在分析中国问题的时候,往往恐惧于漫长历史的复杂纠缠,因而束手于中国未来的路径判断。两相比较之下,这些人似乎更乐于为美国人“算命”——屈指可数几百年,几场战争几件事,历史如此短暂,未来必定清晰。其实道理恰恰相反。还是拿枪支射击的原理来打比方吧。我们都知道,一支手枪由于身管很短,因此无论口径大小,子弹的射程一般都不会太远,而且容易受到重力、风力以及空气的密度、湿度等因素的影响,射击的精度不高;而一支狙击步枪的身管很长,口径很大,子弹在枪膛中螺旋运动的时间更长,初速更高,稳定性也更好,因此射程非常远,精度非常高。倘若我们把身管的长短比作国家的历史,把口径的大小比作国家的体量,把子弹的螺旋运动比作国家的兴衰轮回,那么答案是十分清楚的:美国就好比是一支大口径的手枪,而中国则好比是一支更大口径的狙击步枪。从这个意义上说,一个国家的历史越长,经历的轮回越多,规定性就应该越强，未来就应该越清晰。美利坚立国二百余年，一直没有经历过真正的兴衰轮回。无论今天的美国如何的繁花似锦，它都未曾向这个世界证明，自己有能力在国家最为衰落最为苦难的深渊时刻，依然将它的人民紧紧地凝聚在一起，不抛弃，不放弃，流血牺牲，无怨无悔。然而关于这一点，中国早就已经向这个世界反复证明过无数次了。站在历史的高岗眺望未来，我当然不希望年轻的美国倒霉。不过归根结底，我对古老的中国更有信心。

地理环境差异决定了中国的统一与欧洲的分裂

在《文明与法治》的论述中，我采用的是层层设问的“倒叙法”，这次我想直接尝试“正叙法”。既然历史越长，未来就越清晰，那么我们不妨把历史的长焦镜直接拉到人类文明史的逻辑起点处——地理环境。人类文明的逻辑起点源自人与环境之间的互动，这一点应无疑义。在人类的幼年时期，环境对人类的影响力很可能是决定性的，这一点相信也没有疑义。然而对于人类社会传承至今的主要生活方式——包括中国与西方的政治生活方式——地理环境的影响力究竟有多大，却很少有人做出过科学的评估。在我看来，这一影响不仅很大，而且近乎决定性。地理环境的这种决定性影响首先表现在中国和西方截然不同的地缘政治结构上。简单说，就是中国的长期统一与欧洲的长期分裂。

摊开一张世界地图，人们可以十分直观地发现，在亚欧大陆的东西两端，中国和欧洲的地理环境条件是截然相反的。西边的欧洲与其说是一块大陆，还不如说是亚欧大陆向大西洋伸出的一个大半岛。这个大半岛由于曾经受到第四纪冰川的巨大侵蚀和切割，其边缘地貌十分破碎，拥有全世界最为曲折复杂的海岸线，总长达到了

37900 公里。欧洲大陆的边缘布满了众多的小半岛和小岛屿。《文明与法治》曾经做过一个统计,就是这些半岛和岛屿的面积之和居然占到了整个欧洲大陆总面积的 34.6% ;[1] 倘若在分母中扣除俄罗斯的欧洲部分,这个比例更是达到惊人的 60% 。也就是说,欧洲的主要部分其实都是半岛和岛屿地形。与欧洲的地形相互匹配的是欧洲的气候。欧洲西临大西洋,南依地中海,大部分地区地处北温带,气候温和湿润。尤其重要的是,由于地理条件的特殊性,欧洲的沿海地区没有像亚洲和美洲的沿海地区那样受到强热带气旋的强烈影响,海洋性气候比较温和。我们都知道,强热带气旋通常在热带地区离赤道平均 3 ~5 个纬度外的海面上形成,最初只是海面上的温热水汽对流上升形成的巨大气柱,由于受到地球自转产生的偏转力的影响而旋转着由低纬度向高纬度运动(在北半球表现为逆时针旋转,在南半球表现为顺时针旋转)。同时,由于地球是由西向东自转的,因此空中的气旋又和陆地之间形成了由东向西的相向运动。这两种运动方式的叠加使得强热带气旋的运动路径最终表现为:在北半球由东南向西北运动,在南半球由东北向西南运动。

如果摊开一张世界热带气旋主要路径示意图,我们可以十分清楚地看到,北太平洋上形成的强热带气旋(被称为“台风”)直接影响的是中国沿海地区,而北大西洋上形成的强热带气旋(被称为“飓风”)直接影响的则是北美沿海地区。台风和飓风登陆之后的威力十分巨大,往往给沿海地区人们的生产和生活造成巨大的破坏。2012 年 8 月,台风“海葵”登陆中国,横扫东南沿海各个省市,强烈降水甚至引发了浙江省舟山市的岱山水库溃坝,而仅仅一个溃坝事故

---

〔1〕 刘哲昕:《文明与法治——寻找一条通往未来的路》,上海人民出版社 2011 年修订版,第 53 页。

便导致12人死亡;两个月之后,飓风“桑迪”横扫美国东海岸17个州,更是导致113人死亡,数十万人无家可归,800万人生活断电,经济损失高达500亿美元。如果以中美两个大国今天的科技水平和国家实力,都对这种天灾无可奈何的话,那么在古代时期,强热带气旋对人们生产和生活的破坏力就更加可想而知了。然而有意思的是,在亚洲和美洲造成如此巨大破坏的强热带气旋却从来到不了欧洲。由于欧洲地处大西洋的东岸、亚欧大陆的西部,因此大西洋向西运动的飓风不会掉头去袭击欧洲,而太平洋向西运动的台风更不可能越过整个亚欧大陆去袭击欧洲。打个比方,假如把亚欧大陆比作一条由西向东快速行驶的大船,那么很显然,中国在船头,欧洲在船尾,船头风大,船尾风小。

欧洲这一独特的气候条件决定了欧洲人比起中国人而言能够更加方便和安全地靠海而居,进而依托海洋发展自己。同时由于欧洲沿海地区的地形地貌主要是半岛和岛屿,因此靠海而居的逻辑结果就是欧洲的人口大量地居住在各个半岛和岛屿上。这一看上去并不起眼的历史事实却足以引发一连串的历史后果,由于半岛和岛屿的地理环境具备相对的独立性和一定的封闭性,因此每个半岛和每个岛屿其实都是一个相对独立的政治地理空间。尽管各个政治地理空间之间也通过陆路和海路相互联系和相互影响,然而事实证明,这种共性的联系强度终究还是抵不过个性的生长速度,从而为欧洲的长期分裂创造了最为深刻的地缘基础。当然军事上的冒险在一段时期内也并非全无成功的可能性,然而由于半岛和岛屿的地形本身易守难攻,因此军事征服的难度十分巨大,长时间的征服更是成为一个不可能完成的任务。况且由于全欧洲这样的政治地理空间数量众多,实力平均分散,彼此相互牵制平衡,因此即便是拿破仑这样的枭雄和希特勒这样的狂人也都无法在全欧洲的联合抵制下实现自己一统欧洲的野心。历史就是这样无情,在“分”与“合”的历史博弈中,如果“合”的力量长期无法超过“分”的力量,那么各个部分的个性生长就会得到自我强化。而一旦这些个性的自我强化达到了质变的程度,比如曾经统一的“拉丁语”最终演变成了分裂的“拉丁语系”,再有谁想要把它们统一起来,不仅实力上办不到,而且在民族文化心理和道德合法性上都成了大问题。理论推演和历史实践同时告诉我们,欧洲地缘政治结构的宿命结局只有一个字——“分”。

反观亚欧大陆东部的中国,人们会惊讶地发现一个完全不同的地理环境。中国的海岸线十分完整和饱满,半岛和岛屿不仅数量很少,而且面积不大。统计表明,中国全部的半岛和岛屿的面积之和只占中国总面积的1.6%左右,与欧洲的数据相比简直不在一个层次上[1]。而其中最大的岛屿台湾岛至今尚未与祖国统一,也反证了半岛和岛屿的地理环境在军事上的确易守难攻,在政治上容易造成分裂[2]。不过总体而言,中国无疑应该是一个典型的大陆国家。强大的太平洋热带气旋由东南向西北影响中国,在东南沿海一带登陆时往往形成强风暴与强降水,给人们的生产生活造成了巨大的破坏。这一气候影响随着强热带气旋由东南向西北不断深入内陆而逐渐衰减;到了黄河中下游相交的地方,这一影响刚好达到了适中

〔1〕 中国最大的岛屿台湾岛面积3.58万平方公里,第二大岛屿海南岛面积3.4万平方公里,且琼州海峡最窄处直线距离仅18公里左右;而第三大岛崇明岛只是长江口的一个冲积岛,面积仅有1041平方公里。中国最大的半岛山东半岛面积3.9万平方公里,第二大半岛辽东半岛面积2.94万平方公里,第三大半岛雷州半岛面积则仅有0.78万平方公里。

〔2〕 大陆的体量对台湾孤岛构成了压倒性的优势,因此台湾虽然在历史上多次与大陆分离,但是终究无法逃脱大陆的引力场。只要中国大陆成功恢复自己的能量,历史上的台湾最终都要回归祖国怀抱。说明中国“合”的力量的确超过了“分”的力量,这一点与欧洲的情况大不相同。

的程度。虽然今天黄河流域的气候可能略显干燥和寒冷，但是近年来的地理和考古研究已经证明，在距今 3000 年到距今 8000 年的 5000 年左右时间里，地球曾经出现过世界性的气候回暖期，称为全新世气候回暖期。这一气候现象同样影响了中国，由于时间正值仰韶文化时期，因此又被称为“仰韶温暖期”[1]。这一时期的黄河中下游地区气候温暖湿润，十分适合农业发展和人类生活。除了气候条件外，黄河中下游地区的土壤条件也十分优越。中国的黄土高原是世界上最大的黄土沉积区，占全球黄土分布的 70%，面积 40 万平方公里，最厚处达 180 米。这种风成的黄土在结构上呈现出均匀、细小、松散、易碎的特点，使得早期农业时期粗笨的木耒、石铲等原始工具也容易入土和耕作，十分有利于早期农业的发育。[2] 黄土高原的最大缺点是容易水土流失，但是顺流冲刷而下的黄土却又堆积再造了面积达 31 万平方公里的华北平原，也可算是塞翁失马了。作为一个冲积平原，华北平原的土层深厚，土质肥沃，地势平坦，也十分有利于早期农业的发育。华北平原与黄土高原大概构成了所谓的中原地区。在气候条件和土壤条件的共同作用下，这一地区逐渐发育出了全球领先的农业集群。在今天这个开汽车玩电脑的时代，也许有些人会看不上从地里刨食的农业，然而不要忘了，在短暂的工业生产方式和更加短暂的电子信息产业出现之前，农业数千年来一直都是人类社会的顶级产业。农业的领先意味着社会生产力的领先和文明的领先，这可是千真万确的事实。即便是在今天，农业从

---

〔1〕“仰韶温暖期”的提出可以追溯至竺可桢 1972 年在《考古学报》上发表的论文“中国近五千年气候变迁的初步研究”。竺可桢认为，在近五千年中的最初两千年，即从仰韶文化到安阳殷墟，大部分时间高于现在 2℃左右。一月温度大约比现在高 3℃~5℃。此后学界逐步认同“仰韶温暖期”的提法，龚高法、张丕远等 1987 年在《历史地理》上发表了论文“历史时期我国气候带的变迁及生物分布界限的推移”，专门探讨了仰韶温暖期的气候状况，主张仰韶温暖期的起讫年代约为距今 8000~3000 年。

〔2〕王星光、张新斌：《黄河与科技文明》，黄河水利出版社 2000 年版，第 22~25 页。

根本意义上讲依然是人类最重要的产业。不太严谨地设想一下:我们可以一个月不开车,也可以一个月不玩电脑,但是可以一个月不吃饭吗?

中原地区农业发达,那么周边其他地区呢?我们不妨以中原地区为中心,考察一下周边地理环境。第一,从中原地区往南是东南沿海和长江流域。在仰韶温暖期,东南沿海和长江流域温热潮湿,疾疫流行。由于受到太平洋强热带气旋的影响,东南沿海和长江流域降水十分充沛,密林叠嶂,生态原始。在金属工具尚不普及的年代,人们难以对付山峦起伏沟壑纵横的地形以及茂密的原始森林,无法平整土地发展大规模农业。只有等到三国的孙权时代之后,由于摆脱了仰韶温暖期的影响,同时得益于中原先进技术的传播和南方割据政权的努力,南方地区实行了大规模的"围水梯山",方才将长江流域变成了中国的粮仓。不过这是后话了[1]。第二,从中原地区向北是蒙古高原地区。由于远离海洋,气候条件十分恶劣,其属于典型的半干旱地区。没有降水就没有农业,只能发展出逐水草而居的游牧生活,而游牧业的人口承载量是很低的。在相当长的历史时期,面积达400万平方公里的蒙古高原人口数量始终徘徊在100万的级别,无法发育出与中原地区相匹敌的先进文明。蒙古高原已经如此,就更别提高原冻土的西伯利亚了。第三,从中原地区向东北是中国的东北地区。这个地区接近世界"寒极"维尔霍扬斯克和奥伊米亚康,又受到西伯利亚和蒙古高压气团的控制,气温比同纬度地区平均还要低10℃左右,植被多为针叶森林和草甸草原,适合发展狩猎经济。尽管东北黑土地土壤肥沃,然而由于气候原因,历

[1] 到了北宋元丰三年(公元1080年),南方人口达5600余万,占当时全国总人口的69%,至此南方实现了对北方的历史性超越。(参见李根蟠:《中国古代农业》,商务印书馆1998年版,第61页)。

史上并没有发育出大规模的先进农业，否则新中国成立后也不需要号召热血青年辛辛苦苦地去把“北大荒”开发成“北大仓”了。第四，从中原地区向西北则是西北干旱地区。这一地区面积广大，但是深处内陆而又多山，海洋水汽至此已是强弩之末，因此导致西北干旱少雨多风沙，植被十分稀少，我国几大沙漠和戈壁皆集中于此。第五，从中原地区向西南是高寒的青藏高原。世界屋脊的平均海拔超过 4000 米，气候极其恶劣，土壤发育不良，植被稀薄，人烟稀少，显然也无法孕育出与中原地区相抗衡的先进生产力。

中国的地理环境原来是如此的浑然天成：以中原地区为中心，向西向北逐渐寒冷干燥，向东向南逐渐温热湿瘴。在长达数千年的农业时代，中原地区沃野千里人口密集[1]，发育出全国乃至于全球领先的农业集群，从而对落后的周边地区构成了巨大的优势和强大的吸引力。在中国历史的常态时期，中原地区一直保持着充盈的张力，以其文化和实力上的双重优势将周边地区逐步吸纳进来并予以同化；而在历史轮回的低潮期，中原地区也可能因为内乱等原因而暂时失序，被周边地区的游牧民族成功夺取政权。不过一旦夺得政权，这些游牧民族无一例外地面临一个抉择：要么主动“被同化”，要么被逐出中原。在中国历史上，这样主动“被同化”的例子真可谓比比皆是。我们且不说那众所周知的满洲人，就说说北魏时期的拓跋宏吧。拓跋宏是鲜卑政权北魏的第六个皇帝，从他的老祖宗道武帝拓跋珪开始，鲜卑人就开始认真学习中原文化了，而孝文帝拓跋宏更是其中的学习标兵。公元 493 年，拓跋宏为了将首都从平城南迁至汉文化中心的洛阳，故意以进为退地演了一出戏码：他不顾满朝

---

〔1〕 西汉平帝时，登记在册的全国人口 5900 多万，80% ~90% 集中在黄河流域（参见李根蟠：《中国古代农业》，商务印书馆 1998 年版，第 34 页）。

反对,亲率30万大军从平城出发进攻南齐。行至洛阳时大雨难行,众臣再次劝谏罢兵。拓跋宏趁机亮出底牌:可以不攻南齐,但必须迁都洛阳。为了迁都而如此大费周章,可见当时汉化的阻力与拓跋宏的决心。迁都之后,拓跋宏立即祭出了全面汉化的“猛药”:公元494年,推行汉服、禁穿鲜卑服;推行汉话,禁说鲜卑话;公元495年,将鲜卑族的复姓全改为单姓,拓跋宏自己改姓“元”,叫“元宏”。如此激进的汉化政策注定会引发保守势力的反弹:公元496年,太子元恂与一帮不甘被汉化的鲜卑贵族终于发动叛乱,但是很快被元宏镇压,年仅16岁的太子最终被赐死。北魏在中华民族大融合的进程中曾经扮演过十分重要的角色,鲜卑族自身却最终消亡于历史的烟尘之中。然而2012年7月,当我来到当年鲜卑拓跋部首都盛乐所在地(今内蒙古自治区呼和浩特市和林格尔县)考察时,却在盛乐博物馆的墙上看到这样的一行大字:消亡不是消失,而是融合与和谐的开始。

在长达数千年的历史中,强大的中原地区一直代表着先进生产力与先进文化的发展方向,周边地区则始终受到中原地区的辐射和影响。完全可以想象的是,以中国之大,这个国家绝不可能没有“分”的力量,事实上中国的多样性是完全可以与整个欧洲相匹敌的,而多样性本身就意味着离心力。然而由于中原地区与周边地区非对称的实力对比,使得中国“合”的力量始终超过了“分”的力量,也就是说向心力始终超过了离心力。正所谓“得中原者得天下”,中国地缘政治结构的最终博弈结果只有一个字——“合”。统一,是中国人的自觉选择,更是历史进化的必然结果。

统一与分裂是中西政治生活方式分野的逻辑起点

中国的长期统一与欧洲的长期分裂是中国和西方政治生活方

式分野的逻辑起点。由于长期处于分裂状态,欧洲人从上帝那里收获了一个坏礼物和一个好礼物。这个坏礼物坏到不能再坏了,那就是战争,连绵不断的残酷战争。从古希腊到古罗马,从中世纪到近现代,欧洲大陆的战火几乎从未熄灭过。在研究这个问题之初,我曾经很好奇地想要统计一下欧洲历史上究竟发生过多少场战争,不过很快地就发现自己基本上是在干一件类似于统计“欧洲人历史究竟吃过多少顿饭”一样愚蠢的事情。正如勒庞在《革命心理学》中所说的那样:“分裂的要求以及由此产生的仇恨心理似乎已经成了拉丁民族精神的构成要素之一……这一点给恺撒留下了深刻的印象,他说:没有哪个城市不是分裂为两个派别;没有一个郡、没有一个村庄,没有一个家庭能与派系纷争脱得了干系。要是那个城市在一年之中,没有发生武装袭击别的城市或是不曾全力抵抗外来的侵略,那倒让人感到奇怪。”[1]还有,千万不要如同理解中国历史那样,认为战争只是发生在国家与国家之间。在16世纪之前,民族国家尚未在欧洲诞生,欧洲的城邦、领地数量极其众多,由于缺乏共主的协调和控制,彼此间发生大大小小的战争实在是家常便饭。即便是在法国、英国这样的民族国家诞生之后的欧洲,战争也不仅仅发生在国家之间。长期的分裂导致了各个国家之间的相互竞争和相互牵制,使得每一个国王都不得不为了寻求内部势力的支持而与国内的大领主大贵族妥协,而每一个国王也都会为了限制其他国家的坐大而暗中分化其内部势力。因此在欧洲,不要说大多数国家压根就建立不起中央集权制,即便像西班牙、法国这样的偶尔披着中央集权外衣的国家,国王对于王国内部的控制力也是十分有限的。关于这个

---

〔1〕［法］古斯塔夫·勒庞:《革命心理学》,广东人民出版社2012年版,第91～92页。

问题人们只要读一读一份阿拉贡贵族对其国王的誓言就可以知道了——“我们这些与你一样优秀，但联合起来比你有力量的人，将你视作我们的国王和领主，条件是你要尊重我们的……特权，如果你不尊重我们的特权，我们就不再把你视作我们的国王和领主”。[1]在欧洲，领主与领主的战争、国家与领主的战争以及国家与国家的战争都是纠缠在一起的。法国的费尔南·布罗代尔曾经无可奈何地说：“不要以为法兰西至此已经统一，已经可以安居乐业。内战的烽火从未熄灭；领主之间仍在争王称霸，封臣的叛乱和劫掠有增无减，国王为扩大自己在新省区的权力而穷兵黩武，而在英法两国之间，从1109年起就在法国本土上开始了所谓‘百年战争的序幕’。抢劫、杀戮、巧取豪夺、惶恐不安成了家常便饭。”[2]

连绵的战争给欧洲人的生产和生活造成了不可估量的破坏和难以想象的痛苦。布罗代尔描述说：“（战争）造成农村十室九空……他们只是‘在城市周围或市内偷偷摸摸地’耕种小块的土地，一遇紧急情况，便赶紧进城躲避。就这样，许多农田被荒废，战争恐惧加上人口骤减使荒地成倍增加。儿童的死亡率高得惊人。恰如皮埃尔·古伯尔所说的：‘在两个孩子中，只有一个能够长大成人’。死亡成了日常生活的中心，正像教堂是村庄的中心一样。平均寿命可能还不到30岁。战争期间的朝不保夕和人心惶惶更犹如雪上加霜。埃德加·基内描绘了这一代人惶恐不安的心情。例如，具有良好素养的父辈认为没有必要让自己的子女接受合适的教育，因为他们年纪轻轻就要血洒疆场。这样的不安情绪怎么会有利于人口出

〔1〕［美］乔纳森·德瓦尔德：《欧洲贵族1400～1800》，商务印书馆2008年版，第153页。
〔2〕［法］费尔南·布罗代尔：《法兰西的特性：人与物》，商务印书馆1995年版，第113页。

生呢?”[1]朱迪特·M.本内特和C.沃伦·霍利斯特也证实道:“大约有三分之一的婴儿出生不到一岁就夭折了,另有三分之一在十岁之前死去……洪水和旱灾是困扰农民的两大因素,但再怎么样也比不上战争带来的威胁。封建主的军队们从来不管哪里是农村、哪里是农田,肆意放火将整个村子烧掉,或者直接把村子变成战场。”[2]

然而事物总是两面的。分裂在给欧洲人带来战争与苦难的同时,也让欧洲人意外地收获了一个好礼物,那就是平等与竞争。长期的分裂使得各个国家之间长期处于平等的地位,因此国王与国王之间,领主与领主之间必须通过订立契约的方式进行平等交往。即便是在看上去地位不平等的国王与领主之间、国王与商人之间,一定程度上也必须遵循契约的原则进行平等交往。因为如果哪个国王敢于公然违反契约的原则,不公正地对待自己的下属和那些商人,那么这个国王很快就会发现,资金和人才迅速地流向了国外,甚至流到自己的竞争对手那里去,反过来给自己制造麻烦。要知道欧洲虽然分裂,但是并不割裂,欧洲的各个部分从来都是紧密互动的。正如布罗代尔所说,“从波兰到大西洋,从北海到西班牙,欧洲的历史是以一个整体的面貌而出现的”[3]。在这个因为高度分裂而高度竞争的欧洲,一个面积狭小的王国或者一个更加狭小的领地根本就没有办法阻止这种无处不在的流动性。唯一的办法就是放低自己的身段,善待资金和人才,与之进行平等协商,订立言而有信的契约。关于这一点我在《文明与法治》中已经用大量的历史事实证明过了,在此不作赘述。

---

〔1〕[法]费尔南·布罗代尔:《法兰西的特性:人与物》,第138页、152页。

〔2〕[美]朱迪特·M.本内特、C.沃伦·霍利斯特:《欧洲中世纪史》,上海社会科学院出版社2007年版,第177~178页。

〔3〕[法]费尔南·布罗代尔:《法兰西的特性:人与物》,商务印书馆1995年版,第140页。

也许连欧洲人自己都没有想到的是,长期的分裂造就了欧洲的平等与竞争,而平等与竞争则倒逼出了欧洲的契约传统。这种契约传统不仅存在于各平等主体之间,也广泛存在于政治地位不平等的各种主体之间,简单地说就是不仅要横向订约,而且还要纵向订约。而这种纵向订约既然能够存在于经济领域,那么最终就一定能够延伸到政治领域,因为国王的权力既然无力侵犯人民的经济权益,那么最终也一定无力侵犯人民的政治权益。反过来,人民既然有能力倒逼国王签订经济契约,那么就一定有能力倒逼国王最终签订政治契约,因为从根本上讲,经济基础的确是决定上层建筑的。历史研究表明,这份旨在制约国王权力的政治契约最初往往是贵族们通过联合反抗而逼迫国王签订的,比如1215年的《大宪章》;后来为了将这种权力制约机制化,贵族们开始发明出议会这样的平台,比如1265年由西蒙·德·蒙德福特男爵策划的"西蒙议会";再后来,发现无法摆脱贵族制约的国王为了稀释贵族的发言权,索性扩大议会,将平民代表也纳入其中,比如1295年由"长脚"爱德华一世策划的"模范议会"。这些政治生活方式今天依然存在于欧洲,只不过人们现在把由贵族代表组成的议会称作"上院",把由平民代表组成的议会称作"下院"。国王也还在,只不过虚悬了起来,比如今天的英国。在《文明与法治》的第一章"契约"中,我已经用众多的历史素材对此进行过详细的论证。今天的人们往往把这种多方参与、分权制衡的政治生活方式称作"民主"而予以推崇,这应该是对的。不过如果有谁剃头挑子一头热地为这种政治生活方式赋魅,认为西方的政治家是由于道德高尚而与人民订约的话,显然就有点历史健忘症的感觉了。历史地看,西方社会今天的政治生活方式与其说是选择出来的,倒不如说是进化出来的。至于进化的逻辑起点居然与欧洲的分裂有关，而欧洲的分裂居然又与地理环境有关，则更是机缘巧合，造化弄人了。相同的人性被放在了不同的环境，际遇总是不同的。如果得到些什么，要记住：既有你的功劳，也不全是你的功劳；不必过分谦虚，也不必太过骄傲。

与欧洲人一样，由于长期处于统一状态，中国人也从上天那里收获了一个好礼物和一个坏礼物。也许很多人对这个好礼物已经熟视无睹了，但是只要想想欧洲的那个坏礼物，就知道这个好礼物究竟有多好了，这个礼物就是和平与繁荣。中国的统一是在一个大洲级别范围内实现的真正意义上的统一，与欧洲小打小闹的所谓“法国统一”、“德国统一”等完全不是一个层次上的概念。其实最关键的还不在于面积的大小，而在于中国的统一是将当时目力所及的主要文明区域全部囊括其中了。在这个大一统国家之外，基本上不存在可以与之竞争的文明体。〔1〕这种近乎绝对意义的统一带来的首先不是暴政，而是和平与繁荣。这一点可能会让有些人失望，然而事实的确如此。李光耀在 1990 年访问法国时就曾经对法国人解释说：“中国古时候建立帝国，是因为需要在大片疆土和多个民族之间维持秩序，以便人们能在帝国范围内自由交换货品和服务。当全球被分割成不同的帝国，就如第二次世界大战以前的情形时，争夺更多原料、更多市场、更多财富的结果就是战争。”〔2〕和平无疑是经济繁荣的首要保证，长达两千多年的统一究竟给中国带来多少和平

〔1〕 其实当时中国的周边国家并不少，但是基本上都是接受中国册封的藩属国和以中国马首是瞻的番邦小国，与中国构不成竞争关系。比如今天越南似乎要与中国争论南沙群岛究竟是谁先发现谁先命名的，其实越南这个国家倒是中国命名的。话说嘉庆八年（1803 年），阮福映统一越南北部，上表请赐国名“南越”。嘉庆谕大学士等曰：“‘南越’之名，所包甚广。考之前史，今广东、广西地亦在其内。阮福映即有安南，亦不过交趾故地，何得遽称‘南越’？”于是决定将“南越”改为“越南”，取“百越之南”的意思，从此一直沿用至今。而至于更早的“安南”，则是唐朝命的名了。

〔2〕 李光耀：《李光耀回忆录》（下），世界书局 2000 年版，第 499 页。

红利，中国人已经用长达两千多年的遥遥领先做出了最好的回答。而在这两千多年历史轮回的间歇，中国因为分裂战乱而蒙受的深重灾难也从另一个角度反证了统一的宝贵价值。2012 年 10 月 12 日，诺贝尔和平奖在挪威奥斯陆揭晓，欧盟获奖，其理由就是“欧盟帮助欧洲从一个充满战争的大陆变成一个充满和平的大陆”。就像我在《文明与法治》中所说的那样，统一的确是消灭战争的最直接、最有效和最可靠的方法。而实现统一，中国人不需要等到 21 世纪，中国人在公元前 221 年就做到了。

除了和平红利，长期统一还为中国带来了持续的规模优势。先进农业只有依靠高效的灌溉系统才能摆脱靠天吃饭的窘境，因此通过水利工程来驯服大江大河就成为发展先进农业的必备条件。这件事情中国人干得最漂亮，因为只有大一统的中国才有能力数千年如一日地调动大规模的人力物力来与大自然作斗争。且不说“大禹治水”这样的古老传说，也不说历代“治黄”这样的永恒命题，我们只要稍稍研究一下都江堰，就可以知道两千多年来中国人是如何调动人力、物力和智慧来与自然界进行周旋的。由于中国治水的成效如此之大，给外国人留下的印象如此之深，以至于卡尔·魏特夫在《东方专制主义》中干脆认为中国就是一个“治水社会”，因为治水需要大规模调动人力物力，才导致中国产生了专制主义制度。虽然很多事物都是“鸡生蛋蛋生鸡”地互为因果，但是客观地说，中国并不是因为大规模治水才形成大一统，而是因为大一统才做到大规模治水的，魏特夫的观点显然将因果的次序给颠倒了。

除了水利工程，大一统的规模优势还体现在防御工程、道路工程、统一市场、标准化运动以及科技传播等诸多方面。关于这些《文明与法治》已经做过很多论述，这里再补充一点农业技术方面的史实。中国的农业技术遥遥领先世界两千多年，固然有地理环境条件自我发育的原因，同时也有国家自觉研究、整理和推广的功劳，而最能够体现这一点的就是中国古代农书的数量和水平。据《中国古农书联合目录》统计，在西方近代农学传入我国以前，我国大小农书共634种，保存至今的有300余种（包括辑佚）；近年来又发现了许多以前所不知道的农书。这些农书绝大多数都是由承担“劝农”职责的农官或其他重要官员所著。比如著名的《吕氏春秋》是秦国丞相吕不韦组织撰写的；汉代农书《氾胜之书》的作者氾胜之曾为汉成帝议郎，后官至黄门侍郎，曾以轻车使者的名义在关中地区指导农业生产；北魏重要农书《齐民要术》的作者贾思勰做过高原郡太守，是个父母官；而明代集大成的《农政全书》的作者则是著名的徐光启，曾官至礼部尚书、文渊阁大学士，赠太子太保、少保。这些农书的数量和水平究竟如何只有与欧洲的农书进行比较才能看得出来：就数量而言，同时代的西方农书，就今所知不过几十种，其中大部分属于古罗马古希腊时期。中世纪晚期以前的，只有一本英国13世纪的《亨利农书》；就水平而言，据《亨利农书》记载，欧洲当时粮食收获量与播种量之比是3倍，简单说就是播1斤种子，打3斤粮食。1∶3的收成水平已经够糟的了，可是如果再往前追溯，那么还有更糟糕的，朱迪特·M.本内特和C.沃伦·霍利斯特在《欧洲中世纪史》中说道：“简单地说，在700年的法兰克，生活是艰难的，甚至是非常艰难的……农业收成很不好，种下去1蒲式耳的东西，只能收回来2蒲式耳。由于每户人家都得存一些谷子留到第二年种，这就意味着每一次收成都只是原地踏步，没有逐年增产的可能。即便要保持原地踏步，对当时的农民来说也非常困难，一来农具实在粗陋，二来他们可能欠了地主很多债。"[1]而据6世纪的《齐民要术》记载,我国当时粟的收获量与播种量之比是24~200倍,麦类是44~200倍。据《补农书》记载,明末清初嘉湖地区水稻最高产量可达四五石,合今天每市亩901~1126市斤,比现今美国加利福尼亚州的水稻产量还高。[2]中国数千年来一直保持世界第一的人口数量,与中国农业时代的高度发达和遥遥领先有着直接的因果关系。人口是历史的一面镜子,费尔南·布罗代尔在研究法国和欧洲历史的时候就一直在忙于统计人口。他说:"归根结底,人口是与历史有关的各种力量——稍纵即逝的、经久不衰的、不堪一击的、异常强大的……力量——的忠实记录。人口是所有各种力量的综合和排列。皮埃尔·肖努说得对:'在历史学家看来,人口指数是计量器、生命线、吃水线……有人才有历史'。"布罗代尔又说:"在1200年前的法国,人们插下一粒种子,可以收获三粒粮食;1300年至1500年,播种和收成之比上升为1:4.3;1500年至1820年间,则达到1:6.3……在1800年,欧洲的生活水平并没有超过世界上的其他主要地区,比如说中国。只是随着工业化的胜利,欧洲才扶摇直上,才为自己开辟特别有利的未来。"[3]

凡事有利必有弊。在中国统一的大礼包中,也夹带着一个坏礼物,这个坏礼物就是权力至上。由于缺乏外力竞争的牵制和倒逼,中国政治权力对内部的控制是压倒性的,而且由于国家太大,为了控制如此庞大的国家,导致权力的刚性十分大。这种绝对政治权力能够得以进化是那个时代人们治理一个大洲级别的天下国家的必

---

〔1〕[美]朱迪特·M.本内特、C.沃伦·霍利斯特:《欧洲中世纪史》,上海社会科学院出版社2007年版,第105~106页。

〔2〕李根蟠:《中国古代农业》,商务印书馆1998年版,第117页。

〔3〕[法]费尔南·布罗代尔:《法兰西的特性:人与物》(上),商务印书馆1995年版,第145页、157页。

然需求,其历史起点就是秦朝,理论依据就是法家。然而这种只有“自上而下”没有“自下而上”的治理结构从系统论的角度看是完全失衡的,十分容易集聚大量的内熵而导致系统崩溃。事实也的确如此:灭六国统天下之后,强大的秦朝迅速跌入暴政的泥沼,仅仅15年时间就被人民自下而上地推翻。代秦而起的汉朝统治者采用黄老之道休养生息了70年,一直在统一与分封的两难中犹豫摇摆。然而到了汉武帝时期,历史的钟摆终于再次倾向大一统体制,说明中国对统一的需求的确是刚性的。或者更准确地说,作为一种国家治理模式,统一的优点毕竟十分突出。只要稍稍研究一下历史就能够知道,不管是在中国还是在欧洲,实现更大规模的统一从来都是政治家们孜孜以求的梦想,只不过数千年来拥有这样的幸运的似乎只有中国。至于为何如此,前文已经做过论证,此处不再赘述。然而问题在于,大一统体制的缺陷毕竟没有消除,其惊人的破坏力也着实令人心有余悸,中国人究竟要用什么办法才能吃到这只美味的“河豚鱼”呢?

这个问题在董仲舒的手中得到了较好的解决,方案就是“儒表法里”——用儒家的“德治”来控制法家的“法治”,用道德的自觉来控制权力的滥用。一句话,为刚性的权力躯壳注入仁政的道德灵魂。要做到这一点十分不容易。首先,统治者必须把儒家的地位抬到最高,表面上不能和法家平起平坐,也就是“罢黜百家,独尊儒术”,这样才能占据道德制高点。其次,广泛开展全民儒家教育,从太子到庶民,从小就只让他们信这一套。当然太子先生除了老师这么教他之外,他老爸还会暗地里传授他一套王霸道杂之的帝王术,也算是“留一手”了。不过正是这个“留一手”最后成了这个体制的死穴,此乃后话。再次,为了让全国人民真学真信,就必须真的把那些学得最好的平民子弟选拔起来当官,以体现“榜样的力量是无穷的”这个真理,这就是长达1300年的科举制度。最后,还要把那些信得最深的平民子弟如海瑞者选拔去当御史或史官,不仅可以纠弹百官,还可以骂几句皇帝。说得难听一点,就是不仅要让狗咬狗,还允许咬两口主人,只要别太狠了就行。

前面这话有点调侃的味道,心里却没有任何调侃的意思,相反还有点肃然起敬。我常把自己的历史研究方法称作“历史现场研究法”,也就是把自己投入到历史现场中去理解历史,而不是站在现代生活的制高点上说风凉话。这件事中国人不仅是玩真的,而且还真的玩成真了。孔子真的当了两千多年的至圣先师,科举制度真的生效了1300年,读圣贤书真的能够当宰相,丹心真的能够照汗青。回想几千年的人类历史,能够干成这事的有几个国家?除了中国,我看是一个都没有。正是凭借这刚柔相济的两手,中国人在很大程度上缓解了大一统体制缺乏自下而上反馈机制的致命缺陷,成功地将一个王朝的寿命从15年拉长到了300年。从15年到300年其实并没有根本上的不同,因为早死晚死反正都是要死的;从15年到300年其实又是一个质的飞跃,因为一个人如果只活了15岁无论如何都不能算是很成功,倘若能活到300岁,则无论如何也不能算是很失败吧。由于300年超过了任何一个人的生命周期,甚至超过好几代人的生命周期,因此在中国人的多数经验中,大一统体制的形象一直是稳定、合理的。相比之下,王朝更迭时内乱的时间往往只有几十年,其带来的痛苦经验远不足以构成对大一统体制的反思,相反还会引发人们对大一统体制稳定时期的思念,从而反过来强化了大一统体制的合法性。有时王朝更迭后中国也会陷入像魏晋南北朝那样的持久分裂状态,但是那种长期分裂造成的锥心之痛更不会引发人们对大一统体制的反思,反而只会让人们疯狂地思念它。从这个意义上讲，大一统的轮回是中国人的无奈，也是中国人的选择。

倘若没有西方文明的到来，很多人都怀疑中国走不出这样的轮回。大一统体制的缺陷只有在与西方的契约型政治传统相遇之后才得以暴露并引发中国人的反思。大一统缺乏“自下而上”，契约强调“自下而上”；大一统缺乏自由平等，契约强调自由平等；大一统缺乏竞争活力，契约强调竞争活力。只要西方的契约没有拖沓成扯皮，尤其没有破裂成战争，也就是说只要它的好礼物还兜得住坏礼物，那么它在经济生活、社会生活和政治生活等方面的表现就的确会优于大一统，关于这一点中国人必须予以正视和承认。而如果西方的契约终于拖沓成了扯皮，甚至破裂成了战争，也就是说，如果它的好礼物最终兜不住坏礼物，那么它在许多方面的表现恐怕就很难让中国人服气，甚至让人觉得还不如大一统，关于这一点西方人自己也要清醒。

有人说，上帝总是公平的，当他关上一扇门的时候，也会为你打开一扇窗。依我看，当上帝给你一个好礼物的时候，也一定会给你一个坏礼物。很多很多年以前，当中欧两兄弟分道扬镳踏上征程的时候，上帝就分别给了他们一个好礼物和一个坏礼物。有意思的是，这两兄弟礼物的好坏居然还是相反的，中国的长处就是欧洲的短处，中国的短处就是欧洲的长处。凭借各自的好礼物，两兄弟才得以在人类历史上交替领先；由于各自的坏礼物，两兄弟也算是吃尽苦头伤痕累累。走了几千年的路，今天两兄弟终于又相遇了。鲁迅先生有一句诗：渡尽劫波兄弟在，相逢一笑泯恩仇。“相逢一笑泯恩仇”了断的只是过去，而我还在想着他们的未来。我真诚地希望他们分享彼此的好礼物，丢弃各自的坏礼物。即便最后发现上帝的坏礼物是永远丢不掉的话，至少希望他们用两个好礼物永远地兜住自己那个坏礼物，而绝不能是相反。

CHAPTER 02 >>

第二章

民主与民族

民主与欧洲民族国家

从现在开始,我们要用"民主"这个热门词语来直接称呼前文所说的西方契约型政治传统了。既然欧洲长期分裂的生态环境进化出了西方的民主生活方式,那么这种生活方式具体的生存环境很显然就是民族国家。民主不是全欧洲的政治生活方式,而是欧洲各民族国家内部的政治生活方式,因此民主和民族从一开始就结下了不解之缘。法国的民主是法国人的,英国的民主是英国人的,目前似乎还没有一种民主是属于法国人和英国人共有的。为什么呢?如果人们还无法想象法国人和英国人有朝一日会一起来投票选举共同的总统或首相的话,那么为什么又会相信多样性完全超过了法国和英国两国之和的中国有朝一日就一定能够做到呢?

我们不妨从民主的发生机制着手分析。2012

年5月6日,法国新一届总统选举结果揭晓,社会党候选人弗朗索瓦·奥朗德以51.62%的得票率险胜现任总统尼古拉·萨科齐48.38%的得票率,当选法兰西第五共和国的第七任总统。仅以3个百分点之差落败的萨科齐立即承认败选并向奥朗德发去祝贺:"法国人民已经表达了他们的声音。奥朗德是法国的总统,他必须被尊重。"说实话,在我的印象中,萨科齐似乎并不是一个让人欣赏的政治家,不过他的这个败选声明倒是令人刮目相看。输了认输,游戏继续。不过估计萨科齐也没有那个胆量,敢赖着不认输。因为这个选举不是他和奥朗德的游戏,而是法国人民的游戏,不要说他得了48.38%,就算得了49.99%,也得认输。秘密其实不在萨科齐和奥朗德身上,秘密在法国人民身上,萨科齐是在代表48.38%的法国人认输的。现在关键的问题来了,为什么48.38%法国人会甘心向51.62%的法国人认输呢?难道这48.38%的法国人就不担心那51.62%的法国人利用微弱的多数优势一次次地通过法案,剥夺他们的利益,伤害他们的感情吗?从理论上讲这种情况是完全可能发生的。安东尼·阿伯拉斯特在谈到北爱尔兰问题时就曾经说过:"设若一个社会被划分为在其中有一个或多个的永久性的少数派,而他们知道在处理问题时大多数时候是绝不会以他们希望的方式来进行的……由于天主教徒和爱尔兰民主主义者这样的永久性少数派被排斥在新教徒的联合主义的'人民'概念之外,而被称作'阿尔斯特人',民主变得滑稽……北爱尔兰存在对少数派的压迫。"[1]倘若这种情况也发生在法国,那么人们绝对有理由相信,这48.38%的法国人应该首先会在议会强烈抗议。如果抗议无效,很可能就会进行

〔1〕［英］安东尼·阿伯拉斯特:《民主》,吉林人民出版社2005年版,第100页。

街头抗争。若是激烈抗争依然无法阻止侵害的话,那么这48.38%的法国人恐怕就要聚在一起讨论一个严肃的问题了:是否与那51.62%的法国人分家,咱们自己过。这可不是什么天方夜谭,而是完全符合逻辑的理论推演,也为世界上许多国家的“民主”实践所一再证明。北爱尔兰共和军不就是因为这个逻辑而与英国人大打出手的吗?在后面的论述中,我们很快就会看到更多这样的例子。

然而现在看到的事实是48.38%的法国人居然认输了,说明他们应该没有前文所说的那种担心。这反过来证明,这两部分法国人的选择很可能在本质上并没有太大的差别,选举并不是双方的一次生死抉择,而只是双方的一种制衡游戏。法国人在开始这场游戏之前,就已经确认过他们的共同基础了,而只要这种共同基础在,那么选举带来的差别就基本上被保持在可容忍的范围之内,没有大得大失,也不必大喜大悲。我把这种前提性的共同基础称为“共识和感情”。所谓“共识和感情”其实并不是一个十分准确的范畴,也很难准确界定其内涵和外延。大概来说,所谓共识主要是指共同的理性认知与利益指向,所谓感情主要是指共同的民族宗教与文化心理。一个共同体如果拥有了这样的“共识和感情”,大抵上就可以称之为“命运共同体”了。而只有一个真正的命运共同体,才可以承受差异与冲突,才可能寻求妥协与共赢,法兰西共和国大抵上就是这样的一个命运共同体。当这个命运共同体进行五年一度的选举时,人们看到的是萨科齐与奥朗德的相互指责,看不到的是一千五百年前法兰克人与高卢人的相互融合。从这个意义上说,今天欧洲各民族国家之所以能够普遍采用这种以竞争和选择为主要特点的选举民主,是与这些国家普遍拥有一个压倒性的主体民族有着千丝万缕关系的。虽然这个提法如果继续简化下去就有可能滑入谬误,但是为了将这个命题更加清晰地呈现出来并给人以深刻印象，我还是冒险总结一下：选举民主适合于民族国家。

并不是所有的国家都叫"民族国家"，这个问题我将在后面的文字中予以解释。关于民族，中国人和欧洲人的认识和研究是不太一样的。中国是一个统一的多民族国家，因此以研究民族关系为主，研究方法主要是实证的；欧洲则多为单一民族的民族国家，因此以深究本民族的特质为主，研究方法有时有点形而上学，常常是科学与神学并举，真理与谬误齐飞。不过这并不妨碍我们借用他们的思想来观察他们的世界，因为后者本来就是由前者创造的。法国的古斯塔夫·勒庞认为："民族是在历史中形成的一个有机体，因此就像其他有机体一样，它只能通过缓慢的遗传积累过程发生变化。"[1]在《革命心理学》中，勒庞明确提出了"民族精神"的概念，认为"只有通过若干世纪的缓慢积累，思想、情感、惯例乃至偏见才能够汇集成一种民族精神，它赋予一个民族以力量……一个民族的历史首先就是建立其民族精神的过程。对于一个民族来说，只要它还没有形成自己的民族精神，它就是一个缺乏凝聚力和力量、尚未开化的游牧部落"[2]。对此阿伯拉斯特也有过类似的表述，他说："民主并不意味着社会中的无限的多样性。它需要一个不但共享价值而且共享体验的基础，因此人们认为自己属于其政治体制，从而可以信任该体制的程序及其结果。"[3]勒庞所讲的"民族精神"和阿伯拉斯特所讲的"共享价值和共享体验"，大概就相当于我们所讲的"共识和感情"；它是一个民族国家的凝聚剂，也是这个国家开展民主生活的重

〔1〕［法］古斯塔夫·勒庞：《乌合之众：大众心理研究》，中央编译出版社2005年版，第64页。
〔2〕［法］古斯塔夫·勒庞：《革命心理学》，广东人民出版社2012年版，第74～75页。
〔3〕［英］安东尼·阿伯拉斯特：《民主》，吉林人民出版社2005年版，第110页。

要前提。

民主与欧洲多民族国家

民主与民族之间的关系是否真的如此紧密?难道就不存在这样的可能性:这一切不过是一种历史的巧合,只是因为民主是欧洲国家发明的,而欧洲国家刚好又是民族国家?

这个问题需要欧洲的多民族国家来回答。并不是所有的欧洲国家都是民族国家,欧洲历史上也有不少典型意义的多民族国家,如前南斯拉夫。当然如果从最严格的意义上说,欧洲没有一个纯粹的单一民族国家;而如果从一般意义上说,我们姑且把像法国这样拥有一个主体性民族的国家称为民族国家,把前南斯拉夫这样由多个主要民族组成的国家称为多民族国家。在实施民主的过程中,这两类国家其实都遇到了民族因素的挑战,只不过法国遭遇的挑战更小,目前尚处于可控状态,因此前文的分析故意技术性地忽略了这个问题;而前南斯拉夫遭遇到挑战更大,几经博弈之后完全失控,最后酿成一个巨大的悲剧。由于欧洲地缘政治的原因,前南斯拉夫所在的巴尔干半岛从来都是多民族、多宗教和多语言交汇的多事之地。在铁托时代,南斯拉夫由塞尔维亚、黑山、斯洛文尼亚、克罗地亚、波黑、马其顿六个共和国组成(其中塞尔维亚共和国内部还有科索沃、伏伊伏丁那两个自治省),一个共和国就是一个民族,甚至一个共和国内部还有多个民族和多种宗教。南斯拉夫各民族之间的关系十分复杂,历史上的矛盾纠葛很多,语言、文字乃至宗教也各不相同。不过从宏观上看这些问题都不是最重要的,最重要的问题在于这“六合一”的组合时间实在是太短了。即便是从1918年的“塞尔维亚人、克罗地亚人和斯洛文尼亚人王国”成立起算,到1992年前南斯拉夫分裂为止也不过几十年的时间。对于一个民族国家动辄千年级别的酿造期，这几十年的时间近乎于“闪婚”，简直可以忽略不计。在铁托时代，通过打压和削弱“大塞尔维亚”来搞点民族平衡，算是勉强维持了这个“大拼盘”的稳定。一旦强人故去，六个民族的自我认同立即膨胀起来。中国有句俗话叫作“瞌睡遇见枕头”，民族正在蠢蠢欲动，民主却又不期而至。作为一种自下而上的自决机制，民主首先就表现为地方自决权。一个国家只要超过两级政府，就必然存在地方选举，事实上就是一种地方自决权。而如果一个地方基本上就是一个民族，那么地方自决权也就和民族自决权相互叠加起来了。很快地，在民族自决权的民主外衣下，前南斯拉夫各民族之间的猜疑、争斗直线上升，“分家”的欲望不断膨胀。尽管付出了血的代价，风靡一时的前南斯拉夫最后还是一分为六，散伙了事。前南斯拉夫分裂的根本原因在于民族认同，而直接导火索正是民主自决。民族与民主之间的互动关系绝不是随便说说的。

前南斯拉夫地处南欧，与西欧国家从来都是在一个历史的盘子里吃饭的，不可能没有见识过西欧国家发明的所谓民主。前南斯拉夫最终没能学好，很显然不是信息闭塞的问题，也不是学习能力的问题，而恐怕是学习条件的问题。事实上，除了前南斯拉夫，欧洲几乎所有的多民族国家都遇到了类似的挑战。比利时讲荷兰语的弗莱芒区与讲法语的瓦隆区已经“民主冷战”多年，只等“离婚”了。在长期的隔阂对立中，双方都犯上了“语言洁癖症”。在荷语区，双语路牌被人涂成了单语路牌，政府不给法语书籍超过 25% 的公共图书馆拨款，不给讲法语当选的法裔镇长发任命状，甚至还进化出了“语言警察”这个全世界独一无二的警种：不仅要管镇议会不能用法语开会，甚至要管老百姓不能发印有双语的名片，反正想方设法就是要把法语居民统统逼出荷语区,然后“静待比利时蒸发”。相比之下,当年苏东剧变时,捷克斯洛伐克倒是很干脆地“民主分裂”成了捷克和斯洛伐克,免得捷克语与斯洛伐克语今天也如此扯皮。我不愿意危言耸听,不过从目前来看,欧洲的确还有不少多民族国家存在着“民主冷战”或“民主分裂”的危险,尤其是在欧债危机不断深化的持续打击之下。西班牙一直就有加泰罗尼亚地区和巴斯克地区的独立问题。加泰罗尼亚的核心城市巴塞罗那与首都马德里在政治场上是对手,在足球场上也是对头,每次巴塞罗那队与皇家马德里队狭路相逢,都是彼此死磕的“国家德比”。由于加泰罗尼亚是西班牙最富庶的地区,因此欧债危机发生之后,在西班牙财政紧缩的压力下,加泰罗尼亚地区的离心倾向更加明显。2012 年 11 月 25 日在加泰罗尼亚地方议会选举中,支持地区独立的政党夺得了 135 个席位中的 87 席,使得分裂的危险大增。除了西班牙,欧洲其他几个主要的民族国家也多多少少有此类“消化不良”的民族问题。比如,法国有拿破仑的老家科西嘉岛的独立倾向问题,德国则有宝马和奥迪所在的最富裕的巴伐利亚州的独立倾向问题。英国就更不用说了,苏格兰和北爱尔兰一直是个老问题,北爱尔兰共和军与英军之间的战争甚至一直打到了 2005 年。当然这些欧洲大国由于整体实力较强,又是美国的盟友,其他外国势力也不敢过多介入,因此目前还算稳得住局面。倘若是欧洲小国染上了这“民族病”,那可就没那么幸运了。很多人可能都知道地中海的小岛国塞浦路斯,却不一定知道这个塞浦路斯事实上已经分裂近 40 年了。原因也很简单:塞浦路斯的北部是信奉伊斯兰教的土耳其裔,南部是信奉东正教的希腊裔,希腊裔的人数占优势。1974 年,希族民族主义者试图将塞浦路斯并入希腊,结果土耳其立即入侵塞浦路斯并占领 37% 的北部地区,成立了至今只有土耳其独家承认的“北塞浦路斯土耳其共和国”。塞浦路斯北部的历史古城法马古斯塔曾经是全岛最繁华的城市,被土耳其军队占领后,约4万名希族人逃往了南方。而根据联合国协议,城中希族人的财产仍为希族人所有,土耳其人不得动用,从而导致了法马古斯塔的大部分饭店、房屋和其他设施自1974年后就一直处于尘封状态,全城空空荡荡,人称“鬼城”。

欧洲国家以“分”为特质的文化传统本来就欠缺对多民族、多语言、多宗教的包容和同化能力,以民族自决权为特点的选举民主又从制度意义上进一步强化了多民族国家在某种条件下自我瓦解的倾向。对此,深谙其道的勒庞说:“大凡国家之中,外国势力不可以太强,否则就会使得国家解体,因为它的力量足够消除民族所特有的精神。过去,罗马外族最多的时候,帝国已经改变了。假设我国的人口减少,边境各国的人口屡增,如果听任他们的移民入境,必然导致危险。”[1]阿伯拉斯特对民族自决权可能导致“民主分裂”也有点不知所措,他说:“或许大多数英国人认为应当由福克兰群岛和直布罗陀的居民来决定什么样的国家可以统治他们,但阿根廷人和西班牙人却不会有这样的想法。而且他们的错误不太明显。假设多数人投票决定将约克郡和康沃尔从英国分离出去,并选出它们自己的政府,那么其他英国人能完全承认这两个郡的人有民主权利去进行实际的自决吗?这个很令人怀疑。”[2]

在多民族国家里,各民族在长期的和平共处中往往已经有了很多的互动,甚至于彼此的边缘都已经比较模糊,呈现出你中有我我中有你的状态。站在全人类的高度上,这既是一件值得高兴的好事

〔1〕［法］古斯塔夫·勒庞:《心理学统治世界》,金城出版社2011年版,第65页。
〔2〕［英］安东尼·阿伯拉斯特:《民主》,吉林人民出版社2005年版,第100页。

情，也是一种不可逆的客观趋势，因为民族的形成说到底也不过是这个趋势中的某个片段。然而民族自决权的“碎片性”效应却是建立在民族之间的边缘应当尽可能清晰的假设基础上，而且还会制度性地强化民族边缘的清晰性。民族融合的大趋势与民族自决权的“碎片性”效应之间的矛盾往往是酿成悲剧的重要原因。因为一旦民族关系紧张，或者为了在选举中赢得选票，各民族的精英集团往往会通过调动民族情绪来让本民族的选民迅速归队，其中最佳的操弄手段自然就是煽动仇恨。这个世界从来就不缺乏仇恨，缺乏的是发现仇恨的眼睛。如果有一种机制天生就善于发现仇恨的话，那么仇恨总是无处不在的；而且它很快就能尝到“甜头”，因为仇恨是赢得选票或赢得战争的最有效的手段，成本最低（有时只需要一个老掉牙甚至莫须有的故事），收益最高（有时能让一个一文不名的操弄者奇迹般地成为人上人）。埃里克·霍弗说得对：“在所有团结的催化剂中，最容易运用和理解的一项，就是仇恨。仇恨可以把人从他的自我快速卷走，使他忘记自己的幸福和前途……海涅说过，基督教的爱所无能为力的事，可以靠一种共同的仇恨去做到……希特勒被问到有没有考虑过要把犹太人全部消灭时，他回答说：‘没有……那样我们势必得另外创造一个犹太人。要紧的是有一个具体的敌人，而不仅是一个抽象的敌人。’”[1]而正如李光耀所说，“一旦人们只根据种族来辨别敌人，就像辨别一件制服一样，他们便会做出愚蠢和罪恶的事情来”[2]。欧洲国家乃至于人类社会究竟因为这种仇恨做过多少愚蠢和罪恶的事情，大家心里都要十分有数。

西谚有云，凡是规律必有例外。所谓欧洲多民族国家容易“民

〔1〕［美］埃里克·霍弗：《狂热分子：群众运动圣经》，广西师范大学出版社 2011 年版，第 119 页。
〔2〕李光耀：《李光耀回忆录》（上），新加坡联合早报 2007 年版，第 619 页。

主冷战”或“民主分裂”的规律也并非没有例外。瑞士似乎就是一个例外：700多万人口的中欧小国，74%的德意志人、20%的法兰西人，4%的意大利人，还有1%的古罗马人后裔——罗曼什人，语言相应地也是四种。在几个强大母国的环伺之下，瑞士居然几百年没有分裂，而且给世人留下世外桃源的好印象，也算是一个奇迹了。这个奇迹当然要归功于瑞士与世无争的永久中立国策略，以及联邦无为而治的26个州高度自治体制。然而我们如果把历史拉长一点，就会发现瑞士其实并非天生的世外桃源。在宗教改革时期，瑞士一样分裂为两个宗教地区，爆发过激烈的宗教战争，先是天主教地区战胜了新教地区，180年后新教地区反败为胜，结束了天主教地区的统治。其间还抽空发生过农民起义，结果一样被政府残酷镇压；在拿破仑席卷欧洲时期，瑞士一样成为大国混战的主战场，国内也乘机发动政变，最后还是拿破仑颁布的调停宪法，使各州获得一定的自主权；在资本主义扩张时期，瑞士一样面临由于各州关税、度量衡、货币的差别而使自由经济受阻的矛盾，最后自由州与保守州还是兵戎相见，通过战争统一了经济大环境，人员车辆从此可以自由流动。这场战争只比美国的南北战争早十几年；在两次世界大战时期，瑞士尽管保持中立，但是国内一样存在着民族立场的分歧，当然了，一定是德语区支持德国，法语区支持法国，绝不会搞反的；而世界大战带来的危机和分歧也一样引发过全国大罢工，待到闹得不可收拾的时候，瑞士政府也一样调动军队用武力来收拾。看来在人类历史的长河中，哪怕超脱如瑞士者也一样需要卷起裤脚来蹚河。

托时代的福，如今的瑞士可谓是富甲天下、民主和谐。然而这并不意味着民族与民主之间就毫无关系了；否则瑞士也就没有必要分成26个州,也没有必要让每个州高度自治了。700万的人口分为26个州,民主的“碎片化”效应是明摆着的,只不过“碎片化”之后的各个部分都保持距离相安无事罢了。万一其中的某个州还没有“碎片化”到底,那么这个州就总归会有点“消化不良”。这样的事情瑞士历史上至少发生过三次:1597年阿彭策尔州因教派不同而分为阿彭策尔内罗登和阿彭策尔外罗登;1833年巴塞尔州因城乡矛盾而分为巴塞尔城州和巴塞尔乡州;而最近的一次分裂发生在1978年,首都伯尔尼在被搞了几次爆炸之后,终于公投分裂出了汝拉州。不过有意思的是,这三个分裂出来的州只能算是“半州”,所以瑞士既可以算成23个州,也可以算成26个州。若是站在生活的角度看,如今瑞士的生活方式的确是很令人钦羡的;倘若站在历史、现实和未来的角度看,瑞士的生存方式和生活方式是否能够被大多数国家尤其是大国所复制,是否能够经受得住环境条件剧烈变化的考验,是否有可能在极端的情况下被反转,恐怕也只有上帝知道了。

契约型政治的基本逻辑是自下而上地逐渐“结晶”。在今天这个历史横断面上看,由于不同的历史机缘,有的欧洲国家已经“结晶”成了比较单一的民族国家(这种情况已经很少了,即便是公认的单一民族国家希腊也有2%左右的土耳其人、马其顿人和保加利亚人),有的欧洲国家已经“结晶”成了有一个压倒性主体民族的多民族国家(这种情况居多,法国、德国等都是这种类型的国家),有的欧洲国家则已经“结晶”成了没有一个压倒性主体民族的多民族国家(这种情况也不多了,尤其是在苏东剧变中前南斯拉夫等国家纷纷解体之后)。然而从理论上讲,这种自下而上的结晶过程并非是不可逆的。对于一个晶体来说,一旦环境温度上升到一定限度,晶体就有可能重新解构融化;而对于一个欧洲多民族国家来说,一旦环境条件严酷到一定程度，国家也并非没有解体的危机。现代欧洲国家"结晶体"的暂时稳定在很大程度上是建立在它们对世界资源的巨大占有和内部分配的极大充裕基础之上的。一旦欧洲国家竞争力衰退，资源占有量总体缩减，内部的分配就会立即趋紧。而上百年来过惯了好生活的欧洲人又如何能够接受这种紧日子？能罢工能游行，手里还有选票，欧洲的民众必定不会轻饶过政府。而国家内部那些富裕的民族和地区也必定会借机发难，从民族自决权和地方自决权的理论中寻找点依据，以便"民主"地甩掉穷兄弟轻装上阵。"你我本是同林鸟，大难临头各自飞"，契约型社会结构的脆弱性在经济危机的打击之下正在逐渐暴露出来。与中国的社会结构相比，契约型社会结构的长处在于冷静的理性，短处在于冷漠的理性。在一个不测的世界里，一个共同体的结构逻辑是否只需要建立在理性计算的基础上，是很值得人们深思的一个问题。而关于"契约"的自私与狭隘，《文明与法治》中已经有过很多的论述，此处不再赘述。

民主与非洲阿拉伯"部落国家"

2010 年 12 月 27 日，突尼斯小贩穆罕默德·布瓦吉吉在被突尼斯城管粗暴对待之后引火自焚，引发了一场席卷北非中东的"阿拉伯之春"运动。先是独裁统治 23 年的突尼斯总统本·阿里仓皇出逃，接着是执政 30 年的埃及总统穆巴拉克锒铛入狱，再接着是独裁统治 42 年的利比亚领导人卡扎菲惨死沙漠，随后又是执政 33 年的也门总统萨利赫被迫退位；如今子承父业的叙利亚总统巴沙尔·阿萨德在反对派武装和西方国家的围攻之下也已经是苦苦支撑，朝不保夕。若不是沙特力挺巴林，而美国又罩着沙特，相信多米诺骨牌还会倒下更多。在“阿拉伯之春”运动的冲击之下,那些曾经不可一世的独裁者终于暴露出了他们虚弱的本质,被秋风扫落叶般地清除出了历史舞台。这一场运动也因此被贴上了“民主”的伟大标识,与那些被“打倒在地”甚至被“打倒在地狱”的独裁者们形成一种鲜明的对比和一种历史的反讽。

然而事情的本质真的就这么简单吗?为什么非洲阿拉伯地区总是盛产独裁者和军阀?为什么这些地区总是难以施行民主?为什么这些地区总是战乱频繁?我们的心中还有很多的疑问需要解答。难道真的只是因为这些地区的人民素质太低、经济太差,不懂得民主?而这些地区的军阀和独裁者们又太过凶残、太过暴虐,不愿意民主?站在一个历史唯物主义者的角度,我并不排斥这样的道德判断,但决不会停留于这样的道德判断。多少年来,当我们舒舒服服地坐在客厅里,从电视中看着这些地区的人民在爆炸的废墟中一次次地激动、激烈和激战,我们是否真的听懂了他们,看懂了他们?我想大多数的人是做不到的。在这个西方语言大行其道的时代,懂得英语法语而懂得英国法国的人已经很多很多,但是懂得阿拉伯语而懂得阿拉伯的人实在是太少太少,更不用说还有几个人能够懂得土著语言而懂得土著了。我当然也不懂得他们的语言,不过我至少知道自己不懂。而正因为知道自己不懂,又知道人性如此相通,知道世界上没有无缘无故的爱,也没有无缘无故的恨,所以我会努力地从他们的微笑、激动、悲伤和绝望中读懂那些人类共同的语言,会努力地将那些不为人们所重视的片段信息缀补成一条可供攀援的历史线索。我相信只要有心,任何人之间都是可以交流的;倘若无心,两个同胞之间一样可以形同陌路,甚至视若寇仇。

我想从非洲的国境线说起。摊开一张世界地图,我们会发现一个奇怪的现象:世界上大多数国家的边境线都是不规则的曲线,而非洲国家的边境线大多数却是规则的直线。这是为什么呢?答案很清楚:欧洲殖民的结果。欧洲人殖民非洲的历史可以从1415年葡萄牙人占领休达港起算,中间插播了一段奥斯曼帝国的殖民扩张史。随后欧洲列强逐渐打垮奥斯曼帝国,掌握了非洲的"殖民专利"。然而欧洲的分裂基因也因此传染到了非洲,如何瓜分这块"黑巧克力蛋糕"成了欧洲列强的烦心事。欧洲列强先是使出上帝的第一个礼物,打成一团;接着使出第二个礼物,开会讨论。1884年,著名的(也可以说是臭名昭著的)柏林会议召开,欧美15个国家在会议上展开了激烈的争夺,最后照例还是以一个契约收场——《关于非洲的总议定书》。这个重要的契约不仅仅搞定了刚果盆地的归属问题,更要紧的是从此确立了列强瓜分非洲的总原则,为欧洲殖民非洲敞开了大门。柏林会议之后,欧洲列强迅速掀起了瓜分非洲的狂潮。仅仅二十几年时间,非洲3000万平方公里面积的96%就被瓜分完毕。由于蛋糕实在太大,因此有一个国家的代表在签订议定书之后还不无得意地"烦恼"了一把:"现在,非洲已经瓜分完毕,可是有一个问题,它们在哪儿呢?"连在哪儿都不知道就把人家给瓜分了,说明这些殖民地的瓜分一定离不开圆规与直尺的功劳。事实也的确如此。在划分领地的时候,欧洲列强往往是用圆规和直尺在地图上划好界线,然后派出自己的军队沿途插上国旗进行"有效占领",一圈就是几十万甚至几百万平方公里。比利时国王利奥波德二世就是这样用圆规和直尺从地图上圈走了200万平方公里的个人领地,76倍于自己的国家,真是个典型的暴发户。

在国家之间为了方寸之地就能大打出手的今天,人们的确很难想象当年那样一个狂飙突进的时代。统计表明,44%的非洲国家的边界是按经线或纬线划定的,30% 的国界是用直线或曲线的几何方法划定的,仅有 26% 是由河流、山脉构成的自然边界线。在殖民者的利刃下,人为的整齐边界穿过了许多部落的聚居地,将一个个有机的整体无情地切割开来;在殖民者的利刃下,人为的整齐边界也圈住了许多部落的聚居地,将一个个互不相关甚至互相仇视的部分无理地拼凑起来。在殖民地时代,由于殖民统治者拥有着压倒性的统治力量,这种粗暴的切分方法还没有完全暴露出它的荒谬性来。然而"二战"之后,当席卷全球的"民族解放运动"将殖民者一个个赶跑之后,问题终于暴露出来了。对照一下当年的非洲殖民地地图和今天的非洲国家地图,我们就会发现二者几乎是完全一样的。这说明民族解放运动所催生的各个国家几乎是原封不动地继承了当年殖民地的国家边界,同时也就必然继承了当年划分殖民地时的无情和无理。当年总算还有殖民统治者这个强大的共主压着,现在共主跑了,谁听谁的?

为了生产、生活和生存的需要,人类社会在长期的历史发展过程中发育出了各种各样的组织。从目前的经验来看,最重要的组织应该首推家庭。因为家庭是一个真正的命运共同体,家庭成员之间风雨同舟,不离不弃,相互照顾,彼此忍让,其凝聚力绝不是其他共同体所能比拟的。而如果说还有一种组织可以与家庭相匹敌的话,那么这种组织应该非国家莫属。国家也是一个真正的命运共同体。在国家主权的理论假设中,国家拥有对内和对外的绝对权力。这意味着什么呢?这意味着每个人实际上都将自己生杀予夺的最高权力托付给了国家这个"利维坦",因此每个人与国家之间的关系绝不能是一般的关系,而必须是一种高度的信任、信赖乃至于信仰。同时,国家的各个组成部分也应该是同呼吸共命运的:由于同在一个屋檐下,各个部分之间的利益往往是相互流动和彼此混同的;在必要的时候,他们可能还需要并肩作战,生死与共。什么叫做命运共同体?这就叫做命运共同体。命运共同体一定是自然发育出来的,而绝不可能是人为切分出来的。就像夫妻需要培养共识和感情一样,国家也需要培养共识和感情,因此就像家庭不应通过捆绑包办来组织一样,国家也不能通过人为切分来构建。我们在前文用了很多的篇幅来讨论民族问题,事实上就是想要论证民族国家作为一个命运共同体,可以为民主的实施提供良好的社会基础;而多民族国家倘若不能形成一个命运共同体的话,一旦民族与民主之间产生非良性互动,就有可能产生很大的问题。

这些新诞生的非洲国家既不是民族国家,也不是多民族国家,而是"部落国家"。当年欧洲凭借近代科学技术和资本主义生产方式进军非洲的时候,整个非洲的生产方式和生活方式都还处于落后的游牧和渔猎时代。这种生产方式和生活方式所能凝聚和所需要凝聚的人口规模是十分有限的,人们一般将这样的群体称为"部落"或"部落联盟"。从所谓的"氏族"到所谓的"部落"再到所谓的"民族",社会共同体的进化并没有什么截然的边界;但是至少从规模意义上说,非洲还远远没有形成类似欧洲国家那样的民族,而只是有着很多的部落。简单地说,非洲还没有进化到"民族"的历史阶段,而只是进化到"部落"的历史阶段。当初殖民者在随意瓜分非洲的时候,同时犯下两个错误:一是"棒打鸳鸯"地将同一个部落切分给不同的国家。比如,英国人就曾用北纬22度线把白沙利亚和阿巴伊达两个部落一刀"切成两半",一半给了埃及,另一半给了苏丹,从而制造出了著名的哈拉伊卜三角区,搞得埃苏两国矛盾不断。二是"乱点鸳鸯谱"地将许多不相干的部落切分成同一个国家。由于部落的规模很小,因此第二个错误是主要的。利比亚就是一个典型的例子。利比亚175万多平方公里的国土有94%是沙漠和半沙漠,在各个散落的绿洲上居住着几百个彼此隔离的部落。其中最大的瓦法拉部落不过100万人口,不足全国人口的1/6;而卡扎菲出身的卡达法部落,人口鼎盛时也不过15万人,已经是第三大部落了。即便以最宽泛的“结晶”标准看,这些散乱的部落历史上也从来没有形成过一个整体,最多只能分为三大地区板块——的黎波里塔尼亚(以的黎波里为核心的西部)、昔兰尼加(以班加西为核心的东部)和费赞(以迈尔祖格和塞卜哈为核心的南部)。利比亚之所以成为一个整体的唯一理由就是欧洲的殖民。1912年,利比亚在意土战争之后沦为意大利殖民地,从此以一个整体的形象被动地登上了现代历史舞台。“二战”爆发后,“沙漠之狐”隆美尔与蒙哥马利在北非沙漠展开拉锯战,结果后者获胜,利比亚就此落入盟军之手。

1951年,借着民族解放运动的东风,利比亚宣告独立,国王就是伊德里斯一世。伊德里斯出身于东部的昔兰尼加,是塞努西穆斯林教派的教长,由于立场亲英,在“二战”中曾率领昔兰尼加部落武装支持盟军对抗隆美尔,因而被英美看中。既然利比亚要独立,那么索性就把整个利比亚都交给伊德里斯,扶植其当国王。从意大利殖民时代开始,伊德里斯一心想要的只是昔兰尼加的独立,压根就没想过要当整个利比亚的国王。当殖民者将整个利比亚送到他面前的时候,据说伊德里斯颇是踌躇不安了一阵子,担心自己管不了那么多不相干的部落地区。当然最后还是没能顶住诱惑,欣然登基上任了。伊德里斯登基的那一天,正是1951年的圣诞平安夜。然而平安夜登基并不能保证伊德里斯一生平安,以昔兰尼加一地统治利比亚全境,其他部落又怎能服气?再加上阿拉伯与西方之间的民族主义矛盾和宗教矛盾,利比亚内部很快就开始躁动。1969 年,年轻军官卡扎菲领导的“自由军官组织”发动政变,成功地将伊德里斯王朝颠覆。这是一场漏洞百出、阴差阳错的军事政变,而且几乎没有流血,却能一举成功,从某种意义上也反证了伊德里斯王朝政权的脆弱性。政变成功之后的利比亚开始了漫长的卡扎菲时代。卡扎菲采用了各种政治手腕来获得部落的支持,维持了利比亚表面上的稳定;然而事实证明,42 年的时间并不足以弥合差别和仇恨,造就一个命运共同体,班加西从来就没有忘记过去。果不其然,一旦时机成熟,昔兰尼加各部落立即挥舞着从箱底里掏出来的伊德里斯王朝三色旗,投入到反对卡扎菲的战斗之中。不过与上一次政变不同的是,这一次内战是极其残酷的,卡扎菲惨死沙漠的镜头已经永远地定格在人们的记忆之中。只要历史的逻辑还在发挥作用,那么就很难相信曾经支持卡扎菲的部落会从此忘却一切。可以肯定的是,就算再给利比亚 42 年的表面稳定,这些曾经相互厮杀的部落也不可能变成一个真正的命运共同体。在历史面前,42 年实在是太短了。

也许正因为如此,尽管班加西曾经是反对派的大本营,但是在打倒卡扎菲之后,昔兰尼加心里想的却还是自治。更加耐人寻味的是,如今的利比亚全国政府对昔兰尼加的自治要求居然也很不感冒。这不由得让人相信,既然利比亚这个命题已经登上历史舞台,那么任何一个继承者似乎都不愿意让它在自己手里退出历史舞台,而是会想方设法地去求证这个命题,而不管它是否是一个“伪命题”。对于很多局中人来说,只要能够保住这个命题,求证方法都是可以因地制宜,甚至不择手段的。现在我们明白为什么非洲总是有很多的独裁者,总是有很多的内战了。借用一下马克思讲到中国农民时那个著名的比喻:原来利比亚是一个装着很多土豆的麻袋,土豆和土豆之间没有什么关系。如果你有本事,那就把麻袋口扎紧点,看上去似乎还是一个麻袋;如果你扎不紧,土豆自然就会滚上一地,引来路人一片惊呼。也就是说,要么独裁,要么内战。在这样的历史条件下,民主也不要妄想自己能够扮演什么"土豆泥搅拌机",把几千年都没搅到一起的土豆们搅拌成一个命运共同体。鉴于民族自决权的历史成绩,民主能不能充当扎紧麻袋的那根麻绳都是很值得怀疑的。利比亚各部落有朝一日真要是懂得了民主的奥秘,西方国家又不想再管了,利比亚的"分"恐怕是比利比亚的"合"更加让人看好的前途。

遇到夫妻吵架,中国人的习惯是"劝和不劝离"。这是中国以和为贵的传统价值观在发挥作用,可以理解。但是这也不能一概而论,尤其不能以己度人。若是夫妻间感情的确已经破裂,甚至本来就是捆绑的夫妻,不仅从来没有过感情,而且还互相往死里打,那么一味地不让离婚有时也是徒增痛苦的。利比亚该不该"离婚"我们不知道,苏丹已经"离婚"我们是知道的。2011 年 1 月,非洲第一大国苏丹的南部居民在国际社会的监督下举行史无前例的独立公投,结果 98.83% 的选民投票赞成南部地区独立,南北苏丹毫无悬念地"民主分裂"了。消息传来,中国网易的新闻标题是"苏丹分裂:一场迟到的离婚"。中国人没有幸灾乐祸,这的确是一场相当失败的"婚姻"。苏丹这个名字源自于阿拉伯语"Bilad-al-Sudan",意思是"黑(人)的土地"。顾名思义,苏丹最早的原住民应该是黑人。这一名字源自阿拉伯语,又意味着阿拉伯人来到了苏丹,而且是掌握着命名权的强者。没错,苏丹古称努比亚,由于北接埃及,历史上一直是与古埃及等非洲国家发生互动的。公元6 世纪中叶居然还经埃及大规模地传入了基督教,在黑人中颇为流行。历史的转折出现在公元

7 世纪阿拉伯势力自北向南的入侵。随着埃及的阿拉伯化，苏丹也逐渐被阿拉伯穆斯林占据。经过长达数百年的渗透和征战，公元 13 世纪，阿拉伯人彻底征服了苏丹。苏丹北部地区基本上完成了阿拉伯化和伊斯兰化，信奉原始拜物教和基督教的黑人则被压缩在了苏丹南部地区，分界线大概在北纬 10 度线上——这就是今天南北苏丹的基本原型。19 世纪 70 年代，比阿拉伯人更加强大的英国人来到苏丹，在击败了阿拉伯军队近 20 年的抵抗之后，于 1899 年将整个苏丹变成了英国事实上的殖民地。欧洲人浑身上下都是搞制衡的政治基因，英国人更是其中的行家里手。在统治苏丹的过程中，为了制衡阿拉伯人，英国人有意识地跑到南方的沼泽地去教黑人学英语，传播基督教，而且不让黑人说阿拉伯语和穿阿拉伯服装，从而进一步强化了苏丹南北之间的差异，留下了更加严重的后遗症。

接下来发生的事情基本上可以猜得出来了。民族解放运动开始了，殖民者要走了。在离去之前，英国人本想让南北分治，却又担心落后的南方没有能力生存，结果犹豫了半天还是把整个苏丹交给了北方的阿拉伯人。这一交交出了大问题。阿拉伯人可不是中国人，哪管你和谐不和谐的，接管南方的第一步，就是任命几百名接替英国人的地方官员，其中居然只有 4 名黑人。接着又把阿拉伯语作为唯一的官方语言，把伊斯兰教当作国教，把南方接受英语教育的黑人精英统统排挤出决策圈。不用说，如此蛮干的治理手法只会带来一个结果：内战。1955 年 8 月，苏丹都还没有正式宣布独立，第一次南北内战就率先爆发了。这一场残酷的内战打了 17 年，最后以同意南方成立单一地方自治政府而告终。没想到刚刚喘上几口气，苏丹政府又要将南方切分成几个省（其实南方本来也不是铁板一块），强制实行伊斯兰法律，结果又引爆了 1983 年的第二次南北内战。这

--一场更加残酷的内战整整打了22年,是全非洲时间最长的内战,至少250万人死亡,500万人流离失所。如果大家知道今天的南苏丹总共人口不过800多万的话,就可以想象这一场内战有多么的残酷和血腥了。

在西方国家的干预下,从2005年签订《全面和平协议》开始,苏丹开始正式进入分裂的轨道。尽管还有6年的过渡期,但是全世界都明白,南苏丹的独立已经是板上钉钉的事了。在这样的民族宗教关系面前,民主投票根本就制造不出任何悬念来。前者乃是后者的前提基础;皮之不存,毛将焉附?然而这还不是苏丹故事的最后结局。一个家庭共同生活日久,难免也会有共同的孩子和财产,离婚时要想分割清楚不是那么容易的一件事。南北苏丹毕竟曾为一个整体,南方有石油,北方有管道,谁也离不开谁,怎么分配利益呢?而最大的哈季利季油田跨界而立,应该分给谁呢?看苏丹油少,国际海牙法庭就把它裁给了苏丹。南苏丹岂能甘心,2012年3月突然出动军队占领油田,将油田设施全部破坏。怒不可遏的苏丹直接宣战,双方又是打成一团。有道是"匹夫无罪,怀璧其罪",苏丹打了几十年的内战都没有人管,如今多卖了点石油给中国,西方国家开始有点关心了。相信只要石油问题进一步发酵,南北苏丹的矛盾还会没完没了。别忘了,不管是苏丹还是南苏丹,都不是什么民族国家,而是"部落国家"——部落政治可供外部势力操弄的缝隙可谓大了去了。苏丹分裂之前有400个部落族群;分裂之后,两个国家依然是部落多如牛毛。如今北苏丹依然要面对黑人的棘手问题。苏丹西部的达尔富尔地区信奉伊斯兰教,却是黑人。宗教是不冲突了,那就轮到种族冲突。苏丹人若是没能力解决这个问题,麻烦还将会如影随形,不管你是想搞独裁还是想搞民主。而南苏丹的内部麻烦看来也不少。南苏丹有24个主要部族和许多小部族,彼此之间相互鄙视、嫉妒和对立。在与北苏丹对抗的时候,各部族总算还有一个共同的敌人。一旦独立,内部矛盾立即上升。果不其然,南苏丹还没有宣布独立,就有7支反政府武装扬言要推翻政府。许多部族已经把以往对北方人垄断政府的愤恨转化为对南方主导族群丁卡族的愤恨。要知道,当年领导南方内战的约翰·加朗和现在的南苏丹总统萨尔瓦·基尔都来自丁卡族,"丁卡统治"(Dinkacracy)已经成为其他部族不满情绪的聚焦点;尤其是第二大部族努巴族更是愤愤不平。然而经验告诉我们,"部落国家"很难走出任人唯亲的泥沼。在部落国家里,一个人首先忠诚于部落,其次才轮到国家;甚至只知道有部落,不知道有国家。正如恩格斯所说,"部落始终是人们的界限,无论对别的部落的人来说或者对他们自己来说都是如此:部落、氏族及其制度,都是神圣而不可侵犯的,都是自然所赋予的最高权力,个人在感情、思想和行动上始终是无条件服从的"[1]。正因为如此,一个独裁者往往只敢把关键的职位交给本部族的人,对于其他部族最多只是采用经济利益笼络,不敢与他们真正分享权力。[2] 而如果你想搞民主,那就更没指望了:不用投票,只要点一点自己部落的人头,就可以知道自己能得几张票了。部落国家的最大特点就是没有一个部落占多数,真要投起票来,鬼知道谁能当选。[3] 也许有人会说有悬念才是真民主,此言大谬。民主的本意是要通过投票的

---

〔1〕恩格斯:《家庭、私有制和国家的起源》,人民出版社1999年版,第100页。

〔2〕当年卡扎菲为了防止别人也学习他搞政变,几十年来对军队百般限制。利比亚军队号称10万人,实际上可供卡扎菲调遣的只有1万人,其中以他儿子率领的由本部族的人组成的第32旅最为精锐。等到部落战争四处火起,一个32旅怎么忙得过来?卡扎菲的垮台也就是必然的了。

〔3〕卡扎菲政变的时候,卡达法部落才4万人。经过几十年拼命扶持发展,到卡扎菲下台的时候,也不过15万人;其虽然是第三大部落,但只占全国人口的2.4%左右。如果要投票,卡扎菲大概会有2.4%的铁票。想想就能明白,只要卡扎菲不想下台,打死他也不会搞民主的。当然,事实也的确如此。

悬念来倒逼台上的人搞好政绩的;然而在这种硬邦邦的部落政治结构下,搞政绩的永远也搞不过搞关系的。部落不支持你,这个部落的选票你一张都别想拿到,管你有没有什么政绩。要知道,选举本来就是首先选自己人,其次才选好人。

前面这些话可不仅仅是推理,非洲还真有这样的国家,科特迪瓦就是一个典型的例子。2011 年 3 月,几内亚湾北部的西非小国科特迪瓦爆发了一场激烈的内战,吸引了全世界的目光。这场内战的直接导火索就是 2011 年 11 月的科特迪瓦总统选举。先是选举委员会宣布前总理瓦塔拉以 54.1% 的得票率获胜;1 天后,科特迪瓦宪法委员会推翻了选举委员会公布的结果,宣布上任总统巴博当选。结果两个候选人都宣称自己获胜并就任总统。一国两主,科特迪瓦立即陷入动荡之中。联合国、欧盟、非盟等国际组织全部承认瓦塔拉当选,并进行了多次斡旋,要求巴博和平交权,遭到巴博拒绝。于是瓦塔拉开始武装夺权,双方在经济首都阿比让等地展开激烈巷战,相持不下。最后法国的"独角兽"部队从 300 多人增兵至 1400 多人,在"独角兽"部队和联合国维和部队重武器的支持下,瓦塔拉武装冲进总统官邸的地下室,将巴博及其家人一举生擒。随后,瓦塔拉正式宣誓就职,等待巴博的将是漫长的审判和监禁生活。

到此为止,故事的逻辑是十分清楚的。按照一个坐在客厅里看电视的人的理解,整件事情大概可以定性为:一个混乱的国度,一个没有民主精神的独裁者,输了不肯认输,最后受到了应有的惩罚。然后我们关上电视,关于科特迪瓦的故事基本上就以这样的版本锁进我们的记忆了。然而且慢,我还想再追究一些细节,因为我担心还有魔鬼藏在细节里:为什么巴博输了不认输?为什么宪法委员会要推翻选举结果?为什么是法国人介入?科特迪瓦的故事并没有讲完整,它还有前传,还有背景,还有值得我们汲取的经验和教训。

科特迪瓦系法语“象牙海岸”的译音。顾名思义,科特迪瓦曾经是欧洲殖民者进行象牙贸易的转运市场,而且曾经是法国的殖民地。1960 年,科特迪瓦正式宣告独立,开始了一段经济起飞的繁荣期。按照常理,非洲国家独立之后往往会陷入部族纷争和部族内战的泥沼,政治独裁,经济失败,搞得西方国家一点脾气也没有。然而科特迪瓦独立之后居然政治稳定,部族和谐,经济起飞,很是出乎人们的意料。从 1960 年到 1980 年,科特迪瓦的经济连续 20 年以超过 10% 的速度增长,成为世界第一大可可出口国和第三大咖啡出口国,工业化小有成就,政治上也实行民主选举,在非洲各国中可谓是出类拔萃。西方国家对此又惊又喜,大加赞赏。美国人将科特迪瓦称为“黑非洲独立发展道路的标尺”,法国人亲昵地将这个曾经看不上眼的前殖民地称作“法兰西的后花园”,联合国教科文组织则干脆以科特迪瓦开国总统博瓦尼之名设立了“博瓦尼和平奖”,专门奖励那些为促进和平对话、消除贫困做出重大贡献的个人或团体。曼德拉、阿拉法特等人都获得过此奖,而最近的获奖人则是法国总统奥朗德。科特迪瓦在非洲罕见的成功与这个国家在非洲罕见的部族结构有着直接的关系。与绝大多数非洲国家没有一个优势部族不同的是,科特迪瓦一直有一个优势部族:阿肯族系。1960 年科特迪瓦独立的时候,全国共有 69 个部族,大致可以分为四大族系:中东部的阿肯族系、西南的克鲁族系、西北的曼迪族系和北部的沃尔特族系。其中阿肯族系人口比例高达 52.4%,占了绝对多数。这种罕见的部族结构使得阿肯族系在科特迪瓦一开始就发挥着领头羊的作用。独立之父博瓦尼本来就是阿肯族系下面一个部族酋长的儿子,曾领导人民反对法国殖民者的强制劳动政策,结果被法国人看中,被培养成了法国政府的第一位非裔部长。等到科特迪瓦独立的时候,博瓦尼也就顺理成章地成为开国总统。由于阿肯族系绝对优势的人口比例,不管是否采用民主选举,其他族系都不敢有觊觎之心,博瓦尼稳稳当当地连选连任7届总统,一口气干了33年,直到1993年去世。

强者往往是宽容的。无人挑战的博瓦尼在经济上实行开放政策,任用法国人搞建设;在政治上实行宽容政策,接纳其他部族的移民。由于经济迅速起飞,劳动力十分匮乏,同时对移民又十分宽容,因此导致外国国民纷纷入境打工,移民数量剧增。看看地图就知道,科特迪瓦的南边是几内亚湾,移民不可能从那个方向来,而只能从北部邻国越境而来,尤其是马里、尼日尔、布基纳法索等贫困国家。这些移民本来就属于曼迪族系和沃尔特族系,很多都是穆斯林,他们的到来悄悄地壮大了这两个北方族系的力量,可叹的是博瓦尼却浑然不觉。1995年,也就是博瓦尼去世之后2年,科特迪瓦的部族人口比例达到了质变的边缘:阿肯族系人口比例降至41.4%,与曼迪族系和沃尔特族系总人口的比例已经基本持平。由于博瓦尼宽松的移民政策,使得初来乍到的移民也可以参加投票,因此曼迪族系和沃尔特族系的政治抱负迅速增长,不再甘当阿肯族系的配角了。接下来的10年便是部族对抗的10年。勉强把持着总统宝座的阿肯族系企图亡羊补牢,强调"科特迪瓦化",限制新移民的投票权,但是已经坐大的曼迪族系和沃尔特族系怎肯束手就擒,发动武装叛乱进行抗争。部族关系一紧张,政治局面立即不稳,科特迪瓦的经济迅速陷入停滞倒退的状态。

在这一片混乱之中,那位后来倒霉的巴博先生通过街头运动上了台。同样执行限制移民政策,同样引发政变和内战,同样阻止不了阿肯族系的颓势。2005 年,科特迪瓦族群人口的比例结构终于被彻底逆转:阿肯族系比重已经低于 40%,而沃尔特族系和曼迪族系则分别占 16% 和 27%,两者相加为 43%,反超了阿肯族系。同时穆斯林人口也突破了 40%,远远超过了罗马天主教徒人口。曾经的主体族群阿肯族系终于无可奈何花落去。也许正是意识到在这样的人口比例下进行大选无异于自杀,巴博政府以内战为由将大选推迟了 5 年之久,希望通过严格的选民资格审查来限制曼迪族系和沃尔特族系的人口优势。然而诸如选民资格审查这类的烦琐事情只能依靠地方政府来做,而在对手占据优势的北方诸省区,这种审查无疑是与虎谋皮。大量移民依然参与投票,导致移民占全部选民数量的 26%——这也正是后来巴博与瓦塔拉的争议所在。正所谓伸头是一刀缩头也是一刀,2010 年总统选举的投票结果公布,代表北方部族联盟的瓦塔拉依然获得了 54.1% 的多数票,巴博出局,阿肯族系出局。对于这样的一个结果,独立之父博瓦尼若是泉下有知,不知又该作何感想。不管搞不搞民主,谁要是敢于轻视民族问题,民族问题就会重重地惩罚谁。而只要阿肯族系的选民不投瓦塔拉的票,曼迪族系和沃尔特族系的选民不投巴博的票,民主选举基本上就没有什么意义。即便不从最纯粹的意义看待民主,民主也不应该沦为各族群的“数人头”游戏,更不应该沦为各族群的移民比赛和生孩子比赛。真正的民主应该选“好人”,不应该只选“自己人”。而如果一个国家的民族宗教结构必然导致绝大多数的选民只会狭隘地选“自己人”,那么这个国家就不配拥有民主。李光耀在他的回忆录中就曾经坦承过对非洲国家的这种担忧,他说:“我对非洲的前景不感乐观……我觉得他们对部落的忠诚比他们的国民认同感更强烈。精英……和其他党派争权时,往往忍不住利用人们对种族、语言、宗教的忠诚来达到目的。”[1]

由于民族、宗教、语言三大因素往往是相互纠结在一起的,为了方便表述,前文往往采用“民族”这个概念来笼统地表达这个“三位一体”的概念体系,同时也采用“民族”这个概念来笼统地表达“部落”、“部族”、“种族”等相近概念。实际上在亚非拉地区的许多国家里,民族、宗教、语言的因素都在政治生活中发挥着重要甚至是关键的作用,只不过不同的地区会有不同的侧重。如果说在非洲“部落国家”中,部族因素可能比较重要的话,那么在中东阿拉伯地区,宗教因素可能会更加突出。如果全国信奉同一宗教的话,那么不同教派不同部族的分歧就会上升为主要矛盾,彼此间的对抗往往也是你死我活。而一旦遇有外人侵犯本国宗教的话,所有教派又会调转枪口一致对外。对于中东阿拉伯地区的这些弹丸小国来说,多少年来,内部的部族教派矛盾与外部的民族宗教矛盾一直都在相互缠绕,历史的恩怨与现实的仇恨从来都是彼此纠结,巨大的石油利益已经引来了列强的虎视眈眈,强烈的民族宗教因素在这块热得发烫的土地上呼啸而来呼啸而去。在如此狂飙四起的环境条件之下,世俗的民主能够稍稍站稳脚跟都不太容易,想要从容地展开自己的理性逻辑那就根本别提了。有句话说得好,当理性停止的时候,信仰就开始了。民主本质上就是一种理性,而理性本来就不是信仰的对手。在这个问题上,谁要是认识不清谁就一定会受到惩罚,不管你是独裁者还是民主斗士。2012 年 9 月,一位昏了头的美国人拍摄了一部诋毁伊斯兰教先知穆罕穆德的电影,结果引爆了一场全伊斯兰世界的抗议怒潮。怒火中烧的抗议民众到处攻击美国使领馆,利比

〔1〕 李光耀:《李光耀回忆录》(下),世界书局 2000 年版,第 410 页、412 页。

亚民众更是纵火焚烧了班加西的美国领事馆，杀死了美国驻利比亚大使史蒂文斯及3名外交人员，酿成一场外交惨剧。史蒂文斯被杀的消息传来，全美震惊。时任国务卿的希拉里·克林顿陷入深深的困惑之中，她说："今天，不少美国人都在问，其实我也在问自己：怎么会发生这种事？这种事怎么会发生在一个我们帮助解放的国家？怎么会发生在一个我们帮助免遭毁灭的城市？这个问题反映出这个世界是多么复杂，有时又是多么使人不知所措。"我相信希拉里是真的困惑了，因为我相信在她的外交字典里从来只有三个关键词：第一个词当然是"利益"——美国的利益，另外两个词大概就是"民主"与"独裁"。希拉里大体上就是用这几个关键词来分析这个世界的。我不知道史蒂文斯的惨死是否能够让她最终明白，这个世界上除了美国人所熟悉和热衷的"利益"、"民主"、"独裁"之外，原来还有"民族"、"宗教"、"语言"等更加基础、更加难缠、更加致命的元素。这个世界的确是多么的复杂，有时的确又是多么使人不知所措。

民主与中国"天下国家"

如果我们把欧洲国家称为"民族国家"，把非洲阿拉伯国家称为"部落国家"，那么中国又是一个什么样的国家呢？在我看来，中国既不是一个"民族国家"，也不是一个"部落国家"；中国是一个"天下国家"。独特的地理环境，漫长的历史进化，造就了一个举世无双的中国小世界。尽管今天这个世界上还有少数几个幅员人口堪与中国匹敌的国家，但是只有中国才有资格称得上是真正的"天下国家"。因为直到欧洲人打开中国国门之前，中国一直就是一个独立小世界的中心。自从人类文明诞生以后，在中国目力所及的范围之内,所有的地区和所有的人群基本上都笼罩在了它的实力和文化的辐射影响之下。也就是说,中国不仅仅“大”,而且“全”和“久”;中国的“大”是在一个几乎完全封闭独立的条件下经过数千年的漫长时间逐渐进化而来的。完全可以想象的是,在这样的进化作用下,构成中国的各种多样性之间的关系一定是十分与众不同的。因为中国的“大”,所以中国的多样性肯定是十分复杂的,事实上它完全可以与整个欧洲的多样性相匹敌,是属于大洲量级的;因为中国的“全”,也就是它的完整独立,所以中国的多样性注定是内向互动的,事实上这种互动是在一个更加强大的“统一性”的向心力作用下进行的,从而形成了一种复杂而有序的“多样性的统一”;因为中国的“久”,所以这种“多样性的统一”并不是一种脆弱的临时均衡,而是一种十分强韧的对立统一,是被无数次的轮回所一再确认的历史必然。简单地说,一个真正的“天下国家”,必须拥有历久弥新的“多样性的统一”,它必须囊括天底下最为丰富的多样性,又必须拥有世界上最为强大的统一性,还必须用全人类最为悠久的历史来酿造。没有多样性,它不敢称“天下”;没有统一性,它不配为“国家”;没有历史性,它不能下定论。

中国正是这样的一个“天下国家”。这个横跨一千万平方公里的“天下国家”是上帝真正的宠儿,因为上帝首先赋予了她一个举世无双的地理环境。从“平沙莽莽黄入天”的大漠戈壁,到“秋日平原好射雕”的世界屋脊;从“天似穹庐,笼盖四野”的蒙古草原,到“秋风萧瑟,洪波涌起”的东南大海;从“千里冰封,万里雪飘”的北国风光,到“杂花生树,群莺乱飞”的南方胜景,中国的地理环境的确囊括了天底下最为丰富的多样性。而在所有这些多样性的环抱之中,却是一个浑然天成的中原与一个大器晚成的江南。在漫长的农业文明时代,中原和江南这两位兄弟在黄河和长江这两条母亲河的辛勤哺育下,逐渐成长为了一对真正的巨人,进而用他们坚强有力的臂膀将周边的各个部分都紧紧地挽在了一起,数千年如一日。这就是中国的地理环境,最为丰富的多样性,最为强大的统一性。从地理环境的逻辑起点出发,中国的经济、政治、民族、宗教、语言等各个要素经过数千年的历史发育,也都呈现出了“多样性的统一”的特质。而所有这些特质的相互适配与相互促进,缔造出中国这样一个举世无双的“天下国家”。

中国的经济是“多样性的统一”。在进入短暂的工业时代之前,农业一直是人类社会压倒性的主导产业,甚至可以说人类文明的历史基本上是在农业时代度过的。而中原和江南由于数千年来一直拥有着全世界最为发达的农业,因此蓄积了全世界最为庞大的财富,养育了全世界最为众多的人口。尽管在冷兵器时代,财富和人口不一定每时每刻都能够转化为军事实力,但是中原和江南在经济实力和人口规模上的不对称优势的确对周边地区的游牧经济、渔猎经济或采集经济构成了巨大的吸引力。前者不仅通过先进的生产方式和文明的生活方式吸引着后者,而且通过边境贸易使得无法生产棉帛、铁器、食盐的后者形成了对农业区的结构性依赖。这是事情的一个方面。另一方面,尽管十分仰慕中原和江南先进的农业经济,但是周边地区由于自然条件并不适宜发展农业,因此只能保持游牧渔猎的生产方式和生活方式,从而使得中国这个全世界最大的农业国内部依然保留了大量的游牧渔猎经济,经济样态十分丰富。强大的农业经济与不可忽略的游牧渔猎经济之间数千年的互动使得中国的经济版图呈现出了十分明显的“多样性的统一”的特质。

中国的政治也是“多样性的统一”。正所谓经济基础决定上层建筑,中国经济的“多样性的统一”深刻地决定了中国政治的特质。由于中原地区的强大实力,中国在漫长的历史博弈过程中逐渐形成了以中原政权为核心的政治向心力结构,从而构建起了数千年不易的“大一统”中央集权制。然而有意思的是,由于周边地区的多样性特质,中国的中央集权制在保证政权统一的前提下,向来十分尊重和优待周边地区的政治个性。这是一种与生俱来的政治基因,唯有放在中国的整体环境条件中才可以被透彻理解。许多人往往将中国的“大一统”和中央集权制片面地理解为政治极权,这实际上是对中国历史和中国政治的误读。中国的中央集权制是最强大的,中国的中央集权制又是最包容的。除了“多样性的统一”,的确没有什么表述法可以更加准确地概括这一特质了。

中国的民族、宗教、语言同样也呈现出“多样性的统一”。如今的中国生活着全世界第一的14亿人口,独一无二的多样性囊括了56个民族,5大宗教,以及至少17种以上的文字,而各种少数族群、民间信仰、民族语言和地方方言更是犹如繁星璀璨、数不胜数。然而令人惊奇的是,如此庞杂的多样性背后依然是更加强大和更加令人印象深刻的统一性。首先,从民族的角度看,虽然中国今天有14亿人口,56个民族,但是其中的13亿人口居然都属于同一个民族。更加耐人寻味的是,汉族这个所谓的主体民族其实并不是一个严格意义上的民族。在我看来,它只不过是中华民族内部已经高度融合的主体部分而已,在它的身上从来就流动着中国诸多民族的混合血脉。从政策意义上说,汉族与其他少数民族当然是完全平等的民族。从历史事实上说,汉族与其他少数民族其实并不是完全对等的范畴,因为前者是后者融合的结果。中国的民族融合不仅仅是过去时,也是现在时,更是将来时。这不是政策,而是历史。历史当然需要很长很长的时间，不过已经跋涉了五千年的中国人有的是时间和耐心。永远处于融合进程中，永远保持着最丰富的多样性，中国的民族结构无论从哪个历史剖面上看都堪称“多样性的统一”。

其次，从宗教的角度看，虽然中国今天有5大宗教和无数的民间信仰，但是严格说来，中国不信教的人口应该远远地超过了信教的人口。换句话说，大多数的中国人事实上近乎于无神论者。而令人深思的是，除了唐朝“灭佛”和现代“文革”等十分短暂的特殊时期，这些不信教的主体人群从来都没有试图以无神论消灭过有神论，而是一直以无神论包容和尊重各种各样的有神论。一般来说，一个幅员辽阔人口众多的国家必定会有众多的宗教，而宗教与宗教之间在历史上往往又是相互排斥的，尤其在一神论的宗教之间。勒庞说：“不宽容是强势宗教信仰的必然伴生物……同一宗教内部不同教派之间的不宽容，比起那些差距很大、互不熟悉的宗教——比如说基督教与伊斯兰教——之间的不宽容来，要有过之而无不及。”[1]从这个意义上说，一个真正的“天下国家”的确不宜确立任何一个宗教作为国教，它的主流意识形态最好是一种包容性的无神论，以主体的“无”包容众多的“有”，从而保证各宗教之间的平等与和谐。这的确是一种以“柔”克“刚”、以“无”容“有”、虚则实之的中国智慧。正如《道德经》所说的那样，“天下之至柔，驰骋天下之至坚”、“无有入无间，吾是以知无为之有益”、“以其不争，故天下莫能与之争”。也许只有站在这样的角度我们才能理解，为什么从儒家的“敬鬼神而远之”到马克思主义的唯物主义，中国的主流意识形态几千年来会一以贯之地选择无神论而不是有神论。这不仅仅是中国人理性选择

〔1〕［法］古斯塔夫·勒庞：《革命心理学》，广东人民出版社2012年版，第55页。

的结果,更是"天下国家"历史进化的必然。从这个意义上说,中国的宗教结构同样具有"多样性的统一"的特质。

最后,从"语言"的角度看,虽然中国今天依然保留着各种各样的语言文字,但是中文和汉语的通用度依然足以到达中国的每个角落。这是中国文化无与伦比的同化能力留给我们的最好遗产。从某种意义上说,中国文字的统一性与中国人选择了象形文字有很大的关系。当欧洲人选择了易学的拼音文字的时候,中国人却选择了难学的象形文字。中文的象形性虽然不利于"音",却通用于"形"。即便中国人远隔千山万水,口音鸡同鸭讲,但是山依然是山,水依然是水,万物形状依然是一般模样。于是当欧洲人最后根据不同的口音逐渐将拉丁语拼成了意大利语、法语、西班牙语等多种文字的时候,中国人却根据相同的象形永远不变地使用着同一种文字。顺理成章地,当欧洲人因为文字的分道扬镳而在政治上和文化上逐渐分道扬镳的时候,中国人却因为文字的始终如一而始终坚守着政治上的统一与文化上的认同。这是事情的一个方面。另一方面,与中国汉语强大的统一性相对应的,则是少数民族语言文字和地方方言多姿多彩的多样性,它们同样也是中国文化的无价瑰宝。有意思的是,今天的中国一方面在大力推广国语,另一方面又在努力保护和扶持少数民族语言文字和地方方言。这不仅是一种事实,也是一种必需。这种看似矛盾的文化现象也只有放在中国"多样性的统一"的历史背景下才可能被人们所真正理解。

这就是"天下国家"的真正秉性:最为复杂的多样性,最为强大的统一性,以及二者之间的永恒互动。与欧洲的民族国家相比,非洲阿拉伯地区的部落显然规模太小了。上帝造人据说都是按照自己的模样造的,欧洲国家造国家同样也是如此。欧洲殖民者根本就没有兴趣和耐心让每一个部落或部落联盟单独成立一个国家，而是大体上比照欧洲民族国家的大小规模将一定数量的部落组合成一个国家，从而制造出了大量内部消化不良的“部落国家”，也产生了诸多的后遗症。而与欧洲的民族国家相比，中国这个“天下国家”似乎又太大了点。于是乎，总有一些欧洲人一心巴望着什么时候能够给中国切上几刀，将其变成几个国家，最好是一个民族一个国家；如此一来就和他们相像了。西方著名汉学家白鲁恂曾有一句名言，颇能代表欧洲人的这种认知困惑。他说：“中国不是一个国家，而是一个伪装成国家的文明。”白鲁恂口中所称的“国家”，不用说当然是指“民族国家”（nation）了，因为英文 nation 既可以翻译成“民族”，也可以翻译成“国家”。站在西方人的固有认知角度，白鲁恂的话的确可以帮助一些不求甚解的欧洲人暂时从困惑中解脱出来。但是如果站在中国人的固有认知角度，白鲁恂的话就显得十分可笑。中国当然是一个国家了，她不需要任何伪装就是一个国家。只不过欧洲人怎么也想象不到居然还有这样的国家，如此之大，如此之众，如此之多样，如此之统一，如此之悠久，如此之坚韧。中国的确不是欧洲式的“民族国家”，也不是欧洲式的“多民族国家”，却是一个如假包换的“天下国家”。更加关键的是，这个国家是历经数千年的历史风雨自然发育出来的；她是历史的必然选择，进化的自然结果。换句话说，这个国家的形成不是外力干预的结果，而是内在矛盾的统一；不是突然捆绑拜堂的夫妻，而是自然恋爱结婚的家庭。这个家庭当然也会有矛盾，有时还会吵架，但是有谁见过从不吵架的家庭？这个家庭当然不是一开始就有如此规模，而是在数千年的历史中不断结晶扩大的，但是哪一个家庭不是这样增添新成员的？倘若有人非要说，“某某地区五百年前还不是你们家庭的，所以应该给它自由”；

那么我的回答也许是:"好吧,那就让整个世界还原到五百年前吧。"还原到五百年前,让·博丹的《主权论》尚未发表,欧洲还不存在真正的主权国家;还原到五百年前,"五月花号"尚未起航,美洲依然是印第安人的天下。在中国悠长如斯的历史面前,为什么会有人去打这种可笑的主意?

从"部落国家"到"民族国家"再到"天下国家",世界上至少存在着三种国家形态,有人却认为只有一种治理标准,这非碰壁不可。非洲阿拉伯地区的部落还远远没有进化到民族的阶段,却被欧洲的殖民运动强行拖进了现代社会,如同一个孩子被强行拖进了成人的世界,跌跌撞撞,头破血流。这些部落国家为此付出的惨重代价不应该仅仅成为世人责备他们的理由,这笔烂账的很大一部分得算在殖民者的头上。同理可证,中国的"天下"早已经远远地超越了民族的阶段,却被西方人当作"伪装成国家的文明"而图谋肢解之,形同要将一个完整的人体切割成不同的部分。殊不知一个有机的系统具有不可还原性,部分的"独立"之日便是整体与部分的死亡之时,因为"离开人的手不是人的手"。

既然部落国家和天下国家各自有着迥异于民族国家的国家形态,那么它们也理应各自有着迥异于民族国家的治理模式。天下国家有着远比民族国家复杂的多样性,因此必须十分谨慎地对待所谓民族自决权可能带来的"碎片化效应"——即便这种效应被冠以民主的名义。从某种意义上说,多样性本身就是离心力。天下国家从来就不缺乏离心力,就像它从来就不缺乏向心力一样。也许有人会说,既然离心力大,那为什么不让它离开呢?也许还有人会说,既然向心力强,那不就是一种极权吗?我以为不然。在一个历史唯物主义者看来,离心力无所谓大不大,向心力也无所谓强不强,只要二者之间能够保持一种良性的动态平衡,就有机会形成一个良性的结构。地球的离心力如果不够大,早晚会被吸入太阳的怀抱而烧作灰烬;太阳的向心力如果不够强,地球早晚会挣脱太阳的引力场而冻成冰球——可见离心力和向心力的大小强弱从来都是相对的。作为一个天下国家,中国的离心力和向心力从来都很大,因此中国政治的永恒命题就是如何在离心力与向心力之间维持一种巧妙的平衡,只不过在不同的时代条件下会有不同的平衡方式而已。在夏商周三代的两千年时间里,由于生产力水平低下,统一管理比较困难,因此中国人主要运用“天道礼乐、封侯建国”的治理模式来维持这种平衡。“天道礼乐”的明显偏软,导致政治结构的向心力偏小,离心力偏大,最后走向了春秋战国长达五六百年的高度分裂;在从秦汉到清末的两千多年时间里,由于生产力水平上升,客观上可以做到统一管理,中国人开始运用“儒表法里、天下一统”的治理模式来维持这种平衡。“儒表法里”虽然软硬都有,但是都属于自上而下,明显欠缺自下而上。这导致政治结构的向心力偏大,离心力偏小,整个国家必须通过三百年推倒重来一次的方式(类似于以行星撞击恒星的方式)来集中释放多余的能量,平抑内熵。这种规律性的轮回就是黄炎培先生所说的“其兴也勃焉,其亡也忽焉”的“王朝周期律”;鸦片战争之后,西方的“德先生”来到了中国,求知若渴的中国学生从此知道了什么叫做自由平等,什么叫做民主法治,什么叫做分权制衡,什么叫做自下而上,也热切地盼望终于有一天能够在中国建立起一套全新的治理模式,从而实现向心力和离心力之间的平衡,跳出轮回数千年的王朝周期律。170 多年来,多少中国人为了这个共同的理想殚精竭虑、流血牺牲。仰赖他们的不懈努力,如今我们正在一步步地接近目标。然而客观地说,今天中国关于这个问题的共识依然没有最后形成,诸多怀疑和争论还在各个层面展开。从表面上看似乎是因为人们还没有找到一个大家都能够接受的操作方案,其实深层的原因是人们对很多前提性的问题都没有形成必要的共识,否则我们就无须在前文中反复论证所谓"统一与分裂"、"民主与民族"这些基础性命题了,希望本书前面的努力的确对澄清一些前提性问题起到有益的作用。

关于中国未来治理模式的一些设想我们将在后面的章节中予以讨论,此处先不赘述。不过有两点是可以肯定的:其一,中国必须向西方学习如何订立契约,通过人民与政府之间的理性订约为中国的治理模式打造一条自下而上的民意倒逼通道,从而弥补中国体制数千年来的固有缺陷,跳出王朝周期律;其二,一个天下国家不可能照搬照抄民族国家的治理模式,必须在打造自下而上的民意倒逼通道的同时,保留必要的自上而下的政治向心力通道,同时小心翼翼地维持二者之间的动态平衡。完全可以想象的是,对于中国这样一个天下国家来讲,一旦愚蠢地切断政治向心力,人为地打破向心力与离心力之间的平衡,那么本来处于无害状态的离心力很快就会挣脱向心力的约束,进而发动一场可怕的裂变效应,将中国推入万劫不复的深渊。即便以上的推论可能过于悲观,但是考虑到后果的不可承受之重,只要这种可能性在一定程度上存在,那么任何中国人在这个问题上都必须万分小心、谨慎从事。

民主与其他"类天下国家"

除了中国,世界上还有少数几个幅员十分辽阔或者人口十分众多的国家,比如俄罗斯、美国、印度、加拿大、巴西、澳大利亚等。它们是否也称得上是"天下国家"呢?如果是,那么这些国家似乎或多或少地采用了源自欧洲民族国家的选举民主，这岂不是证明欧洲式的选举民主对于民族国家和天下国家同样具有普适性？

这些国家并不是前文所说的严格意义上的“天下国家”。由于它们目前在外形上与中国的确有着颇多的类似之处，我们姑且称之为“类天下国家”。在这些“类天下国家”中，加拿大和澳大利亚由于人口很少，历史很短，也缺乏天下国家应有的雄心和气度，可以直接予以排除。俄罗斯和巴西需要略作论证，且容后文再述。最需要展开论证的是美国和印度，这两个国家一个号称全世界最发达的民主国家，另一个自称全世界最大的民主国家，因此从直观的角度来看，他们的治理模式对于中国而言似乎最具借鉴意义，对于本书的理论框架而言似乎也最具挑战意义。

美国，3 亿人口，白人、拉丁裔、黑人、亚裔多种族和平共处；近千万平方公里土地，周边的半岛岛屿很少，中心的密西西比平原面积广大、土壤肥沃；宗教多元化，以基督教为主；语言多元化，以英语为主；种族多元化，以白人为主。无论从哪个角度看，美国似乎都十分符合前文所讲的一个“天下国家”的标准。那么，既然美国可以采用源自欧洲民族国家的选举民主，中国又有什么不可以的呢？

美国还不能算是一个真正的“天下国家”，至少在某些十分关键的问题上，它与中国的境遇是完全不同的。比如说，中国目前的少数民族多数都是原住民，而美国不是。作为少数族裔，原住民与非原住民在政治上的诉求是完全不同的。举个例子吧。2012 年，我国台湾地区导演魏德圣筹划长达 12 年，跨国动员 2 万多人拍摄的史诗电影《赛德克 · 巴莱》上映，给我留下了深刻的印象。这部电影以 1930 年台湾地区雾社事件为原型，再现了在日本的殖民统治下，台湾地区原住民赛德克族马赫坡社首领莫那鲁道率众反抗日本统治，最终几乎全族灭绝的故事。整部电影从头到尾充溢着一种野蛮的骄傲,血性的力量,令人震撼。1894 年甲午海战之后,整个中国都无法抵挡日本人的侵略,台湾地区原住民以一族之力反抗日寇,无异于自杀。莫那鲁道在作出反抗决定时对此岂有不知之理,然而剧中一句反复多次的台词完全可以解释他们行动的缘由:“我们要夺回属于自己的猎场。”是的,夺回属于自己的猎场,这就是原住民的骄傲,哪怕是野蛮的骄傲。这句台词提醒我们,一个天下国家的形成史其实就是一部开拓者与原住民的关系史。国家越大,人口越多,这部关系史就应该越复杂、越悠久。冲突、和解、同化、融合,天下国家就是这样在开拓者与原住民的历史互动中一点一点地结晶扩大起来的。这种结晶过程的每一步都应该是缓慢和稳健的,是经得起反复的。一个真正的天下国家必须懂得什么叫做平等、包容、迁就和耐心;懂得一个真正的命运共同体不仅仅是一种力量的捆绑,利益的耦合,更是一种情感的联结。这种缓慢的结晶无疑需要很长的时间才能完成,这种成熟的智慧无疑也需要很长的时间才能养成,这种自然的情感无疑同样需要很长的时间才能生成;因此天下国家必须拥有最悠久的历史,唯有历史的酒窖才能酿造出一个真正的天下国家。

酿造出中国这个天下国家,历史耗费了数千年的时间。因为这个天下国家的核心农业区虽然曾有对外征伐,但是从未对外屠杀灭族。无论有过多少的冲突,他们最终都要彼此面对,重归于好,所以这个天下国家必须进化出各种各样的本领来完成这些几乎不可能完成的矛盾命题。其中就包含了如何在政治上既保护原住民的个性,又保留向心力作用这样的矛盾命题。而这也正是我们在考虑中国问题时为什么会对民族自决权可能带来的碎片化效应一直保持戒心的原因所在。然而美国似乎不需要有这方面的担心,因为美国的原住民早已经被屠杀灭族了。在白人到达美洲之前,美洲大约生活着8000万印第安人,其中美国区域大约有1000万。这些原住民不懂得什么叫做主权,什么叫做国家,只知道广袤的大地都是他们的猎场。猎场?什么叫做猎场?算不算土地所有权?白人们陷入了深深的“困惑”之中。当“五月花”号的白人在1620年冬天的酷寒中因为得到印第安人的食物接济而感激涕零地Thanksgiving的时候,印第安人的土地所有权大概还是算的;而等到1830年杰克逊总统签署《印第安人迁移法》将印第安人统统赶杀到密西西比河以西的时候,印第安人的土地所有权大概就是不算的了。这是一场鸡同鸭讲的历史对话,唯一通用的语言就是武器的批判,而倒霉的印第安人很显然批判不过白人。占尽优势的白人一会儿使出上帝的第一个礼物——用武器批判一下印第安人,一会儿又使出上帝的第二个礼物——用契约忽悠一下印第安人;反正最后的结果就是将美洲的土地大片大片地收入囊中,将美洲的土著大批大批地赶下地狱。当然由于对手实在太菜,白人们除了使出上帝的礼物之外,有时还临时请撒旦来帮点忙,比如给印第安人送一些天花病人用过的毛毯,又比如规定一张印第安人的头皮可以卖100镑,再比如将印第安人的主要食物来源北美野牛从1300万头灭绝到剩下不足1000头。等到可怜的印第安人实在是没有什么油水了,烦不胜烦的白人们也终于发现了点良心,于是在一些鸟不拉屎的地方画上几百个小圈圈,将那些残存的印第安人相互隔绝地“保留”了起来。说起这段历史,今天的美国人除了有点不好意思外似乎并没有想过要翻案,不过照例总有一些热心的中国人会替美国人辩护两句。辩护词多数也是事实,比如印第安人杀白人的时候也很残忍,再如印第安人也剥白人的头皮,又如美国人和英国人一打仗印第安人就乘机造反。的确如此,就像有句名言所说,群殴的时候是搞不清谁先打第一拳的。不过请放心,这一次群殴的时间还算比较近,全世界人民都看得很清楚,是白人先打的第一拳。

清除了原住民印第安人,白人顺理成章地成了这块土地的主人。然后,其他少数族裔开始移民美国了。这些族裔既是少数,又是后来者,更是弱者,有什么资格和白人们谈条件呢?修铁路、当奴隶,能混口饭吃就不错了,哪敢有什么政治诉求?还有,由于这些少数族裔移民的目的不是殖民,而是要到白人的世界里讨生活,因此如同胡椒面一般地被撒在了白人的汪洋大海之中,聚居的级别撑死只是一个贫民窟或者一条唐人街,无法形成在政治上有效的区域聚居规模。因此在很长一段时间里,美国多元种族带来的挑战主要还是体现在经济、社会和文化的层面上,而不是在政治的层面上。种族如此多元,关系又如此稳定,难怪今天许多人都会津津乐道于美国的“大熔炉”(Melting Pot)政策。其实这哪里是美国人的政策好,这是美国人的条件:“大熔炉”乃是移民国家的专利,而且必须是“打扫干净屋子再请客”。不客气地说,美国今天这口滚烫的大熔炉乃是用屠刀劈了印第安人的尸骨当柴火烧开的。想让中国这样的天下国家复制美国的“大熔炉”,只怕是要东施效颦、邯郸学步。跑到世代聚居的原住民地盘上大谈“大熔炉”,不是神经,就是疯癫,至少也是个书呆子。如何保证各民族之间和谐共处,天下国家自有天下国家的办法;就算现在要改良,最好也是中西医结合来用药,不要一着急就想掏手术刀。

由于没有了原住民问题的后顾之忧,美国选举民主的“碎片化”风险大大降低;然而这绝不意味着美国已经彻底摆脱了这种风险。

1861 年，年轻的美国很快就遭遇到了自己注定的劫数——南北战争。南北战争的根本原因还是在于南北差异。北方各州由于天冷不适合种棉花，因祸得福发展了资本主义工业经济，这种生产方式需要自由流动的劳动力，所以北方州又号称自由州；而南方各州气候暖和适合种棉花，于是很早就搞起了种植园经济，这种生产方式似乎适合搞奴隶制，于是就拼命从非洲抓来黑奴，所以南方州又号称蓄奴州。生产方式的差异是所有差异的逻辑起点，生产方式不同，生活方式就不同，思想观念也肯定不同。差异一大，时间一久，彼此对立、轻蔑的情绪就会抬头，这边骂“北方佬”，那边骂“南方佬”，都觉得对方不是好东西。詹姆斯·鲍德温在《亚伯拉罕·林肯传》中描述了当时的情景：“美国不是一个完整伟大的国家，而是许多国家的联盟。忠诚，首先要归诸州，其次是地域（南北），最后才是美国联邦政府……南方各州有许多相似之处——相同的政治信仰；相似的各类产品；全然相同的生活和思考方式。因此南方人热爱南方，并引以为豪……双方缺少沟通交流，每一方的人都对另一方有非常陌生古怪的看法。南方人普遍认为相当多的北方人唯一的事务就是想方设法破坏奴隶制度，以及削减南方人的财富，使之陷入贫困。”〔1〕

其实早在美国独立的时候，南北差异就已经很明显了；但是事关双方经济的命根子，已经焦头烂额的国父们哪敢去碰这个炸药包，睁一眼闭一眼地当作没看见。从此以后，联邦每增加一个自由州，就必须同时增加一个蓄奴州，以保证南北双方在参议院里面的席位相当，对此大家都心照不宣。然而这种脆弱的临时性均衡哪里

---

〔1〕［美］詹姆斯·鲍德温：《亚伯拉罕·林肯传》，北京理工大学出版社 2009 年版，第 157 页。

经得起民主的“碎片化效应”的折腾?北方自由州有很多人在经济和人道的双轮驱动下一直试图瓦解南方的奴隶制,又是宣传又是行动,搞得南方蓄奴州阵脚大乱。废奴主义者一边抹着眼泪读着《汤姆叔叔的小屋》,一边在俄亥俄河两岸大搞“地下铁道战”,一口气接应了10万黑奴逃往北方。而蓄奴州的奴隶们当然也不傻,听说逃到北方就能变自由人,纷纷开始逃亡。这下南方奴隶主急眼了,一个黑奴值1800美元,辛辛苦苦一辈子才挣下几个奴隶,说没就没了?不行,你得允许我把自己的财产抓回来,否则我就跟你北方佬离婚。一听说要离婚,北方佬腿软了,菲尔摩尔总统签署了著名的《逃跑黑奴法案》,允许南方人到北方抓逃奴。万万没有想到的是,这一抓抓出了大问题。许多北方人原来对奴隶制的概念是比较模糊的,现在看着凶神恶煞的南方人在自己眼皮底下捆猪一般地满大街抓黑人,精神上受到了极大的刺激。于是北方人化悲痛为力量,充分发挥“数人头”在民主投票中的决定性作用,凭借北方在人口上的绝对优势(2300万对900万,而且南方的900万中还有400万是黑奴),一举将伟大而倒霉的“老实亚伯”林肯送上了总统宝座。老实亚伯的心当然是站在废奴一边的,可是作为美国大家长,他的首要职责是维护联邦的统一。面对剧烈的南北冲突,林肯也只能当鸵鸟。他说:“蓄奴制已经与我们同行,我们所能做的是充分发挥它的作用。关于这个问题的所有讨论都只会激发人们的反感情绪。过激讨论非但愚蠢,而且还有害。”[1]然而林肯的苦心已经无法阻止双方情绪的恶化了,正如鲍德温在《亚伯拉罕·林肯传》中所描述的那样,当时的美国这样的情景并不鲜见:两个人在马路上相遇,手里都握着

---

〔1〕［美］詹姆斯·鲍德温:《亚伯拉罕·林肯传》,北京理工大学出版社2009年版,第119页。

枪;他们打的第一声招呼是"自由州？还是支持奴隶制？"如果对对方的回答不满意,那么发出的第二个声音就是枪响。劳伦斯镇周边地区,农民下地干活都要全副武装、结伴而行。[1]

接下来的故事再一次证明,民主投票的确难以弥合重大的差异,反而还会引发可怕的断裂。总统选举过后,南方十一州以林肯当选为由陆续退出联邦,另立南方邦联政府。林肯的当选事实上成为了南北战争的导火索,民主的碎片化效应在重大差异的刺激下完全显现出来了。这一场极其血腥的内战总共夺走了60多万人的生命,而且北方最后还是通过报复甚至屠杀南方平民、摧毁南方的战争潜力和战争意志来结束战争的。战争前期,实力明显占优的北方由于战争意志不如南方坚定,导致双方陷入了长期的拉锯战。为了彻底扭转战局,尽早结束战争,"老实亚伯"最终采纳了恐怖血腥的"总体战"战略,不仅横下一条心来废奴,而且放手让前线军队对南方后方进行毁灭性打击。"魔鬼将军"谢尔曼率领10万大军在西线战场大胆地采用无后勤依托、就地抢掠补给的恐怖战法,极大地损害了南方的战争基础。1864年9月,谢尔曼的部队攻入无人抵抗的亚特兰大,纵火将这座南方最繁华的城市彻底烧毁。大火整整延烧了半个月,火焰高达100多米,所有来不及退出的老人妇女儿童全部在大火中化为灰烬。著名小说《飘》的故事就是以这个事件为背景的。大火过后的亚特兰大只有一条"地下街"(The street under ground)幸免于难,保留至今。这条地下街真的在地下,人们必须坐电梯下行方能到达,可见如今的亚特兰大的确是在废墟上建立起来的。然而谢尔曼将军对此毫无愧色,他说:"我就是要让整个佐治亚

[1] [美]詹姆斯·鲍德温:《亚伯拉罕·林肯传》,北京理工大学出版社2009年版,第155页。

州都鬼哭狼嚎！我就是要让整个佐治亚变成人间地狱！我就是要让所有佐治亚人——不管男女老少，不管穷人和富人，都感受到刻骨铭心的痛苦！我的军团将毁灭佐治亚州而后快！”两个月后，魔鬼谢尔曼从亚特兰大出发，以60英里的正面宽度将部队一字摆开，如同压路机一般地一路碾压下去，彻底摧毁所到之处的一切物资设施。谢尔曼命令部队肆意抢劫平民的粮食和财产，杀死敢于反抗的平民，焚毁农田，炸毁村庄，捣毁铁路，用石灰封堵水井。谢尔曼的部队还没有到来，十几英里之外就可以看见蔓延而来的冲天火光；谢尔曼的部队离开时，地面上只剩下了烧焦的泥土和孤零零的几个正冒着烟的树杆。这次著名的“向海洋进军”给南方留下了一道宽60英里，长300多英里的死亡地带。接下来的谢尔曼一发不可收拾，使用“三光”政策将沿途攻占的萨凡纳、哥伦比亚、查尔斯顿等所有城市一一绞碎。密西西比州由于是南方邦联总统戴维斯的老家，自然受到了谢尔曼的特别关照：该州60%的白人青壮年被杀，90%的城镇和种植园化为灰烬。密西西比州从战前的全美排名第五的富裕州一下跌为全美倒数第一的贫困州，整整一个世纪都没缓过劲来。

按照今天的价值估算，谢尔曼的大扫荡至少给南方造成了高达2万亿美元的经济损失，数十万平民死亡，上百万人无家可归。悲痛欲绝的戴维斯将谢尔曼称为“美洲大陆的阿提拉”，而南方的老百姓可不像他们的总统那么有文化，全都咬牙切齿地咒骂谢尔曼是魔鬼。哪怕时至今日，许多南方人提起魔鬼谢尔曼时依然是骂声不绝，然而谢尔曼不仅因此拜将升官，而且至死都毫无歉意。在他临死的时候，有人问他是否需要为杀了那么多的人而忏悔和道歉，他回答道：“我没有什么可以忏悔和道歉的，我的所作所为无愧于我的良心。我就是要让南方人和他们的子孙后代得到刻骨铭心的教训,永远不敢再想独立！永远不敢诉诸战争!”1865 年 4 月 9 日,南方的李将军在阿伯马托克斯法院向北方的格兰特将军投降,旷日持久的南北战争终于画上句号。5 天后的 4 月 14 日,基督教世界的救世主耶稣殉难日,演员布斯闯进了华盛顿福特剧院的包厢,用 44 毫米大口径手枪对准林肯的左耳上方开枪,然后跳到舞台上大喊:“专制的魔王！南方复仇!”次日凌晨,联邦的救世主林肯总统死去。

差异蕴含了分裂的危险,选举刺激了分裂的形成,最后战争消灭了分裂的事实,这一场发生在 150 年前的战争究竟告诉了我们什么？南北战争之后,美国最重大的差异终于被消除了,一个统一的联邦制超级大国正式登上历史舞台,直至今日。从某种意义上说,这 150 年的美国就如同一个放大版的英国或法国,民主的碎片化效应由于没有受到重大差异的刺激而处于休眠状态。同时,美国强大的国力不仅为全体美国人争取来了足够的外部资源以供分配(比如对中东石油的控制),也为全体美国人制造了足够的国家荣誉感以供团结(比如都相信“上帝选择美国”)。美国这 150 年的稳定繁荣究竟是历史钟摆的临时性均衡,还是放之四海而皆准的普世模式？在其他国家和地区的民主实践中经常兴风作浪的民族、宗教、语言、经济等因素是否已经被美利坚合众国的民主精神完全压制住了呢？

如果不是 2008 年奥巴马当选,这个问题恐怕是很难回答上来的,尽管有了他也不见得能够完全回答这个问题。2008 年 11 月 4 日,经过激烈的选举竞争,美国诞生了有史以来的第一位黑人总统。一个白人居多的社会居然选出了一位非白人总统,这的确是美国民主的一次历史性胜利,也是美国大熔炉政策的一个明证。民主模范生的一举一动都牵动着全世界的目光,奥巴马当选的消息传来,多少人为之欢呼动容。然而只要我们认真分析一下奥巴马的选票结构,就会发现问题并没有那么简单。在这次选举中,经济和就业等问题固然是双方公开讨论的焦点所在,但是真正的胜负关键很可能不是经济和就业问题,而是双方都不敢公开讨论的种族人口问题。在这次竞选中,全美95%的黑人、67%的拉丁裔、70%左右的亚裔、78%的犹太裔投票支持奥巴马,也就说,在奥巴马与麦凯恩的黑白竞争中,所有的少数族裔全部以压倒性多数支持奥巴马。反过来,全美的白人则以59%多数支持麦凯恩,尤其是最为保守的白人男性选民70%以上都支持麦凯恩。在过去很长一段历史时期里,白人尤其是白人男性一直都是大选的主宰者,因此共和党和民主党从来都未曾推出过非白人的候选人。这导致每一次总统选举都是白人对白人的竞争,种族在选举中容易选边站的特点一直没有暴露出来。然而当2008年奥巴马以少数族裔的身份突然出现在总统选举之中时,还是点燃了所有少数族裔压抑了数百年的种族情绪,过去一直分散的少数族裔全部归拢站队支持奥巴马。再加上奥巴马本身也是黑白混血儿,既接受过哈佛的精英教育,又很懂事地往白人母亲一系靠拢,因此也得了一小部分白人尤其是一半左右的白人女性的选票。此消彼长,美国政治史上终于出现了首次“黑白大逆转”。

奥巴马石破天惊的胜选揭开了一个鲜为人知的秘密:经过一百多年的发展,美国这个移民国家各种族之间的比例正在发生着悄然的变化,其中最大的变量来自于拉丁裔的大量移民。根据美国2010年人口普查数据,从2000年到2010年的10年时间里,美国白人人口从1.946亿增加到1.968亿,增长率仅为1%,在美国人口总数中所占比例从69%下降至64%;操西班牙语的拉丁裔人口则从3530万增加到5050万,增长率达43%,占美国总人口比例的16%,已经成为美国第二大族群；美国黑人人口为3890万，占美国总人口比例的13%；另外，美国亚裔的人口总数则达到了1730万，比2000年增长了45.6%，占美国总人口比例的近6%。再加上600万左右的犹太裔，2010年全美少数族裔的人口总数达到了惊人的1.12亿，占人口总数的36%。36%对64%，美利坚合众国终于变得不那么“白”了。

然而，这远不是终点。目前美国的拉丁裔和亚裔不仅移民增速快得惊人，而且在生育率方面也完全占了上风。美国人口普查局公布的数据显示，截至2011年7月，美国白人婴儿占全年新生儿的49.6%，而包括拉丁裔、亚裔、黑人和混合种族在内的少数族裔婴儿出生率占50.4%。这是美国历史上首次出现白人新生儿未过半。布鲁金斯学会的高级人口统计学家威廉认为，这是一个重要的转折点，美国开始从白人婴儿潮文化向更加全球化、多民族化的国家转变。从1965年开始，美国废除移民国别限制后的新移民浪潮，改变了传统的移民主要来源于欧洲的格局。1970年后的移民主要来自拉丁美洲和亚洲，使美国种族更加多元化。外来移民以及移民人口的高出生率已成为美国人口增长的主要力量。目前在美国3岁年龄段的孩子中，白人已不到半数，而在20世纪90年代，60%以上的3岁儿童为白人。[1] 如果按目前的趋势一直发展下去，那么到了2050年，拉丁裔人口将达到1.328亿，占美国总人口的30%；黑人人口将达到6570万，占美国总人口的15%；而亚裔人口则达到4060万，占美国总人口的9.2%。如果这些预测变成现实，那么到了2050年，少数族裔将以54.2%的人口比例成为美国人口的多数，传统的白人

---

〔1〕“美国人口结构出现重大变化”，载《光明日报》2012年5月20日版。

将彻底沦为少数,而且几乎永无翻身之日,美利坚合众国将彻底变色。

也许正是意识到这个问题的严重性,传统白人的大本营共和党近年来一直都在不遗余力地推动限制移民尤其是限制拉丁裔移民。2008 年奥巴马当选之后,白人更是惊慌失措,逼迫奥巴马政府出台更加严厉的反移民政策。在强大的压力之下,奥巴马政府于 2009 年和 2010 年分别遣返了 40 万非法移民,创造了历任总统之最,大大地得罪了曾经力挺他上台的拉丁裔选民。然而要命的是,尽管对奥巴马十分生气,但是等到 2012 年大选开打,拉丁裔选民还是嘟嘟囔囔地把票投给了奥巴马,搞得共和党一点脾气也没有。2012 年大选如同 2008 年大选的翻版,奥巴马照样收获了 71% 的拉丁裔选票,73% 的亚裔选票,74% 的犹太裔选票。至于黑人兄弟就更不用说了,虽然得票率略有下滑,但依然有 93% 的选票入账。反过来在白人男性方面,奥巴马也照样不是罗姆尼的对手,被后者甩开了 21 个百分点。二者相加,奥巴马照样当选连任。如果 2008 年的当选还可能是个偶发事件的话,那么两届大选惊人相似的结果表明,美国选举的种族对垒格局事实上已经开始隐现。当年克林顿把老布什掀下台的时候曾经有过一句名言:“笨蛋,关键是经济。”如今奥巴马当选,许多美国媒体便借用克林顿的这句名言不无讽刺地评论道:“笨蛋,关键是人口”。

由于 20 世纪 60 年代曾经发生过大规模的种族冲突,种族话题一直是美国政治的一个禁忌。然而尽管彼此都绝口不谈,奥巴马的再次当选还是深深地刺痛了许多白人,以至于奥巴马获胜后仅仅一周,就有 37 个州的 50 万民众在奥巴马创办的白宫网站“我们合众国人民”(We the people)网页上签名请愿,要求脱离联邦,独立建国。以美国目前的状态，这些所谓的独立请愿多数都只是在泄愤，成不了气候。然而，正所谓“一叶而知秋”，只要美国种族比例的逆转大戏继续演进下去，未来美国的命运并非不可能出现难以逆料的大变化。美国的成功在于移民，因为通过移民可以迅速地将全世界的精英收入囊中，为己所用；然而如今看来，美国的风险恐怕也在于移民，因为过快移民必定会迅速地改变这个国家的人口结构，引发政治版图的调整和裂解。作为目前世界上最成功的超级大国，美国大熔炉的功力有目共睹，种族因素的作用也远不如像在科特迪瓦那样来得壁垒鲜明；但是这并不意味着一两百年的融合就可以轻易地消弭民族、宗教、语言之间数千年的差异，更不用说美国还曾经发生过严重的种族歧视和种族冲突了。我国香港地区电影《无间道Ⅱ》的一句台词说得好：“出来混，迟早要还的。”在少数族裔人口比例还微不足道的时候，种族问题在民主政治上的挑战性往往隐而不发；那是因为少数族裔知道自己没有什么机会，与其选择挑战不如选择投靠。然而一旦少数族裔的人口比例达到一定的程度，其政治上的诉求和抱负必定会随之膨胀。这样的故事既然会在科特迪瓦发生，自然也有可能在美国发生：奥巴马的连选连任事实上已经从某种程度证明了这一点。

20 世纪 60 年代的民权运动以后，美国社会逐步开放了非欧裔移民，导致人口迅速增长。由于多元移民迅速增加，融合难度迅速加大，曾经流行的“大熔炉”概念逐渐遭到了批判，代之而起的是推崇多元族群文化的“沙拉碗”(Salad Bowl)概念。“大熔炉”是熟煮的，“沙拉碗”是生拌的，这一转变背后深刻的社会意义和政治意义已经引起了一些美国学者的警惕。美国已故历史学家小阿瑟·施莱辛格在 1991 年出版的《美国的分裂：对多元文化社会的思考》中警告说："最近兴起的族群文化对大熔炉文化进行谴责，以实现各个族群和种族之间的永久独立。多元族群主义抛弃了美国的历史使命，用分化替代了同化，用分裂替代了融合。" 而著名的"文明冲突论"提出者、已故政治学家萨缪尔·亨廷顿也在2004年撰写了《我们是谁？——美国国家认同面临的挑战》一书，将"文明冲突"的视角引向了美国国内。亨廷顿认为，美国的核心文化是16～17世纪创建美国的定居者所认同的盎格鲁—萨克森文化，即"基督教信仰、新教价值观和道德观、工作伦理、英语、从英国一脉相传的法律、公平理念、有限政府以及溯源于欧洲的艺术、文学、哲学和音乐"。然而多元文化主义以及大量拉丁裔移民的涌入，对美国的文化认同造成了严重冲击。他警告说，美国正在被拉丁裔移民分裂成"两个民族、两种文化、两种语言"。[1] 亨廷顿的观点往往具有很大的争议性，然而许多事实又偏偏会按照他所预料的那样发展。果不其然，亨廷顿的警告言犹在耳，奥巴马就在拉丁裔的帮助下当选总统。亨廷顿去世于奥巴马2008年当选总统之后的一个月，也算是亲眼见到了自己的观点是如何被部分证实的。

尽管面临种族结构变化带来的潜在挑战，然而以美国目前强大的实力，应该还有能力在未来的一段时间里控制住断裂的风险。美国真正的内部挑战应该会出现在国力下滑的时候，尤其是在美国的国力被其他国家超越、美元不再成为世界唯一储备货币之后。一旦美国的整体竞争力出现问题，外部资源的供给和内部资源的生产都会随之紧缩，内部的分配也必然随之趋紧。历史告诉我们，资源紧缩考验的往往不是一个共同体的理性，而是这个共同体的感情。倘

---

〔1〕 谢韬："美国必须解决的问题：贫富差距和种族冲突"，载《经济观察报》2012年12月28日版。

若这个共同体当真是一个拥有强大共识和深厚感情的命运共同体，相信他们在困难面前一定会同舟共济共渡难关；倘若这个共同体尚未培养起这样的深厚感情，那么“你我本是同林鸟，大难临头各自飞”的断裂风险就随时有可能出现。当年美国国力迅速上升的时候，这个国家的“结晶”速度实在是太快了；如此形成的“结晶体”是否能够经得起国力长期下降的严峻考验，是很值得人们深思的一个问题。我不愿意危言耸听，但是如果美国当真要证明自己是一个真正的“天下国家”，就一定要经得起这样的考验。年轻的美国必须向历史证明，当自己的国力陷入衰退的时候，富可敌国的加利福尼亚州依然会无怨无悔地“兼济天下”，与其他穷兄弟分享自己的财富，而不是利用民主的碎片化效应来策动独立以“独善其身”；年轻的美国必须向历史证明，当自己的国力陷入衰退的时候，哪怕是在“美国人与狗不得入内”的深渊时刻，白人、黑人、拉丁裔和亚裔依然以美国为荣并愿意为它的重新崛起献出自己的一切，而不是“大难临头各自飞”；年轻的美国同样还必须向历史证明，当自己的国力陷入衰退的时候，拥有2.8亿支枪的美国人依然会好好保管自己的枪支，而不是在缺油少钱的时候随意拔枪对射，就好像当年石油危机时他们在加油站常常干的那样；当然，年轻的美国如果想成为一个真正的天下国家，它还必须向世界证明，当自己国力陷入衰退的时候，它依然会善待这个世界，而不是利用自己尚存的优势捆绑整个世界一起跌入深渊。要想成为像中国这样的天下国家，年轻的美国还需要很多很多这样的证明。

除了美国，印度应该是另一个最像中国的国家了。近300万平方公里土地，12亿人口，宗教、种族、语言、文字极其庞杂，这是印度给人们留下的第一个印象；在这样的一个国家里，民主体制居然还在有效运行，这是印度给人们留下的第二个印象；既然印度做得到，那么中国也应该做得到，这是印度给人们留下的第三个印象，也是人们关于印度问题的一般结论。其实对于普通中国人来说，对印度的熟悉程度远远不如对美国的熟悉程度；对于中国的学术界来说，关于印度的研究也远远没有达到应有的广度和深度。公平地说，对于印度这样的一个庞大而复杂的国家来说，如果没有强大的基础性研究，是很难做出准确判断的。我不是印度研究的专家，掌握的材料也比较有限，因此只能利用本书的论证框架对印度做一些力所能及的分析。

印度也不是一个真正的"天下国家"。尽管很大，但是这个国家的真正形成在很大程度上依然不是历史发育的结果，而是欧洲殖民的结果。纵观整个印度文明史就可以知道，印度历史的基本特点是长期的分裂、短暂的统一以及不断的外族入侵征服。所谓长期的分裂、短暂的统一指的是除了孔雀王朝不足150年的统一之外，印度基本上就没有真正统一过。即便是在空前绝后的孔雀王朝的鼎盛时期，今天印度的东北部地区和半岛南端地区依然不在其版图之内。而至于后来的笈多王朝和莫卧儿王朝，虽然也曾各领风骚二三百年，但是都属于入侵者建立的政权，其规模、控制力和影响力也远远不如孔雀王朝。正如本书前文所说的那样，长期稳定的统一乃是打造一个命运共同体的不二法门。然而很可惜，面对中国人用了几千年时间不断求证的命题，印度的孔雀王朝却只有短短的150年求证时间。要想打造出一个真正的天下国家，150年的时间实在是太短太短了，即便是对阿育王这样雄才大略的帝王来说也同样如此。

由于缺乏大一统帝国的有力整合，印度的各种地方力量长期处于一盘散沙的状态，小国林立。国外如果是小国林立，征战频仍，国内必然也是山头林立,权力分散。当年欧洲人如此,印度人同样也不会例外。印度这种长期高度分裂的地缘政治常态极大地削弱了印度本土居民集体抵抗外族入侵的力量,为外族的入侵和征服提供了十分便利的条件。历史也证明了这一点:从公元前 2500 年的哈拉帕文明开始一直到近现代,印度的确遭到了无数次的外族入侵和征服。而由于缺乏大一统帝国的先进生产力和先进文化,印度的本土力量也无法像中国的中原地区那样以更先进的文明同化入侵的外族,因此每一次入侵基本上都形成了一次本地人居下、入侵者居上的叠层,每一次叠层基本上都形成了种姓,导致印度最后形成了一个层层叠叠的社会结构。用形象的语言来表达,如果说欧洲的社会结构是一块一块的“大拼图”,而中国的社会结构是一圈一圈的“同心圆”的话,那么印度的社会结构就是一层一层的“千层饼”。印度历史上影响较大的外族入侵肇始于雅利安人。公元前 14 世纪,来自中亚地区和南欧草原的雅利安人开始入侵印度西北部,逐步在印度北部建立诸多政权。雅利安人的入侵并没有产生中国式的民族融合,而是产生了印度式的种姓结构。为了让雅利安人更好地统治土著,宣扬种姓的婆罗门教开始流行,种姓制度从此披上了宗教的魅惑外衣。婆罗门教就是现在印度教的前身,今天印度的诸多社会现象其实都可以从这里找到源头。雅利安人的入侵只是开始,公元前 6 世纪,强大的波斯帝国攻入了印度西北部。接着,中亚地区先后兴起的游牧部落大夏、安息、贵霜、白匈奴、突厥人的伽色尼王朝、廓尔王朝、蒙古、帖木儿及其后裔巴布尔都先后从西北部的印度河上游地区入侵印度,希腊半岛上的马其顿王国在灭波斯后也从西北部攻入印度。印度的西北部地区与中亚相连,是印度河与恒河流域的上游地区,历史上一直就是外族的入侵走廊,几千年来除了阿拉伯人是从印度河下游入侵印度外,几乎所有外族都是从西北部入侵印度的。屈指算来,从公元前 14 世纪雅利安人入侵到公元 16 世纪英国人入侵之前,印度至少遭遇了 13 个强大部落或强大帝国的入侵;而每一个部落或帝国的入侵往往都要持续多年,反复多次。比如仅仅是公元 1001 ~1024 年的二十多年时间里,伽色尼王朝的国王马赫穆德就反复入侵印度达 12 次之多。这些入侵者有的只是破坏和掠夺,有的占据了部分地区,而雅利安人、大月氏人、突厥人和蒙古人则直接建立王朝对印度较大范围的区域进行长期的统治。旧的入侵者征服了土著居民,新的入侵者又征服了旧的入侵者,层层叠叠 3000 年,最后这些入侵者大多以高低不等的种姓身份变成了印度人。尽管古代文明国家都会面临外族入侵的问题,但是像印度这样如此频繁地被外族入侵的确也属罕见。倘若印度次大陆的本土居民能够像中国那样形成一个自足的大一统帝国,相信这块土地一定不会如此频繁地被外族突破并轻易征服。而与中国核心农业区持续数千年的充盈张力相比,印度的本土文明在历史上似乎显得毫无扩张能力和同化能力,面对外族入侵往往只有招架之功,更无还手之力,充分证明了印度与中国这两大文明一定存在着某种本质上的不同。

15 世纪末欧洲大航海时代拉开序幕后,欧洲殖民者开始涉足印度,东印度公司纷纷开张。尽管信奉伊斯兰教的蒙古人后裔巴布尔于 1526 年征服印度北部地区并建立起了强大富庶的莫卧儿帝国,但是在西方先进文明的进攻之下,莫卧儿帝国依然节节败退。先是葡萄牙人绕过好望角占领印度西海岸,接着荷兰人的东印度公司又从葡萄牙人手中夺走据点;而法国人则在印度东海岸建立自己的据点,当然最后还是日不落帝国后来居上,凭借其强大的实力逐步控制了整个印度次大陆。1757 年,英国人派出了自己的殖民急先锋英格兰东印度公司，一场普拉西战役将莫卧儿帝国打趴，然后逐渐把印度变为英国的殖民地。经过近一百年的鲸吞蚕食，到1849年，英国东印度公司已经基本上控制了印度全境，只剩下西海岸和东海岸的少数据点仍由葡萄牙和法国占领。然而殖民统治毕竟不只是做抢劫生意，尽管笃信宗教的印度人生来一副好脾气，东印度公司的粗暴统治最后还是引爆了1857年的全印度民族大起义。为了稳定局面，镇压了起义之后的英国政府从东印度公司手中收回了印度次大陆的统治权，改由联合王国直接统治，名存实亡了一百年的莫卧儿王国也随之寿终正寝，印度的殖民地历史进入了第二阶段。

联合王国直接统治下的英属印度的幅员超过了印度历史上任何一个统一帝国，不仅包括了整个印度次大陆的印度教地区，而且还包括了西北部的伊斯兰地区以及东北部的伊斯兰地区和汉藏语系地区，甚至通过不平等的1886年《中英缅甸条约》向东一直扩展到了缅甸全境。也就是说，英属印度不仅包括了今天的印度，还包括了今天的巴基斯坦、克什米尔、孟加拉国、斯里兰卡、缅甸等多个国家和地区。除了缅甸于1937年脱离英属印度成为英属缅甸外，其他部分一直归并管理到“二战”结束。问题就出在这里了。对于殖民者来说，如此归并管理东方的殖民地当然是一件比较省事合理的事情，然而对于殖民地来说，如此归并管理必定会留下极其严重的后遗症。这种殖民后遗症既然会在非洲阿拉伯地区爆发，就一定会在印度次大陆爆发。说起来也是老套路了，当年的欧洲殖民者总是利用自己的绝对优势先将众多不同民族、宗教、语言、经济条件的殖民地一股脑儿地全部装进一个大麻袋，然后有滋有味地骑在麻袋上当他的主子。等到民族解放运动来临的时候，欧洲殖民者忽然发现身下的麻袋变成了身上的包袱，赶紧开始甩包袱，要么匆匆忙忙地将整个麻袋都扔给其中的某个殖民地继承者之后跑路，要么匆匆忙忙地根据自己的理解将一个大麻袋分成几个小麻袋之后开溜。利比亚和苏丹的情况大概属于前者，印度次大陆的情况大概属于后者。前者固然失于简单粗暴，后者又何尝不是如此呢？1947 年 6 月，下车伊始 3 个月的末代总督蒙巴顿提出了印巴分治方案，将印度次大陆分为印度教的印度和伊斯兰教的巴基斯坦两个自治领。这个听上去很美很合理的分治方案实际上很坏很暴力，因为在一个共生日久的肌体上进行任何切割都意味着流血。当年英国人在地图上用圆规和直尺合并起来的东西，如今又要在地图上用圆规和直尺分割开来，真可谓是“圣人不仁，以百姓为刍狗”。果不其然，如此重要的切割线居然真的是由一个从来没有访问过印度的伦敦律师西里尔·雷德克里夫在地图上直接画出来的，真是典型的纸上谈兵、草菅人命。由于印度教徒和伊斯兰教徒在许多地方都已经大量杂居，即便是搞出无数的飞地来，也根本无法分割清楚。然而根据印巴分治方案，印度次大陆不仅分为印度和巴基斯坦两个国家，而且西部的旁遮普地区和东部的孟加拉地区也都根据民族宗教标准进行了再分割。没有任何悬念，殖民者一刀下去，印度次大陆流血了。居住在印度的伊斯兰教徒逃往了巴基斯坦，居住在巴基斯坦的印度教徒和锡克教徒逃往了印度。在极短的时间内，双方互逃的难民总数就超过了 1000 万人。大规模的人口迁移必然伴随着大规模的骚乱、冲突和屠杀，其中旁遮普地区更是血流成河。即便按照最保守的估计，至少也有 50 万人在冲突中丧生，1200 万人无家可归，从而给两个国家埋下了无尽的仇恨。这些难民由于无家可归，到农村去又没有田地，只能聚居在德里、孟买、加尔各答、卡拉奇等大城市里，形成了大量的贫民窟，又给两个国家留下了无穷的后患。而这仅仅是灾难的开始。在随后的几十年时间里，印巴两国兄弟反目，先后于1947年、1965年、1971年爆发了三次惨烈的战争，不仅双方死伤无数，而且造成了巴基斯坦东西分裂。时至今日，双方依然在克什米尔等地剑拔弩张，战争的阴影依然笼罩着印度次大陆。

如此印度当然称不上是一个天下国家：一个真正的天下国家应该是历史自然发育出来的，而不是人为切割出来的；应该是内在矛盾的统一，而不是外力干预的结果。即便是印巴分治之后的印度，其幅员之大，人口之多，依然不是印度自我发育就能够达到或者曾经达到的。

首先，从民族的角度看，印度全国共有100多个民族和400多个部族，其中最大的印度斯坦族约占全国人口的46.3%，其他人口超过1000万的民族还有泰卢固族、马拉地族、泰米尔族、古吉拉特族、坎纳拉族、马拉雅拉姆族、奥里亚族、旁遮普族、孟加拉族等。虽然印度斯坦族人口不少，但毕竟没有过半，远不能与中国汉族这样占全国总人口90%以上的压倒性主体民族相提并论，其对少数民族的向心力自然也远不能与中国的汉族相提并论。印度历史上也不曾发生过类似于中国的民族大融合，倒是存在着高低不等、种类庞杂的种姓大叠层，不仅有各种各样的高低种姓，甚至还有为数众多的不可接触的贱民。种姓制度人为地固化了人群之间的差异，极大地阻碍了民族之间的融合，十分不利于一个天下国家的自然养成。也可以这样说，印度民族的多样性的确是相当复杂的，然而其统一性尤其是有机统一性远远不如中国。这大概也正是历史上的印度为什么一直难以实现稳定有效统一的重要原因所在。

其次，从宗教的角度看，印度的宗教习性十分浓厚，几乎全民信教。其中大约有80.5%的人口信仰印度教，13.4%的人口信仰伊斯兰教，另外还有1.9%的人口信仰锡克教，2.3%的人口信仰基督教，0.71%的人口信仰佛教，0.4%的人口信仰耆那教。看上去印度的宗教繁多，其中又以印度教为主体，颇有点“多样性的统一”的味道，其实这种宗教结构根本就不符合天下国家的标准。正如前文所述，一个真正的天下国家必然会有众多的宗教，而要想让各种宗教“众神平等”，这个国家的主流意识形态就必须是能够兼容各路宗教的无神论，而不能是任何宗教。当年的建国元勋甘地和尼赫鲁也正是意识到了这个问题的严重性，才提出了“世俗主义”的主张，极力反对将印度教作为国教而凌驾于其他宗教之上。然而一个国家的主流意识形态不是一个政治主张就可以决定的，想当年印巴分治都是根据宗教标准划分的，印度教徒的宗教信仰怎么可能说没就没呢？印度教在印度的统治地位怎么可能说没就没呢？1948年，提倡世俗主义的圣雄甘地竟然被印度教极端分子刺杀，震惊全世界，同时也提醒人们印度终究还是处于印度教的统治之下。印度教统治印度，其他宗教的日子必定不太好过；而其他宗教的日子不太好过，印度教的日子自然也就不太好过。1984年，由于与印度教徒关系日趋紧张，旁遮普邦的锡克教徒聚集在锡克教圣地金庙闹独立。几个月后，总理英迪拉·甘地调动10万军队攻打旁遮普邦，血洗金庙，打死了包括锡克教领袖宾德兰瓦勒在内的近千名锡克教徒。又过了几个月，英迪拉·甘地在总理府被她最信任的两名锡克族保镖用左轮手枪近距离开枪刺杀，再次震惊全世界。据说血洗金庙之后就有人提醒英迪拉·甘地赶紧换掉保镖，英迪拉·甘地却认为这两名保镖对自己十分忠诚，不会有事，结果还是出了大事。不知道英迪拉·甘地在临死之前是否终于明白了一个道理：理性怎能斗得过信仰？人与人之间的关系怎能斗得过人与神之间的关系？

最后,从语言的角度看,印度的语系包括印欧语系、汉藏语系、南亚语系、德拉维达语系四大语系,语言十分复杂。其实四大语系并不可怕,中国也有五大语系:汉藏语系、阿尔泰语系、南岛语系、南亚语系和印欧语系。但是中国使用汉语的人数超过了90%,56个民族中不仅汉族、回族、满族全部使用汉语,其他53个少数民族也都部分使用汉语,语言的“多样性的统一”特征十分明显。然而印度的语言版图完全不是如此。根据官方统计,目前印度共有1652种语言:仅仅在货币上就一口气印了15种。然而与中国相比,印度缺乏一种压倒性的主体语言,即便是被强行定为官方语言的印地语也只有30%左右人口使用,远远没有过半。印地语主要流行于北方各邦,南方各邦由于语系不同,学习印地语十分困难,因此当1965年印度政府企图废除英语的官方语言地位并强行推广印地语的时候,就遭到了南方各邦的强烈反对,最后印度政府被迫将两种语言并列为官方语言。比起北方的印地语,英国殖民者留下来的英语在各邦反而都比较通用,然而那只是上层精英的专用语言,数量庞大的底层平民说不上几句。一言以蔽之,在印度根本就没有一种压倒性的主体语言;多样性的确是够复杂了,统一性则是根本谈不上的。

由此可见,印度的确只能算是一个“类天下国家”。这个国家的多样性极其复杂,而统一性虽然也有一定的力量,但是终究远远达不到中国的层次。对于印度来说,统一性与多样性之间的这种脆弱均衡是历史留给这个国家的一件颇为尴尬的礼物。由于历史上不曾像中国那样处于长期统一的状态,因此印度实际上也不曾发育出天下国家的那些特殊本领,面对独立之后烽烟四起的民族、宗教、语言之间的矛盾冲突,印度人往往显得心有余而力不足。当年的印巴分治已经证明了印度人并不具备与伊斯兰文明和谐共处的能力,而如今依然麻烦不断的印度东北部地区、西北部地区和半岛南部地区的分离主义运动也在考验着印度的大国之道。从地图上看,印度的国土就如同一个倒三角形,如今三个角都存在着严重的分离主义运动。东北部的汉藏语系地区由于自古以来就不属于印度,而是被英国人强行占领后丢给印度的,因此六七个邦目前统统都在闹独立,其中阿萨姆邦闹得最凶,印度的小股部队常常在山区里遭到伏击歼灭;西北部地区由于众所周知的宗教缘故,一直就有旁遮普邦的锡克族卡利斯坦独立运动和印控克什米尔地区的穆斯林独立运动,爆炸袭击更是不断;而南部地区的泰米尔人则是达罗毗荼人的后裔,与印度北部向来不太一样,就连孔雀王朝都未能将其纳入版图。然而英国人当年却只搞了印巴分治,没有理睬泰米尔人成立"德拉维达斯坦国"的要求,令泰米尔人大失所望。不仅如此,印度政府成立后还跑到南方来强行推广北方的印地语,更是引起了泰米尔人的激烈反弹。恩恩怨怨几十年之后的1991年,总理拉吉夫·甘地终于还是在泰米尔纳德邦被一名献花的泰米尔女子用炸弹刺杀,就此步其母亲英迪拉·甘地的后尘而去。

面对烽烟四起的地方分离主义,印度人自然也使出了英国殖民者留下的两个礼物,一方面通过战争四处灭火,武力打击分离主义势力;另一方面通过民主四处安抚,承诺赋予各邦较大的自治权。民主自治在这个各邦互不买账的国家里居然在一定程度上起到了稳定器和解毒剂的作用,也可谓是阴差阳错。然而这并不意味着印度就此解除分离主义的警报。恰恰相反,无论是过去和现在,分离主义运动一直都在折磨着印度,即便是可以想象的未来,分离主义依然会是印度的心腹大患。除了印巴分治,印度这几十年来之所以没有因为武装叛乱或者民主自决而陷入分裂,很大程度上是拜其不可复制的地缘政治地位所赐。其一,既然英国人一手制造了今天的印度,西方国家目前也就不至于出尔反尔地去肢解它,更何况他们都还指望扶持印度来制衡中国呢。若是西方国家有朝一日改了主意,印度内部可供操弄的空间那可就大了去了。其二,印度次大陆地理条件相对封闭独立,印度周边除了巴基斯坦外基本上没有什么大国,因此缺乏与其竞争的引力场,分离主义势力无法获得有力的外援,这一点十分关键。不过即便是实力较弱的巴基斯坦,照样让印度在克什米尔问题上吃不了兜着走。当年英国人当甩手掌柜,让克什米尔土邦自行决定加入印度或巴基斯坦,留下了无穷后患。克什米尔人 80% 是穆斯林,土邦的王公却是印度教徒,若是搞民主,克什米尔无疑得归巴基斯坦,若是搞独裁,那当然得归印度。于是民主的印度迅速地认同了独裁的结果,抛弃了上帝的第二个礼物,使出第一个礼物,通过印巴战争夺得了克什米尔 3/5 的土地。然而,即便是印控克什米尔,穆斯林依然占据多数,如今这个地区 700 万居民,70 万军警,所谓印控克什米尔问题的实质一望便知。其三,印度唯一的北方强邻中国,是唯一有能力策动印度分裂的引力场。印度的东北部地区属于颇受中国文化影响的汉藏语系地区,整个地区只通过 21 公里宽的西里古里走廊(Siliguri Corridor)维持着与印度的脆弱联系。在中国藏南地区目前被印度侵占的情况下,中国其实有着足够的理由和能力来策应印度东北部地区的分离主义力量。然而走运的是,偏偏这个强邻自古以来就是一个与人为善的国家,信奉的是“己所不欲,勿施于人”的孔孟之道。印度人若还看不懂这一点,那可真是瞎狗咬了吕洞宾。印度的历史、地缘和运气不是任何国家都可以复制的,尤其是如今树大招风的中国。将这两个似是而非的国家进行简单类比是只知其一不知其二。无论如何,国力竞争是各要素的综合竞争。

如今中印两个大国的国力竞争还在继续,中国当然也有需要向印度学习的地方;不过印度真要想证明自己体制的优越性和普适性,还是先请在国力上超过中国以后再说吧。

除了美国和印度,俄罗斯和巴西也是两个目前外形上比较接近中国的大国,由于篇幅所限,在此略作论证。俄罗斯是个史无前例的领土大国,不过其历史很短,大体上独立成型于1547年伊凡四世加冕沙皇时期,迅速膨胀于18世纪的彼得一世和叶卡捷琳娜二世时期,在苏联时期达到了极盛。如今即便经历了苏联解体,依然坐拥1707万平方公里的广袤土地。俄罗斯目前有1.431亿人口,150多个民族,其中俄罗斯族占80%左右;55%的人口信奉宗教,其中91%信奉东正教,5%信奉伊斯兰教,信奉天主教和犹太教的各为1 %,0.8 %信奉佛教。除了人口数量明显偏少、信教人口比例明显偏高以及国家历史明显偏短之外,俄罗斯与中国的确有很多相似之处。而正是这些国情上的异与同,决定了两国在政治上的异与同。由于地域十分广袤,多样性极其复杂,历史上的俄罗斯基本上采用集权体制,唯一的例外就是苏联解体前后的短暂时期。不过正是这一短暂时期要了苏联的命,西方民主一旦移植进这个庞大国家的肌体,碎片化效应立即在这个早已外强中干的国家内部发作,盛极一时的苏联帝国应声而解。然而即便是苏联解体之后的俄罗斯,其多样性依然极其复杂,离心力依然极大。在整个叶利钦时代,向心力急剧下滑的俄罗斯被民主的碎片化效应折磨得死去活来,无处不在的地方分离主义势力随时有可能继续解构俄罗斯。在一片混乱之中,议会也来和总统争权,焦头烂额的叶利钦为了动用武力压制住议会的分权欲望,又不得不向地方势力做了妥协与让步,导致联邦权力进一步削弱,地方分离主义更加猖獗。已经年迈的叶利钦无力收拾烂摊子,赶紧将权力交给了年轻的普京。普京深知俄罗斯的问题所在,上台伊始就冒着极大的政治风险,一刀砍向了地方分离主义。2000 年 5 月 13 日,普京总统签署法令,将全俄罗斯 89 个直辖市、共和国、边疆区、自治区、州和自治州等联邦实体按照地域原则划分为 8 个联邦区,派驻总统全权代表,加强对地方的监控;规定地方长官不再兼任上院议员,削弱了地方领导人在中央的决策权;同时改革财政预算制度,削弱了地方政府的财政基础。更要命的是,普京居然“逆民主潮流而动”,规定必要时中央有权解除地方长官的职务,有权解散地方议会。这一规定直接扼住了地方自决权的喉咙,极其有效地阻遏了地方分离主义的继续抬头。稳住阵脚的普京在第二个总统任期时更是宣布废止“地方直选”制度。地方政府的主要领导人首先由联邦总统提名,然后由地方议会确认,最后再由联邦总统任命。至此,俄罗斯 83 个联邦实体领导人的任免权基本上收归总统所有。领土如此之广袤,民族如此之众多,多样性如此之复杂,离心力如此之强大,集权居然如此之彻底,俄罗斯在分裂边缘的体制选择的确值得人们深思。

然而客观地说,俄罗斯的政治体制目前还处在临时性均衡之中,未来变数依然很大。从 2000 年以来,俄罗斯就一直处在普京强人政治的影响之下。普京个人的魅力、能力和际遇使得他有机会在总统选举中连续多次赢得俄罗斯多数选民的支持,进而利用人民的整体授权来压制地方分离势力、议会分权势力和政党竞争势力,打造出了联邦总统的超级集权体制。如果说俄罗斯的体制的确已经具备一定的民主特性,那么这种民主的唯一支点就是总统的选举。这种将万钧重任集于一身的民主授权体制几乎是为普京一人量身打造的,其高度的风险性是毋庸置疑的。完全可以预料的是,一旦普京这样的强人不再，地方分离势力、议会分权势力和政党竞争势力必定会借助民主的名义再次粉墨登场，庞大的俄罗斯还将受到离心力的痛苦折磨。从历史的角度观察，这大概也是俄罗斯必须面对的宿命。直到15世纪，俄罗斯依然只是蒙古金帐汗国统治下的一个小小的莫斯科大公国，在短短的几百年时间里，俄罗斯居然膨胀到了天下第一的领土规模，的确令人吃惊。少蚕食多鲸吞，俄罗斯的胃口再强健，也绝难将如此庞杂的多样性在如此短暂的时间里迅速统一起来。与中国相比，俄罗斯的宗教属性似乎太强了点，民族之间的互动似乎又太少了点，这往往会导致民族融合的难度增加；与中国相比，俄罗斯的地方似乎太大了点，人口似乎又太少了点，而且就这点人口每年还在急剧地减少，这难免会导致对边疆地区政治掌控的鞭长莫及；最关键的，与中国相比，俄罗斯膨胀的速度似乎太快了点，而历史又的确太短了点，在这么短的时间里是否可以打造出一个真正的命运共同体，俄罗斯的未来值得人们认真观察。苏联解体的情景历历在目，车臣战争的炮声犹在回响，如果没有看错的话，普京时代的俄罗斯恐怕并非俄罗斯变革的终极版本。要想成为一个真正的天下国家，俄罗斯还将经历严峻的历史考验。

南美第一大国巴西面积达851万平方公里，人口1.92亿，均为世界第五。也许是因为相距遥远，中国人对这个大国一直比较陌生，走遍全世界的华人只有25万人生活在巴西，中国学术界对巴西的基础性研究更是相当少，这的确为我们分析巴西问题制造了很大的困难。不过大体上说，巴西也只能算是一个“类天下国家”：其一，与美国相似的是，巴西也是欧洲殖民的遗产，是葡萄牙人建立的国家。其二，与美国相似的是，葡萄牙人也曾有组织地屠杀过1000万印第安人，导致巴西的原住民近乎灭绝。其三，与美国人相似的是，葡萄牙人也曾从非洲抓来黑奴从事罪恶的奴隶劳动，也因此遗留了种族问题。其四，与美国不太相似的是，欧洲移民在热辣辣的巴西与其他种族大量混血，导致今天巴西的白人仅占人口的47.3%，混血儿达到43.1%；再加上7.6%的黑人，2.1%的亚洲人以及少量的印第安人，非白人超过了全巴西人口的一半。其五，与美国相似的是，巴西也有“大熔炉”的说法，不过与美国不太相似的是，巴西的“大熔炉”不单指社会文化上的融合，而是企图从人种肤色上将其他种族“白化”。当然从目前的结果来看，不是白人“白化”了其他种族，而是白人被其他种族“棕化”了，巴西也不得不于20世纪70年代最后放弃了这个执行了一百多年的失败政策。其六，与美国相似的是，巴西也存在着严重的种族歧视现象，以至于巴西联邦还专门成立了“种族平等部”来促进种族平等，比如在高等教育和就业等方面实行“种族配额”制度。其七，与许多欧美国家一样，巴西也存在着富裕地方的离心倾向，鼓吹南方发达地区独立建立所谓的“高乔潘帕斯共和国”、“圣保罗共和国”的大有人在。在他们看来，“南方是为巴西其他地方下金蛋的鸡”，“南方是大奶牛”，“南方养活着东北部那些只知道过狂欢节的人”。其八，巴西今天的民主政治仅仅始于1985年。当年葡萄牙人殖民的时代姑且不说，就是从1822年正式独立开始，巴西近200年的历史基本上都是“枪杆子里出政权”，君主专制、武装起义、军事独裁、军事政变交替演出。短暂的民主实践想要在巴西这个“类天下国家”证明自己，恐怕还需要很长的时间来观察。

关于巴西我们其实还可以做更多的研究，就好像世界上还有好多的国家值得我们去研究一样。然而本书的篇幅和我的能力毕竟都是有限的，而且关于“民主与民族”已经写得够长了，因此还是就此打住吧。记得有一次在北京演讲时，有位研究墨西哥的专家向我提出了墨西哥的问题，问我如何解释墨西哥既有民主选举又没有分裂。我的回答是，我并不太了解墨西哥的国情，不过在我看来，一个国家就如同一个家庭一样，离婚固然证明了婚姻的失败，但是没有离婚不一定就能反证婚姻的成功和生活的幸福。人世间多的是这样的家庭，夫妻的结合并未产生出强大的合力，相反矛盾不断、龃龉不止，甚至还会有家暴，可偏偏就是没有离婚，我们能够因为这个家庭还没有离婚就断定他们一定是成功和幸福的吗？因此同样地，我们能够因为一个国家还没有分裂就反证其民主一定是成功的吗？无论如何，在与世界其他国家的竞争中，中国目前正处在十分有利的态势。即便是受到目前国内民主法治建设的缺陷拖累，拥有全世界最大人口体量的中国依然以全世界最快的发展速度迅速崛起，中华民族伟大复兴的前景从来没有像今天这样触手可及过，这一无可辩驳的事实本身就是中国体制内在合理性的最好证明。作为一项尽可能严谨的研究，只要有余力，哪怕像墨西哥这样的国家也不应该被排除出我们的视野；然而作为一种胜王败寇的国力竞争，中国人固然不应该以一时的成败论英雄，但也不至于不自信到了不断回头张望跟跑者的地步。

CHAPTER 03 >>

第三章

选举与信任

“信任民主”制度构想的提出

如果说中国的国情的确与世界上绝大多数国家都不太相同,那么这个独一无二的“天下国家”究竟应该如何实现自己的民主呢?在《文明与法治》的第五章“法治”中,我已经比较完整地提出过了自己的制度构想,其核心观点就是:在保留自上而下的任命权的同时,赋予人民群众自下而上的否决权,方法是对任期过半的政务官进行中期信任投票,不信任即罢免。为了便于比较和记忆,我在《文明与法治》中给这种民主取了一个通俗的名字叫“否决式民主”,以此区别于西方国家目前普遍采用的“选举式民主”。这一制度构想是在2006年的某一天突然从大脑深处自己跳出来的,而那时我已经开始本项研究两年时间了。换句话说,所谓的“否决式民主”并不是我预设的研究前提,而是研究过程中的自然产物。其实从2004年选择出发开始,我就没有为自己的研究预设过任何前提;倘若有的话,那么唯一的前提大概就是希望这个国家变得更好。接下来几年,我的主要工作就是在“大胆假设”与“小心求证”之间构建张力。而谈不上幸运的幸运是,尽管关于中国民主的问题是如此的敏感,各种观点的分歧又是如此之巨大,“否决式民主”的制度构想依然在一些重要的平台获得了生长的空间。它的主要载体《文明与法治》在很短的时间里修订再版,多次印刷。而在另一个主要载体即我的讲台上,“否决式民主”的理论构想也获得了学员们更为直接的支持。这些弥足珍贵的支持一直是我继续远行的勇气所在,也是这本《精英与平民》能够继续问世的重要原因。

“否决式民主”的提法一直沿用到了 2011 年。在 2011 年的一次演讲中,有一位学员问我可不可以改一改提法,以给人一种更加正面和更具建设性的印象。这个问题其实已经在我的头脑中萦绕多时了,学员的提问给了我一个契机。我回答道,那不妨就改称为“信任民主”吧。所谓信任投票,不信任即否决,不否决即信任,否决与信任本来就是一枚硬币的两个方面。使用“信任民主”的提法并没有改变“否决式民主”的任何内涵或外延;倘若因此而赢得更加广泛的接受度,那的确堪称一次修辞学的胜利。不过从字面上看,“信任民主”的提法的确更加简洁,与“选举民主”的对仗也更加工整;而从语义上看,“信任民主”的提法的确也更加正面,与“选举民主”的比较也更加对称。既然“民主”这个大词寄托的是人们对理想生活的某种向往,那么冠之以“否决”这样的否定性前缀的确略显扞格。从这个意义上说,“信任民主”的提法可能真的会比“否决式民主”更加合适点,尽管二者在本质上是完全相同的。

“信任民主”是为中国这个“天下国家”量身定造的制度构想,它最基本的内涵就是“任命权”+“否决权”——任命权自上而下，否决权自下而上。正如前文所述，天下国家由于多样性十分复杂，离心力很大，因此必须在其正式制度安排中保持强大的向心力与之相抗衡，而任命权作为政治体制的核心权力，无疑是政治向心力的最佳保证；同时，为了保证政治向心力不被滥用，就必须赋予人民一定的权力以供抗衡，而罢免不称职官员的否决权无疑可以帮助人民建立起这样的底线防守。很显然，在我的理论构想中，官员的任免权是被一分为二的，政治核心掌握任命权，人民群众掌握罢免权（否决权）。之所以要将任免权一剖两半，是因为我相信政治权力其实也和财产权利（property rights）一样，是一组权力而不是一个权力，是可分的，且可制衡的。关键的问题在于如何分权，如何制衡。将国家权力分为立法权、行政权和司法权是一种分权制衡，将任免权分为任命权和否决权也是一种分权制衡；只不过这种分权是一种中国式的纵向分权，而不是西方式的横向分权。说来也巧，《文明与法治》首次出版之后半年左右时间，美国的约翰·奈斯比特也出版了他的《中国大趋势》。这位曾以《大趋势》的精准预测闻名于世的未来学大师在他的新书中大胆预测了中国未来的八大趋势，其中第二大趋势谈的就是中国的民主问题。约翰·奈斯比特说：“中国政府自上而下的指令与中国人民自下而上的参与正在形成一种新的政治模式，我们称之为‘纵向民主’。支撑中国新社会长治久安最重要、最微妙也是最关键的支柱就是自上而下（top-down）与自下而上（bottom-up）力量的平衡，这是中国稳定的关键，也是理解中国独特的政治理念的关键。”“西方人想到一个自由、民主的社会时脑海中出现的是一个横向结构，由无数个‘个人’‘平等地’选举出自己的领导。大部分西方国家所采纳的都是这一模式，但是，还有另外一种对自由和民主截然不同的理解,一种来自拥有不同世界观、不同文化背景的社会的理解。采用纵向民主,而非横向民主,情况又会如何呢?”“在这种环境下,政治运作不是依赖对立的政党或者政客,而是通过自上而下和自下而上的过程实现意见的统一……这样便创造了一个纵向结构,新思想和经验可以源源不断地沿着这个纵向轴交流。中国正处于创建符合自己历史和思维的民主模式的初级阶段。虽然这种纵向模式也有自己的缺点,但是它的主要优点就在于能够使政治家从为了选举的思维中解放出来,以便制订长期的战略计划。”[1]也许是因为时候未到,也许是因为缺乏可操作性,奈斯比特的这一观点似乎并未引起国人的多大注意。不过对于我的许多朋友来说,奈斯比特的这一预测还是令他们高兴了好一阵子,因为在他们看来,“信任民主”不仅是一种活脱脱的“纵向民主”,而且是比“纵向民主”更加具体、更加实证的可操作性方案。“奈斯比特印证了你的理论,你们是英雄所见略同”,一位好朋友在电话里大声地对我说。

谢谢约翰·奈斯比特,谢谢我的朋友们,信心往往源自于这样的呼应。不过这些年来的孤独和苦痛已经给了我更加安静的内心,我知道那条路不是一脚就能踩得出来的——无论那只脚是我的还是约翰·奈斯比特的,更何况我选择的还是一条漫长如斯的远行路。“信任民主”的确是一种“纵向民主”,因为它的本意就是希望在自上而下与自下而上之间建立起一种有益和有效的均衡。之所以需要自上而下,是因为一个“天下国家”天然地需要一个强大的政治核心和强大的政治向心力;之所以需要自下而上,是因为任何政治

〔1〕[美]约翰·奈斯比特、[德]多丽丝·奈斯比特:《中国大趋势——新社会的八大支柱》,吉林出版集团、中华工商联合出版社有限公司2009年版,第39~40页。

核心和政治向心力都必须接受人民群众的有力监督和有效制约。在中国几千年的大一统政治传统中,官员的任免权一直全盘掌握在自上而下的渠道中,严重缺乏自下而上的正式制度安排,这种重心在上的政治结构必然导致王朝更替规律,给中国带来周期性的严重破坏;而在西方数百年的民主政治传统中,官员是通过民众选举产生的,其任免权似乎又全盘掌握在自下而上的渠道中,这种重心在下的政治结构发育自小格局的欧洲民族国家,一旦移植到中国这样的"天下国家",谁又敢肯定民主的碎片化效应就一定不会发酵和发作?既然全盘的自上而下和全盘的自下而上都不太合适,那么为什么我们不考虑在其中取一个平衡点呢?

"信任民主"的本意正是想要提供这样的一个平衡点。这个平衡点的结构比较简单,功能却是多元的:其一,它是政治核心与人民群众之间的平衡;其二,它是中央集权与地方分权之间的平衡;其三,它是统一国家与多元民族之间的平衡。说得抽象一点,它是向心力与离心力之间的平衡,是"合"与"分"之间的平衡。人生不过生与死,社会不过分与合,寻求"分"与"合"的动态平衡其实从来都是一个良治社会的主要工作。正如沃尔特·李普曼在他的名著《公众舆论》中所说的那样,"以往的改革者们总是发现不得不在两大选择之间进行取舍。他们可能会取法罗马,把罗马式和平强加给交战的部族。他们也可能走向孤立,以求自主和自足。他们几乎总是选择走起来最近的那条路……无论他们做出何种选择,根本的困难都是相同的。如果决策被分散,他们很快就会挣扎在地方观点的喧嚣之中。如果集中决策,国策就会以首都的一个小圈子的意见为依据”[1]。

“平衡”是一种说起来容易做起来难的东西,在哲学上它有一个正式的名字叫“辩证统一”。在“信任民主”的分权结构中,任命权相对比较主动,这有利于集中决策、主动安排,也有利于统揽全局、协调各方;否决权相对比较被动,不过进攻虽不足,防守则有余,只要达摩克利斯之剑在手,就能守住底线,倒逼前端。更要紧的是,所谓“辩证统一”意味着自上而下的任命权与自下而上的否决权之间除了对立之外,应该还是统一的。倘若没有否决权的倒逼威慑,集中决策的任命权就一定会无所忌惮,最后的结果一定是以“一个小圈子的意见为依据”;倘若没有任命权的主导协调,分散决策的否决权很可能也就无从着力、无所适从,最后很可能就是“挣扎在地方观点的喧嚣之中”。从系统论的角度看,任命权大概可以视为控制系统的正反馈信息,而否决权大概可以视为各子系统或系统要素的负反馈信息,只有这两种信息形成良性互动,一个系统才是真正有机的。

“信任民主”与“选举民主”的比较

信任民主也许只有在与选举民主的比较中才能更加清楚地表达出自己的内涵来。正如我在《文明与法治》中所说,选举民主如同让人们做一道选择 A 或 B 的选择题,而信任民主如同让人们做一道判断“对”或“错”的判断题。这一比喻包含了几层意思:其一,选择题必须提供两个以上的选项,而不能只提供一个选项,只有一个选项的选择题很可能是个伪命题,可见选举民主比较适用于多党竞争和多人竞选。其二,选择题即便提供了多个选项,但是如果提供的

---

〔1〕[美]沃尔特·李普曼:《公众舆论》,上海世纪出版集团 2006 年版,第 212 页。

所有选项都是错的,那么这个题目本身也是无意义的伪命题,因为选哪一个都是错的。可见选举民主如果不注重候选人质量的话,即便提供了多项选择,依然有可能是个伪命题。其三,选择题如此依赖于所提供选项的质量,说明出题人其实十分重要,然而人们往往只看到了做题人,没看到出题人。同理可证,选举民主肯定也会有出题人,然而人们看到的往往只是台前投票的平民,看不到的则是台后出题的精英。其四,如果是做判断题,那么一个判断题只需要提供一个判断项,也只能提供一个判断项,对就是对,错就是错。同理可证,信任民主只需要也只能够提供一个判断选项,可见信任民主比较适用于非竞争性的一党执政和官员任命制。其五,对于不认真复习的做题人来说,判断题一样有做错的风险;而对于错误的判断项来说,也随时有被做题人打叉的危险。由此可见,信任民主对投票的平民和被投票的精英来说一样构成压力,平民要认真判断,不能错罢;精英要认真做事,防止被罢。换句话说,信任民主也是一种民主。其六,如果判断题所提供的判断项一直是错的话,做题人当然可以一直打叉,但是如果信任民主的人选一直不好的话,频繁否决终究不是我们的目的,由此可见信任民主同样也要依赖于出题人的自觉性,最好是多出好牌,皆大欢喜。其七,如果出题人频繁乱出伪命题,做题人事后总是要抗议乃至于杯葛(Boycott)的,因此出题人乱来的风险就在于很可能彻底失去出题资格,可见信任民主和选举民主对幕后的出题人也是有制约的。其八,选择题和判断题是今天标准化考试的两种标准题型,说明这两种题型具有某种互补性。由此可见,选举民主和信任民主这两种民主是完全可以相提并论的,其内在机理很可能具有某种互补性。

如果再深究下去,我们很可能还会发现,所谓信任民主和选举民主的不同主要是在形式上,在本质上二者更多的是相同。关于这个问题我们将会在本书后面的内容中展开更多的探讨,此处略作论述。相信选举民主的人或许会认为,选举民主看上去似乎比较主动,做题人有着更多的主动选择空间,而信任民主看上去比较被动,似乎更加依赖于出题人所提供的判断项的质量。然而真实情况恐怕并非如此,选举民主的主动权和选择空间其实在很大程度上也只是理论上和想象上的。这个问题的关键在于很多人都没有意识到民主其实是一种集体行动,在这种集体行动中,个人的选择自由其实是受到很大约束的。沃尔特·李普曼对此就有着深刻的洞察,他说:"一个人或少数几个人的头脑是可以进行思想训练的,但是当一个团体要想一起思考时,它所能做的不过是表示同意还是不同意。"[1]李普曼又说:"不管能够拉来多大规模的选票,都不会消除制造争端让选民去说'是'或者'不'这种需要,无论这个争端是一项议案还是一位候选人。事实上,不存在诸如'直接立法'之类的事情。在那些据说存在这种事情的地方,会发生什么事情呢?公民到投票站去,接过一张选票,上面印着一连串几乎总是以缩略形式出现的议案。若他有话可说,那就是说'是'或者'不'……如果你把这叫做立法,那就是在对英语施暴……公众的行动仍然取决于别人提供的选项的质量。而全部选项都由那些乐此不疲的小圈子提供,他们四处奔忙。摇唇鼓舌,想方设法联络代表。少数人提名之后,多数人才能投票选举。"[2]作为传媒学史上最具影响力的大师、1958 年和 1962 年两次普利策奖获得者,沃尔特·李普曼可谓深谙美国的选举之道。他的话实际上在提醒人们,选举民主同样严重依赖于出题人

[1] [美]沃尔特·李普曼:《公众舆论》,上海世纪出版集团 2006 年版,第 168 页。
[2] [美]沃尔特·李普曼:《公众舆论》,上海世纪出版集团 2006 年版,第 171 页。

所提供的选项的质量。一万个人有一万个哈姆雷特，一万个人有一万个选择意向；但是在选举民主中，一亿个人可能只有两个选项，而且还是别人提供的。选举民主如果真的是一种民主，那么它的宝一定不是押在选择权上，而是押在另外一种东西上的，这种东西我称之为“倒逼”。

关于民主的“倒逼”性质，《文明与法治》的第五章“法治”已经做过较多的论证，在本书的第八章“自觉与倒逼”中还会对倒逼机制进行更充分的展开，因此这里只略作阐述。从民主的发生机制来看，民主并不意味着每个平民都可以按照自己的偏好来做主的权力，而是指为数众多的平民对少数的精英所提供的特定选项进行表决的权利。尽管这种表决权的选择自由本身是极其有限的，但是平民的确可以通过选择 A 来对 B 构成压力，也通过选择 B 来对 A 构成压力，从而倒逼想要当选的 A 和 B 都主动向平民示好以争取选票。由此可见，选举民主的奥秘的确不在于选择，而在于倒逼。虽然选项极其有限，很可能只有两个，但是这已经足以让每个争取当选的候选人产生落选的压力了，而只要这种压力真实存在，“倒逼”就能够形成。说得再清楚一点，对于 A 来讲，其实 B 当不当选并不要紧，要紧的是自己落选了，反过来对于 B 来讲也是一样；因此只要让每个候选人产生落选的恐惧，“倒逼”就能够形成，这就是民主的真正奥秘。无论任何形式的民主，只要能够构成倒逼的压力，民主就是真实有效的，只要构不成倒逼的压力，民主就是一句空话。从这个意义上讲，选举民主固然构成了倒逼的压力，难道信任民主就构不成倒逼的压力？倘若人民群众有朝一日真的对政务官进行中期信任投票，不信任票过半即为否决，看上去并没有竞选的对垒，看上去也没有多余的选项；但是对于被投票的对象来讲，倒逼的压力其实一点都不亚于选举,因为他完全有可能在信任投票中被否决下台。

从这个意义上说,信任民主的确堪称“纵向民主”,因为这种民主的主要特点就是台上精英与台下平民的直接对话,而对话的主要依据则是精英前期的真实政绩。相比起台上的精英们相互对话,对话的依据常常是精英空头许诺的选举民主来说,信任民主似乎更加接近于生活的本来目的。关于选举活动中精英轻易许诺的痼疾西方人自己也多有微词,勒庞说:“加价方法,因为十分简单,所以政客们任意使用,已经成了让人烦恼的积习,到今天才开始发觉它的妨碍很多。许诺十分容易,实践却很难。”[1]虽然从选择的自由度来看,信任民主似乎要比选举民主差一点,但是需要澄清的是,这种差距看上去是一倍,其实也只是一点。比方说,一万个人本来有一万个选择意向,现在只有两个选项供他们选择,他们的选择自由度其实只有万分之二;如果一万个人要对一个判断项进行信任投票,他们的选择自由度则是万分之一。万分之二除以万分之一,当然是一倍的差距了;万分之二减去万分之一,其实也只是一点的差距,就看你怎么理解这个问题了。考虑到二者倒逼的效果几乎完全相同,再考虑到信任民主似乎更加实事求是,这一点点的差别是否那么重要,相信每个人心中都会有自己的答案。关于这个问题沃尔特·李普曼就有着自己的答案,他说:“人们并不是为了自治而渴望自治。他们渴望自治,是为了得到自治带来的结果……民主的谬误在于它只关心统治的起源,却忽视了过程和结果……然而,对大河的源头无论如何治理,都无法完全控制其后来的表现……无论权力如何形

〔1〕［法］古斯塔夫·勒庞:《心理学统治世界》,金城出版社2011年版,第122页。

成,最关键的在于权力如何行使。”[1]的确如此,只要平民对精英的倒逼能够形成,只要精英的权力受到了平民意志的有效制约,只要精英从此为平民服务,采用什么样的民主形式恐怕都不是最重要的。

有意思的是,如果我们能够从这样的角度来看待民主,那么选举民主与信任民主之间的差别就会变得越来越模糊。以新加坡的选举为例。看上去新加坡人民行动党与23个反对党每五年进行一次国会选举,实际上地球人都知道,无论是过去、现在还是可预见的未来,反对党都不可能真正挑战人民行动党。因此就像李光耀所说,大选便成为行动党探测支持度的全民表决,不再是输赢的问题。[2] 换句话说,与其说新加坡人民每五年进行一次民主选举,还不如说新加坡人民每五年对人民行动党进行一次信任投票。在自己的回忆录中,李光耀就频繁地提到了“信任”,他说:“我们最珍贵的资产就是获得人民的信任……我们小心翼翼对待这份刚获得的人民的信任,以免因管理不当和贪污而糟蹋了它。”[3]在李光耀时代,人民行动党的确也曾运用各种手段对反对党进行压制,客观上导致了反对党难以轻易坐大,使得新加坡的选举竞争一直处于非对称的状态。很多人认为这种非对称的选举竞争算不上真民主,因为新加坡缺乏强大的反对党来制衡和替代人民行动党。如果我们把民主的本质认定为“选择”的话。这种说法显然是有道理的,但是如果我们把民主的本质认定为“倒逼”的话,这种说法显然就太过武断了。对此李光耀自己也做过辩解,他说:“批评新加坡的人相信行动

[1] [美]沃尔特·李普曼:《公众舆论》,上海世纪出版集团2006年版,第223页。
[2] 李光耀:《李光耀回忆录》(下),世界书局2000年版,第151页。
[3] 李光耀:《李光耀回忆录》(下),世界书局2000年版,第1页。

党能够屹立不倒,是因为我们对付敌对者向来毫不留情。然而这样的解释未免简单化了。如果我们违背了同人民缔结的信约,早就被踢出局了。"[1]2011 年 5 月 7 日的新加坡第 12 次国会选举应该可以为李光耀的这段话作证。在这次大选中,人民行动党受到了反对党空前的挑战,破天荒地被工人党夺走 6 个选区,其中包括一个 5 人集选区——阿裕尼集选区。在新加坡的 87 个选区中,只有 12 个单选区,其余 75 个选区被分别归并为 15 个集选区。集选区被反对党突破意味着人民行动党随时有可能在任何一届大选中突然出局,因为从理论上讲,既然外交部部长杨荣文领衔的阿裕尼集选区可以失守,那么总理李显龙领衔的宏茂桥集选区为什么就不可能失守呢?只要丢掉七八个集选区,人民行动党就会立即出局,威胁是十分现实的。在阿裕尼集选区选情紧绷的时候,李光耀的确也曾"故伎重施",出言"恫吓"过,他说:"丢掉阿裕尼集选区不是世界末日,我们将会在五年后重新夺回,如果阿裕尼的选民投票给工人党,他们有五年的时间可以反思和后悔。"此言一出,舆论大哗,阿裕尼的选民毫不迟疑地用手中的选票回敬了李光耀的话。大选过后,多年来迟迟退而不休的李光耀和吴作栋很快宣布退出内阁,把国家交给年轻一代,只希望"年轻团队一定要关注老一代所关心的问题,老一代已为新加坡作出贡献,应当好好受到照顾"。2012 年夏天,我利用在新加坡官方访问的间隙,三探阿裕尼。新加坡人众口一词:其实我们不是想选择工人党,也不是想推翻行动党,只是想教训一下行动党,刚好阿裕尼的条件比较合适。是啊,与其说他们是在选举,不如说他们是在信任投票。2011 年新加坡大选的确是一个分水岭,无须政

〔1〕 李光耀:《李光耀回忆录》(下),世界书局 2000 年版,第 138 页。

党轮替,无须对等竞争,人民行动党已经接收到人民的信号了,那些认为新加坡人民无力制约人民行动党的观点从此可以休矣。只要倒逼存在,平民对精英的制约就存在,民主就存在。民主的关键并不在于精英之间的对等竞争,而在于精英与平民之间的真实信约,前者只是手段,后者才是目的。手段固然重要,不过若是执着于手段,就有可能迷惑于手段。搞不清楚这一点,平民手中的那张选票的确有可能沦为一张观看精英表演的戏票,大家迷迷糊糊地入了场,接着迷迷糊糊地鼓了掌,最后迷迷糊糊地散了场。

如果按照这个逻辑再往深处追究,人们甚至会发现,哪怕是西方的选举民主往往也具备信任民主的某种特质。在民主选举中,上一任的政绩和下一任的许诺往往是相互交织纠缠在一起的,争取连任的精英往往会炫耀自己的政绩,争取夺权的精英则要攻击对手的政绩,选举在某种意义上变成了对上一任精英几年政绩的信任投票,在这个基础上大家再进行许诺比赛。有时候一个新人会上台,不一定是因为人们对新人的许诺有信心,而是因为人们对旧人的政绩很失望;有时候一个旧人会留任,不一定是因为人们对新人的能力没信心,而是因为人们对旧人的政绩还满意。在这种情况下,与其说人们是在选举一个新人,不如说是在对旧人的政绩进行信任投票。可见西方的选举民主的确也具备了信任民主的某种特质。这就好比做选择题,有时可以通过确定一个选项正确而排除另一项,有时可以通过确定一个选项错误而选择另一项。当然反过来,信任民主难道就不具备选举民主的特质吗?即便只面对一个判断项,人们手中掌握的依然是一种选择权:选择 yes 还是选择 no,选择“信任”还是选择“否决”。信任民主不一定能够把一个人选上台,但是肯定能把一个人选下台,而只要能够把精英选下台,就能够构成对他的倒逼,民主就能够成立。从这个意义上说,信任民主与选举民主的差别的确没有人们想象中的那么大,就好像选择题和判断题都可以达到考试目的一样。

“信任民主”的若干系统性命题

民主是一个很简单的结构,民主又是一个很复杂的系统。就好比造一栋房子,其框架结构的原理其实并不复杂,不过后面的建筑材料和装修材料都是依托在这个结构上,因此框架结构又是最重要的。然而如果只有一个框架结构,这房子就是烂尾楼,没有大量的墙体建设和装修装饰,没有水电煤系统的支持,房子是不能用于生活的。民主也是这个道理。选举民主的框架结构说起来是很简单的,那就是人民定期投票选举各级政务官。然而在这个简单的框架结构基础上,需要建构和附加的东西那就实在是太多了,而且有的是显性工程,有的还是隐蔽工程。同理可证,信任民主说起来框架结构也很简单,那就是人民对上级任命的政务官进行中期信任投票。然而一样地,在这个简单的框架结构基础上,需要建构和附加的东西也肯定不会少,而且一样地,有的是显性工程,有的也是隐蔽工程。倘若我把自己当做一个指点别人盖房子的外人,那么提出一个创新的框架结构其实就可以止步了,魔鬼藏在细节里,多说多错,还是等以后再说,等别人来干吧。然而倘若我把自己当做一个给自家盖房子的家人,那么提出一个创新的框架结构就远不够,剩下的事情也是自家的事情,就算撞鬼也得干;你不干,没人干。再说了,细节里越是有鬼,就越要研究明白,否则一定会有人动不动就拿细节里有鬼的话来唬人,到头来很可能连第一步都不让你迈出去。

话虽如此,一个人的能力毕竟是十分有限的,而且这个框架结构别说还没有搭起来,就连这个框架结构的方案能不能通过评审都还不知道呢,现在就自说自话、自掏腰包地忙乎施工图设计岂不是有点可笑。再怎么傻,这个道理我还是懂一点的。不过我想了想,反正一辈子就这一个家,替自己的家里做点事,无所谓中标不中标,无所谓给钱不给钱,无所谓说对讨表扬,无所谓说错挨批评。想明白这一点,就什么都放下了。那么还是尽自己所能想到的说一说吧,说对了不需要表扬,说错了也不怕批评。

首先是信任民主的配套机制。正所谓牵一发而动全身,作为一个创新的框架结构,信任民主想要真正变为现实,必然会带动体制机制上的一系列改变,从而形成与自己相互适配的配套机制。在我的初步构想中,这些配套机制大概可以包括以下几个方面:

其一,"官吏"分开。从制度设计的初衷来看,既然信任民主是与选举民主相提并论的替代性方案,那么信任民主的对象也应该和选举民主一样,主要针对各级政务官,而不是针对各种公务员。民主投票是一种高成本的社会动员,不可以当做家常菜。西方的选举民主也只敢几年搞一次,而且理论上是"擒贼只擒王"。对于为数众多的"小喽啰"选举民主基本上是不管的,而是把他们打包委托给政务官来全权负责。信任民主同样也应该如此。而要做到这一点,"官"和"吏"就必须分开管理,"吏"对"官"负责,"官"对民负责。其实科举时代的中国一直都是官吏分开,一个人如果没有功名想要当官那几乎是在做梦,只有这几十年来中国才变得官吏不分,值得深思。"官"是政治家,是重操守担风险的政治精英,是政治的灵魂;"吏"是公务员,是守规矩听指挥的政治机器,是政治的肉体。官吏不分必然导致两支性质不同的队伍相互串味、灵肉颠倒,而长期的灵肉颠倒必然导致吏的"官化"与官的"吏化"。吏道是讲规矩听指挥的,不低眉顺眼地熬肯定熬不到当官的时候;然而长期低眉顺眼地熬,就算最后当了官也还是吏的习惯。民主体制需要一批真正的政治家,政治家要习惯于眼睛朝下看老百姓,不能只习惯于眼睛朝上看领导。选举民主需要培养和储备一批这样政治家,信任民主如果还是民主,就同样需要。作为几年等一回的整体授权机制,民主不可能直接操作政治机器,民主的唯一希望是为这台政治机器注入为人民服务的灵魂。

其二,首长组阁。民主不仅需要政治家,而且还需要政治家团队。政治家团队包括行政首长、副首长和主要部门负责人。在选举民主中,行政首长一旦获得人民授权,就可以组织一个政治家团队来协助自己执政。这个团队理论上应听命于行政首长,与行政首长共进退,而行政首长也必须对团队的成败负全责。一句话,团队成员以自己的乌纱帽对行政首长负责,行政首长以自己的乌纱帽对人民负责。民主的基本原理是"限期整体授权",在授权期限内要给予政治家团队一定的施政自主权,制约尽可能是外部制约和选举制约,而不是内部牵制。如果行政首长不具备对团队如心使臂如臂使指的控制力,那么让他用乌纱帽来负责就是不公平的。这是民主的通性,不管是选举民主还是信任民主都不会例外。按照这样的标准来看今天中国的各级行政团队,差距显然还是很大的。在今天的体制习惯中,一个新首长被任命(或选举)到位了,一个旧团队在等着他。头一天开会,可能一个都不认识,很有点光杆司令的感觉。理论上所有人都应该听他的,事实上这是把人当机器看。人是有观点的,人是有成见的,人是有感情的,人是有信任感的,包办婚姻都不时兴了,包办团队能行吗?再说了,只要首长捏不住团队成员的乌纱帽,就难保团队成员不会阳奉阴违。民主若是看不住首长,尽可以通过内部牵制来制衡他;民主若是看得住首长,内部牵制就有点自残的味道了。信任民主若是当真实施,有上级任命和人民否决这对双保险,我觉得应该是看得住,你觉得呢?

其三,党政合一。简单说就是将地方党政首长的人格合二为一,由一个人同时兼任地方党政首长。关于这个问题《文明与法治》的第五章已经做过比较充分的论述,此处略作补充。在我看来,党政首长合一的好处大概有三个:第一,在行政过程中自然而然地贯彻了执政党的意图,从而更好地实现了党的领导;第二,人民只要通过对行政首长的信任投票就自然而然地制约住了党委首长,从而更好地实现了人民当家做主;第三,法治只要通过规范行政行为就自然而然地让党在宪法和法律的范围内活动,从而更好地实现了依法治国。如果今天中国有一个制度能够更好地实现党的领导、人民当家做主和依法治国的有机统一,那为什么不试试看呢?“党政分开”在一党长期执政的国家里本来就是个临时性安排,是从“以党代政”走向“依法执政”的过渡阶段。当初如果不搞党政分开,法治根本就没有机会在高度组织性纪律性的“以党代政”生态中获得生长;搞了党政分开,政府的依法行政与党内的高度组织性纪律性就可以并行不悖;现在政府依法行政能做的也都做了,做不到的地方大家也都看出问题的症结了,是党也要依法执政。时代的车轮滚滚向前,此时再讲党政合一,就不是重新“以党代政”了,而是党要“依法执政”。形象地说,就是将党的灵魂注入行政的躯体,重新做到灵肉合一。灵肉分离,捆住手脚有时也没用;灵肉合一,捆住手脚就意味着捆住灵魂。当然这里的党政合一是专指党政首长人格合一,至于其他的机构、人员和财产恐怕不能全然混同,其中道理应该是不证自明的。

其四,监督独立。简单说就是创设一个垂直独立的监督权。关于这个问题《文明与法治》的第五章已经做过比较充分的论述,此处也略作补充。所谓“党政合一”必然会建立起一个强大的“党政集权”,虽然上级的任命和人民的否决可以在纵向上有力地牵制住这种“党政集权”,但那毕竟都是几年等一回的授权体制,而且只针对政治家团队。要想让这个政治家团队及其领导下的公务员团队在日常的工作生活中也少犯错误,就有必要创设一个如影随形的监督权,从横向上对党政集权进行有力的监督和牵制。权力需要制衡,这个道理是不证自明的,关键的问题是如何制衡。“制衡”的哲学名字叫做“矛盾”,当你看到矛的时候,就可以断定附近一定会有盾,即便暂时看不到,这盾也一定存在。这是世界的普遍真理,不会因为人的认识水平的高低而变化。如果一个权力结构带有一定的历史继承性,那么它的制衡结构也一定可以从历史中找到渊源。既然欧洲可以从古代贵族对君主的长期制衡中衍生出了议会对行政的权力制衡,那么中国也完全可以从古代御史对官员的长期制衡中衍生出监督权对党政集权的权力制衡。御史监察制度在中国可谓源远流长,它是和大一统体制同时诞生的,因为矛与盾总是如影随形的。古代中国的御史大夫不仅地位几乎与宰相持平,而且完全独立于以“相权”为代表的行政权,对“相权”有着强大的制衡能力。在必要的时候,御史甚至可以直谏“君权”。这说明无论是哪个时代,制衡的道理大家都还是懂的,不是因为“德先生”来了之后中国人才突然开窍的,德先生的真正贡献只是让中国人见识到了另一种授权体制及其制衡方法。尽管德先生的那种方法似乎也相当优越,不过中国人既要学会移植,又要学会继承,而作为一种行之有效的权力制衡方法,源自古代御史监察制度的监督权就很有必要继承。我国台湾地区的监察院、新加坡的贪污调查局、我国香港的廉政公署,事实上都是这种继承的结果，中国内地的纪委体制某种意义上也应该是这种继承的结果。当然，在一个法治的时代，这种继承不是精华与糟粕全盘照抄，而必须进行严格的法治化改造。从某种意义上说，新加坡的 CPIB 和我国香港的 ICAC 已经成功地完成了这种改造，从而催生了亚洲第一和亚洲第二的廉洁社会。相比之下，中国内地的监督权体制依然需要继续努力。

其五，扁平体制。作为一个超大型国家，中国有着全世界最为高耸的五级金字塔体制；而作为一个城市型国家，新加坡的金字塔却只有一级。在同样的生命长度里，新加坡人只需要爬一层楼，中国人却需要爬五层楼，我不知道中国人应该如何证明自己只需要用 1/5 的时间就可以干得和新加坡人一样好。如果无法证明的话，那么还是想办法少爬几层楼吧。五级金字塔本来就已经够多了，“官吏不分”又使得官员要想当正职就必须先当副职，五级更是翻倍成了十级。如此漫长的升迁之路再加上权力的纵向权威，导致中国官员普遍患上了“升迁强迫症”，似乎一踏入仕途就是为了升迁，“路漫漫其修远兮，吾将只上不下地求索”。官员的政治生命是有限的，而升迁之路却是近乎无限的，当每个官员都把自己有限的政治生命投入到无限的为升迁努力当中去的时候，得陇望蜀的从政心态、迅速见效的政绩工程、轻浮幸进的工作作风也就成为必然。如果某种体制安排最后会导致官员以人民的利益为手段，以自己的升迁为目的，那么这种体制安排就必须予以反思。解构金字塔当然是不可能的，把五级压缩成一级也是不可能的，折中的解决之道在于金字塔的相对扁平化。中国古代郡县制就是经典的三级金字塔，值得今天借鉴。比如可以考虑将市县并列，直接隶属于省；至于乡镇则可以从一级政府转变成派出机构，而街道可以从派出机构转变成自治社区,从而将五级金字塔改造为三级金字塔或者“三级半”金字塔。从五层楼到三层楼,平均每层停留的时间无疑可以大大增加。如果“官吏分开”同时能够实现,政务官的升迁无须经过副职岗位,那么即便一生攀登三层楼,每层楼的停留时间也至少可以拉长到10年以上。对于一个官员和一个地方来说,10年就已经是一个十分可为的时间长度,关于这一点稍有从政经验的人都是十分清楚的。

其六,向上倒逼。在我的构想中,信任民主的主要着力平台应该在市县一级。在三级金字塔中,市县政府是距离老百姓最近的一级政府,也是对老百姓切身利益影响最大的一级政府,因此是老百姓最有能力和最应该评价的一级政府。如果老百姓能够通过信任民主的机制,对省长直接任命的市县长进行中期信任投票,那么这种信任投票不仅可以对市县长形成直接的制约,也可以对任命他们的省长形成间接的制约。比如可以规定,如果一个省长任命的各市县长在信任投票中有一半以上被否决,那么这个省长就必须引咎辞职,或者自动触发同级民意平台的不信任案予以否决。这是一个十分符合逻辑的推理,因为省长本来就是通过自己任命的市县长来为人民服务的,既然有一半市县长不合格,那么就很难证明这个省长居然会是合格的。这就叫做“下级半数被免,上级引咎辞职”。依此类推,信任民主只需两步就可以完成对一个三级金字塔的倒逼,其威力绝对不可小觑。关于这个问题,《文明与法治》中已有一定的论证,在此不再赘述。

其七,代表民选。信任民主的机制无论如何安排,都离不开真正民意的真正表达,因此也就离不开民意代表的真正选举。选举民主不一定适用于行政首长的产生,却可以适用于民意代表的选举。在一个统一的天下国家中,各级行政首长不仅要代表地方的局部利益，还要贯彻国家的整体意志，因此行政首长的任免办法应该做到上下互动、统筹兼顾，信任民主的设计本意即在于此。然而信任民主并不适用于民意代表的产生。民意代表人数众多，又不直接掌握公器，也不提出施政方案，他们的主要职能是各自代表一小部分民众的真实声音，来评价和制约地方行政首长的施政行为。既然如此，那么由人民直接选举自己的代表就并无不妥，只有做到人民代表人民选，才能做到人民代表为人民。而在代表民选的情况下，代表候选人的提名将会变得十分关键。地方各级党组织必须竭尽全力地发现、培养和支持那些深得人民群众信任的基层领袖，把他们推荐给人民，然后由人民自己来做出最终的判断和决定。在这个问题上，主动引导和有力推荐是十分必要的，包办替代和强奸民意则是十分有害的，即便遭遇个别竞争，一个有着数千万成员的政党也应该凭借自己高度组织化和规模化的合法优势与其竞争，而不是简单地扼杀和排除竞争。此外，只要人民群众的意见和意志能够真正得到反映，信任民主的否决权究竟是由民意代表代为掌握还是由人民群众直接掌握就不是一个最紧迫的问题，尽管从理论上讲否决权最终当然应由人民群众直接掌握。

其八，提名竞争。与选举民主相比，信任民主的确比较被动，选项单一，竞争性较小，不过这一缺陷或许可以通过在提名环节适度引入竞争予以弥补。正式任命并不妨碍提名竞争，二者完全可以相得益彰、有机结合。上级政府在任命下级政府行政首长之前，完全可以在提名阶段引入竞争。党内乃至于党外都可以主动报名、积极参与，最后由上级政府依据一定的规则确定最后人选，正式做出任命决定。这种提名竞争并非正式竞选，它既不产生选举的法律效力，也不对正式任命构成拘束力，而只是上级政府行使任命权的重要参考，目的在于鼓励人才、发现人才、优胜劣汰。提名竞争的本质是帮助上级政府更好地行使任命权，而不是替代和挑战上级政府的任命权。提名竞争能否真正发挥作用取决于否决权的存在与否，倘若没有人民群众的否决权在后端防守倒逼，上级政府没有什么后顾之忧，提名竞争就很有可能沦为走过场。不过在信任民主的制度框架下，由于任命权最终要经受住人民群众信任投票的考验，提名竞争应该没有理由不受到重视。只有优中选优，慎重任命，才能减少被否决的风险，人民群众看上去不掌握任命权，事实上只要否决权在手，就有能力迫使上级政府谨慎行使手中的任命权，这就是倒逼。只要否决权有能力守住底线，就有能力倒逼前端引入竞争。

除了配套机制的考量，我们还可以探讨一下信任民主的实现条件和阶段安排。记得有一次给一群航天专家做讲座，一位航天专家举手提问："刘老师，您已经把从 0 到 1 讲得很清楚了，我们完全赞同您的观点。现在您能不能告诉我们，如何才能从 0 到 0.1，再到 0.2、0.3……"这些把神舟飞船送上九天揽月的专家们关注的是信任民主的实现条件和阶段安排。的确如此，凡事不可一蹴而就，即便信任民主的制度构想已经尽可能地考虑了与现实的接轨问题，然而毕竟属于一种制度创新，自然需要考虑它的实现条件和阶段安排。在我的理解中，要让信任民主得以推行，以下几个方面必须优先予以考虑。

其一，凝聚共识。共识是制度的基础，也是自由的前提。没有共识，任何制度都不可能得到真正的实施；没有共识，任何行动都不可能获得真正的自由。民主乃国之大事，死生之地，存亡之道，不可轻易试错，应该做到制度未动，共识先行。西方民主之所以能够在西方社会成功实施，与《社会契约论》、《政府论》、《论法的精神》等名著所开启的那场启蒙运动有着直接的因果关系;而蹉跎百年之后,西方民主依然无法在中国得到真正实施,恐怕也与它无法在中国赢得广泛共识有关。由此可见,信任民主要想在中国获得实施,首先要做的也是在尽可能大的范围内凝聚共识。信任民主的制度构想既保留了政治核心自上而下统筹安排的主动权,又赋予了人民群众自下而上倒逼精英的防守能力,从某种意义上讲已经尽可能地兼顾了各方的合理关切。唯有共赢,方有共识;至少相比起某些非此即彼的民主方案,信任民主应该具备了凝聚更广泛共识的基础。

其二,建设民生。所谓民主,说到底是人民根据自己的心愿选择自己利益代表的一个过程。任何政治组织要想在民主体制中获得人民支持,就必须赢得民心。在革命战争年代,民心向背乃是成败的关键;到了民主法治时代,决定成败的依然是民心的向背。任何一个政治组织想要涉足民主体制,恐怕都要先掂量一下自己的"民心向背指数"。没有民心拥戴,民主就等于自杀。在中国目前的现实国情下,要想赢得民心,正心诚意地建设民生是一贴好药。我们的人民热爱生活,期盼有更好的教育、更稳定的工作、更满意的收入、更可靠的社会保障、更高水平的医疗卫生服务、更舒适的居住条件、更优美的环境,期盼着孩子们能成长得更好、工作得更好、生活得更好。所有这些都是最为切实的民生,作为一个长期执政的政治组织,只有真切地回应人民对美好生活的向往,扎实地建设好民生,不与民争利,而为民争利,才能够重新取信于民,赢得民心。倘若老百姓正因为一时的民生艰难而一肚子怨气,有人却突然塞给他一张票,不管那是一张选举票,还是一张信任票,都有可能沦为人们泄愤的出口。泄愤不要紧,要紧的是泄愤之后很可能依然于事无补。从这个意义上讲,没有民生就没有民心,没有民心就没有民主。

其三,铁腕反腐。要想赢得民心,仅有民生是不够的,执政者还需要展示出铁腕反腐的决心。在信任民主的制度逻辑中,人民对执政者自身廉洁的要求往往会比在选举民主中更高,因为“信任”更加依赖于精英的道德自觉,平民往往会信任一个廉洁自律的精英,而绝不会信任一个贪污腐败的精英。廉洁乃是信任的第一前提,至于能力大小反而还在其次。这大概正是东方政治自古以来就更加强调道德自觉的原因所在,也是一党执政的新加坡必须长期保持廉洁指数排名靠前的压力所在。对于今天的中国而言,倘若腐败不除,即便民生建设得再好,也是不可能赢得人民信任的,因为人民即便获得了实惠,却会认为贪官卷走了更多。一旦老百姓认为贪腐已经无可救药,那么民生建设的那点所得不仅不会让老百姓满足,反而还会激起他们更大的不满。贪腐不除,信任不在,信任不在,民主难行。在任何一个体制里,反腐都是硬道理,那种认为腐败是“必要的润滑剂”的观点是极其荒谬的,对于一个好社会来说,只存在竭尽全力也反不到的腐败,却不存在故意不去反的腐败。这就好比对于一个正常人来说,只存在竭尽全力也治不好的腐烂,却不存在故意不去治的腐烂一样。既然反腐是硬道理,那么在反腐的问题上决策者就应该有“朝闻夕死”的自觉和自信,当年新加坡和我国香港地区在决心铁腕反腐的时候,两个城市可谓腐败到了极点,然而一旦执政者下定政治决心并找到对路的反腐手段,反腐的速度也快得惊人,反腐的效果则好得惊人。尽管泱泱大国不可与城市型国家或地区简单类比,然而认真研究这两个社会反腐败的成功案例,对于今天的中国来说一定是大有裨益的。

其四,合理分权。信任民主的调整对象主要是人事权,是“自上而下”与“自下而上”之间关于人事任免权的再分配。在财权、事权和人事权三者之间,人事权是关键。掌握了人事的任免权,事实上就间接掌握了财权和事权。同理可证,只要调整了人事的任免权,财权和事权必定也会随之调整。信任民主虽然保留了对地方官员自上而下的任命权,但是也赋予了地方老百姓对地方官员的罢免权,从而在一定程度上增强了各个地方自我认知、自我组织和自我保护的能力。尽管任命权更加主动,但是上级政府不太可能像过去那样毫无顾忌地对下级行政单位的事权和财权进行随意调整分配,否则地方老百姓很有可能会动用否决权进行抵制。只要信任民主得以实施,这种上下适度分权的格局就早晚会到来。既然如此,与其坐等人事权调整之后带来央地之间事权和财权分配上的地震,还不如早做谋划,在科学的基础上对央地三级政府的财权和事权进行合理化、法治化的分配,使得每个层级政府的手中所掌握的事权、财权都基本上做到相互匹配,尽可能减少未来摩擦和博弈的成本。需要指出的是,无论财权未来如何分配,在中国这样一个天下国家,中央掌握较大比例的财力还是十分必要的。经济基础决定上层建筑,如果中央的财力薄弱,财政转移支付困难,中国的不平衡性必将给中国的整体性带来巨大的挑战,中国的向心力也必将遭受离心力的巨大折磨。社会不过分与合,所谓分与合之间的矛盾其实从来就没有一个标准的答案,各个国家都应该根据自己的国情条件自觉地把握其中的平衡;唯一能够肯定的是,在这个问题上走向任何一个极端都是极其有害的。

其五,法治先行。法治乃是民主的孪生兄弟,却又有着自己独立的品格。柏拉图在《政治家》中曾经将把各种政治制度分为"依法治理"和"不依法治理"两类,每一类都可以由一个人、少数人或多数人来统治,从而排列组合出六种政治制度。在这六种政治制度中,柏拉图最推崇的体制其实是“依法治理的君主制”,他不赞成人人平等,却赞成依法治国。[1] 不管柏拉图的观点是否全然正确,至少我们可以从他的思想里看出法治的重要性及其与民主的联系性了。从某种意义上说,民主的逻辑必然是“自下而上”的,而法治的逻辑却有可能是“自上而下”的,因为民主体制的建立必须通过平民的广泛参与来推动,而法治权威的建立却完全有可能通过领袖的以身作则来推动。关于这一点,新加坡和我国香港地区就是两个典型的例子。西方媒体几十年来一直在质疑新加坡究竟是不是一个民主社会,却无人敢于质疑新加坡究竟是不是一个法治社会;至于香港的情况就更加明显了:港督时代的香港完全没有什么民主可言,然而香港依然堪称一个法治社会,至少在廉政风暴之后确是如此。法治奠定的是一个社会制度的基石,确立的是未来民主博弈的底线,“民主未动,法治先行”,对于当前的中国社会来讲,这不仅是可能的,而且是必要的。

其六,谨慎试点。“试点—总结—推广”三步法是中国改革开放获得巨大成功的关键方法,信任民主同样需要通过试点来总结经验教训,验证修正理论。由于信任民主的制度构想保留了“自上而下”的任命权,因而与现行的体制逻辑具有较好的兼容性,试点活动完全可以在不动摇和不冲撞现行体制的前提下有序、可控地推进。即便上级的某些任命最后被人民群众否决,也完全可以从正面积极的角度进行解读,因为人民群众的确是在通过手中的否决权对官员实施有效的监督。过去发现不了的贪官庸官如今在人民群众雪亮的眼睛下现形曝光,对于这个体制而言也是有百利而无一害的。一旦

---

〔1〕[古希腊]柏拉图:《政治家》,云南人民出版社 2004 年版,第 17 ~ 19 页。

出现被否决的情况,上级政府应该积极做出回应,顺应民意迅速调整人选,同样可以取信于民。一般而言,试点活动应该优先考虑在某些民生基础比较扎实、党群关系比较良好的地区开展,等到掌握规律、增强信心之后,再循序渐进地予以推广。所谓试点,就是微观着手、宏观着眼,看似是一种局部性的战术尝试,其实是一种全局性的战略部署,因此试点活动本质上属于最高决策层的一种战略自觉。在中国迈向民主的历史征程中,这种战略自觉无疑有助于建立起最高决策层的民主形象,也有助于最高决策层更好地掌控中国民主的未来议程。

与配套机制和实现条件紧密相连的还有一个重要的问题,那就是信任民主应该如何克服离心力的膨胀,尤其是在部分边疆地区。正如前文所述,中国在夏商周三代的2000多年时间里,由于封建制的建立,中国体制的离心力事实上要比向心力更强一点,最后导致了春秋战国五六百年的分裂与混乱;秦汉以后的2000多年时间里,由于大一统的建立,中国体制的向心力无疑超过了离心力,反过来导致整个国家必须通过300年一个轮回的王朝周期律来化解向心力的多余能量。由于王朝周期律发挥作用时会给中国带来巨大的破坏,因此近代以来的中国人一直都在寻找一个更加理性、平和与可持续的制度方案来化解向心力的多余能量,以替代王朝周期律,而信任民主正是这样的一种制度构想。从这个意义上说,信任民主的制度本意正是要给这个体制增加适度的离心力,以平抑中国2000多年来一直过剩的向心力。平抑不是解构,因此信任民主也为这个体制保留了最为重要的向心力载体——任命权。然而即便如此,信任民主赋予老百姓的否决权也绝不是吃素的。掌握了否决权,就等于握住了一把达摩克利斯之剑,即便这把剑一直没有落下,其威慑力总是存在的。既然如此,那么在某些国际势力极力策应国内分离主义势力的今天,难道就不担心信任民主的实施会人为地增强某些边疆少数民族地区的离心力倾向,最终沦为分离主义势力对抗中央政府的筹码和武器吗?

这种风险当然是存在的,事实上任何民主方案都存在着这种风险。相较而言,信任民主的风险已经比选举民主的风险要小多了。只要认真谋划,做好必要的制度防范,相信这种风险应该还是可控的。

其一,法治约束。法治与民主是一对双胞胎,法治是民主博弈的结果,又是民主博弈的轨道。正如勒庞所说,"没有民主的支持,宪政就是'恶法'体系的领头羊,宪政的建立是民主革命的结果;然而,没有宪政的约束,民主亦是脆弱的,常常成为多数一时的冲动,甚至沦落为暴政的工具"[1]。任何国家都会有自己不可触碰的底线原则,把这些底线原则用法律的形式固定下来,就构成了这个国家的法治底线,任何人不得以任何形式触碰和践踏这条底线,否则必定自动触发法律的严厉制裁,即便是民主也只能在法治底线的范围之内运作。对于中国这样一个天下国家来说,维护国家统一、反对国家分裂乃是国家和民族的最高利益,任何人不得以任何形式触碰和践踏这条法治底线,即便是以民主的名义也不行。只要在民主活动中有任何人敢于有煽动民族宗教情绪和分裂国家的任何言行,就应该立即依法予以严惩,露头就打,绝不姑息。在法治底线面前,不存在什么政治考量,也不存在什么民族宗教情绪,所有这些因素早在立法之前就应该全部纳入考量。一旦完成立法,就必须斩钉截铁

---

〔1〕[法]古斯塔夫·勒庞:《革命心理学》,广东人民出版社2012年版,第20页。

地予以执行。一个真正的法治国家在自己的底线问题上是没有商量余地的,必须以最坚决的态度来捍卫法治的尊严,以不可挑战的确定性来遏制任何心存侥幸的言行。违法就是违法了,不能因为违法者是某个民族就可以网开一面;犯罪就是犯罪了,不能因为看到犯罪者穿着某个民族的服装就手软不敢执法。关于这一点,新加坡的做法是值得我们学习的。新加坡虽然是一个弹丸小国,却也是一个多元种族和多元宗教的国家。1964 年独立建国前,新加坡曾经发生过两次严重的马华种族冲突,死伤数百人。独立建国后,新加坡采用了多种手段来遏制种族宗教因素对国家团结的侵害,其中就包括严厉的法治手段。比如 1990 年新加坡颁布了《维持宗教和谐法案》,划定宗教活动的行为界限,赋予内政部长下达限制令的权力。如果内政部长认定任何宗教团体机构中成员或神甫、僧侣等具有或试图具有以下行为:"导致不同宗教团体之间的敌视、仇恨、恶意情绪;借宣传、信仰任何宗教之名进行推动政治事业或政党事业的活动;借宣传、信仰任何宗教激发对新加坡总统或政府的不满,发现有人企图利用宗教危害社会安全、种族、宗教和谐的言论",则部长可以发出限制令,限制此人的言论和行动。违犯限制令者,地方法院可以依法处罚。在法治的高压态势下,新加坡的民主活动基本上被约束在法治轨道之内,20 多年来无人敢于挑战该法案,种族宗教因素也一直被有效地控制在政治上无害的限度之内。

其二,纵向反制。如果担心信任民主的否决权被分离主义势力利用而导致离心力过度膨胀,那么在制度安排上还可以设置一些反制措施。比如上级政府除了掌握任命权之外,还可以拥有反否决权,也就是对地方民意通过信任投票否决官员的决定予以反否决,退回地方再议。如果地方民意坚持否决,则必须以 2/3 以上多数再次通过否决决定。从制度逻辑上讲,这种反否决权的设置既能够有效地降低上下之间民主博弈的破局风险,又能够为上级政府牵制地方民意增加一定的砝码。有这样的双保险在,分离主义势力要想全盘掌控地方民意并非易事。倘若地方否决完全基于官员政绩的考量,与分离主义势力无涉,那么上级政府的反否决权则无须频繁动用,以免无端挫伤民意。这种权力制衡的结构其实并非独创。众所周知,美国总统对国会通过的法案就拥有立法否决权,如果国会坚持要通过法案,则参众两院必须均以 2/3 以上多数通过方可推翻总统的否决。不过在实际操作中,总统的否决和国会的反否决并不一定频繁动用,更多的还是彼此威慑之下的协调妥协。反否决权的设置,应该有利于各方的理性博弈,降低博弈破局的风险,还可以在很大程度上牵制地方分离主义势力的膨胀。

其三,限制组织。民意具有双重特质,既十分敏感,又十分零散。对于自己的切身利益,民意是十分敏感的;而对于那些超越个体利益范畴的诉求,民意又是十分零散的。信任民主乃是一种纵向民主,其本意就不是要创造一个不同政治组织之间相互竞争的横向平台,而是要创造一个政府与民意直接对话的纵向平台。换句话说,信任民主并不主张不同的精英集团之间通过相互攻击来形成制衡,而是主张一个主导性的精英集团将自己的政绩实实在在地摆在老百姓面前,然后接受老百姓的终极检验和终极评判:做得好就继续做,做不好就出局。从维护老百姓切身利益的角度看,信任民主的功能一点都不亚于选举民主;而从引导和组织民意的角度看,信任民主又尽可能地排除了不同精英集团相互攻击可能带来的煽动民意的副作用。简单地说,信任民主的制度逻辑天然地限制和排斥有组织的反对力量。这一特质其实并非完美,因为适度的竞争刺激哪怕是潜在的竞争刺激对一个政治组织的持续健康发展也是有很大好处的,关于这个问题我还会在后面的文字中择机进行分析。然而在反对地方分离主义势力的问题上,信任民主的这一特质就可以发挥出很大的作用。由于地方分离主义势力在信任民主的制度框架下很难建立起合法的组织平台来掩护自己,其非法组织平台又受到法治的有力压制,因此其煽动民意的能力将会被大大削弱。只要零散的民意不被非法地煽动组织起来,地方分离主义势力就很难在民主活动中为所欲为。

其四,发展经济。中国分离主义势力比较猖獗的地区多数经济还比较落后。这既有自然环境的因素,又有发展基础的因素;既有客观的因素,又有人的因素。然而这种经济相对落后、生活水平相对较低的客观事实往往会被分离主义势力利用,以此作为证据,煽动民族矛盾和宗教情绪。经济基础决定上层建筑和思想意识,既然经济落后可以被分离主义势力当做进攻的武器,那么我们就应该釜底抽薪,加大投入,对症下药地发展边疆地区的经济。发展经济的内涵不仅仅在于提高边疆地区人民的经济收入和生活水平,还在于活跃的经济活动可以产生巨大的融合作用。经济活动是一种生产方式,而生产方式则是一切文明的逻辑起点。生产方式逐渐改变,生活方式也一定会随之慢慢改变,思想意识和文化习惯也会逐渐受到很大的影响。当年美国南北战争,白人与白人之间之所以发生惨烈的战争,其根本原因并不是为了解放黑人,而是因为南北之间的生产方式完全不同,从而衍生出了生活方式和思想意识上的巨大差异。前车之辙,后车之鉴,大力发展边疆地区的经济功在当代,利在千秋。

其五，发展民主。民主乃是当今世界的潮流。尽管大多数人对于民主真正的内涵外延所知甚少，但是这一点都不妨碍他们将民主当做口头禅挂在嘴边。正所谓众口铄金，人人皆曰民主的时候，自然是顺之者昌，逆之者亡。在这样的一个时代环境下，民主成了一把双刃剑：从内在机理上讲，推行民主有可能会带来碎片化效应，产生一定的离心力；从意识形态上讲，推行民主又可能帮助一个体制占据道德制高点，建立对内对外的道德形象，从而产生一定的凝聚力。其实无论是纵比还是横比，中国的分离主义势力本来都是不足为患的，近些年来之所以能够在局部地区兴风作浪，祸害中国，很重要的一个原因就是受到了国际上某些势力的暗中策应和大力支持。而这些国外势力本来也不是铁板一块，之所以会在对付中国的问题上达成一定的共识，与西方社会长期妖魔化中国的体制又有着很大的关系。只要中国一天不完成自己的民主建设，这种妖魔化的共识在西方社会就有着一天的市场，中国的分离主义势力就有着一天的外援。正是在这样的一种认知下，我才开始了中国民主之路的艰难探索。希望信任民主的理论构想与成功实践最终能够帮助中国摆脱被妖魔化的道德困境，进而有效剪除某些西方势力策应支持中国分离主义势力的道德理由。

其六，创建共识。作为全世界独一无二的天下国家，中国有着全世界独一无二的孕育环境和孕育过程，因而也有着全世界独一无二的国家形态和存在方式。这样的一个国家一定需要属于自己的理论标准和行为标准。按照别人的标准来衡量中国，总是似是而非，总是别别扭扭，总是磕磕碰碰，总是真理迈过一步就是谬误。中国人需要自己的标准和共识，关于民族的，关于民主的。关于民族，中国人需要证明的是：民族的多样性根本就不妨碍国家的统一。西方先哲亚里士多德自己都说过了,“美是多样性的统一”。我相信中国人完全可以建立起属于自己的民族理论,以民族融合与民族和谐的中国话语替代民族差别与民族自决的西方话语;关于民主,中国人需要证明的是:没有多党制的信任民主同样也是一种民主。因为民主的本质并不在于平民对精英的选择,而在于平民对精英的倒逼。我相信中国人完全可以建立起属于自己的民主理论,正如安东尼·阿伯拉斯特曾经预言的那样,“不管共产主义和马克思主义社会对民主理念予以嘲讽是如何古怪,可在他们理论中,甚至可能在他们的某些实践里存在那么一些因素,这些因素可能发展出关于何谓民主的一种替代性概念,这种概念将对西方的自负提出某种挑战。”[1]理论只有彻底才能说服人,理论只要彻底就能说服人,一旦中国人成功地构建起自己的理论体系并成功实践,就有可能创建出属于自己的共识。共识是一种无形的凝聚剂,它的形成必将更加有力地把全体中国人紧密地团结在一起。

其七,富国强兵。历史上的中国曾经是苍茫天穹最为灿烂的一颗恒星,凭借着自身巨大的质量捕获了无数的行星和卫星;这些小天体在她的引力场内各安其位,日夜环绕着她稳定运行。然而有一天,这颗恒星突然失去了自己的质量,其他恒星闯进了她的引力场,捕获了她的许多行星和卫星。于是有的行星“脱亚入欧”了,有的卫星“反咬一口”了。由于质量下降厉害,内核的热聚变效应也大为衰减,这颗恒星究竟能否维护住本体的完整性都曾一度遭到怀疑。然而奇迹般地,在经历了一番痛苦的挣扎和生死的搏斗之后,这颗恒星居然逐渐恢复了自己的质量,并开始重新产生聚变效应,输出能

〔1〕[英]安东尼·阿伯拉斯特:《民主》,吉林人民出版社2005年版,第3页。

量,所有的行星和卫星如今都真切地感受到了这颗恒星正在迅速恢复的热量和引力。而不无嘲讽的是,那些曾经不可一世的其他恒星如今却似乎进入了自己的衰变期,质量和引力明显下降。此消彼长之中,世界历史又一次进入了拉锯期。拉锯的时期总是最为艰难的,当对手自身的力量无法完全遏制中国崛起的时候,策应中国国内的分离主义势力、挑动邻国与中国的摩擦就成为他们牵制中国的必杀技。这是一场意志力的较量,更是一场综合国力的竞争,只要我们沉着应战,坚持发展,就一定能够在不久的将来赢得这场较量和竞争。只要中国国力上升到一定的程度,我们就一定能够大大增强自己的向心力,同时也有足够的实力来威慑和反制外部势力对中国内政的恶意干预。外援一断,内患立减。从这个意义上说,国家实力的强大的确是解决内外问题的根本保障。国力衰弱,内忧外患往往一并发作;国力强大,内忧外患同时一去了之。

现在关于信任民主还有最后一个问题需要解答。记得在一次讲座中,有人举手提问:"刘老师,我完全赞同您的观点,只要倒逼机制在,平民就有能力制约精英。可是追根究底地问一句,为什么中国的平民注定只能制约这个精英集团,而不是另一个呢?"是啊,为什么是这一个,而不是另一个?这个问题其实不应该由我来回答,而应该由历史老人来回答,不过既然有人问了,我就做个回答。在这个问题上有两个概念必须予以澄清和区分,一个叫做"历史选择",另一个叫做"制度设计"。打个比方,有一对父母生了一个宝贝女儿,他们决心给这个女儿最好的教育,最好的照顾。他们教她读书识字弹钢琴,培养她良好的生活习惯。女儿生病的时候,他们带她去治病;女儿健康的时候,他们为她接种疫苗。这对父母用尽全部的心力为女儿设计着未来,而且在很大程度上他们的确做到了。

然而不要忘了,这对父母也许可以设计女儿后天的所有生活,却几乎无法设计她先天的任何禀赋:为什么长相如此?为什么智力如斯?为什么是个女孩而不是男孩?最关键的是,为什么是这个人而不是另一个人?除非人类决心动用基因技术来替代上帝做功,否则我们只能把所有这些问题全部归因于一个看上去有点唯心的答案:这是上帝的自然选择,不是人力可以设计的。作为父母,他们只能在得到上帝的礼物之后,才能够努力地为她设计未来。至于前端的问题,那是因缘际会的结果,是海量竞争的结果,绝非人力可以设计。在自然选择的问题上,有时的确要相信胜者为王,因为这样的胜出一定有着它内在的深刻必然性。当然,这对父母也不能够因为女儿是上帝的礼物,就从此不再培养教育她,不再为她治病接种疫苗,其间道理也是不证自明的。很显然,我的观点是:人力设计不能取代自然选择,自然选择也不能取代人力设计。

这个道理可以借用来回答前面的那个问题。自从 1840 年鸦片战争之后,古老的中国就跌入了苦难的深渊。王纲解纽,礼崩乐坏,无数政治组织和政治主张纷纷粉墨登场,谁能最后胜出,完全没有定数。1921 年 7 月 23 日,当 13 名手无缚鸡之力的书生代表全国 50 多名党员,在上海法租界望志路 106 号密谋着如何砸烂一个旧世界和建设一个新世界的时候,这个政党的全部成员大概只占全国人口总数的千万分之一。它有一千万个理由可以失败,只有一个机会获得成功,而这个政党居然成功了。倘若有人说这不是历史的选择,人民的选择,恐怕就是睁着眼睛说瞎话了。信任民主是一种制度设计,制度设计不可能越俎代庖地替代历史选择,而只能依托历史选择的先定基础展开自己的逻辑。中国共产党的执政地位先定于信任民主的制度设计,这就决定了信任民主所构想的制约对象目前只能是中国共产党;而从另外一个角度来说,历史选择也不可能取代制度设计,再健康的婴儿也需要教育和治病,再优秀的政党同样需要教育和治病。只懂得反复念叨"中国共产党的执政地位是历史的选择和人民的选择",而不懂得运用制度设计来为这个政治组织教育和治病的人,与那些认定自己的孩子是上帝的礼物,因此就不需要教育和治病的人是一样迷信和愚蠢的。

关于制度设计要建立在尊重历史的基础上是很多人都曾经告诫过的。柏克在《法国革命论》中就曾经告诫痴迷革命的法国人:"尊敬你们的前人,你们也就学会了尊敬你们自己。你们就不会认定法国人是一个昨天的民族,是一个天生低贱、奴颜婢膝的可怜虫的民族,直到1789年的解放为止。"[1] 勒庞在《乌合之众》中也这样强调历史的作用,他说:"时间对于社会问题就像对生物学问题一样,是最有力的因素之一。它是唯一的真正创造者,也是唯一的伟大毁灭者……没有哪种统治形式可以一夜之间建立起来。政治和社会组织是需要数百年才能打造出来的产物。"[2]

"信任民主"与民主测评制度

在前面的所有文字中,信任民主都是以一种理论构想的面目出现的,那么对于中国来说它是否只是一种理论构想?认识论告诉我们,一个理论如果真的扎根于生活的土壤,那么往往在它完成自己的建构之前,社会生活中就一定会出现实践的萌芽。难道不是吗?在洛克完成《政府论》的写作之前,欧洲早就有了民主实践的萌芽,

〔1〕[英]柏克:《法国革命论》,商务印书馆 1998 年版,第 47 页。
〔2〕[法]古斯塔夫·勒庞:《乌合之众:大众心理研究》,中央编译出版社 2005 年版,第 67 页。

所谓启蒙运动本来就不是空穴来风。既然如此,所谓信任民主是否也可以在当代中国找到自己实践的萌芽呢?

"自上而下"与"自下而上"相结合的民主实践在中国其实早有雏形。费正清就曾经在《伟大的中国革命》中这样评价抗战时期中国共产党在华北抗日根据地的民主实践:"中共对这个问题搞出一个有说服力的'三三制'办法。设立地方的小规模的'参议会',中共只控制1/3的议员,剩下2/3由国民党的人和无党派的独立分子担任。在这个基础上,由于中共优越的组织纪律性和忠诚心,自然容易让他们在实际活动中成为领袖人物……这时都会赞扬民主集中制的原则,就是人人都能畅所欲言,但是党做出决定后,大家就必须遵守。这一套办法,如果在美国新英格兰州的市议会肯定是没有用的;但是在华北,如果不是这样,那就只有实行地主或外地官僚的政府统治,所以这种办法是真正有说服力的。换句话说,'群众路线'在这里勾画得清清楚楚:党必须到人民中间去发现他们的苦处、不满和需要,然后由党提出解决方案,按照符合人民最大利益的原则,向他们做出说明。这种'从群众中来,到群众中去'的概念,是真正适合中国传统的一种民主,上层官吏只要把心放在当地人民利益上,自然可以按照他们的利益来管理他们。"约翰·奈斯比特在他的《中国大趋势》中把小岗村的分田到户视为中国自下而上的第一次行动。他说:"中国的纵向民主是建立在自上而下与自下而上力量的平衡之上的。西方人理解中国民主的困难就在于他们从来不会注意到自下而上力量的存在。但是,几乎每个中国人都知道一个偏远的村庄中的18位农民几乎在一夜之间改变了中国农业政策——从集体农场到个体耕种——的故事。从农业迈出第一步起,中国自下而上的力量一直在持续壮大,而且还将继续壮大。这样一个自上而下与自下而上力量相互作用的体系的目标就是建立一个以信任为基础的体系:政府信任人民,人民也信任政府。这一模式适合中国历史、中国人思维以及对于和谐稳定社会的追求。"[1]奈斯比特不仅提到了"信任",而且还举出了这种民主试验的实例。他说:"事实上,试验已经开始。四川和湖北的200多个乡镇正在进行党委书记选举试点。龙兴镇党委书记陈国华就是重庆市第一位直选党委书记,他承诺在3年内使当地GDP翻两番,从而以压倒性优势当选。但是,现在他必须接受每年一次的政绩评估。如果遭到三分之一以上人民的质疑,他就会被解职。政治家可以自上而下设立实现目标的框架,但是判断权在人民手中。"[2]

我不知道约翰·奈斯比特是否已经了解,他所描述的龙兴镇的这次民主试验事实上包含了两个层面的制度实践:第一层面是"书记直选",即"他承诺在3年内使当地GDP翻两番,从而以压倒性优势当选";第二个层面则是"民主测评",即"他必须接受每年一次的政绩评估,如果遭到三分之一以上人民的质疑,他就会被解职"。这两个层面的民主实践事实上是不太一样的。从信任民主的制度逻辑出发,其实我并不太关注"公推直选"、"直选乡长"此类的民主试点活动。因为从某种意义上讲,这些民主活动大多数都是选举民主的变种。而只要是选举民主,其制度逻辑就难免会有与现行体制不太兼容的地方。试点时期暂且无妨,一旦全面深入推广,就一定会与现行体制产生很大的逻辑冲撞:"党管干部"原则怎么办?上级的任命权怎么办?开展竞选活动怎么办?组织竞选班子怎么办?候

---

〔1〕[美]约翰·奈斯比特、[德]多丽丝·奈斯比特:《中国大趋势——新社会的八大支柱》,吉林出版集团、中华工商联合出版社有限公司2009年版,第59~60页。

〔2〕[美]约翰·奈斯比特、[德]多丽丝·奈斯比特:《中国大趋势——新社会的八大支柱》,吉林出版集团、中华工商联合出版社有限公司2009年版,第58页。

选人寻求组织外支持怎么办？选举中互相攻击怎么办？拉票怎么办？竞相许诺怎么办？选后不服从上级命令怎么办？全中国如此选举之后怎么办？选举自然就有选举的逻辑，只要踏上这条路，无论快慢，未来的结局就注定在前面等着你。这些年来，我接触过不少由中央部门派去观察此类民主试点的观察员，发现他们对这些试点中出现的问题往往是欲言又止，似乎有很多的难言之隐。也许正因如此，这些民主试点总是显得雷声大雨点小。我相信前面的那些担心应该不是空穴来风，否则很难解释为何这么多年来都未曾见到这些民主试点大规模推广的迹象。

从信任民主的制度逻辑出发，我一直关注的是早已经在中国体制内得到普遍运用的“民主测评”和“民主推荐”制度，尤其是“民主测评”。所谓民主测评，主要是指在党政领导干部任职一段时间后，由组织部门组织范围不等的干部群众通过填表投票对其进行正式的民意摸底调查。在2002年颁布实施的《党政领导干部选拔任用工作条例》中，民主测评作为一项制度被正式规定下来。其实作为一种实践活动，民主测评的历史还要更早一些。比如，1995年颁布实施的《党政领导干部选拔任用工作暂行条例》（以下简称《暂行条例》）中就规定了“民主评议”制度。《暂行条例》第21条规定：换届前和任届中期，应当对党委、政府及其工作部门的领导成员，各进行一次民主评议。民主评议的结果作为选拔任用领导干部的依据之一。民主评议依照下列规定进行：（一）民主评议由本级党委（党组）主持，必要时，上级组织（人事）部门可以派人指导；（二）民主评议的主要内容为领导成员的德才表现、工作实绩；（三）参加评议的人员，可以根据被评议对象的层次和职务确定，一般应当由被评议对象的同级、下一级以及其他有关人员参加；（四）民主评议应当在个人总结的基础上,采取召开座谈会、填写书面意见、个别征求意见等方法进行;(五)民主评议结束后,应当向被评议对象反馈评议情况,召开民主生活会,制定改进措施,向上级党委组织部门报告民主评议情况。

《暂行条例》的以上规定有几个值得注意的要素:其一,民主评议的时间点是在任届中期和任届末期;其二,民主评议的结果作为选拔任用的依据;其三,民主评议的组织者基本上是上级领导;其四,民主评议的内容是工作实绩;其五,民主评议的参与者是同级和下级。比照前文对信任民主的论述,可以说民主评议制度已经十分接近于信任民主的雏形了。在任免权向上高度集中的现行体制内,这种难得的民意表达机制很显然还是发挥了一定的作用,因此在2002年颁布实施的《党政领导干部选拔任用工作条例》(以下简称《选拔任用条例》)中,民主评议制度得到了进一步的继承和发扬,名称也改成了"民主测评",其功能作用也变得更加明晰和制度化。《选拔任用条例》第55条规定:党政领导干部有下列情形之一的,一般应当免去现职:(一)达到任职年龄界限或者退休年龄界限的;(二)在年度考核、干部考察中,民主测评不称职票超过三分之一、经组织考核认定为不称职的;(三)因工作需要或者其他原因,应当免去现职的。

需要特别注意的是《选拔任用条例》第55条第2项的规定:党政干部如果民主测评不称职票超过1/3,经组织考核认定为不称职的,一般应免去现职。《暂行条例》中的民主评议基本上还是一个作用比较模糊的定性判断,自下而上的民意表达基本上还没有形成自己的独立人格;而《选拔任用条例》中的民主测评则是一个近乎定量的可操作性方案,自下而上的民意表达第一次通过一个明确的数字建立起了自己的独立人格——1/3。尽管后面还拖带了一个附加条件——“经组织考核认定为不称职的”，但是上级领导和组织部门在进行决策的时候，如果想要运用定性语言来否决定量数据，必然要承受很大的决策压力。只要稍有工作经验的人都知道，在一大堆的定性语言中如果出现了一个定量数据，这个定量数据往往会起到重要乃至于决定性的作用——这就是数字的力量。

从民主评议到民主测评，现行体制的民主实践事实上已经向前跨进了一步。从这两种一脉相承的民主实践身上，我们其实已经可以看到信任民主的影子。不过与信任民主的制度构想相比，民主测评显然还不能算是一项完整独立的民主制度。而正是由于这种不完整不独立，民主测评制度在实际操作过程中也必然会衍生出一系列的问题。

其一，民主测评的结果能否产生即时法律效力？这是人们对民主测评制度最大的疑问。倘若一个官员在民主测评中不信任票超过 1/3，那么究竟在多大程度上会决定他的前途命运？由于最后的决定权依然操于组织部门和上级领导手中，这个问题一直是一个谜。尽管有很多从事组织工作的官员都曾告诉过我，民主测评的投票结果在最后的决策中的确有很大的权重，但是对于参与投票的干部群众来说，只要测评结果没有及时公开，只要测评结果不能即时生效，对民主测评的效力有这样的疑虑就是十分正常的。

其二，民主测评的范围是否涵盖了真正的民意？从民主评议到民主测评，参与投票的人群范围一直有两个特点：一是参与范围可大可小，至于是大还是小，基本上还是由组织部门和上级领导根据需要来做出决定；二是参与人群基本上是被测评人的同级和下级，至于下到哪一级则是不一定的。不过能够肯定的是，这些下级基本上也都是党政机关的内部工作人员。如果按照一个完整的民主制度的标准来衡量，民主测评的这两个特点是需要改进的：首先，一个民主制度的参与范围必须是依法确定的，不能根据需要进行弹性操作。其次，官员真正的服务对象是人民群众，因此人民群众的意见才是真正的民意，下级官员的意见固然也有一定的参考价值，但是如果没有将人民群众纳入测评范围的话，民主测评就会变成上下级官员之间的博弈。上级可以任免下级，下级可以测评上级，最后是相互妥协，你好我好大家好。至于老百姓，那就对不住了，谁叫你没有投票权呢？设立政府机关的目的是为人民服务的，不是为了让内部人开心的。民主的本来逻辑应该是“吏对官负责，官对民负责”，如果变成了“吏对官负责，官对吏负责”，那么谁对民负责呢？如果民主的参与范围一直局限在上下级之间，由于参与者十分有限，低头不见抬头见，拉关系十分容易，平庸的“好好先生”必定会成为这个体制的宠儿；同时由于测评人和被测评人之间很可能还具有某种利害竞争关系，那些能力卓越锐意进取的被测评人很可能还会失去一些票数。此消彼长，平庸很可能压倒卓越，逆淘汰开始了。

其三，民主测评是否锁定了真正的对象。从《选拔任用条例》的规定和具体实践来看，民主测评的适用对象十分广泛，基本上是“上下全有、官吏不分、条块咸宜”。如果按照一个完整的民主制度的标准来衡量的话，民主在本质上应该是一种整体授权体制，一旦行政首长获得授权，就有权力组织行政团队，也有权力管理公务员队伍。因此行政团队也就是所谓领导班子的其他成员和各部门主管领导理论上都应该对行政首长负责，而公务员更是应该恪尽职守，对行政团队负责。这些政务官和公务员的行为后果应该由行政首长概括承受，他们理论上不应该也没必要接受民主测评，更何况这种民主测评的参与者还是自己的下级。香港纪律部队的一些官员曾经在内地学习期间十分困惑地向我求证此事:“为什么内地的下级可以测评上级?这样一来,上级怎么领导下级呢?”还是前文说过的那句话,民主若是看不住首长,尽可以通过内部制衡来牵制他,民主若是看得住首长,内部制衡就有点牵制的味道了。

其四,民主测评是否应该如此频繁地动用?由于还没有被当成一种生杀予夺的民主制度,因此民主测评制度在实践中往往被十分频繁地动用。一个官员到任了,可能还没干几个月,上级组织部门就要来测评摸底了;年度考核是《选拔任用条例》规定的,民主测评肯定不能少;等到届中、届末,自然更少不了要民主测评一番。许多官员都曾经私下向我抱怨现在的民主测评实在是太过频繁了,还没干出点名堂,民主测评就来了。“能测评出啥来?”被测评人有点烦,参与测评的人更是都“疲掉了”,不知道什么时候就突然收到组织部门的一个短信通知:立即参加会议。什么会议?不知道。到了会场才知道,又是民主测评。没有前期动员,作用不甚明了,被测评人一大堆,跟自己又没有什么关系,只能拿表就填。上面话还没说完,下面表已经填好了;上面话音一落,起身就去投票。这么快的速度,不是全填好的,就是全填差的,或者就是乱填。如此民主测评,其真实性是相当堪忧的。而拿到这样的测评结果,组织部门究竟是该当真,还是不该当真?民主需要大规模动员民众,而民众的动员是相当困难和高成本的。要成功完成一次有意义的民主投票,议题的指向必须十分清晰,前期的动员必须十分充分,程序的组织必须十分严密,否则民意就有可能失真。从这个意义上讲,民主投票不应该是一个社会的家常菜,西方的选举也是几年搞一次,颇为慎重。倘若我们把民主测评做成了招之即来挥之即去的家常菜,未来恐怕就很难上得了台面了。

与民主测评相互关联的还有民主推荐。《选拔任用条例》第3章专章规定了民主推荐制度,民主推荐在官员选拔任用中的作用可见一斑。所谓民主推荐,简单说就是在正式任命官员之前,发动包括上级、同级和下级在内的各方力量提出建议人选,供上级领导和组织部门决策时参考。至于推荐形式则既有填表,又有谈话,定性与定量相结合;至于推荐的效用,《选拔任用条例》第17条写得很清楚:“确定考察对象时,应当把民主推荐的结果作为重要依据之一,同时防止简单地以票取人。”很显然,与民主测评相比,民主推荐的主观性更强,指向性更不明晰,其本质是上级部门在行使任命权之前的民意摸底,而不是想搞民主选举。民主选举有特定候选人,民意是在候选人确定之后发挥作用的;民主推荐没有特定候选人,民意是在候选人确定之前发挥作用的,二者之间具有本质的区别。因此从制度逻辑上看,民主推荐并不是民主选举的雏形,而更接近于前文所说的信任民主配套机制中的“提名竞争”。信任民主与提名竞争之间是一种复杂互动的关系,信任民主的防守应该有助于倒逼出提名竞争的优化;同样地,民主测评与民主推荐之间也是一种复杂互动的关系,民主测评越有效,民主推荐就越有效;民主测评走过场,民主推荐也就走过场。没有平民在底线的有效防守,就没有精英在云端的优中选优,这个道理无论是从理论上讲还是从实践上看都是通用的。

CHAPTER 04 >>

第四章

民主与精英

在写“精英与平民”之前先写三章关于“文明与法治”的内容，其本意是要向读者们交代一下这本书的前传，并向大家介绍“信任民主”的制度构想。却不曾想到内容会有这么多，这部分写得可真是有点长了，其实若不是急着要赶路，还可以写得更长。如今紧走慢赶，终于还是让我走到了第二个驿站，现在可以直接叩问“精英与平民”这个命题了。

民主时代的精英统治？

什么叫民主？这个问题若是让电视台记者拿到大街上去问人，不知道会收获什么样的答案。也许在一般人看来，民主民主，不就是人民做主吗？的确如此，不管是雅典时代的直接民主，还是近现代西方的代议民主，民主都意味着人民可以通过直接或间接的方式表达自己的意愿，治理自己的国家。相比起少数精英的集中决策，多数人决策的民主有着诸多美好的特质:其一,只有每个人都有权力表达自己的意见和意志,才能够有效地保护自己的权利和自由;其二,只有每个人都有权力根据自己的知识进行分散决策,才能够充分地释放大多数人的力量和潜能;其三,只有每个人都有权力参与国家的治理,才能够保证国家的稳定和长治久安。正因为有着如此之多的优点,民主在近现代以来逐渐变成世界政治的潮流,顺之者昌,逆之者亡。而民众的主人翁意识也从来没有像今天这样觉醒过,就像勒庞所说的,“当我们悠久的信仰崩塌消亡之时,当古老的社会柱石一根又一根倾倒之时,群体的势力便成为唯一无可匹敌的力量,而且它的声势还会不断壮大。我们就要进入的时代,千真万确将是一个群体的时代”[1]。勒庞没有说错,群体的时代的确是来临了,不过自认为是精英的人且不必躲在角落里发抖,自认为是平民的人也不用跑到大街上抖发,我们还是一起先来澄清一个问题:民主时代的来临是否意味着平民的统治和精英的出局?

2012 年 12 月 16 日,日本自民党在第 46 届众议院选举中以绝对优势获胜,党首安倍晋三在特别国会上再度被指名出任首相,成为日本战后继吉田茂之后第二位在首相职位上梅开二度的政治家。这位安倍先生早在 2006 年就当过日本首相了,2007 年据说因为肚子疼而辞了职,不想时隔 5 年之后又杀回政坛并再度登顶,颇有点传奇色彩。不过我对谁当日本首相并不感兴趣,我感兴趣的是为什么这位安倍先生辞职之后不像华盛顿总统那样谢绝再任并归隐自己的弗农山庄园,重新去当一个农民。当然,也许有人听到这个问题会发笑:都当过首相了,凭什么回去当农民?是啊,凭什么回去当农

---

〔1〕[法]古斯塔夫·勒庞:《乌合之众:大众心理研究》,中央编译出版社 2005 年版,第 2 页。

民？现在的人们反正都已经习惯了有那么一个职业政治家阶层，在这个社会的金字塔塔尖上转来转去。关于这一点，谁要是见怪了反而会被认为是个怪物，就像李普曼在《公众舆论》中所说的，“这种民主理论并没有想到要制造一个新的统治阶级……民主主义者在要求废除对公职的垄断、实行短期轮换时，他想到的是象征的情况，那里的任何人都可以担任一个公职，然后谦恭地回到自己的农庄。民主主义者根本不会喜欢职业政治家阶层这样的想法。但是他也不会拥有他所喜欢的情况，因为他的理论产生于一个理想环境，而他生活在其中的却是现实环境”。李普曼紧接着解释了什么才是“现实环境”，他说：“相聚遥远而又各怀心思的共同体是不可能抱着同样的观点和目的进行长期合作的……所以，杰斐逊和杰克逊的革命才产生了自由授权的权力，它形成了两党制，创造了贵族统治的替代物……轮流任职可以是表面文章，实际上官职是在心腹之间转来转去。任期不可能永久垄断，但职业政治家却是永久的……职务薪金可能像杰斐逊的朴实那样示人以俭，而政党组织的开支和胜利果实却是大手笔。民主的模式支配着可见的政府；但是美国人民不得不难以察觉地修改、迁就和适应着他们所处环境的实际状况，即使人人都能看出这一切。只有法律语言、政治家的演讲、政纲和正规的行政机器不得不与原始的民主形象保持着一致。”[1]李普曼的这番话里其实有着很多的玄机，如“政党组织的开支和胜利果实却是大手笔”、“民主的模式支配着可见的政府”、“人民不得不难以察觉地修改、迁就和适应”、“不得不与原始的民主形象保持着一致”。不过这些问题不妨等到后面再来慢慢分析，我现在感兴趣的是这句

[1] [美]沃尔特·李普曼：《公众舆论》，上海世纪出版集团2006年版，第206页。

话——“两党制,创造了贵族统治的替代物……任期不可能永久垄断,但职业政治家却是永久的”。我想李普曼是在告诉我们,贵族统治的确被民主替代了,然而精英并没有出局,只是变成了轮流任职的职业政治家阶层。

不管我们喜欢还是不喜欢,李普曼的这番话似乎确是事实。倘若我们细究一下这位安倍先生的家族渊源,恐怕就会更加相信李普曼的话了。我之所以要在“安倍先生”的前面加上“这位”,是因为日本政坛曾经有过好多位的“安倍先生”。安倍晋三 1954 年 9 月 21 日生于日本山口县的一个显赫的政治世家,其祖父安倍宽当过众议院议员,其外祖父则是大名鼎鼎的“二战”甲级战犯、前日本首相岸信介。岸信介是日本侵华时期操纵伪满政府的五大头目之一,人称“满洲之妖”,战后被定为甲级战犯锒铛入狱。1952 年出狱后,岸信介又开始鼓吹重建军备,再建“大东亚共荣圈”,5 年后居然当上了日本首相,期间多次发表反华言论,开了日本政坛反华的先河。其实安倍晋三的祖父和父亲都是比较温和的政治家,但是安倍晋三从小就跟随母亲洋子在岸信介身边生活,耳濡目染,深受外祖父的影响。1960 年,当了 3 年首相的岸信介下台。4 年后,他的亲弟弟,也就是安倍晋三的外叔祖父佐藤荣作上台,一口气当了 7 年零 8 个月的首相,是战后最长命的日本首相。若不是由于尼克松突然改变对华政策导致一向反华的佐藤荣作措手不及而被迫辞职,没准还能再干下去。除了两位祖父辈的首相之外,安倍晋三的父亲安倍晋太郎也差点当上首相。安倍晋太郎官至中曾根康弘内阁的外相,由于日本政坛内斗而被各方势力逐步推向首相宝座。就在日本媒体普遍认为“一门三首相”的盛况即将出现的时候,1991 年安倍晋太郎突然病逝,把实现这一盛况的时间向后推迟了十几年。2006 年争气的儿子安倍晋三出任首相,2012 年再度登顶,最终创造了“一门三首相”的政坛奇迹。

说句老实话,其实我一点都不喜欢以上这些文字,因为我一向不喜欢追踪名人逸事,更不喜欢研究别人家的族谱。我在工作生活中关注做事超过关注人脉,在学术研究上也同样如此。然而随着“精英与平民”命题的展开,我却不得不频繁地面对这个问题,说明这个世界的本质的确比表面看上去的更为隐晦。看了这位安倍先生的家谱,如果还有人把他的当选简单地归因于“民主”这一抽象概念的话,那可真是有点“不知其可也”。其实安倍家族只是日本政坛的冰山一角,从明治维新开始,门阀政治就是日本政坛的一大痼疾。战后自民党一党独大数十年,更是制造了无数的政治世家。除了安倍家族,日本其实还有不少的“首相世家”。安倍晋三辞职后一年,麻生太郎出任日本第 92 任首相。这位麻生先生也出身于著名的“首相世家”,他的外祖父吉田茂是日本著名政治家、前首相、自民党的创始人,他的岳父铃木善幸也是前首相并曾积极推动中日邦交正常化;麻生太郎的曾祖父麻生太吉是贵族院议员,父亲麻生太贺吉是众议员,妹妹麻生信子则嫁给了三笠宫宽仁亲王。不过所有这些人都加在一起也比不上另一个人重要和有名,这个人就是麻生太郎的高祖父、明治维新第一政治家、号称“东洋俾斯麦”的大久保利通。也许有人会认为是自民党的一党独大才导致了门阀政治,那就不妨看一看其他党派究竟怎样。2009 年 8 月,日本最大的在野党民主党在众议院选举中以压倒性优势击败了长期执政的自民党,一举夺得执政地位,党首鸠山由纪夫取代麻生太郎出任第93 任首相。然而令人哭笑不得的是,民主党对自民党的胜利完全不是人们想象中的平民对精英的胜利,鸠山由纪夫同样出身于“首相世家”。鸠山由纪夫的祖父是日本前首相鸠山一郎,外祖父石桥正二郎是著名企业普利司通(BRIDGESTONE)的创始人,父亲鸠山威一郎曾出任福田赳夫内阁的外相,弟弟鸠山邦夫则是自民党的核心成员,曾出任麻生内阁的总务大臣。换来换去,原来都是在精英圈子里打转转,日本的门阀政治由此可见一斑。

日本并不是唯一一个既有平民投票又有门阀政治的亚洲国家,印度的尼赫鲁家族、巴基斯坦的布托家族、斯里兰卡的班达拉奈克家族、菲律宾的阿基诺家族,都是中国人耳熟能详的政治家族。印度尼赫鲁家族的第一代元老贾瓦哈拉尔·尼赫鲁是印度的首任总理,1964年去世后,他的女儿英迪拉·甘地于1966年和1980年两次当选印度总理,是印度历史上第一位女总理;1984年英迪拉被刺身亡,当天她的长子拉吉夫·甘地便登上了总理宝座;1991年拉吉夫被刺身亡,他的妻子索尼娅·甘地于1998年出任国大党主席,他的儿子拉胡尔、女儿普里扬卡如今也是印度政坛冉冉升起的政治明星,其中拉胡尔被认为有潜力接任印度总理职位。又比如斯里兰卡的班达拉奈克家族:自1948年独立以来,斯里兰卡有一半以上时间处于班达拉奈克家族的统治下,一家人相继出任了5任总理和1任总统,其中西丽玛沃·班达拉奈克夫人在丈夫所罗门·班达拉奈克总理被刺杀后代夫出征,不仅成为世界上首位民选的女总理,而且前后三度出任总理,领导第一大党自由党长达40年之久。在她的培养下,女儿库马拉通加夫人也先后当选总理和总统长达11年,直到2005年卸任。我们把镜头拉得再近一点,看看新加坡:2004年8月12日,新加坡开国总理李光耀的长子李显龙接替吴作栋出任新加坡第3任总理,并在随后的两次大选中获得选民支持,连任总理。再近一点,看看韩国:2012年12月19日,韩国前总统朴正熙的女儿朴槿惠以 51.6% 的得票率当选韩国第 18 任总统,在父亲被刺杀 33 年后,成功重返青瓦台总统府。

很多推崇民主选举的人都十分“痛心”于亚洲民主政治中的家族统治,因为这对他们心目中“民主”的崇高形象是一种很大的抹黑。然而不用急着给这些亚洲国家套上“裙带关系”的标签,因为这种现象并非亚洲独有。2007 年 12 月 10 日,一袭白色套裙的克里斯蒂娜·费尔南德斯从阿根廷前总统、她的丈夫基什内尔·费尔南德斯手中接过象征总统权力的权杖,成为阿根廷历史上第一位民选女总统。2011 年,在丈夫已经去世的情况下,克里斯蒂娜以绝对优势再次连任总统,证明自己绝不是政坛的一时昙花。如果说南美的家族政治也不足以说明问题的话,那么就来看看民主模范生的美国。众所周知,美国政坛上也有所谓的“四大家族”——亚当斯家族、罗斯福家族、肯尼迪家族和布什家族。亚当斯家族的约翰·亚当斯和约翰·昆西·亚当斯父子俩先后担任过美国第 2 任和第 6 任总统,开了美国政治家族的先河;罗斯福家族的西奥多·罗斯福和富兰克林·罗斯福叔侄两人先后担任过美国第 26 任和第 32 任总统,其中富兰克林·罗斯福一口气当了 4 届总统;肯尼迪家族的老约瑟夫·P. 肯尼迪是前任美国驻英国大使,他的三个儿子都当过参议员,其中约翰·肯尼迪 1961 年更是当选美国第 35 任总统,不幸于 1963 年遇刺身亡。罗伯特·肯尼迪先后担任过参议员和司法部长,1968 年也遭到枪杀。唯一得以善终的爱德华·肯尼迪则从 1962 年当选到 2009 年去世一直担任马萨诸塞州的联邦参议员,时间长达 47 年之久,他的儿子帕特里克·J. 肯尼迪如今也是国会众议员;相比起三个前辈家族,布什家族则由于出了一对近在眼前的父子总统而为更多人所熟悉。其实布什家族的从政至少可以追溯四代,老布什的祖父塞缪尔·P. 布什是钢铁石油大亨,1921 年与华尔街金融大亨沃克结成亲家,成为布什家族发展史上的里程碑。沃克的乘龙快婿、老布什的父亲普雷斯科特·布什先经商后从政,1950 年当选联邦参议员,并与艾森豪威尔总统建立起私交。在前辈的铺垫下,"长在红旗下"的老布什先后担任过国会议员、驻联合国大使、中央情报局局长等要职,并在里根政府时期连任两届副总统,1989 年终于修成正果,当选美国第 41 任总统。接下来的事情地球人都知道了,老布什的长子小布什先是担任得克萨斯州州长,接着连任两届美国总统,次子杰布·布什则连任两届佛罗里达州州长,为哥哥连任总统立下汗马功劳。有意思的是,还没消停几年,布什家族又不甘寂寞了。2013 年 4 月,小布什在接受美国广播公司采访时,公开希望弟弟杰布·布什 2016 年参选总统,而老妈芭芭拉则对美国全国广播公司声称"杰布是最合适的人选,不过我们的布什总统已经够多了"。[1] 一唱一和,试探试探,布什家族的故事看来还没有结束。

我不能肯定以上这些事实是否已经为人们勾勒出了精英政治在民主时代的粗略形象,不过我能够肯定的是,精英政治的真实面目远不是运用这些路人皆知的事实就可以描绘清晰的。鉴于对西方社会源远流长、根深蒂固的贵族传统、结社传统、宗教传统以及资本传统的认知,我几乎能够肯定如今炒得沸沸扬扬的关于所谓共济会(Free and Accepted Masons)、彼得伯格俱乐部(Bilderberg Group)、美国骷髅会(Skull and Bones)、英国剑桥使徒会(Cambridge Apostles)、罗斯切尔德家族(Rothschild Family)等秘密组织和神秘家族的诸多传闻应该不全是空穴来风;至于公开运作的美国外交关

---

〔1〕"布什家族因杰布·布什参选总统问题而'纠结'",载新华网 2013 年 4 月 27 日,http://news.xinhuanet.com/world/2013-04/27/c_124636503.htm。

系委员会(Council on Foreign Relations)、三边委员会(The Trilateral Commission)等精英组织以及为公众所熟知的洛克菲勒家族(Rockefeller Family)、摩根家族(Morgan Family)等财团家族对西方政治的影响力应该就更加明显了。不过很抱歉,尽管为了写作的需要我阅读了几乎所有能够收集到的此类书籍,但是作为一部严肃的作品,我还是不愿意在这里传播所谓的"阴谋论",因为我的确无法肯定那些耸人听闻的"阴谋"是否真实存在。从对人类本性的美好推定和期待出发,我并不愿意相信太多的"阴谋论";而从对西方文明根深蒂固的"分立制衡"传统的认知出发,我也不会相信西方的精英居然会如此铁板一块。没错,西方的精英喜欢结社聚会,喜欢上流生活,有身份血统的"洁癖"。他们常常通过契约集体行动,在契约之内彼此分赃,在契约之外掠夺成性,还有一些人会怀着强烈的宗教情绪半梦半醒地说一些类似于"创世纪"的胡话。所有这些都会给这个世界造成影响,甚至是很大的负面影响。但是我依然能够肯定的是,西方人不会是铁板一块,即便是西方的精英阶层也不会是。如果他们是,巴比伦塔早就建成了,欧洲早就统一了,世界大战不用开打了,电影《2012》也不用巴望中国人给这个世界建造救命的诺亚方舟了。截至目前,西方人最大的本事依然是契约,想要通过"Talk and talk"的契约数百年如一日地编织一个如此巨大、如此恐怖的阴谋,恐怕有点高看它的能力了。因此对于所谓的"阴谋论",我们不能全然不信,也不能全然相信。我不是对西方某些精英的人品有信心,而是对他们集体行动的能力没信心。

然而不一定搞得成大阴谋并不等于这些俱乐部和大家族在政治上就没有用武之地了。恰恰相反,这些或公开或神秘的精英俱乐部和盘根错节的家族联盟事实上为西方的政治精英打造了一张巨大的关系网。关系网之内的人不一定总是铁板一块,但是关系网之外的人恐怕连圈子都进不了。圈子是个很奇妙的东西,李普曼就曾在《公众舆论》中论证过什么叫作“圈子”。他说:“通常,一个社交圈子的突出标志就是形成了可以结为儿女亲家的那种关系。在社交圈子的等级体系中,每个社交圈子的相对地位都有着非常明确的形象。处在同一个层次的圈子之间,交往时没有障碍的,每个个人都会迅速被接受,规矩都是现成的,谁也不会尴尬。但是‘上层’和‘下层’圈子之间的交往,总是抱有相互间的猜疑,多少都有一种不自在,一种疏离感……现实的社会还有着通过社会交往而达成的纵向联系,但是这种联系却是由那些不同凡响而且经常令人生疑的人物实现的……组成最高层社交圈子的人们体现着‘大社会’的领导权。这个‘最上流社会’几乎不理睬任何一个两眼只盯着地方事务的社交圈子,在那里,战争与和平、社会战略的重大决策以及最高政治权力的分配,都是在一个——至少是潜在的——熟人圈子里进行的。”[1]西方社会的确有很多这样的圈子。尽管当事人讳莫如深,不过很多人都知道老布什和小布什都是耶鲁大学精英社团骷髅会的会员;外人不一定能够知道骷髅会内部都在干些什么,不过很多人都知道骷髅会每年只从耶鲁大学的三年级学生中严格挑选 15 名顶尖精英入会,其全部在世会员也不过数百人。如此紧密的圈子若是说对入会者的升迁发展居然没有帮助,恐怕是谁都不会相信的。2004 年小布什和克里竞选总统,结果被媒体爆出两人都是骷髅会会员。这两位老兄一位 1965 年入会,另一位 1967 年入会,真是一场

---

〔1〕［美］沃尔特·李普曼:《公众舆论》,上海世纪出版集团 2006 年版,第 38 页。

“骷髅内战”。[1] 对此美国舆论颇兴奋地炒作了一番，不过最后也都偃旗息鼓，小布什照样当选总统。这反过来也证明美国社会对于这种普遍存在的精英俱乐部现象其实是见怪不怪的。

信息不对称是民主的隐形杀手

俱乐部喜欢相互提携，家族内自然互相帮忙，这是人的社会属性与自然属性的正常表现，用不着奇怪。奇怪的是，为什么在平民手握选票的时代里，精英政治居然还在上演？为什么平民不愿意选举平民，而非得选举精英？选举精英也可以选举平民中的精英，为什么非得选举圈子里的精英？这些问题一下子回答不完，我会在后面的几章里逐步展开论证。这里先回答一个问题：为什么平民不选举平民，而非得选举精英？

平民是不可能选举平民的，因为既然都是平民，那么被选举的平民就很难具备超出普通平民的特质。这种特质不一定是指某种真实的能力，首先候选人的知晓度就成了个大问题，因为芸芸众生之中，想让很多人知道自己并不是一件容易的事情。勒庞把“知晓度”称作“名望”，他在自己的名著《乌合之众》中一针见血地说道：“首先，非常重要的是，候选人应当享有名望。能够取代个人名望的只有财富。才干甚至天才，都不是非常重要的成功要素……选民中的多数都是工人或农民，他们很少选出自己的同行来代表自己，原因就在于这种人在他们中间没有名望。当他们偶然选出一个和自己相同的人时，一般也是由于一些次要原因，例如为了向某个大人

---

〔1〕 翟磊：“美、俄、日国家首脑背后的精英集团”，载人民网 2004 年 2 月 14 日，http://www.people.com.cn/GB/guoji/14549/2339010.html。

物或有权势的雇主——选民平时要依靠他——泄愤,或是因为通过这种方式他能够一时产生成为其主人的幻觉。"[1]托克维尔对此也持有相同的观点,他在《旧制度与大革命》中说道:"在一个地位平等的社会里,公民间大致平等,他们自然要将行政细务即政府本身,委托给高出于群众之上、引入主义的那个人。即使他们不准备把这项责任委托给他,他们也常常由于个人的软弱和难于和睦相处,而不得不容忍他掌权。"[2]"伏尔泰说:既然必须伺候人,不如在出身名门的雄狮下面卖命,因为它向来就比我强壮有力,也不去投奔200只和我同类的鼠辈。"[3]作为法国革命年代的亲历者和见证者,托克维尔的话还是有一定分量的。1848年法国爆发了二月革命,再次被选进议会的托克维尔十分吃惊地发现,原来新议会选来选去还是那帮老议员。于是他把这件事专门记录在了《托克维尔回忆录》中:"我在第一次会议上,看到我的旧议会同僚几乎又都露面。除了落选的梯也尔先生,没有参选的布罗伊公爵,以及外逃的基佐先生和迪沙泰尔先生,所有的有名雄辩家和旧政界知名的大部分说客都出现于会场。"[4]

在民主时代,知晓度问题只不过是一个大问题的冰山一角,在隐蔽的水面之下,一直潜藏着一座足以将泰坦尼克号送进海底的巨大冰山,那就是"信息不对称"。我们都知道"信息不对称"(information asymmetry)理论源自经济学领域,其本意是指在政治、经济等活动中,由于一些成员拥有其他成员无法拥有的信息而造成信息的不对称,导致交易的不公平或市场效率的降低。这个理论完

---

〔1〕[法]古斯塔夫·勒庞:《乌合之众:大众心理研究》,中央编译出版社2005年版,第149页。
〔2〕[法]托克维尔:《旧制度与大革命》,商务印书馆1992年版,第303页。
〔3〕[法]托克维尔:《旧制度与大革命》,商务印书馆1992年版,第206页。
〔4〕[法]托克维尔:《托克维尔回忆录》,商务印书馆2010年版,第141页。

全可以用于分析民主领域的问题。我们不妨做个假设。如果一个由 10 个人组成的团队要选举领袖，由于成员之间彼此十分了解，有理由相信每个人都是在信息十分对称的情况下做出的理性选择；如果这个团队的规模扩大到了 1 万人，由于彼此之间的熟悉程度很低，每个人的选择都可能出现盲目性；而如果这个团队的规模扩大到了 1000 万人，那么绝大多数的选民根本无法从生活中了解候选人的真实情况，要想做出有效选择，就必须严重依赖个人经验之外的其他信息来源。除了不可靠的道听途说，这种信息来源最重要的应该就是媒体。关键的问题来了：你相信媒体能够融化“信息不对称”这座冰山吗？

李普曼的《公众舆论》很大程度上正是针对这个问题而写的。在这部著作的开篇，李普曼描述了这样一个故事：大洋中有一个岛屿，1914 年时住着几个英国人、法国人和德国人，岛上不通电缆，英国邮轮每 60 天来一次。等到 9 月中旬邮轮来到时候，这些人才知道 6 个星期以来英法已经与德国开战。在这不可思议的 6 个星期中这些岛民仍像朋友一样相处，而事实上他们已经成为敌人。李普曼接着不无感慨地说道：“不过，他们的处境与绝大多数欧洲人的处境并无太大的不同。他们弄错了 6 个星期，大陆上的人们可能只间隔了 6 天或 6 个小时。但是确有一段间隔……追溯既往就可以看到，我们在认识我们仍然生活于其中的那个环境时是多么地迂回曲折。我们可以看到，它带给我们的消息时快时慢，但只要我们信以为真，我们似乎就会认为那就是环境本身。牢牢记住我们当下采取行动时所依据的信念会比较困难，但在论及其他民族和其他时代的时候，我们却会自以为很容易就能看出，他们一本正经置身其中的那个世界的景象是多么荒诞不经。”[1]

在这本传媒学的经典著作中，李普曼用尽各种办法反复论证了一个基本的事实——世界太复杂，信息不对称。他说：“毫无疑问，在社会生活的层面上，人对环境的调适是通过‘虚构’这一媒介进行的。我说的虚构并不是指制造谎言。我指的是对环境的描写，而这个环境在某种程度上是人类本身创造出来的。虚构的范围无所不至，从彻底的幻觉到科学家彻底自觉地使用图标模型，或者他为了解决特定问题而决心使计算结果精确到无关紧要的10位数以上……直接面对的现实环境实在太庞大、太复杂、太短暂了，我们并没有做好准备去应对如此奥妙、如此多样、有着如此频繁变化与组合的环境。虽然我们不得不在这个环境中活动，但又不得不在能够驾驭它之前使用比较简单的办法去对它进行重构。”[2]“舆论面对的是一些迂回曲折、看不见摸不着而又令人困惑的事实，而且根本不可能一目了然。舆论所指的环境不过是一些被了解到的意见……人并不是亚里士多德哲学中的神，匆匆一瞥就能看破一切。他是进化的产物，几乎是稍纵即逝，只有片刻时间去增长见识、获取幸福……他会逐渐在他的脑海中为自己制作一幅视线所不及的那个世界的可靠图像。”[3]“世界太大，我们面对的情况太复杂，我们得到的信息又太少，因此，舆论的绝大部分就必定会产生于想象。”[4]“任何时候我们都无法想象会有这样的前景：所有人都能清清楚楚地看明白整个无形的环境，从而在全部政府事务上自发形成明确的公众

[1] [美]沃尔特·李普曼：《公众舆论》，上海世纪出版集团2006年版，第3~4页。
[2] [美]沃尔特·李普曼：《公众舆论》，上海世纪出版集团2006年版，第12页。
[3] [美]沃尔特·李普曼：《公众舆论》，上海世纪出版集团2006年版，第20~21页。
[4] [美]沃尔特·李普曼：《公众舆论》，上海世纪出版集团2006年版，第48页。

舆论。”[1]

然而,民主大厦恰恰是建立在这样一种信息不对称的基础之上的。在李普曼看来,不仅民主的卫道士没有意识到的信息不对称可能给民主造成困难——“民主的黄金国始终是一种完美的环境,有一个完美的选举和代表制度,每个人固有的良好意愿和天赋政治才能都可以付诸行动。在有限的空间和短暂的时期,这种环境曾经非常盛行……以致人们坚信它在任何时代、任何地方都行得通”[2],甚至连民主的批评者也在犯同样的错误——“我的目的就是想看看这些改革家是否顾及了舆论的主要困难。我的结论是,他们像原初的民主主义者一样完全忽视了这些困难,因为他们也在假定——而且是在一种远更复杂的文明中假定——人们的内心不可思议地存在着一种超出他们视线之外的关于世界的知识”[3]。耐人寻味的是,作为一位传媒学大师,李普曼并不认为媒体的介入可以帮助人们克服信息不对称这一根本性的困难。他在《公众舆论》中反复告诫人们,媒体在解决信息不对称的问题上有着很大的限度。李普曼说:“需要付出巨大努力才能获得的新闻往往为日报的财力所不支。……如果没有标准化作业,没有成见,没有常规性的判断,不去无情地忽略那些微妙之处,编辑恐怕很快就会死于兴奋过度……到达读者手中时,每份报纸都已经是一系列选择的产物……这里没有什么客观标准。也没有什么成例可循。媒体的主观偏见往往决定信息的供给。”[4]“新闻机构最上乘的表现就是成为制度的仆人和卫士,最差则会沦为少数人利用社会混乱达到自身目的的手段。当制

〔1〕 [美]沃尔特·李普曼:《公众舆论》,上海世纪出版集团2006年版,第225页。
〔2〕 [美]沃尔特·李普曼:《公众舆论》,上海世纪出版集团2006年版,第223页。
〔3〕 [美]沃尔特·李普曼:《公众舆论》,上海世纪出版集团2006年版,第22页。
〔4〕 [美]沃尔特·李普曼:《公众舆论》,上海世纪出版集团2006年版,第248页。

度运转失灵时,无良知的记者能够浑水摸鱼,而良知未泯的就必须跟无常世态赌博了。新闻机构并不是制度的替代物。它像一道躁动不安的探照灯光束,把一个事件从暗处摆到了明处再去照另一个。人们不可能仅凭这样的光束去照亮整个世界,不可能凭着一个一个插曲、一个一个事件、一个一个突如其来的变故去治理社会。"[1]

正是基于这样的认识,与许多人对媒体在民主体制中的作用寄予厚望完全不同的是,李普曼认为媒体比人们想象的要脆弱得多,根本无法承担如此重大的责任。他说:"虽然新闻界并不像辛克莱先生想让我们相信的那样劣迹累累和诡计多端,但它实际上比民主理论业已承认的要脆弱得多。它过于脆弱了,无法承担那样人民主权的全部分量,无法自动提供民主主义者希望它天生就能提供的真相。如果我们期待它提供这样的真相,我们就是在使用一种误人视听的判断标准。我们误解了新闻的局限性,误解了社会的无限复杂性;我们过高估计了自己的忍耐力、公益精神和多方面的能力……如果要让报纸承担对整个人类生活进行解释的责任,以使每个成年人都对每个悬而未决的问题产生一种见解,那它们就显得很脆弱,它们必定是脆弱的,在能够想象到的未来,它们将继续是脆弱的。我们不可能想象一个指望劳动分工和权力分散而运行的世界,会由全体人民的统一舆论来统治。这种想法不自觉地把单个读者设想为理论上全能读者,让新闻机构承担起无论任何代议制政府、行业组织或外交机构都担不动的重负……新闻机构常常错误地认为它可以做到这一点……新闻机构被当成了一个直接民主的机构,在更

〔1〕[美]沃尔特·李普曼:《公众舆论》,上海世纪出版集团2006年版,第259页。

大规模上日复一日地担负着本该由提案、公决或罢免等程序完成的功能。‘舆论法庭’夜以继日地为一切规定着法则。”[1]

那些神话媒体作用的人无须对李普曼这些“从堡垒内部反戈一击”的观点感到吃惊。媒体是由人组成的，读者也是由人组成的，因此从本质上说，人的限度必然决定了媒体的限度。相比起世界的无限性，绝大多数人的个人经验是极其有限的，因此“自治的人民不可能通过发明、创造和组织一种认识机制去超越自身的偶然经验和偏见。他们不得不在没有一幅这个世界的可靠画面的情况下采取行动”[2]。即便有心超越个人经验的限度，绝大多数人也会因为忙于生活甚至挣扎于生活，没有太多的余力对超过生活范畴之外的东西细细推敲、反复琢磨。李普曼说：“所有的阶层、所有那些庞大的集团，那些少数民族、那些小团体以及各个阶级，都只是迷迷糊糊听说有许多事情正在发生。他们按照常规生活，只关心自己那点事情，把更大量的事务拒之门外。”[3]“我们每个人都是生活、工作在这个地球的一隅，在一个小圈子里活动，只有寥寥无几的知己。我们对具有广泛影响的公共事件充其量只能了解某个方面或某个片段。我们的见解不可避免地涵盖着要比我们的直接观察更为广泛的空间、更为漫长的时间和更为庞杂的事物。因此，这些见解是由别人的报道和我们自己的想象拼合在一起的。”[4]“一个人对于公共事务仅仅有着非常狭隘的经验。这个假设至今仍是真实的，而且极其重要，因为一个人用于公共事务的时间非常有限……人们不仅极少注意公共事务问题，而且现有的注意力也只是局限于近在眼前的事情

[1] [美]沃尔特·李普曼：《公众舆论》，上海世纪出版集团2006年版，第258页。
[2] [美]沃尔特·李普曼：《公众舆论》，上海世纪出版集团2006年版，第260页。
[3] [美]沃尔特·李普曼：《公众舆论》，上海世纪出版集团2006年版，第36页。
[4] [美]沃尔特·李普曼：《公众舆论》，上海世纪出版集团2006年版，第61页。

上……当然,存在着并不了解注意力限度的芸芸众生,乃是政治科学的主要前提。他们的立足之地是沙滩。”[1]

没错,存在着并不了解注意力限度的芸芸众生,乃是政治科学的主要前提。李普曼所称的“政治科学”,既是指现有的民主政治学说,又是指现有的民主政治实践。对于民主政治学说,李普曼批评道:“希望高扬所有人的尊严的民主政治论者,立刻就会被他们的统治阶级——全体男性选民——的巨大规模和鱼龙混杂所困扰……在他们的理想和他们的科学之间这种致命的矛盾中,唯一的出路就是不假更多讨论地断定,人民的声音即上帝的声音……当然,自亚里士多德以降,事情有了某些进步。有了一些报纸,有了一些书籍,大概有了更好的道路,也有了更好的船。但是并没有巨大的进步,而且18世纪的政治假说实质上仍是以往2000年间政治科学中流行的那些内容。关于如何解决人的现有注意力和他们对个人尊严的无限信仰之间的冲突,前辈民主政治论者并没有掌握什么诀窍。”[2]对于民主政治实践,李普曼更是一针见血地批评道:“如果一个人——比如说对于一打问题——没有足够的兴趣参加投票,而且不可能激发起足够的兴趣参加投票,那么让他无动于衷地盲目投票,其结果并不比他放弃投票权更民主……但是这里有两种无知的选民。有一种人并不知情,而且知道自己不知情。一般来说这是一种开明人士。他是个放弃了投票权的人。但是还有一种人,他无知却又不知道自己无知,也不知道小心谨慎。他可能总是被拉去投票,假如政党机器正在运转的话。他的选票就是那部机器的基础。”[3]

---

〔1〕[美]沃尔特·李普曼:《公众舆论》,上海世纪出版集团2006年版,第188页。
〔2〕[美]沃尔特·李普曼:《公众舆论》,上海世纪出版集团2006年版,第188页。
〔3〕[美]沃尔特·李普曼:《公众舆论》,上海世纪出版集团2006年版,第220页。

《公众舆论》写作于1922年,就像李普曼所说的"自亚里士多德以降,事情有了某些进步",自1922年以降,事情很显然又有了一些进步,比如说互联网的出现。那么,作为一种革命性的技术进步,互联网是否能够最终解决"信息不对称"这一问题呢?对此我的回答是否定的。相信如果李普曼依然健在,他的回答也一定是否定的。信息不对称的根本问题不在于传播的手段是否足够强大,也不在于传播的内容是否足够详实,而在于极其庞杂的社会信息与每个人阅读信息能力之间的不对称,在于世界的无限性与个体的有限性之间的不对称——这个矛盾是根本性的。如果信息不对称的本质是主观端的有限性与客观端的无限性之间的不对称,那么仅仅通过互联网技术在客观端增加海量的信息供应,是无法解决主客观之间的根本矛盾的。从某种意义上说,互联网的传播功能与教育功能有可能会缓解这一矛盾;而从另一种意义上讲,互联网的海量信息还有可能加剧这一矛盾,因为它会令人们更加无所适从。克里斯托弗·拉希在《精英的反叛》中就是这么认为的:"多年来,我们一直沉醉在信息时代的美好前景中……有人说信息革命会提高公众的知识水平,实际上公众对公共事务的了解比以前要少得多,这早已不是什么秘密。成千上万的美国人不知道什么是《权利法案》、不知道国会是做什么的、宪法中对总统权力的规定是什么、政党体制的起源以及它是如何运作的。根据最近的一项调查,绝大多数人认为以色列是一个阿拉伯国家。"[1]

认识到信息不对称问题严重性的李普曼和拉希都开出了自己的药方。在《公众舆论》中,李普曼不止一次地提到了问题的解决之

〔1〕[美]克里斯托弗·拉希:《精英的反叛》,中信出版社2010年版,第119页。

道:设立一个独立的专家组织为那些必须进行决策的人物挑明种种无形的事实,或者设立一个社会活动的记录系统让社会活动变得可记录。而拉希则认为民主所需要的是充满活力的公共辩论而不是信息,民主所需要的信息只有在辩论中才能产生。这两个解决方案听上去似乎都有点道理,不过都不太可行。世界上不存在完全独立的专家组织,社会活动也不可能被完全记录,即便存在这样的专家组织和社会记录系统,其提供的信息量之大也足以压垮任何一个受众。许多人本来还指望媒体来充当这样的专家组织和记录系统呢,既然媒体都做不到,如何断定再设立一个组织和系统就能够做得到呢?而公共辩论也不可能决定性地改变信息的非对称性。辩论既可能澄清一些假信息,也可能制造出新的假信息,从而进一步迷惑平民,至少在有限的选举时间里迷惑平民。世界是如此的复杂,人的能力又是如此的有限,需要为生活奋斗的普通平民没有过多冗余的公共时间和公共感情来与那些有钱有闲的精英一起持续地面对所有的问题。这种辩论澄清不了太多的问题,其最大的功能依然是让精英在平民面前为自己挣一点印象分而已。说到底,李普曼和拉希的建议还是无法解决信息不对称的根本矛盾——客观环境的无限性与主观能力的有限性之间的矛盾。

然而生活总是要过的,生活也一直这样过了多年,可见在理论上无法解决的矛盾,在实践中总是有办法对付的,只不过这些办法在民主主义者看来很可能有点上不了台面。从精英的角度来看,这种上不了台面的办法其实有很多:其一曰"宣传"。李普曼说:"在凡尔登战役打得最糟糕的时刻,霞飞将军和他的助手们却在开会争论明天见报的名词、动词、形容词……我们已经知道,这就叫做宣传。一帮能够阻止人们独立观察事变的人,在按照自己的目的编排新闻。只要这个目的是出于爱国心,那就怎么说都行。他们利用权力,只把他们想让公众了解的事态塞给协约国公众。”[1]“许多直接的新闻渠道被堵住了,为公众提供的信息首先要经过知名的新闻广告人过滤……新闻广告人为记者制作的画面乃是他希望让公众看到的画面。他既是检查官,又是宣传员,他只对雇主负责,只有在符合雇主的利益时,他才会对整个真相负责。新闻广告人的产生,清楚地表明了现代生活的重大真相不会自发形成众所周知的形态,必须有人赋予它们形态。”[2]其二曰“哄骗”。勒庞说:“候选人若想保证自己获得成功,只有名望是不够的……他必须用最离谱的哄骗手段才能征服选民,要毫不犹豫地向他们做出最令人异想天开的许诺。如果选民是工人,那就侮辱和中伤雇主,再多也不过分。对于竞选对手,必须利用断言法、重复法和传染法,竭力让人确信他是个十足的无赖,他恶性不断是人尽皆知的事实。为任何表面证据而费心是没有用处的。对手如果不了解群体心理,他会用各种论证为自己辩护,而不是把自己限制在只用断言来对付断言,如此一来,他也就没有任何获胜的机会了。候选人写成文字的纲领不可过于绝对,不然他的对手将来会用它来对付自己。但是在口头纲领中,再夸夸其谈也不过分。可以毫无惧色地承诺最重要的改革。做出这些夸张能够产生较大的效果,但它们对未来并没有约束力,因为这需要不断地进行观察,而选民绝对不想为这事操心。”[3]其三曰“标签”。李普曼说:“有着大众化表现的认同途径几乎总是一望而知。你立刻就能知道谁是英雄。如果标志不明确,选择又不清晰,要想指望

---

〔1〕[美]沃尔特·李普曼:《公众舆论》,上海世纪出版集团2006年版,第27页。

〔2〕[美]沃尔特·李普曼:《公众舆论》,上海世纪出版集团2006年版,第243页。

〔3〕[法]古斯塔夫·勒庞:《乌合之众:大众心理研究》,中央编译出版社2005年版,第149页。

轻易地大众化就行不通……为了不至于面对图像时无动于衷,受众必须接受形象的训练,这既适用于小说和电影,也适用于新闻报道。这里有两种训练方式,它们远远胜过所有其他的方式,由于两者都很容易做到,因而才被调动起来;由于两者都使人渴望,因而才能为它们找到刺激。这就是性激情和斗争。两者有许多相互的关联,有着非常密切的相互交融,一场与性有关的斗争,其魅力远远高于任何其他主题……为了让政治变得大众化,就必须寻找争端,即使真理和正义在手,即使天下一片太平,就是说,即使在判断、原则或事实方面的分歧还不到需要挑起争端的程度时,也是如此。"[1]其四曰"引导"。李普曼说:"规划不会在大众头脑中同步产生。这不是因为大众的头脑就一定赶不上领导者,而是因为思想是有机体的一种功能,而大众不是一种有机体。这个事实并非一望而知,因为大众在不断接受各种暗示。大众不是在阅读新闻,而是带有对他们进行暗示味道的新闻,这些暗示在告诉他们采取行动的路线。他们倾听各种报道,但不像事实那么客观,而是根据对某个行为模式已经形成的成见。因此,那些表面上的领导人会经常发现,一份权威报纸的业主才是真正的领导人……这不过是报道者僭用领导权。"[2]其五曰"表演"。克里斯托弗·拉希说:"用现在的标准来看,林肯和道格拉斯破坏了政治辩论的一切规则。他们让听众(人数一次就能达到1.5万人)费力分析那些错综复杂的问题……他们的行为仿佛告诉人们,政治领导人必须有义务澄清问题而不只是赢得选举。这些以公正著称的辩论截然不同于今天的总统选举辩论,后者是由媒体来设立议题并设定基本规则,对我们来说,是显而易见且非常真实

---

〔1〕[美]沃尔特·李普曼:《公众舆论》,上海世纪出版集团2006年版,第124页。
〔2〕[美]沃尔特·李普曼:《公众舆论》,上海世纪出版集团2006年版,第179页。

的……新闻界对政治候选人的质问夸大了记者的重要性，减弱了候选人的重要性……他们很清楚一切都取决于视觉印象。他们必须表现出自信和果断，永远对答如流。”[1]其六曰“象征”。李普曼说：“特权在等级体系内部发挥的作用，就是象征在平民当中发挥的作用。它们维持着统一……领袖从经验中得知，只有当象征发挥了作用时，他才有了推动群众前进的可乘之机。象征所包含的感情会向着共同的目标倾泻，而真实观念的特性则被抹煞了……通过移情作用，这些伟大的象征拥有了一个古老而稳定的社会中所有细致入微的忠诚感……地铁的适当收费问题被用来象征‘人民’与‘利益集团’之间的争端，然后人民被嵌入‘美国’这一象征，终于，在竞选运动的高潮，8美分的票价变成了反美行径……如果我们喜欢自认为有着现实、自立、自治的人格，那么，我们臣服于象征时的许多表现就不是令人愉快的。然而，也不可能由此得出结论说，象征完全是魔鬼的工具。在科学与思辨的领域，它们无疑就是魔鬼本身。但在实际行动领域，它们可以是有益的，有时则是必不可少的……如果迫切需要那种立竿见影的效果，那么通过象征来控制民众可能就是完成一项急务的唯一捷径。行动经常比理解重要得多，有时的确就是如此：等到人人都理解了，行动可能就会失败。有许多事情不可能等待全民公决或者长时间的宣传，比如在战时，一个国家，一支军队，乃至它的统帅们，时常只能把战略部署透露给极少数人；两种对立的意见——尽管其中之一可能是正确的——往往比只有一种错误的意见更危险。错误的意见会导致不良后果，但两种意见则要承受瓦解整体的灾难……奥林匹斯诸神争吵的景象是有趣的，但也是

---

〔1〕［美］克里斯托弗·拉希：《精英的反叛》，中信出版社2010年版，第120页。

破坏性的。”[1]“最不明确的词语,有时反而影响最大。例如像民主、社会主义、平等、自由等,它们的含义极为模糊,即使一大堆专著也不足以确定它们的所指。然而这区区几个词语的确有着神奇的威力,它们似乎是解决一切问题的灵丹妙药。各种极不相同的潜意识中的报复及其实现的希望全被它们集于一身。说理与论证战胜不了一些词语与套话,它们是和群体一起隆重上市的。只要一听到它们,人人都会肃然起敬,俯首而立。许多人把它们当作自然的力量,甚至是超自然的力量。”[2]

通过这些“上不了台面”的办法,信息不对称的矛盾就这样转化成了精英“操作”的空间。对此,李普曼言之凿凿地说:“通过精心安排能够制造出同意,这一点是无可否认的。毫无疑问,公众舆论的产生过程和它在本书中表现出来的情况同样复杂,任何通晓这一过程的人都有机会去摆布它,这是非常显见的。制造同意并非一种新技巧,它已经十分古老了。据说它已经随着民主政治的出现而消亡了。事实上,它是在技术上获得了极大的改善,因为它现在以分析为基础,而不是以粗糙的经验为基础。于是,作为一种心理研究的结果,在现代交流手段的配合下,民主政治的实践渡过了难关……在目前控制局势的这一代人中间,说服已经变成了一种自觉的艺术和世俗政府的一个常规功能。我们当中还没有人开始理解这一变化的后果,但是,如果熟知如何制造同意,那就可以改变每一项政治算计,修正每一个政治前提,这话并不是轻率的预言……如果我们去看一下最古老的、最强有力的民主政治就会发现,他们早已把公众舆论搞成另一个谜。那些老到的舆论组织者几乎可以说参透了

〔1〕 [美]沃尔特·李普曼:《公众舆论》,上海世纪出版集团2006年版,第173~174页。
〔2〕 [法]古斯塔夫·勒庞:《乌合之众:大众心理研究》,中央编译出版社2005年版,第83页。

这个谜,因而能够在选举日制造出多数来。但是这些组织者却被政治科学视为一帮下九流或者‘问题人’,而不是关于制造和操纵了公众舆论的最有效的知识的拥有者。”[1]勒庞也说:“安东尼让民众反对谋杀恺撒的人,采用的办法并不是机智的说理,而是让民众意识到他的意志,是用手指着恺撒的尸体……影响民众想象力的,并不是事实本身,而是它们发生和引起注意的方式。如果让我表明看法的话,我会说,必须对它们进行浓缩加工,他们才会形成一种令人瞠目结舌的惊人现象。掌握了影响群众想象力的艺术,也就掌握了统治他们的艺术。”[2]

在民主投票机制下,精英的“操纵”离不开平民的“配合”,那么平民为什么愿意“配合”呢?这是因为面对信息不对称的巨大困难时,只能腾出很少时间思考公共事务的大多数平民必须依赖于权威的帮助,于是选择自己可以信任的权威就成为平民在民主生活中的首要任务。李普曼说:“尽管我们能够逐步地自主把握大环境的许多片段,但总是有一个更为深远的环境不为我们所知。对此,我们依然需要通过权威来与之发生关系。凡是我们不能亲眼目睹全部真相的地方,不管是对它的真实报道还是貌似有理的谬误,读着、听着、觉着都一样。除了我们非常熟悉的少数问题以外,我们无法确定哪些陈述是真实的,哪些是虚假的。于是我们就在值得信任和不值得信任的报道者之间进行选择。从理论上说,我们在每个问题上都应该选择最好的专家。不过,虽然选择专家比选择事实真相容易些,但也仍然极为困难,经常行不通。专家本身也根本拿不准他们当中谁是最专的专家。而且,即使我们能够确认了那样的专家,他

---

[1] [美]沃尔特·李普曼:《公众舆论》,上海世纪出版集团2006年版,第182、186页。
[2] [法]古斯塔夫·勒庞:《乌合之众:大众心理研究》,中央编译出版社2005年版,第50页。

也很可能会过于忙碌而无暇释疑解惑，或者根本就够不着他。但有些人，我们非常轻而易举地就能产生认同，因为他们是些一有事就会一马当先的人。父母、教师、刚愎自用的朋友，是我们最早遇到的这类人物。"[1]李普曼终于还是提到了"信任"，一个对于平民来说十分重要的关键词。没错，在信息严重不对称的永恒矛盾之中，平民最经常和最需要做的其实就是选择一个值得信任的对象，就像病人选择一个值得信任的医生一样。李光耀就认为平民需要选择自己信任的权威，在 1988 年会见韩国总统卢泰愚的时候，"他（卢泰愚）问我为何能在大选中屡战屡胜，长期掌权。我告诉他，人民清楚我的为人，知道我从不说谎，而且是真心诚意地为他们谋求利益。平民百姓不会对错综复杂的经济或政治问题感到兴趣，所以就必须学会确定信任的对象。为争取这一方面的信任，我从不信口开河，说些自己也不相信的话。渐渐地，人民了解到我是个诚挚的人，而这正是我最大的资产。"[2]新加坡的民主制度是选举民主，不过李光耀却一再把"信任"看做民主的核心要素，这是十分耐人寻味的。选举民主看上去是平民在"做主"，其实是平民在选择自己信任的精英，然后把权力托付给他，让他来"做主"。从这个意义上讲，"选择"的本质依然是"信任"。在本书的第三章中，我们已经讨论过"选举"与"信任"的关系了：选举民主是一道选择 A 或 B 的选择题，信任民主是一道判断"是"或"否"的判断题。这个观点可以从李普曼的话中得到印证："对于那种遥不可及的局势，大众能够采取直接行动的方式是有限的……依靠群众行动不可能构思、筹划、协商或实施任何事情……直接行动的极限就是人人都在某个呈现在大众面前的

〔1〕［美］沃尔特·李普曼：《公众舆论》，上海世纪出版集团 2006 年版，第 165 页。
〔2〕李光耀：《李光耀回忆录》（下），世界书局 2000 年版，第 622 页。

争端中出于各自的实际目的而说‘是’或者说‘不’的权力……有些未经组织的罢工和抵制外货……但即使在这些简单的情况下，也会有些知道自己想要什么的人比其他人行动得更迅速，他们会成为临时领袖。当领袖没有出现时，群众就会漫无目的地到处乱转，各怀心思茫然无措，或者听天由命袖手旁观，就像有一天 50 个人凑在一起观看一个人自杀。”[1]“滥用程序委员会导致了诸如公民创制权、公民复决、直接预选等各种各样的建议。但这些仅仅是把选举——或如 H. G. 威尔斯谨慎而准确的说法：选拔——弄得复杂化而延缓或者模糊了一部机器的需要。不管能够拉来多大规模的选票，都不会消除制造争端让选民去说‘是’或者‘不’这种需要，无论这个争端是一项议案还是一位候选人。”[2]

经济不平等是民主的另一个隐形杀手

现在让我们再回到前文的那个假设：如果一个团队的规模扩大到了 1000 万人，那么绝大多数的选民根本无法从生活中了解候选人的真实情况；要想做出选择，就必须严重依赖个人经验之外的其他信息来源，除了不可靠的道听途说，这种信息来源主要就是媒体。那么媒体是否是值得人们信任的呢？或者更直接地问一个问题，媒体是属于谁的？

媒体不是真空中的自然存在，不是上帝下属的天使团队，媒体有自己世俗的组织形式和所有权归属。截至目前，绝大多数的西方媒体依然都是以资本的方式组织起来的公司，因此毫无疑问，资本

〔1〕［美］沃尔特·李普曼：《公众舆论》，上海世纪出版集团 2006 年版，第 169 页。
〔2〕［美］沃尔特·李普曼：《公众舆论》，上海世纪出版集团 2006 年版，第 171 页。

的逻辑一定适用于这些媒体公司。安东尼·阿伯拉斯特不无忧虑地说:“自由讨论、自由选择和真正同意要求人们在社会理解等方面有一定的教育水平(不一定是正式教育),例如人们知道他们是说服和宣传的对象并因此能够抵制这些压力。但是这也要求对用于宣传和说服的资源进行一定分配,这种分配确保影响我们思维的权力大致能按照社会内部意见的分散程度而分布……在公共部门性质的广播之外,看看出版、电视和广播的目前所有权形式就很清楚。至少,在不列颠,通讯业是由一些拥有百万的所有者和一些大型联合公司所保持。结果没有一家国际性的日报或周末报始终支持比‘新’工党还更左的任何政治立场……只要百万富翁们,或他们的合伙伙伴们,是唯一能轻松拥有新闻报纸或电视公司的人,那将确定的是,媒体将不会准确反映所有的社会内部意见、观念和信仰或者使它们保持平衡,因而导致社会内部关于政治问题的争论不可能是一种正当平衡和公开的辩论。”[1]阿伯拉斯特的话已经触及到了一个十分关键而深刻的命题——“资本”,关于资本与政治的关系,我们将会在本书的第六章中认真讨论,这里就资本与媒体之间的关系略作分析。资本具有强大的能量,就像光经过具有巨大质量的黑洞附近时会被扭曲一样,任何靠近资本的事物都有可能遭到资本的异化。阿伯拉斯特说:“民选政府发现向大型私有公司的愿望弯腰是必需的,极大形塑公共意见的媒体能够被百万富翁们买来买去,被他们看作只不过是一些私有财产(当然情况也确实如此),这个事实证实了一个积极和有效的民主要和垄断性资本主义共存是多么地困难。对人民负责、追求与促进共同善的民选政府和完全只

〔1〕[英]安东尼·阿伯拉斯特:《民主》,吉林人民出版社2005年版,2005年版,第133页。

对它们的股东们(尽管那样经常只是名义上如此)负责的私有和私人控制的企业巨头两者之间的权力冲突变得一天比一天尖锐,一年比一年尖锐。在21世纪可能将会对民主的力量和活力提出最重要的考验。人民和企业之间的斗争将被定义21世纪的战争。如果企业赢了,自由主义民主将终结。捍卫弱者反抗强者的伟大社会民主制度——法律面前人人平等,代议制政府,民主责任制以及议会主权——将被倾覆。另一方面,如果企业影响公共生活的企图被击退的话,那么作为征服的结果,民主重新成为更强者。”“现在这些公司像孩子梦魇中的巨兽一样威胁性地压在民选政府头上。但是这不是梦魇,而是日常中的现实。最扰人心的是民选的负责任政府在范围和责任方面的收缩并没有被大多数民主政府自己所抵制。相反,他们似乎不再为了捍卫公共善以反对财阀权力的狭隘特定利益而进行古老的斗争……所有人都能看到,这些形式展示了包括民选地方政府在内的相对无权者对那些富有、自足的公司和企业的权力和慷慨逐渐增加了依赖性。这些不是民主性发展;它们是反民主的发展。”“随着非对民负责的‘私有’财团的活动急遽增加,以及所带来的日益威胁,创造和扩展民主仍旧是严肃的民主人士的中心任务。”〔1〕

在西方媒体已经把自己形塑成了“三权分立”之外的“第四权”的今天,除了一些最清醒的人,很少会有人(尤其是很少会有平民)去质疑媒体的公正性;似乎“媒体”天然就意味着“公开”,而“公开”天然就意味着“公正”。如果说讨论“信息不对称”问题只是对媒体的客观能力提出质疑,那么讨论媒体的“资本属性”则是对媒体的主

〔1〕[英]安东尼·阿伯拉斯特:《民主》,吉林人民出版社2005年版,第142、147、154页。

观意愿提出挑战。2011 年,西方媒体巨头默多克的新闻集团被爆出窃听丑闻,让普通人对西方主流媒体有了一点新的认识。西方主流媒体既不是李普曼所期望的独立专家组织或自我运作的社会记录系统,也不是受控于政府的国有企业或国有事业单位,而是一些受控于私人资本的跨国公司。有资料表明,在过去的十几年里,全球传媒市场的主要控制权掌握在7 家跨国公司的手中:迪斯尼、美国在线—时代华纳、索尼、新闻集团、维亚康姆、维旺迪和贝塔斯曼。此次爆出"窃听丑闻"的默多克的新闻集团是当今世界上规模最大的综合性传媒公司之一,净资产超过 400 亿美元。新闻集团在全球范围发行 175 种不同的报纸,包括英国的《泰晤士报》和《太阳报》、澳大利亚的《澳大利亚人报》、美国的《华尔街日报》和《纽约邮报》等。新闻集团还拥有美国的 FOX 电视网、英国天空电视台、亚洲 STAR、亚洲卫视等媒体的大量股份,在全球拥有 8500 多万卫星电视网用户。2010 年英国《新政客》杂志根据权力和对全球影响力大小评选出的全球 50 位最有影响力人物榜中,默多克排名第一位。[1] 新闻集团是默多克家族的,维亚康姆公司则是萨默·雷石东家族的。美国老牌电视网之一的哥伦比亚广播公司,覆盖全球几亿家庭的 MTV 电视网,以及覆盖 86% 美国收视家庭的联合派拉蒙电视网,都归属维亚康姆集团旗下;而贝塔斯曼集团实际上的唯一股东是摩恩家族。欧洲最大的电视广播公司 RTL 集团,全球最大的图书出版商兰登书屋,欧洲最大的杂志出版公司古纳雅尔,都归贝塔斯曼集团所有。此外,还有一批西方主流媒体在并购风潮中先后被大家族收入囊中。《纽约时报》和《国际先驱论坛报》归苏兹伯格家族控制的纽

---

〔1〕 凌言:"资本和权力操纵下的西方媒体",载《红旗文稿》2011 年 9 月 13 日版。

约时报公司所有,《华盛顿邮报》和《洛杉矶时报》分别由格雷厄姆家族和钱德勒家族掌握。全球四大通讯社之一的英国路透社,被汤姆逊家族企业兼并;英国老牌财经媒体《金融时报》和政经周刊《经济学人》,以及拥有欧洲最大电视网的培生电视集团,同属皮尔逊家族旗下的皮尔逊集团;英国另一份严肃大报《卫报》,则从1907年以来一直控制在斯科特家族手中。[1]

就像讨论安倍晋三的家世一样,讨论这种话题并不会让我兴奋,因为作为一介平民,我肯定不喜欢这样的真相,更不喜欢有人隐藏这样的真相。出于对资本和权力本质的了解,无须“默多克式”的窃听,我就完全可以推断出这种真相背后的一连串意义。虽然窃听丑闻的爆出,证明即便默多克这样的媒体巨鳄也做不到一手遮天,然而一个默多克一时不慎的“走光”不见得就可以反证这些默多克们从来就没有拿手去遮过天。至少我们知道,垄断(Monopoly)从来就不是单指独家垄断,少数寡头时而联合时而斗争的事实一点都不会改变这些寡头的垄断本质。即便这些媒体寡头无法长期联合行动,甚至即便联合行动也无法完全控制局面,但是在一个信息极不对称的现实世界里,他们的巨大存在必定会对精英和平民的民主生活产生巨大的影响力。媒体的帮助不一定总能够让某个特定的精英胜选,但是如果没有媒体的帮助,一个平民恐怕连圈子都挤不进去。关于这一点,人们只要重读一下马克·吐温的《竞选州长》就能够理解了。作为一篇以1868年纽约州长竞选为素材的政治讽刺小说,《竞选州长》当然少不了马克·吐温特有的漫画式夸张,然而小说描写的离奇情节却完全揭示出在信息不对称的情况下媒体究竟

〔1〕 郭纪:“西方媒体,1%掌管,为1%服务”,载《环球时报》2011年12月16日版。

是如何影响民主的。小说中的马克·吐温在被提名为纽约州州长候选人的时候,“我总觉得自己有超过这两位先生的显著的优点,那就是我的名声好”,甚至“一想到自己的名字得和这些人的名字混在一起到处传播,总有一股不安的浑浊潜流在我愉快的心情深处混搅”。可是一天早上当这位马克·吐温先生突然在报纸上看到自己被指控在交趾支那犯有伪证罪的时候,他的反应是“我不知道要怎么办才好,我简直要发疯了,却又毫无办法。那一天我什么事情也没做,就让日子白白溜过去了。”而在媒体的大嗓门面前是不存在什么“清者自清,浊者自浊”的君子之风的,因为“第二天早晨,这家报纸再没说别的什么,只有这么一句话:‘意味深长——大家都会注意到:吐温先生对交趾支那伪证案一事一直发人深省地保持缄默。’”接下来报纸的抹黑行动愈演愈烈,自信“生平没做过一件对不起人的事”的马克·吐温很快就变成了“伪证犯、小偷、拐尸犯、酒疯子、贿赂犯和讹诈犯”,最后居然有“9 个刚刚在学走路的包括各种不同肤色、穿着各种各样的破烂衣服的小孩,冲到一次民众大会的讲台上来,紧紧抱住我的双腿,叫我做爸爸”。完全崩溃的马克·吐温终于举手投降,退出竞选。现实世界的抹黑当然不会如此荒唐离谱,给从来没有去过交趾支那的人摊上交趾支那的事,现实世界的抹黑估计总是要搭点边的;但是从某种意义上说,搭点边的抹黑恐怕不是更道德,而是更阴险,因为对手的辩解将会变得更加困难。当然我在这里并不是想讨论抹黑与反抹黑的对立统一,而只想提出两个最简单的问题:抹黑与反抹黑是不是都需要借助媒体?借助媒体是不是都需要金钱?

只要这两个问题的答案是肯定的,那么媒体和资本在民主生活中的作用就昭然若揭了。完美的民主主义理论设想的是一个信息无所不在、选民无所不能的民主世界,在这个世界里的每位平民都拥有洞察一切的本领。然而很可惜,这样的世界还没有诞生,由于无可救药的信息不对称与无可奈何的经济不平等,这样的世界也许永远都不会诞生。平民有选票,精英有钞票。明白了这个道理,我们就会明白:为什么平民手握选票,却依然只是民主戏台下的看客,而台上的主角只能是由精英出演。有人说,群众的眼睛是雪亮的。这当然是对的,可是如果四周漆黑一片怎么办?这就叫作信息不对称;有人说,与其抱怨黑夜,不如燃起灯火。这当然也是对的,可是如果燃起灯火需要 money,持续不断地燃起灯火需要很多很多的 money 怎么办?这就叫做经济不平等。我们不妨设想一下,在信息不对称的一片黑暗之中,当资本的灯火突然照亮台上精英的时候,试问台下平民的视线应该往哪里看呢?而如果资本的灯火总是有选择地照亮一方的伟岸与另一方的丑陋时,试问台下平民又应该把票投给谁呢?平民两眼抹黑之日,精英上下其手之时,在一个一切按照金钱排序的物化世界里,资本就是力量。关于媒体与资本的关系其实还有更加严厉和更加直接的指控,比如 1943 年的普利策奖获得者厄普顿·辛克莱就认为媒体普遍收受了大财团的贿赂,他在《The Brass Check:A Study of American Journalism》中写道:"是你们这些人在编写、印刷和发行我们的报刊杂志,在你们的钱袋里,每个星期都能发现一份 Brass Check。Brass Check 是你们羞耻心的标价——你们把那么多真相拿到市场上去拍卖,你们背叛了人类贞洁的希望,把它抛进了财团的黑窟。"辛克莱是一位以揭露西方资本主义的丑恶见长的左翼作家,对于他的指控,李普曼在《公众舆论》中曾经为媒体辩解过几句。尽管没有什么直接证据可以帮助我进一步判断这两位普利策奖获得者的话究竟谁更接近于真实,不过说句老实话,在我的印象中,相比起在其他问题上的雄辩滔滔,李普曼的这几句辩解大概是《公众舆论》全书中最单薄的文字了。

认识到西方媒体的资本属性并敢于直言的人不多,认识到西方媒体的资本属性并敢于在政治生活中对其发出挑战的人更是凤毛麟角,新加坡的李光耀算是其中的一个。自1959年上台执政以后,人民行动党就一直在与西方媒体进行着较量。1977年,新加坡通过立法禁止任何人或受其任命者持有报章超过3%的普通股权,并且设立了一种称为管理股的特别股票。部长有权决定哪些股东能够获得管理股,并把报章的管理股分给本地四大银行。李光耀说:“西方制度容许富裕的报业巨子决定选民每天该阅读些什么,我却不吃那一套。”[1]1986年,新加坡政府连续对美国《时代》周刊和《亚洲华尔街日报》发出限制发行量的限制令,结果招来美国国务院“基于一贯秉持新闻自由的基本原则”的关注。李光耀不为所动,1987年又对美国的《亚洲新闻》和《远东经济评论》发出限制令。李光耀说:“报界声称他们是维护真理和言论自由的守卫者,我个人早年在新马两地的经验影响了我对这个问题的看法。新闻自由其实是报业主为谋求个人和阶级利益而鼓吹的自由。”[2]值得注意的是,李光耀之所以能有这样的底气来对抗西方媒体的“新闻自由”原则,一个十分重要的原因就是他认为自己获得了人民的授权。1971年6月在赫尔辛基召开的国际新闻学会常年大会上,李光耀面对众多挑战者发表演讲:“我不接受报章东主具有可以为所欲为,想登什么就登什么的权力。报章东主和属下的记者不像新加坡的部长,他们不是人民投选出来的。报章自由和新闻媒体的自由必须服从新加坡的首

〔1〕 李光耀:《李光耀回忆录》(下),世界书局2000年版,第222页。
〔2〕 李光耀:《李光耀回忆录》(下),世界书局2000年版,第217页。

要需求,也须服从民选政府的首要职责。”[1]李光耀说得对,这些资本逻辑下的媒体从来就没有获得人民的授权,事实上也不受控于人民,为什么就从来没有人怀疑过它们的立场?

---

〔1〕 李光耀:《李光耀回忆录》(下),世界书局2000年版,第221页。

CHAPTER 05 >>

第五章

精英与平民

民主是精英与平民的统一

出发的时候我就知道自己很可能触碰到了一个政治上“不正确”的命题,不管是对于西方而言还是对于中国而言。在一个“民主”、“群众”、“人民”的一元化时代研究“精英与平民”这样一个二元化命题,的确有点不合时宜。然而我之所以要在“民主”的研究中提出“精英”的命题,并不是出于对平民的轻视,恰恰相反,是出于对平民的真诚,或者更准确地说,是出于平民的自我保护。因为无须太多的历史知识就能够知道,在短暂的“民主”一元化时代来临之前,历史的钟摆的确曾在“精英”的一元化时代长期逗留过。倘若历史的钟摆终究无法在精英的一端永久逗留,那么凭什么我们就认为它可以在平民的一端永久逗留呢?平民有选票,精英有钞票,即便在一个平民投票的民主时代,只要信息的不对称没有消除,只要经济的不平等依然存在，只要民众的教育没有彻底完成，精英在政治生活中就依然有着巨大的生存空间。只不过相比起精英直接统治的时代，民主时代的精英往往是隐身的。因为简单的心理学知识告诉他们，除非小心翼翼地将自己精英的真实面目隐藏起来并披上一件平民的外衣，否则就休想得到平民的选票。1968 年李光耀曾经到美国哈佛大学进修，他在接触了许多美国精英之后颇有感触地说："我在哈佛接触了不少新观念，听取其他一些绝顶聪明，但是看法未必总是正确的人物的见解。他们过于讲求在政治上不要有失误。哈佛大学坚决维护自由的风气，对于不同种族、文化和宗教之间是否有着遗传性的内在差别，学者们都不愿意表态和加以承认。他们相信人类都是平等的，社会只需要有正确的经济政策和政府体制就能成功。他们太聪明了，教我很难相信这些他们必须义不容辞地去宣扬的观点，全也是他们发自内心的真诚想法。"[1]既然打定主意要隐身，当然就不会承认自己是精英，这就是西方精英的"政治正确性"。偏偏李光耀也是一个绝顶聪明的人，同时还是一个实事求是的人，西方精英的这种"政治正确性"糊弄得了别人，可糊弄不了他。公开出版的回忆录总是留有余地的，若是翻译成私下的谈话，前面那段文字的意思大概就是"这帮精英，装什么蒜！"

是啊，"装什么蒜"。关于精英的问题，李光耀就坚决不"装蒜"，为此他成绩斐然，同时也饱受争议。1983 年 8 月 14 日，李光耀在常年国庆群众大会上发表了一个出人意表的讲话并进行了电视直播，引发了一场著名的"婚嫁大辩论"。李光耀援用新加坡 1980 年人口普查数据指出，由于男性宁可娶个教育程度较低的妻子，新加坡最

---

〔1〕 李光耀：《李光耀回忆录》（下），世界书局 2000 年版，第 534 页。

聪明的女性大学毕业生中有将近2/3没有结婚。于是他“决定给新加坡的男性一记当头棒喝,使他们从愚昧、陈腐、具破坏性的偏见中醒悟过来”。李光耀引述了美国明尼苏达州对好多对双胞胎所做的一项研究的结果,认为“一个人性格习性的塑造,近80%是先天遗传的,大约20%则取决于后天的栽培。孩子的能力介于双亲之间,少数会超越或不及他们的父母。因此,大学毕业的男性娶教育水平较低的女性,等于没有充分制造让孩子能够升上大学的条件。我呼吁他们娶教育程度相等的女性为妻,也鼓励受过高等教育的女性生育两个或更多子女”,结果“报章舆论排山倒海般向我袭来,抨击我是精英主义者,因为我相信人的素质是遗传的,不受教育、饮食和培训等后天条件的影响。西方媒体对这场风波大肆报道,自由主义派的西方写作人和评论员藉此讽刺我无知,认为我满脑子成见”。我行我素的李光耀顶住压力,成立了社交发展署,推动男女大学毕业生之间的社交活动,又促请人民协会理事长成立社交促进组,以中学教育程度的男女为服务对象,居然也促成了不少姻缘。1984年,为了扭转高学历的女性生育率低的趋势,李光耀又决定让生育第三个孩子的大学毕业的母亲,在为所有的子女选择最好的学校时享有优先权。这一决定惹得内阁中由拉惹勒南率领的平等主义派勃然大怒。拉惹对“聪明父母必出聪明子女”的说法予以驳斥,认为“即使确实如此,也没有必要去伤害人家的自尊”。这场“婚嫁大辩论”可谓是互有胜负,李光耀自认为“已经唤醒人民,尤其是受大专教育的青年男女,把国家的处境毫不掩饰地摆在他们面前”,但是“既然这份特权使女性大学毕业生感到尴尬,我想还是取消比较好”,而且“内人芝事前就警告过我,教育水平只有O水准(剑桥普通教育证书普通水准)的女性人数远超过大学毕业的女性。这件事导致人民行动党在次年的选举中得票率下降12%，比我所预料的还要多”[1]。

新加坡人或熟悉新加坡的人没有不知道李光耀是个“精英主义者”的，李光耀本人似乎也没有很反感这顶褒贬不一的帽子。说起来，“精英主义”算是一顶很有点年头的帽子，早在古雅典的民主时代，柏拉图就旗帜鲜明地主张过“精英主义”了。在《理想国》中，柏拉图说：“一个按照自然建立起来的国家，其所以整个被说成是有智慧的，乃是由于它的人数最少的那个部分和这个部分中的最小一部分，这些领导着和统治着它的人们所具有的知识。并且，如所知道的，唯有这种知识才配称为智慧，而能够具有这种知识的人按照自然规律总是少数。”[2]在《政治家》中，柏拉图又说：“一个同样人数的城邦决不可能找到众多真正一流的跳棋选手，更无须妄论众多的国王了。”[3]“我们说过在一个城邦里，无论他们是谁，绝不会有众多的人能够获得政治的技艺或者能够明智地治理国家。因此，正确政府形式只能从少数人或个人的统治中发现，”[4]尽管古希腊以民主发源地闻名于后世，然而大多数最有名的雅典哲学家和作家都是民主的批评者和反对者，柏拉图则是其中最激进和最不宽容的一个。由于亲眼目睹了自己的老师苏格拉底被平民大会通过投票“民主”处死的惨剧，柏拉图对大众民主一直抱有一种深刻的怀疑。柏拉图的思想在现代的精英主义者那里得到了很大的继承，同时也在很大程度上被后者去道德化。现代精英理论的先驱者维尔弗雷多·帕累托在《精英的兴衰》中用最斩钉截铁的语言说道：“在历史上，除了偶尔的间断外，各民族始终是被精英统治着。我是按照词源的意思

[1] 李光耀：《李光耀回忆录》（下），世界书局2000年版，第156～162页。
[2] [古希腊]柏拉图：《理想国》，商务印书馆2002年版，第147页。
[3] [古希腊]柏拉图：《政治家》，云南人民出版社2004年版，第85页。
[4] [古希腊]柏拉图：《政治家》，云南人民出版社2004年版，第94页。

使用精英(elite)这个词的。精英是指最强有力、最生气勃勃和最精明能干的人，而无论是好人还是坏人。”[1]而另一位现代精英理论的先驱者加塔诺·莫斯卡则把精英直接称为“统治阶级”，认为即使在理论上主张应有多数人来统治少数人的民主政治中，事实上也是少数人统治多数人。在现实中，有组织的少数人服从单一的指令支配大多数无组织的人是不可避免的。[2]

实事求是地讲，尽管遭受到很多非议，精英主义理论依然具有十分强大的说服力，因为它的理论基础是直接奠基在高度差异化的社会事实之上的。只要这一社会事实根本存在，那么无论“民主”理论或“人民主权”理论如何慷慨激昂地批判精英主义，都无法将其彻底击败，就像精英主义也无法彻底击败民主主义一样。社会的高度差异化首先可以归因于天赋。人是生而平等的，人又是生而不同的，不承认“人与人的差异”就好像不承认“人与人的平等”一样愚蠢，而这二者之间的矛盾运动恰恰构成了社会变革的主要动力。勒庞说：“天赋不平等与民主平等之间的调和问题是当今时代最难解决的问题之一。我们知道民主渴望的是什么，现在就让我们来看一看自然是如何回应这些要求的……事实上，自然并不知道什么是平等，她从不均匀地赋予人们以天才、美貌、健康、活力、智力以及所有那些使一部分人比其他人优越的能力。没有什么理论能够改变这些差异，因此，民主的学说将只能停留在字面上，除非遗传的法则可以让人类在能力上首先整齐划一……自然不但不知道如何促进平等，而且，自创世以来，她始终借助连续的差异，也就是说，借助逐渐的不平等，来实现进步。恰恰是这些不平等才使得早期地质时代那

[1] [意]维尔弗雷多·帕累托：《精英的兴衰》，上海人民出版社2003年版，第13页。
[2] [意]加塔诺·莫斯卡：《统治阶级》，译林出版社2002年版，第100页。

些低微的细胞进化为高等生物，这些高等生物的出现改变了地球的面貌。同一种现象也发生在社会当中，那种从平民阶级中挑选优秀分子的民主形式，最终将导致知识贵族的产生……自然的法则虽然与平等理论互相矛盾，但却为现代社会的进步提供了条件。”〔1〕法国的勒庞是这么认为的，英国的柏克也是这么认为的。他在《法国革命论》中说：“阁下，请相信我，凡是企图使人平均的人，绝不会使人平等。在由各色公民所组成的一切社会里，某类公民必定是在最上层。因此，平均派只不过是改变和颠倒了事物的自然秩序而已；他们使社会的大厦不堪重负，因为他们把结构的坚固性所需要放在地上的东西置之于空中……在这一点上，你们认为自己是在向偏见进行斗争，但是你们却是在向自然开战。”〔2〕勒庞和柏克的话其实都是对着法国大革命说的，这种话也许只有经历过革命的人才能够真正听懂，当然也可以供那些不希望发生革命的人参考。世界上最稳固的建筑莫过于金字塔，这大概是埃及金字塔之所以能够稳居世界七大奇迹之首的主要原因。当柏克说“他们把结构的坚固性所需要放在地上的东西置之于空中”时，我猜想他的脑海中大概出现了一个用塔尖倒立的金字塔图像。

社会的高度差异化也许还可以归因于人性。天赋的不平等造就的只是起点的不公平，如果人的主观意愿是完全倾向于平等的话，那么人类社会也许会以结果的公平来修正起点的不公平。然而很遗憾，人类社会几千年的实践似乎不支持这样的观点。人首先是一种生命，生命就有生命的逻辑，那就是“物竞天择，适者生存，不适者淘汰”；人又不是一种简单的生命，因此与几乎完全服从生命逻辑

〔1〕［法］古斯塔夫·勒庞：《革命心理学》，广东人民出版社2012年版，第271页。
〔2〕［英］柏克：《法国革命论》，商务印书馆1998年版，第64页。

控制的其他生命本质不同的是,人天然就具有一种超越生命逻辑控制的倾向,这也正是为什么人类会创造出诸如“平等”、“正义”之类的形而上范畴的原因所在。然而超越生命不等于否定生命,超越是建立在尊重生命的基础之上的,也只能建立在尊重生命的基础之上,否则必定会受到自然法则的严厉惩罚。人类历史上所有强行平均化的努力最后没有不以失败收场的,充分证明人性之中“利己”与“求同”两端的矛盾对立是不能够轻易消除的。而正是由于主观端的这种矛盾对立,因此客观端的天赋不平等就很难得到完全的控制,从而会慢慢地制造出社会的差异化来。这种差异化是如此的普遍,两端的对立又是如此的激烈,以至于柏拉图说:“每个城邦,无论大小,实际都是两个彼此正在发生战争的城邦——穷人的城邦和富人的城邦。”[1]社会差异化是一把真正的双刃剑,人类社会既可以利用差异化来驱动生命的逻辑,从而用劳动和竞争创造出更多的物质财富,人类社会又不得不控制差异化来超越生命的逻辑,从而用爱和自觉生产出迥异于动物世界的精神财富。关于这个命题我们将在本书的第九章进行必要的讨论,此处先不赘述。

如果说社会的差异化是社会进化的必然逻辑结果,那么社会控制系统的自我形成同样也是社会进化的必然逻辑结果,这就是精英理论的另一个现实立足点。勒庞说:“只要有一些生物聚集在一起,不管是动物还是人,都会本能地让自己处在一个头领的统治之下。就人类的群体而言,所谓头领,有时不过是个小头目或煽风点火的人,但即使如此,他的作用也相当重要。他的意志是群体形成意见并取得一致的核心。他是各色人等形成组织的第一要素,他为他们

〔1〕［古希腊］柏拉图:《政治家》,云南人民出版社2004年版,第12页。

组成派别铺平了道路。一群人就像温顺的羊群,没了头羊就会不知所措。"[1]作为马基雅维利的忠实信徒,勒庞的话向来就有点刺耳,尤其是对那些富于宗教气质的人来说。不过李普曼的观点也大致如此,他说:"在立法和行政机构有了几年的处事经验后,任何人都不会看不到,统治这个世界的人是多么屈指可数……一边倒的胜利会关掉一部机器而开动起另一部;革命有时则是彻底捣毁一部机器。民主革命装配了两部轮流运转的机器,每一部都会有几年的时间从另一部犯下的错误中收获着利益。但机器从不会消失。没有哪个地方能够实现牧歌式的民主理论。"[2]在我看来,自动产生领袖大概是人类社会系统自我进化的一种本能,就好像生命具有进化出自己的控制系统的本能一样。只要是一个互动的人群,就是一个或简单或复杂的系统,而系统的进化必然会孕育出系统的控制中心。倘若人群只是偶然相聚,彼此的互动不足以构成系统,自然就不会有产生领袖的需要。这就好比火车站人头攒动,却只是一个偶然相聚的人群,他们之间没有产生领袖的需要。一旦由于火车误点而导致乘客与车站发生矛盾冲突,这些偶然相聚的人群就会转化为一个临时的社会系统,这时就一定会自动产生出临时的领袖,带领乘客与火车站进行交涉。一个临时的社会系统姑且需要自己的控制中心,一个正式的社会系统当然更需要自己的控制中心了,因此人们所能够观察到的所有社会都无一例外地拥有一个由少数人组成的社会控制中心,无论好与坏。而这恰恰印证了帕累托的那句名言:"在历史上,除了偶尔的间断外,各民族始终是被精英统治着。我是按照词源的意思使用精英(elite)这个词的。精英是指最强有力、最

〔1〕[法]古斯塔夫·勒庞:《乌合之众:大众心理研究》,中央编译出版社2005年版,第96页。
〔2〕[美]沃尔特·李普曼:《公众舆论》,上海世纪出版集团2006年版,第168页。

生气勃勃和最精明能干的人，而无论是好人还是坏人。”从这个意义上说，精英理论恰好与系统论形成了一定的交集，甚至可以说就是奠基于系统论的科学基础之上，难怪这么多年来精英理论在民主理论的猛烈批判之下依然能够言之凿凿，屹立不倒。

然而与系统论的部分耦合并不能让精英理论获得全部的科学内涵，因为科学的系统论绝不仅仅只有控制中心问题。除了需要进化出自己的控制中心之外，一个真正的系统还应该是一个命运共同体，控制中心与系统要素之间应该是一种同生共死、休戚与共的关系。表面上看，控制中心似乎要高于其他系统要素，事实上二者之间根本就不存在高低贵贱之分。这就好比人的大脑可以指挥手脚，却不会去奴役手脚一样，因为大脑和手脚完全属于一个命运共同体。手脚要是出了毛病，大脑愁都愁死了，哪会在一旁幸灾乐祸、得意洋洋？早在古希腊时代，柏拉图就在《理想国》中表达过这种系统论观点了。他说：“对于一个国家来讲，还有什么比闹分裂化一为多更恶的吗？还有什么比讲团结化多为一更善的吗？当一个国家最最像一个人的时候，它是管理得最好的国家。比如像我们中间某一个人的手指受伤了，整个身心作为一个人的有机体，在统一指挥下，对一部分所感受的痛苦，浑身都感觉到了，这就是我们说这个在手指部分有痛苦了。这个道理同样可应用到一个人的其他部分，说一个人感到痛苦或感到快乐。”〔1〕

我不认为现代精英主义理论能够经得起系统论的科学盘问。当马基雅维利和他的信徒们将苏格拉底和柏拉图的古典精英理论去道德化的那一刻起，精英主义理论就注定了残缺的命运。无论精

〔1〕［古希腊］柏拉图：《理想国》，商务印书馆2002年版，第197页。

英主义如何为自己辩解，这种道德上的残缺都有将人类社会降低到动物世界层次的危险，因为精英主义的确只让我们看到了精英对平民的优越和胜利，却没有让我们看到精英对平民的责任和情感。写了半天的文字，现在终于可以正面表达我的立场、观点和方法了。没错，我的立场就是“命运共同体”，我的观点就是“精英与平民的统一”，我的方法就是“系统论”。从这样的立场、观点和方法出发来观察社会，我们的确可以理解精英与平民之间的差异与分野，因为系统要素之间的层次性和差异性乃是一个高级系统的本质之一，一个有机系统必定要拥有自己的控制中心，就好像一个人必定要有大脑和手脚的分工一样。从这个意义上说，观察到所谓精英“统治”平民的社会现实其实是一件十分正常的事情，若非如此才不正常。如果民主主义将“平等”简单地理解为“绝对均等”，将“民主”简单地理解为“多数人统治”的话，反而成了一种反科学的观点，某种意义上还不如精英主义来的实事求是；然而从这样的立场、观点和方法出发，我们同样可以发现，精英主义只沉溺于社会的差异化现实，有意地抽空了社会系统的道德内涵，将精英与平民的差异简单理解成了精英对平民的征服和统治，而没有自觉地诠释精英与平民之间不可分割的共同命运，因此同样也是一种反科学的观点，是必须予以批判的。

从马基雅维利开始，精英主义者就是一群冷静而偏执的社会观察者。因为冷静，所以他们观察到了精英与平民的永恒对立，观察到了一个金字塔无论如何颠倒，终究都会像不倒翁一样地恢复常态；然而因为偏执，所以他们终究没能发现精英与平民的永恒统一，没有发现精英与平民无论如何对立，终究都是身处同一个命运共同体之中。与之恰恰相反的是，从启蒙运动开始，民主主义者就有走向另外一个极端的倾向。他们观察到了平民在民主政治中的巨大力量,却有意无意地忽略了一个精英阶层的顽强存在,他们以为民主时代的来临就意味着平民对精英的最后胜利,也没有意识到平民与精英终究是一个不可分割的命运共同体。从这个意义上说,尽管观察的角度不同,所持的立场不同,然而精英主义者和民主主义者所犯的错误却是共同的,那就是二者都没有意识到一个社会的精英与平民其实都是这个社会命运共同体的有机组成部分。这个命运共同体需要他们分工,却不希望他们分家,更不希望他们相互对抗和相互厮杀;就像一个人绝不希望自己的大脑想方设法去奴役自己的手脚,而自己的手脚想方设法去攻击自己的大脑一样。人生不过生与死,社会不过分与合。我不知道人类究竟需要多长时间,付出多少代价,才能够最终明白一个看上去可分的社会终究是一个休戚与共的不可分的命运共同体,就像明白莱布尼茨所主张的那一对哲学范畴——“连续性”与“不可分的点”——之间的矛盾关系一样。作为一个生命共同体,上帝已经为每个人进化出了一副牵一发而动全身的感知系统,肌体的每一处伤痛都会如此直接和清晰地投射到大脑之中。然而作为一个社会共同体,我不知道上帝什么时候才能够为这个社会进化出这样的一副感知系统,通过我们的制度,通过我们的自觉,通过我们的爱。同样是一个系统,生命系统至少进化了几十亿年,因此已经达到相当高级的层面,而社会系统的进化满打满算才进行了几百万年,与高级生命系统相比还处于相当低级的层面。我不能肯定这样的进化究竟还需要多久;我唯一能够肯定的是,一个社会的确是一个有机的系统,尽管还在蹒跚学步,但是它注定会朝着高级生命系统的方向进行一场不可逆的进化运动。早一天明白这个道理,人类就能够早一天摆脱自我折腾的命运。

正是由于每个人都被局限于自我的生命体验，不能完全理解自己与他人其实同属一个命运共同体的真实处境，因此精英与精英之间、平民与平民之间、精英与平民之间的疏离、对立和斗争几乎贯穿了整个人类历史。平民与平民之间的矛盾是普遍而琐碎的，因此政治矛盾主要是在精英与精英之间以及精英与平民之间展开。而与欧洲封建体制下贵族精英之间产生了诸多横向矛盾不大一样的是，中国社会由于早早就建立起了大一统体制，因此精英与平民之间的纵向矛盾才是中国社会的主要矛盾，如何调整精英与平民之间的纵向关系自然也就成为中国社会的主要命题。

如果用形象的语言来表达，那么精英与平民的关系大概可以比作“器”与“水”的关系：平民若水，精英乃器；器为水生，水从器范。精英与平民的关系大概还可以比作“舟”与“水”的关系：平民若水，精英如舟；水可载舟，亦可覆舟。把精英比作“器”是有传统的，比如中国人常常会说“大器晚成”；把精英比作“舟”也是有传统的，比如李世民就告诫过“水能覆舟”。而不管是把精英比作“器”还是比作“舟”，我都把平民比作了“水”。这的确是一个十分耐人寻味的意象：为什么在我的心目中平民会如“水”一般呢？水究竟让我想到什么？上善若水？水善利万物而不争？处众人之所恶，故几于道矣？居善地，心善渊？天下莫柔弱于水，而攻坚强者莫之能先？水是生命之源？水如平镜，一如平民？水无常形，器形即水形？水火无情？水至清则无鱼？还有，水很深？埃里克·霍弗说，群众的脸就像“大海的脸”(the face of deep)。[1] 他的这一提法很显然是从《创世纪》中得到启发的，因为《圣经》说：“渊面黑暗，神的灵运行在水面上。”

---

〔1〕［美］埃里克·霍弗：《狂热分子》，广西师范大学出版社2011年版，第118页。

如果用抽象的语言来表达,精英与平民之间就是一种对立统一的关系。民主不单属于精英,也不单属于平民,精英与平民都是民主的重要参与者,民主的本质就是精英与平民的统一。既然民主并不意味着平民替代精英成为政治舞台的主角,那么平民在民主生活中所能够发挥的主要作用大概就是创造出一个倒逼机制,倒逼精英为平民服务。无论是西方的选举民主,还是本书第三章所构想的信任民主,其实都是这样的一种倒逼机制。许多人常把平民等同于人民,把精英对立于人民,其实精英与平民都是人民,除了那些自绝于人民的人。在我的理解中,真正的精英应当是人民培养出来的最有能力和最具情怀的优秀儿女。就好像儿女是父母最宝贵的财富一样,这种真正的精英也是一个社会最为宝贵的财富,一个社会又怎能将他们视若寇仇,哪怕是以民主的名义?就像勒庞所说的那样,"民主理论引发的种种后果日趋显现,尤其是人们对优越者的普遍仇恨。任何人在社会财富或智力上只要一超出了一般人的水平,就会招来嫉恨……从来没有出现过这么多贬低著名人物丰功伟绩的书籍,哪怕这些人曾经被视为我们这个国家最可宝贵的财富"[1]。然而,倘若精英自己不争气,将平民视若草芥,不是利用自己的优势能力为平民服务,而是利用自己的优势地位来欺压平民,以百姓为刍狗,那么平民对精英就没有理由不仇恨,没有理由不颠覆,即便注定玉石俱焚也在所不惜。这就是革命的逻辑,王朝周期律的悲剧。从这个意义上说,帕累托的那句断言"精英是指最强有力、最生气勃勃和最精明能干的人,而无论是好人还是坏人"是极其错误的,一个社会所需要的精英尤其是政治精英必须是赋予了道德内涵的真正

〔1〕[法]古斯塔夫·勒庞:《革命心理学》,广东人民出版社2012年版,第278页。

精英，他们既是最强有力、最生机勃勃和最精明能干的，又必须是最有道德、最热爱人民和最甘于奉献的。最强有力的力量必须掌握在最忠诚的人手中，这个道理对军队是适用的，对精英同样是适用的。抽空了道德内涵的精英不是我们所需要的真正的精英，而是伪精英，因为至少在与平民的关系问题上，他们将自己降低到了食肉动物的层面。

关于伪精英的问题我们下面再谈，现在的问题是，除了道德自觉，还有什么办法可以让精英为平民服务呢？2012 年夏天，我到新加坡进行官方访问。在一次参观考察中，新加坡外交部的一位陪同人员看我若有所思，就问我在想什么问题。我回答说自己正在思考精英与平民的关系问题，接着我反问这位陪同人员："新加坡是不是特别强调精英治国？"她悻悻地答道："是啊，他们最喜欢精英了。"我感受到了她的那种沮丧，就说："在中国，精英可是一个敏感话题呢。"没想到她突然睁大眼睛很惊讶地看着我说："可是，的确是有精英的呀！一个社会怎么能没有精英呢！"原来如此，果然如此，新加坡人看来还是认同精英的，即便自己只是一介平民，甚至私下颇有微词。第二天，我把这个不是问题的问题带到了新加坡总理公署部长傅海燕女士面前，向她求证。我问："李光耀先生特别强调精英治国，可是在西方和中国，精英似乎从来就不是一个政治上正确的话题，你是怎么看待这个问题呢？"傅海燕部长简短而精准的回答完全展示出了一位新加坡精英的实力，她说："西方社会的确不太谈论精英问题，但是新加坡是一个小国，不像中美这样的大国，人才济济，新加坡只有把最优秀的人才全部选拔出来，才能够与其他国家竞争，因此新加坡十分注重精英的培养与选拔。然而你只要看看议员们在选区接待选民就知道了，由于民主选举制度的存在，这些精英又是与人民群众在一起的,新加坡的精英是为人民群众服务的。”原来如此,果然如此,新加坡的平民之所以还认同精英,是因为精英为平民服务;而新加坡的精英之所以会为平民服务,是因为民主制度的倒逼。看来精英的自觉与平民的倒逼的确是新加坡社会的两翼。在这样的社会里,精英不需要劳心费神地隐身和伪装,不需要利用信息不对称来表演和哄骗,也不需要借助经济不平等来收买和抹黑;在这样的社会里,平民不需要劳心费神地猜疑和对抗,不需要时时担心精英会骑到自己头上,也不需要天天琢磨着如何将巨人变成矮子。在这样的社会里,精英最需要做的就是不断地磨砺自己的自觉,提高自己的能力,在全心全意为人民服务中建功立业,实现人生的价值;在这样的社会里,平民最需要做的就是认准那些最自觉最有能力的精英,然后充分地授权和信任他们,定期地制约和倒逼他们,让他们全心全意为人民服务。没有精英的自觉,再好的平民倒逼也只是猫捉老鼠的零和游戏;没有平民的倒逼,再好的精英自觉也难逃褪色和堕落的宿命。对于一个社会来说,只有“自觉”与“倒逼”得到真正意义上的统一,精英与平民才有可能得到真正意义上的统一。

伪精英与伪平民

有产品,就有假冒伪劣产品,有精英,就有伪精英。在帕累托的眼里,精英只有上升的精英与衰落的精英之分,没有好精英与坏精英之分,然而在我的眼里,精英当然有好精英与坏精英之分。无论帕累托如何摆出一副铁口断言的模样,我都不会放弃对精英的道德判断,因为我压根就不相信缺失了道德判断的人类社会与动物世界相比能有什么本质上的区别。在这个问题上,帕累托们再言之凿凿也没有用,我也会使用勒庞所说的“断言法”、“重复法”和“传染法”

来对付他们。在我的心目中,一个社会的政治精英必须接受最严厉的道德评判。这种最严厉的道德评判并不是指在行为层面上进行吹毛求疵的道德挑剔,而是指精英的内心必须具备最深切的平民情怀,简单说就是必须全心全意为人民服务。在私权的场域,所谓的精英是否需要德才兼备也许我们管不着,然而在公权的场域,所谓的精英必须德才兼备,以德为先。因为我们不需要,更不愿意让一个对我们没有感情的人来统治我们。在道德维度上,没有任何证据证明能力更强的"精英"会比能力一般的"平民"更加高尚,在执掌公器的公共领域,不管能力有多强,智商有多高,缺失了道德内涵的精英都不是真正的精英,而是伪精英。

我见识过两种类型的伪精英,一种姑且称之为"丑恶的伪精英",另一种不妨称之为"平庸的伪精英"。所谓丑恶的伪精英,大概更接近于"坏精英"的意思。正如柏拉图所说,"对牧羊人来说,人世上最可怕、最可耻的事情实在莫过于把那些帮助他们管羊群的猎犬饲养成这个样子:它们或因放纵或因饥饿或因别的坏脾气,反而去打击和伤害所保管的羊群,它们倒像是豺狼而不像是猎犬了"[1]。很多思想家似乎都习惯于把丑恶的伪精英比作豺狼。托克维尔也说:"我在自己的周围不知看到了多少夸耀自己的美德以求得一官半职,而后大失所望的人!他们之所以失望,是因为他们一生的最好时光是在批判他人的恶性中度过的,而自己却很少由此捞到好处,但又幻想去滥用自己的恶行。他们当中的大部分人,在这种长期未能满足欲望的生活中,使追求地位、名誉和金钱的欲望变得更大,以致一遇到机会,就自然像饿狼捕食那样投靠政权,而不考虑选

〔1〕［古希腊］柏拉图:《理想国》,商务印书馆2002年版,第129页。

择什么样的时机和能得到多少猎物。”[1]将权力当做美食而趋之若鹜,是所有丑恶的伪精英的共同特质。一个社会如果纵容这样的伪精英上台,就是将人类社会降低到动物世界的层次,将平民置身于弱肉强食的危险之中,为大脑奴役手脚进而手脚反击大脑打开大门。而在成长为豺狼之前,这种伪精英往往又被称为“小人”。当人们提到“小人”的时候,其实不是指某人能力不行,而是指这人道德败坏。这种伪精英的成长路径是有迹可循的,就像柏拉图所说的,“这种人掌权之前的私人生活不是如此吗:他们起初和一些随时准备为之帮闲的阿谀逢迎之徒为伍;而如果他们自己有求于人的话,他们也会奉迎拍马低三下四地表白自己的友谊,虽然一旦目的达到,他们又会另唱一个调门……他们不是别人的主人便是别人的奴仆”[2]。丑恶的伪精英往往有着十分强烈的权力欲,为了攫取权力可以不择手段,一旦攫取权力便尽可能地满足私欲。在我们的生活中,这样的人可谓随处可见。

除了丑恶的伪精英,还有一种平庸的伪精英。与丑恶相比,平庸往往具有更大的隐蔽性和欺骗性,尤其在中国。也许有人会认为中国人本来就信奉“不偏不倚,中庸之道”,因此平庸算不上什么罪过,相反就应该这种人当领导。其实这是对“中庸”的巨大误读,中庸不是平庸,一字之差,相去万里。中庸的特点是“中”,平庸的特点是“平”;中庸是指不同主张之间的平衡,绝不意味着中庸者是能力平庸的庸碌之辈。一个社会真正的左翼和右翼往往都是十分卓越的,因此有能力调和鼎鼐的中庸者必定也是十分卓越的。试想一下,当左右两端相反的力量十分强大的时候,中间相成的力量如果

[1] [法]托克维尔:《托克维尔回忆录》,商务印书馆2010年版,第131页。
[2] [古希腊]柏拉图:《理想国》,商务印书馆2002年版,第359页。

不够强大,必定会让这个社会陷入断裂之中,而一个能力平庸的人又如何当此重任?人生不过生与死,社会不过分与合,生死之间是信仰,分合之中见平衡。中国社会的右翼倾向于“分”,左翼倾向于“合”,中庸则是分与合之间的相对平衡,这是一种最卓越的智慧和最高深的技艺,怎会是平庸呢?孔子提倡“中庸之道”,后人居然解读为“平庸当道”,真是让圣人情何以堪。我不知道那些把中庸当成平庸的人能否回答得了一个问题:孔子平庸吗?

话说回来,其实平庸本身并不可耻,一个人完全有权力选择平庸的生活。只要是能力与抱负相互匹配,权力与责任相互对应,追求卓越与守持平庸都是一种贴切的生活方式。年届不惑的人能够接受任何一种正常的生命状态,不管他有多么高尚或者多么卑微,然而只要还没有麻木,再“不惑”的人也很难接受另一种状态,那就是“错位”。平庸本身并不可耻,然而如果平庸之辈自以为卓越,野心勃勃,而一个体制居然又让他们屡屡占据精英的位置,那才是真正可耻的。柏拉图说:“如果一个人天生是一个手艺人或者一个生意人,但是由于有财富或者能够控制选举、或者身强力壮、或者有其他这类的有利条件而又受到蛊惑怂恿,企图爬上军人等级,或者一个军人企图爬上他们不配的立法者和护国者等级,或者这几种人相互交换工具和地位,或者同一个人同时执行所有这些职务,我看你也会觉得这种交换和干涉会意味着国家的毁灭吧。”[1]与丑恶的伪精英相比,这种伪精英的破坏力不在于“圣人不仁,以百姓为刍狗”,而在于“武大郎开店,高我者不用”。平庸上台之日,卓越出局之时。平庸的伪精英一旦上台,自我心理上的虚弱必然会导致他压制真正

〔1〕［古希腊］柏拉图:《理想国》,商务印书馆2002年版,第156页。

的精英。在《理想国》中,柏拉图用形象的语言描绘了一帮夺取船只控制权的庸碌之辈是如何排斥真正的航海家的:“他们围住船长强求他,甚至不择手段地骗他把舵交给自己;有时他们失败了,别人被船长同意代为指挥,他们就杀死别人或把别人逐出船去,然后用麻醉药或酒之类东西把高贵的船长困住;他们夺得了船只的领导权,于是尽出船上库存,吃喝玩乐,他们就照自己希望的这么航行着。不仅如此,凡是曾经参与阴谋,狡猾地帮助过他们从船长手里夺取权力的人,不论是出过主意的还是出过力的,都被授以航海家、领航、船老大等荣誉称号,对不同伙的人,他们就骂是废物……在发生过这种变故之后的船上,一个真正的航海家在这些篡了权的水手中会被怎样看待呢?他们不会把他叫做唠叨鬼、看星迷或大废物吗?”[1]在今天我们的生活中,这样的场景真可谓不知凡几。

平庸的伪精英在中国的金字塔体制下为害尤烈。中国自古以来就讲究“以吏为师”,也就是假定领导的能力是整个金字塔的最高水平,然后向下依次递减。打个不恰当的比喻,假定顶层领导的水平为1,那么次级领导的水平最多只能是0.8,依此类推。倘若金字塔的层级过多,那么逐级递减的结果就是最基层的工作人员的水平很可能只剩下0.1了。这些人的真实水平当然不止于此,然而在金字塔的逻辑结构中,他们要么主动把自己打扮成0.1,要么被削减资源下降为0.1。而这还不是最糟糕的,最糟糕的是:如果顶层领导的水平直接就是0.1怎么办?生活中有许多令人郁闷的事,其中最令人郁闷的大概就是一个水平为1的下属遇到了一个水平为0.1的顶头上司了。古人云:“千里马常有,而伯乐不常有。”其实从发现人才

---

〔1〕[古希腊]柏拉图:《理想国》,商务印书馆2002年版,第235页。

和提拔人才的角度看,每个领导理论上都应该承担伯乐的职责,中国人之所以感叹“伯乐不常有”,原因又会是什么呢?有没有可能是因为许多领导岗位事实上已经被大量0.1水平的平庸之辈占据了呢?很多时候千里马不是输给了劣马,而是输给了这些“伪伯乐”的狭隘和自私。在这种伪精英的主持之下,想要提拔一匹劣马,有时只需要一个理由就够了,想要淘汰一匹千里马,大概也只需要一个理由就够了,而一个理由总是很好找的。劣马上位,自然也是平庸的伪精英。一旦这种伪精英的近亲繁殖在体制中形成气候,平庸压倒卓越,最可怕的逆淘汰就会开始,这个体制将会以加速度向下堕落。古人有言,“从善如登,从恶如崩”。“登”从精英的追求卓越开始,“崩”从伪精英的平庸狭隘开始。

其实伯乐与千里马的关系不全然是能力之间的关系,能够认识千里马固然是一种能力,但是如果没有爱惜千里马的精神和提拔千里马的胸怀,照样成不了伯乐。平庸的伪精英不仅仅是能力平庸,精神上同样也是平庸的,他的致命之处不在于没有能力提前发现千里马,而在于千里马都已经脱颖而出多年,却依然想方设法地予以压制和摧残。在这个百舸争流的时代里,千里马不求提前被发现,只求脱颖而出之后不被压制,这考验的不是伯乐的能力,而是伯乐的胸怀。千里马常有,所以只要有足够的胸怀,就会是一个好伯乐,事业的发展就会有保证,因为有的是千里马可以干活。从这个意义上就能够理解为什么在选人用人方面,我们的标准会是“德才兼备,以德为先”了。柏拉图曾说:“正义者不要求胜过同类,而要求胜过异类。至于不正义则对同类异类都要求胜过。”[1]真正的有德之士,

---

〔1〕［古希腊］柏拉图:《理想国》,商务印书馆2002年版,第34页。

心中装的是一个国家，一个天下。征程漫漫，孤身行难，倘若途中遇见战友，自然惺惺相惜，又怎会一直纠缠于彼此的高下？大敌当前却把枪口对准战友的，本来就不是一名真正的战士。嫉贤妒能，定有一方德行亏欠，至少是大德有失。崇高的理想可以凝聚众多杰出的精英共同为之奋斗，道理也在这里。真正的精英心里装的东西往往很大很大，大过了他的领导，因此这种人看上去人格十分独立，不愿意阿谀奉承别人。而小人心里装的往往就是自己的利益，这东西可以从权力那里获得，因此小人必然紧贴权力，而且姿态很低，以便承接利益。然而不要害怕那些人格独立的君子，反而要警惕这些趋炎附势的小人。后者的人格如同随意摆动的钟摆，它能在权力的吸引下摆向一个极端，就一定会在这种权力衰竭时报复性地摆向另一端，从而疏离乃至于反噬过去的主人。而那些人格独立的君子，尽管不会趋炎附势，却有着强大的精神定力，其立场和人格都是稳定的。当报复性运动来临之时，君子往往是失势者最安全的庇护所。在法国二月革命的跌宕起伏中，具有独立人格的托克维尔最后成了各方势力最信任的人，其道理也在这里。

有伪精英，就有伪平民。也许有人会问：都平民了，怎么还有假的？名牌产品有人假冒，普通产品怎么也有人假冒？问这话的人肯定不知道自己吃过地沟油。再普通的产品都会有人假冒，只要有利可图就行了。生活中的普通产品有两种假冒法，一种比较常见，那就是没有任何底线的极劣质产品，比如说地沟油、毒奶粉；另一种比较隐秘，那就是低调的奢华，比如说用矿泉水瓶装茅台酒喝[1]。相对应的，政治生活中的伪平民也有两种类型，一种是丑恶的伪平民，

〔1〕“新华网评：用矿泉水瓶偷喝茅台，蒙谁呢？”，载新华网2013年3月28日，http://news.xinhuanet.com/comments/2013-03/28/c_115186577.htm。

另一种是伪善的伪平民。既然本书倾向于正面解读“精英”这个词，自然也应该正面解读“平民”这个词。在我的理解中，平民的“平”不仅体现在顶部，更要体现在底部。换句话说，平民也要有底线，法治的底线，道德的底线。作为一个群体，平民只有与那些没有任何底线的流氓划清界限，才会赢得别人对这个称呼的尊重。即便身为一介平民，也应有最起码的自我要求，切不可自我放纵，最后把“我是平民无所谓”变成了“我是流氓我怕谁”。爱国主义不应该成为流氓的最后庇护所，平民同样不应该成为流氓的最后藏身地。不管是在经济生活中，还是在政治生活中，没有底线的流氓都不是真正的平民，而是丑恶的伪平民。在马克思那里，流氓无产者与无产阶级从来都是区分开来的，在我这里，流氓与平民当然也不可随便混同。

除了丑恶的伪平民，还有一种伪善的伪平民。明明是茅台酒，却要装在矿泉水瓶里；明明是个精英，却要伪装成平民。把茅台酒装在矿泉水瓶里是为了掩人耳目，最后既博得了群众的认同又获得了高档的享受；而精英披上平民的外衣自然也是为了掩人耳目，其目的大抵上也是为了从中谋得沽名钓誉的利益罢。把茅台酒装在矿泉水瓶里据说发生在庙堂之高，给精英披上平民的外衣却有可能发生在江湖之远。那些认为庙堂里全是精英，江湖中尽是平民的人一定没有看过金庸的武侠小说。金庸先生从来就不认为高手全在六扇门，只不过六扇门的高手出场时排场总是很大，而民间高手出场时往往爱装孙子罢了。几年前曾看到过一本书，书名恕不明示，大意是说“平民才是最牛的”。不过封面的设计颇可笑，因为整个封面几乎全是作者的大幅照片，上书几个斗大的字，却是作者的大名，而书名是一行极小的字，极不起眼地跟在作者的大名后面，活像一个精英的大脑袋拖了一条平民的小尾巴。由于反差实在太过剧烈，若不惮以恶意揣测，至少在此书的编辑看来，那平民再牛恐怕也是牛不过作者的。如今中国或自诩或被封的民间意见领袖真是不知凡几，在自媒体的时代里呼风唤雨，消费体制。我相信其中总有一些深具平民情怀的真正精英，不过在这里还是想与大家分享一下帕累托的一段话："新的精英力图取代旧的精英，或仅仅想分享后者的权力和荣耀。但是，他们并不公开坦诚地承认这种意图。相反，他们充当一切被压迫者的领袖，宣称他们所追求的不是自己的私利，而是许多人的利益；他们所为之战斗的不是一个有限阶级的权利，而是绝大多数公民的权利。当然，一旦赢得胜利，他们就镇压昔日的盟友，在最好的情况下，也不过对后者做一些表面的让步。"[1]精英主义者的话总是如此犀利而不留情面，然而关于这一点的确也有无数的历史事实可供佐证。就今天而言，我不相信所有的精英都是如此，但我相信必有精英就是如此。这种人看上去是在为民请命，其实是在"挟天子以令诸侯"，看上去是在消费体制，其实到头来还是在消费平民。这种伪善的精英常常以平民自居，到头来却是一个随时准备踩着平民上位的伪善的伪平民。这种人多数未曾经历一番痛苦的自觉，也未曾痛饮过权力的甘醇，一旦他们博得权力，难保不会以极快的速度投入权力的怀抱之中，将平民踩在自己的脚下。由于中外历史上这样的人实在是太多太多，所以我们不得不有所防范。埃里克·霍弗说："不管一个抨击当局的言辞人，多么相信自己是为被压迫者和受害者仗义执言的斗士，他的动机十之八九都是私人和个人性的。他悲天悯人的态度通常都出于对当权者的憎恶。罗素说过：'只有极少数和极例外的人会具有对全人类的爱，以致无

---

〔1〕［意］维尔弗雷多·帕累托：《精英的兴衰》，上海人民出版社2003年版，第14页。

法忍受大众的不幸和痛苦——不管这种痛苦跟他有没有切身关系。'梭罗以夸张的言辞道出同一个事实:'我相信,让一个改革家——哪怕他是上帝最神圣的儿子——如此悲伤的,不是同胞的苦难,而是他的私人隐痛。要是这种隐痛被拿掉……他就会道歉都不说一声就抛弃他的同志。'"[1]霍弗们的话虽然有点难听,断言似乎也过于绝对,不过的确可以供那些有志于或者宣称自己有志于为人民服务的精英参考,有则改之,无则加勉。

一个理想的社会应该是真正的精英与真正的平民之间的良性互动,而一个糟糕的社会则充斥着伪精英与伪平民之间的扭曲互动。在《理想国》中,柏拉图就用形象的语言描绘过这种扭曲互动:"有一班懒惰而浪费之徒,其中强悍者为首,较弱者附从。我把他们比作雄蜂,把为首的比作有刺的雄蜂,把附从的比作无刺的雄蜂。……这两类人一旦在城邦里出现,便要造成混乱……在民主国家里比在寡头国家里更为强暴……在寡头社会里这部分人是被藐视的,不掌权的,因此缺少锻炼,缺少力量。在民主社会里这部分人是处于主宰地位的,很少例外。其中最强悍的部分,演说的办事的都是他们。其余的坐在讲坛后面,熙熙攘攘、嘁嘁喳喳地抢了讲话,不让人家开口。因此在民主国家里一切(除了少数例外)都掌握在他们手里。"[2]在 1848 年法国二月革命中,托克维尔亲身体会到了这种令人作呕的扭曲互动:"我对这次圣洛之行想起的唯一一件事,是那些原来的保守分子的奴隶般的卑躬屈节。他们不仅不反对 10 年来被他们那样侮辱的阿文,而且对他大加阿谀逢迎。他们用话语赞美他,以投票证实他公正,以行动拍他马屁。他们美言他,甚至他

[1] [美]埃里克·霍弗:《狂热分子》,广西师范大学出版社 2011 年版,第 167 页。
[2] [古希腊]柏拉图:《理想国》,商务印书馆 2002 年版,第 342 ~343 页。

们之间也害怕失言。我经常看到人的卑躬屈节的光怪陆离场面,但从来没有见过如此叹为观止的场面……在数月之后,这位被民众掀起的巨浪推上权力宝座的阿文,很快又被民众以暴力,有时是以闻所未闻的虐待进行追究。以前所有的旧恨,再现于民众最近由于恐惧而产生的战栗之中,并随着他们回忆对他的阿谀逢迎而更加增强。”“我到他那里,一般都见到他被投靠者所包围。要知道,在法国,这样的政治乞丐在任何体制下都有,甚至被反对这种钻营拍马的革命所助长,因为所有的革命都要有一定数量的人没落,而在我们中间,一个没落的人只有依靠国家才能复出。在这群乞丐中有各式各样的人,被沾了一点与拉马丁的友谊的光的香浦以权谋私而拉了进来。我想起其中有一位厨师。我当时觉得这个人的手艺并不高明,但他说他一定要为当上共和国总统的拉马丁服务。香浦对他大声喊道:‘但他还不是总统!’这个人回答说:‘虽然像你所说他还不是总统,但他即将当上总统,而且应当早点儿考虑自己的厨师问题。’为了安抚这个只能当个帮厨的人的执拗的野心,香浦答应他说,一旦拉马丁当上总统,他的名字一定会被拉马丁想起。于是,这个可怜的人,便在遐想他将来的厨具如何精良的美梦中感到极大的满足。”[1]在大起大落的革命年代里,伪精英与伪平民之间的扭曲互动往往会被极度放大;然而在我们的日常生活中,这样的扭曲互动难道就不存在吗?一名伪精英上位,一群伪平民立即紧贴而上,用尽各种办法对其献媚,巴望从中分得一杯残羹,狐假虎威,虎借狐势,这种场景常常令人联想到食肉的狮子与食腐的鬣狗之间的共生关系。狮子和鬣狗当然无所谓罪过,因为它们生活在动物世界里,

〔1〕[法]托克维尔:《托克维尔回忆录》,商务印书馆2010年版,第133、151、152页。

那么我们呢？

精英与平民的流动与变迁

精英与平民的分野从来都是相对的，也从来不是固定不变的，二者之间的流动和变迁乃是社会的常态。帕累托说："根据一条重要的生理学定律，精英不可能持久不变。因此人类的历史乃是某些精英不断更替的历史：某些人上升了，另一些人则衰落了。真相便是如此，虽然它常常可能表现为另一种形式。"[1]"你会看到一种新兴的寡头政治集团正准备打垮和取代现在的掌权者。新的寡头政治集团肯定会胜利，因为它生气勃勃，强大有力。旧的精英……一方面准备去无畏地战斗，另一方面则懂得如何适时地接纳从平民中崛起的、准备组成新的精英的那些人，加入自己的行列。然而，那种追求根本改变的意愿，使旧的精英付出了无数血泪代价。这是因为一方面由于旧的精英愚蠢地大谈人道主义，从而自己解除了武装，变得衰落了；另一方面，它排斥新的精英，从而迫使后者奋起战斗。"[2]作为一名精英主义者，帕累托往往是"根据一条重要的生理学定律"来下判断的，因此他的话总是让人联想到一个生气勃勃的动物世界。然而只要人类很大程度上还受制于生命的逻辑，那么精英主义者的警告就不应该被当成耳边风。精英与平民的对立统一从来就包含了二者之间的流动和变迁，这种流动和变迁倘若被人为阻断，那么精英与平民之间的对抗就会逐渐演变为现实。而倘若低烈度的对抗依然无法打开社会流动的阀门，那么高烈度的革命就很

〔1〕［意］维尔弗雷多·帕累托：《精英的兴衰》，上海人民出版社2003年版，第13～14页。
〔2〕［意］维尔弗雷多·帕累托：《精英的兴衰》，上海人民出版社2003年版，第17～18页。

可能成为社会的必备选项。关于革命的问题本书将在后面专章予以论述，这里先谈谈精英与平民的流动和变迁。

研究精英与平民的流动与变迁，不妨从欧洲的贵族制度与中国的科举制度说起。谈到欧洲的精英，人们很容易就会联想到贵族的形象。欧洲的贵族传统大抵上从古罗马帝国时代就开始有了，到了中世纪，由于注重贵族的谱系和继承，贵族制度得以正式确立并获得稳定发展，从而在很大程度上形塑了中世纪以后的欧洲社会。哪怕时至今日，许多欧洲国家依然还保留有贵族制度，并成功地实现了与现代社会的相互兼容，贵族在欧洲社会的生命力可谓令人吃惊。勒庞说："各国都可以看到头衔、勋章和军装对大众的影响，甚至个人独立意识最发达的国家也不例外。我在这里引用一段最近一本游记里的话，它记述了英国的大人物们所享有的名望：'在许多场合我都看到，即使最理智的英国人，也会因为同一个英国贵族沾亲带故或因为看到了他而兴奋不已……这么说吧，他们的血液里就流淌着对贵族的崇敬，正像西班牙人热爱舞蹈、德国人热爱音乐、法国人喜欢革命一样。'"[1]从历史上看，欧洲贵族最初源自于军事征服，尔后来自于家族继承。这两种来源决定了欧洲贵族的两个基本特质：军事性和身份性。

欧洲贵族的军事性是十分明显的。11 世纪以来的社会理论家认为欧洲贵族是欧洲早期征服者的后裔，他们具有军事保护和统治的功能。正因如此，在欧洲中世纪，"贵族"与"骑士"这两个范畴很大程度上是相互重叠的。宽泛地说，贵族基本上都是骑士，骑士一般也都是贵族。1559 年，法国国王亨利二世就是在参加骑士比武时

〔1〕［法］古斯塔夫·勒庞：《乌合之众：大众心理研究》，中央编译出版社 2005 年版，第 108 页。

被对手的长矛打碎头盔并被碎片刺入眼睛而死去的，临死之前亨利二世还宽恕了那位年轻的骑士，欧洲的骑士传统由此可见一斑。所谓骑士，顾名思义，就是全副武装的骑兵。由于中国人在公元8世纪左右发明了马镫并通过游牧民族的西侵传到了欧洲，使得欧洲人迅速发展出了全副武装的重骑兵战术并成为战场上的主宰力量。于是欧洲贵族纷纷跨上战马成为骑士，并凭借经济实力的优势为自己打造了一身昂贵的行头，从而基本上垄断了重骑兵的组成，将穷人顺理成章地排斥出这一最有战斗力的军事队伍。这一身骑士的行头的确很贵：在中世纪的欧洲，一匹马的价值是一头牛的六倍，而盔甲和其他的武器装备价格远远超过这个数目，一副锁子甲的价格与一匹马的价格相当；一副头盔的价值是这个价格的一半；剑和剑鞘加在一起的价格超过头盔的价格，一副护腿甲的价格也是半匹马的价格。公元761年，阿勒曼尼亚的一位小地主用他祖传的地产和一个奴隶只换了一匹马和一把剑。而到了1297年，威斯杰姆地方的领主杰拉德·德·莫尔最好的一匹战马，价值300英镑。当时一般扈从最差的冲锋战马，价格也在12镑。而一般农民的收入，到14世纪，每年在3镑左右。[1] 经济地位不平等导致精英与平民的分野，看来从欧洲的骑士时代就已经开始了。骑士制度走向衰亡与热兵器的发明有着很大的因果关系，用坦普尔的话来说，那就是：“如果没有从中国引进马镫，使骑手能安然坐在马上，中世纪的骑士就不可能身披闪亮盔甲去援救那些落难淑女，也不会有骑士时代。如果没有从中国引进枪炮和火药，也就不可能有子弹穿透骑士的盔甲将

〔1〕 倪世光：《中世纪骑士制度探究》，商务印书馆2007年版，第49页。

他们射落马下，从而结束骑士时代。”[1]在从公元8世纪到公元17世纪的900多年时间里，作为欧洲军事集团的核心，骑士贵族一直垄断了欧洲社会的精英阶层，对欧洲社会性格的养成具有很大的影响力。朱迪特·M.本内特和C.沃伦·霍利斯特说：“中世纪的贵族，不管怎么说，都是个军事阶层。男人从小就接受骑马作战的训练，而女人则从小被要求崇敬男性的勇武之力……虽然今天流传着许多关于中世纪骑士的浪漫形象，但实际上，中世纪的骑士不过是武装暴徒而已。他们骑着战马，穿戴着头盔和锁子甲，就成了中世纪的坦克。作战是他训练的目的，也是他的存在理由。现在，通过抢劫物品、敲诈与地主的赠与，他们逐渐致富。他们宣称保护着教会和社会，有时候也是这么做的。但他们其实非常暴力，最根本的兴趣只是保卫与扩张他们自己的土地。对一些骑士来说，战斗才是最大的快乐。一位12世纪的法国贵族如此写道：我告诉你，对我来说，吃喝和睡觉都算不上什么乐子。打仗的两方都高喊‘杀了他们’的时候，没有人的战马在一片阴影之中倒下的时候，人们喊着‘救命！救命！’的时候，我看到他们——不管是谁——掉到长满野草的山沟里去的时候，我看到拿着断矛、披着战旗的人死在地上的时候，这才是真正的乐子！”[2]

欧洲贵族的另一个特质是身份性。乔纳森·德瓦尔德说：“贵族认为自己殊于旁人。他们认为，他们从出生起就继承了特有的品质，他们所受的教育使这些品质得以强化和精致化。他们声称，这种基因遗传和文化传承的结合，将他们与其他人区别开，并赋予其

---

〔1〕［英］R.坦普尔：《中国人的创造精神——中国的100个世界第一》，人民教育出版社2004年出版，第7页。

〔2〕［美］朱迪特·M.本内特、C.沃伦·霍利斯特：《欧洲中世纪史》，上海社会科学院出版社2007年版，第193～194页。

进行保护和统治的特殊禀赋。"[1]即便是在遭受资本主义经济冲击的近现代,欧洲人对贵族依然有着很深的怀旧情绪,"这些根源在于西方文化就有贵族倾向的特点,在于西方人使用这些特点间接思考其他事情的思维方式。首先,贵族代表了生物学上的稳定。欧洲贵族一直根据从令人尊敬的祖先那里传承下来的血统来保持其血统的纯正;甚至现在,根据民意测验,大多数法国贵族表示,他们更愿意与其他贵族通婚。通过他或她的假定的人种的纯正,贵族似乎体现了与过去遥远的历史的联系。'我们看见一座古堡或建筑完好如初,或者一棵好树坚实而完美时,总认为那是个令人生敬的景象;而看到一个度过了时间风浪的古老贵族之家时,其可敬之处较之前者会多出许多。'这是英国大法官和科学宣传家弗朗西斯·培根在17世纪早期写下的一段话。19世纪中叶流行一个更强有力的信念:贵族血统在一定程度上能够与古老的美德保持联系。"[2]"血统"这个似是而非的命题深刻地影响了欧洲社会,使得欧洲社会在很长的一段时间里被打上了"身份"的烙印,也因此催生了亨利·梅因的那句名言——"所有进步社会的运动,到此为止,是一个从身份到契约的运动"。

欧洲统治精英的军事性和身份性只有在与中国进行比较时才会被看得更加清楚。与欧洲中世纪900多年的骑士制度遥相对应的是中国古代长达1300多年的科举制度。科举的雏形出现在中国大一统体制建立后不久,经过汉代察举征辟制和魏晋南北朝九品中正制的长期探索,通过严格考试来选拔人才的科举制度在隋唐时期终于得以正式确立。唐末王定保在《唐摭言》中说:"文皇帝拨乱反正,

---

〔1〕［美］乔纳森·德瓦尔德:《欧洲贵族1400~1800》,商务印书馆2008年版,第1页。
〔2〕［美］乔纳森·德瓦尔德:《欧洲贵族1400~1800》,商务印书馆2008年版,第11页。

特盛功名,志在牢笼英彦。”“太宗皇帝真长策,赚得英雄尽白头。”“贞观初放榜日,上私幸端门,见进士于榜下缀行而出,喜谓侍臣曰:天下英雄,入吾彀中矣!”作为唐末的一本笔记小说集,《唐摭言》对科举之事记载甚详,刻画甚深。没错,在漫长的帝制时代,科举制度的确在很大程度上收到了“牢笼英彦”、维护统治的奇效;然而如果我们能够回到当年的历史现场来看待科举,尤其是在与西方社会进行比较之后,就不难发现这一制度的伟大之处。欧洲的统治精英是骑在马上的骑士,其实这并不意味着拯救淑女的浪漫,而是意味着欧洲常年地处于不幸的战争之中。中国有句古话叫作“马上得天下,不可以马上治天下”,说明当骑在马上的人占据主流的时候,国家一定是处于战争内乱时期,而太平盛世往往是马放南山,文官治国。欧洲是“骑士”,中国是“进士”,一字之差,天壤之别。骑士是常备军,骑士治国,只能说明欧洲战祸连结,千年不绝。乔纳森·德瓦尔德这样描绘道:“十五六世纪,地方政治完全为武力所笼罩。1469年,英国女乡绅、地主玛格丽特·帕斯顿描述了她一个儿子的困难处境,他藏在帕斯顿家族的一个庄园里,以躲避克拉伦斯公爵手下的人。玛格丽特·帕斯顿的书信描述了地方政治生活的关键因素,这些因素在15世纪的欧洲许多地区发挥着作用。首先是暴力行为,暴力在这里被用于解决关于财产权的争端……最后,在玛格丽特的信中有一种惊人的平静。她没有提到寻求国王、军队、法官或警察的干预。没有明确的公共权力居于这种贵族家族间的斗争之上,能够马上带来一方平安……帕斯顿家族的情况略加变化,可能发生在15世纪欧洲的任何一个地方,也可能在16世纪的大部分时间里出现在许多地方。地方暴力事件可能由于基本的技术和社会原因而爆发……人们希望大贵族保持大量的武器库存;政府没有对暴力工具进行垄断，即使对技术最先进的暴力工具也未如此。人们期望所有贵族都拥有军事经验，以至于国家也没有对军事技术形成垄断。事实上，暴力事件在帕斯顿家族所在的英国是很正常的一种经历，十四五世纪有 46% 的公爵死于暴力冲突；甚至在社会更加安定的十六七世纪，也有 19% 的公爵死于这种方式……中世纪晚期，君王和贵族们都理所当然地认可私战的合法性。”“在其他地区，政府大概更加软弱，听任整个地区去祈求军阀。有一部编年史描述了 14 世纪中叶法国的情况：厄斯塔斯·多布雷西库尔爵士一直住在香槟，他是这个地方的实际统治者。只要他愿意，无论什么时候他都能在发出通知一天内召集起 700 名到 1000 名战士，他们几乎天天出去抢劫，厄斯塔斯和他的侍从们都由此而富裕起来。在远离法律和秩序中心的地区，这样的情况一直持续到 16 世纪。在西班牙北部，17 世纪早期的贵族们仍然组织匪帮，一位来自马德里的游客描述了他对一个地区的吃惊，在这个地方，贵族们没有大批的人保护他们，就不敢走出城市。”[1] 正如我们在第一篇中所论述的那样，战争乃是上帝赋予欧洲社会的一个坏礼物，而骑士制度正是战争这个坏礼物的自然衍生品。由于长期的战争相逼，欧洲的统治精英一直都下不了马，所以只能“马上治天下”，其结果可想而知。相比之下，中国人由于早早地实现了国家统一，因此中国的统治精英只有在王朝周期律带来的间歇性战争内乱时期需要骑在马上征战，一俟天下大定，他们立即就选择“下马治天下”，恢复科举制度选拔天下英才，实现文官治国，数千年来从无例外。欧洲骑士传统与中国科举传统的这种剧烈反差通过民间流传的诗歌也很容易反映出来。法国 11 世纪之

〔1〕［美］乔纳森·德瓦尔德：《欧洲贵族 1400～1800》，商务印书馆 2008 年版，第 124～127 页。

后曾经流行过一首《武功歌》，歌颂封建贵族的武业功勋，其中的《罗兰之歌》以真实的历史事件为基础进行文学加工，热烈歌颂了法兰西著名骑士罗兰勇敢、忠诚和大无畏的英雄气概，成为中世纪最著名的长篇叙事史诗。诗歌描写道，当敌人的四十万大军层层围攻罗兰的二万部队时，罗兰对着法兰西骑士们大喊："法兰西人说，让逃跑的人遭殃，我们宁可战死，也不会投降。"最后罗兰和他的部队全部战死沙场。骑士罗兰的英雄形象奠定了欧洲骑士的行为准则，激励和鼓舞了一代又一代的欧洲骑士。而在《武功歌》流传的几乎同一时间里，中国宋代的著名学者汪洙也编写了一首流传后世的《神童诗》，同样激励和鼓舞了无数的莘莘学子。我们只要读读这首诗歌，马上就可以感受到当年中国重文轻武的社会价值导向："天子重英豪，文章教尔曹。万般皆下品，惟有读书高。少小须勤学，文章可立身。满朝朱紫贵，尽是读书人……别人怀宝剑，我有笔如刀……学乃身之宝，儒为席上珍。君看为宰相，必用读书人。"站在今天的历史制高点阅读这些洗净了血迹的文学作品，有人往往会以今非古，说中国不如欧洲有尚武精神。中国是否有尚武精神姑且不论，倘若所谓的尚武精神一定要用如此之多、如此之久的鲜血和痛苦来换取，我想这大概也没有什么值得骄傲的地方。而如果有一台时光穿梭机器把这些人扔回到当年的历史现场，让他们亲身经历一下什么叫作血流成河，什么叫作家破人亡，相信他们就会更加理解什么叫做战争，什么叫作和平了。骑士与进士，战争与和平，对于一个社会来说，究竟孰优孰劣，人人心中自有答案。

除了战争与和平的反差之外，欧洲的贵族与中国的科举还有另一个重要的反差，那就是"封闭"与"开放"。欧洲贵族十分讲究血统的纯洁性和家族谱系的传承。比如法国的布兰维里耶就将法国贵族视为一个征服种族,认为到他生活的时代,这个种族已保持了一千余年的纯正血统。当身份地位源自于血统传承的时候,欧洲精英的封闭性就毋庸置疑了。按照中国人今天的说法,那是最典型、最彻底的"拼爹",龙生龙,凤生凤,老鼠的孩子天生会打洞,老爸不争气,干啥都没用。套用一下帕累托的语调来说,欧洲贵族的身份传承是最典型的生物学意义上的精英生产,也是最典型的反生物学意义上的精英生产,因为这种血统的封闭性直接违背了一个社会精英与平民之间的自然流动规律,是对社会进步(或社会进化)赤裸裸的悖逆与反动。相比之下,中国的科举制度就以无与伦比的开放性体现出自己的优越性了。《神童诗》的价值不仅在于"重文",更在于"励志"——"朝为田舍郎,暮登天子堂。将相本无种,男儿当自强","年少初登第,皇都得意回。禹门三汲浪,平地一声雷。一举登科日,双亲未老时。锦衣归故里,端的是男儿"。是啊,"朝为田舍郎,暮登天子堂",在阶级尖锐对立的古代历史上,这种"平地一声雷"的事情大概也只有在中国才会制度性地发生,而这一发生就是整整1300年。倘若有谁坚持认为科举只是一种虚伪的统治术,那就请他先创造出一个1300年的制度再说。

其实平心而论,汉代的察举征辟制和魏晋的九品中正制已经算是对贵族身份制的很大进步了;然而面对豪门贵族强大的门阀势力,这种不彻底的人才选拔机制依然遭到了扭曲和异化,使得社会最终还是跌入了"贵胄蹑高位,英俊沉下僚"的俗套。为了真正打通精英与平民的流动渠道,维护大一统体制的长治久安,从隋唐开始,中国的统治者决定通过最严格的考试实行最彻底的人才选拔,科举制度由此诞生。作为一项基石性的政治制度,科举也许会有万般不足,然而在打通精英与平民流动变迁的渠道方面,科举的确是举世无双的。对于中国平民而言,这一条科举之路虽然崎岖狭窄,然而在一个弱肉强食的世界里,居然还有这样一个既和平又公平的机会让自己有可能一举改变命运,又怎能不“头悬梁,锥刺股”“凿壁偷光”地苦读圣贤书呢?而有朝一日这些平民子弟居然真的“暮登天子堂”,又怎能不死心塌地地相信圣贤书,相信这个社会呢?正如当年范文程劝谏清王朝开科取士的奏疏中所说的,“治天下在得民心。士为秀民,士心得,则民心得矣”[1]。当平民中最优秀的精英决定将自己的命运与这个社会捆绑在一起的时候,这个社会又怎能不稳如磐石呢?正是意识到这个问题的极端重要性,中国的统治精英在科举的问题上的确是玩真的了。

首先在考试的公正性和严格性上,科举可谓是穷尽人算。每届乡试之年,先由礼部拟定各省主考的名单给皇帝密点,不预先知会。一旦宣布,主考官立即限期启程(顺天考试考官则于宣旨后不能再回家,径往贡院),不许因便携眷,不许辞客,以防请托贿赂;不许携带多人骚扰驿递,所过州县递相防护;不许游山玩水,不接故人,不交际,按驿站计日前行。沿途乘轿,轿贴封条,一到目的地即迎入公馆,不得接见宾客及通函件。监临封门,每日晨一次进水菜后复封。待入闱之日,主考和其他官员一起前往贡院。刘禺生曾描绘过这一颇具象征意义的情景:“入闱例乘轿,八人舁之,朝衣朝冠,无顶蓬,如赛会中之迎神。显轿只监临、正副主考坐之,余如监试、同考官,皆乘八人、四人轿,以全副仪仗开道。最妙为轿后随抬盒一具,载腰斩所用之铡,亦即清廷对主考犯科场大罪之刑具。此种刑具,闽省科场案,曾一用之。主试者被腰斩为两截,仍未死,伏地以舌书三大

〔1〕 王道成:《科举史话》,中华书局1988年版,第32页。

惨字而毙。”官员入院后贡院即行封锁，一般不许再出入。内外帘官携带的行李和供给官每天供给的饮食物品，都要经过认真的检查。院内分内外帘：副主考及同考官在帘内，专主衡文，不得与闻他事；外帘官专司纠察并设立受卷、弥封、誊录、对读四所，内外帘官不许互相往来。命题程序是将四书五经分段书签，主考掣到某书某段后，即令房考于本段内容拟一题，仍以书签方法，掣出者即为定题。每场试卷收毕后，每十卷一封，送到弥封处，由弥封官将试卷面折叠弥封糊名，以使试官无从知道某卷为何人所作。而为了防考官认识士子笔迹，还须再把糊名后的试卷送誊录所重新由誊录书手照誊一遍，此即为朱卷。誊毕之后为防誊错以及誊录书手舞弊，为之订正改窜，又须再把原墨卷与新誊朱卷送对读所对读。以上每一环节的官员都要戳印衔名于卷面，以示负责。然后将朱墨卷分开，朱卷由内帘考官评阅。考卷的分配由掣签决定。同考官员负责试卷的初阅，正副主考负责试卷的复阅。房官将自己选中的试卷加圈加批，荐给主考，是为“荐卷”，主考在得到各房的荐卷后决定取舍，并可再到各房“搜落卷”。头场卷阅毕，再合观二三场卷，主考官于荐而未中之卷，也还要略加评语，落卷在放榜后定期令落第考生本人领取，不得藏匿，考生如觉有不平之处，可以控告，实则纠参，否则反坐。所有中式朱墨卷则于放榜之日，由主考、监临、布政使等会同在场内封好，于当时差人星驰解部，以防考官事后修改试卷。这些试卷在限定的日子里解到礼部，要派专人磨勘复核。磨勘官也须署名，不准敷衍。到了清代，科举对人为干扰的防范之严，用心之细，可说已达无以复加的地步，仅以闱内用笔一事为例：监临、监试、提调、受卷、誊录、弥封、对读等外帘官只能用朱笔，同考官、内收掌及书吏只能用蓝笔，誊录生用朱笔，对读生用赭黄笔，正副主考用墨笔。是谓

"五色笔",内外帘官不许携墨入闱,以防用乱滋弊。[1] 这些制度主要是用于内控的,至于为防止科场作弊的搜检等措施,历代科举自然也是严格细致,即便有些斯文扫地,但是为求公正也只好"奈何以盗贼待之"了。而倘若有人敢于以身试法,科场舞弊,其惩罚自然也如五雷轰顶。1657 年顺天科场案,顺治皇帝杀了同考官 2 人,其余官员 3 人,举人 2 人。1658 年江南科场案,主考 2 人皆斩决;同考官 18 人,除已死之卢铸鼎外,全部处绞,妻子家产均被籍没入官。

其次在向底层平民的倾斜上,历代科举也是可圈可点的。比如两宋 300 余场科考的状元几乎都是寒门子弟,事实上单就考试成绩而言,平民子弟并不见得每次都能独占鳌头,但因为宋朝采取特别措施限制精英子弟,使得平民子弟更容易崭露头角。开国皇帝赵匡胤就认为"贵家子弟,唯知饮酒、弹琵琶耳,安知民间疾苦?"为了贯彻落实老祖宗的平民精神,宋朝长期禁止赵姓金枝玉叶参与科举考试(宋神宗以后方允许远房赵姓宗室参加科举考试),同时采取诸多措施抑制"势家",比如宋初规定凡是官宦子弟考中科举后都要经过复试方能录取。此后更是规定一定品级以上的"食禄之家"子弟不仅要单独进行考试,考中进士后还要另行组织测试。再后来逐渐形成一条不成文的规矩,所有参加科举考试的"有官人"均无资格得到状元头衔。相传宋政和八年,宋徽宗之子嘉王赵楷偷偷参加科举考试,居然夺得第一,宋徽宗赵佶高兴之余,还是决定不让宗室"魁天下",于是钦定第二名为状元。根据朱瑞熙对南宋理宗"宝祐"四年《登科录》所载 601 名进士进行的分析,该届科举考试所取进士官僚家庭出身的 184 人,平民家庭出身的 417 人,平民占了 2/3 以上。[2]

---

〔1〕 王日根:《中国科举考试与社会影响》,岳麓书社 2007 年版,第 24 ~26 页。
〔2〕 王日根:《中国科举考试与社会影响》,岳麓书社 2007 年版,第 30 ~32 页。

“书香门第”的精英子弟和“耕读传家”的平民子弟从来都是中国科举的两大力量,而有意抑制精英的自我繁衍,故意放大平民的上升通道,给予平民更多的“释褐”机会,乃是古代科举十分重要的政治智慧。除了有意对平民阶层倾斜,在中国这样一个发展不平衡的“天下国家”,科举还经常有意对不发达地区倾斜。比如乾隆二十六年殿试考卷拆封后,发现第一名为江南赵翼,第二名为江南胡高望,第三名为陕西王杰。结果乾隆为了表示他对西北地区的重视,将赵翼改为第三,王杰成了这一科的状元。[1] 尽管没有现代民主制度的保障,中国古代的许多王朝居然也能维持300年的稳定,甚至于超过了今天美国的立国时间,其成功绝非侥幸。

再次在全社会的价值观倡导上,古代科举也可谓是说到做到。中国古代类似于《神童诗》的《劝学文》有很多,不仅朱熹、柳永、司马光、王安石这样大师级的人物写过,甚至连不少皇帝都亲自操刀过,其中又以宋真宗赵恒的《劝学文》最为出名:“富家不用买良田,书中自有千钟粟。安居不用架高堂,书中自有黄金屋。取妻莫愁无良媒,书中有女颜如玉。出门莫愁无人随,书中车马多如簇。男儿欲遂平生志,五经勤向窗前读。”而宋仁宗赵祯的《劝学文》则更是浅显直白:“朕观无学人,无物堪比伦。若比于草木,草有灵芝木有椿;若比于禽兽,禽有鸾凤兽有麟;若比于粪土,粪滋五谷土养民。世间无限物,无比无学人。”中国古代的统治精英们是这么说的,也是这么做的。如今中国每逢高考,人们都会津津乐道于“高考状元”,这种深厚的“状元”情结正是在科举时代奠定的。遥想当年中国,每逢科举放榜,朝廷都要在太和殿举行极其隆重的金殿传胪典礼,皇帝亲

〔1〕 王道成:《科举史话》,中华书局1988年版,第80页。

自到场,百官齐聚观礼。典礼完毕,在东长安门外张挂黄榜,状元率诸进士随出观榜,尔后顺天府备伞盖仪从送状元归第。而都城的老百姓早就伸长脖子等着这一刻了:“状元一出,都人争看如麻”,整座京城万人空巷,为状元癫狂。想想当年中国的一介平民,无须溜须拍马,无须行贿送礼,只须饱读诗书,便可决胜科场,一旦成为天子门生,便可享尽人间尊荣,个中滋味又怎是今人所能体会的?印象中打我记事之日起,父辈们就经常拿《劝学文》的话来鼓励我学习,像“书中自有黄金屋,书中自有颜如玉”、“地瘦栽松柏,家贫子读书”这样的话我从小就耳熟能详了;待到年纪稍长,更晓得家乡莆田(兴化)原来也是个“文献名邦”,有浓厚的科举传统,以至于连地方戏都常常会演“一科两状元”之类的故事;等到后来研究了一些科举历史,方知这些民间传说原来并非空穴来风。清人施鸿保的《闽杂记》记载:“明时兴化、泉州科甲最多,乡试每占通省之半。有一科两元者,兴化则永乐戊子省元杨慈、应天元黄寿生皆莆田人;宣德壬子省元林同、顺天元宋雍亦皆莆田人。又有一科五魁者,嘉靖癸卯元黄继周,第三林仰成,第四黄谦,第五江从春皆兴化人,惟第二陈应福州人。然是科莆田林亳以训导中广西榜第二,仍合五魁之数。泉州则万历辛卯亦中五魁。明一代,凡九十一科,兴化解元三十一人,泉州解元二十一人。”[1]其实何止莆田、泉州,整个福建的文化气场都被科举激活了,曾经的蛮荒之地迅速崛起为文化发达地区,宋代时达到极盛:“在宋代,福建进士及第人数为全国之最,成为无可争议的科举文化发达地区,使福建从唐以前文化教育相对落后地区一跃为人文荟萃的奥区。明代继续保持科举大省的地位,虽然进士及第

---

〔1〕《闽杂记》卷六《兴泉科甲之盛》,转引自王日根:《中国科举考试与社会影响》,岳麓书社2007年版,第38页。

的绝对数已不再位居全国第一,但以人口比例来计算进士人数,福建省仍高居榜首。福建的教育强省地位一直延续到民国时期。”[1]千百年前的科甲盛事如今依然被用来激励新时代的莘莘学子,古人身处当时环境之中,又怎不为之心驰神往呢?

相比起欧洲贵族制度的军事性和身份性,中国科举制度的和平性和开放性的确具有极大的优势。政治制度上的优越往往是与经济基础上的领先相互适配的,这大概也可以从另外一个角度证明了中国的文明成就的确曾经在古代遥遥领先于欧洲。然而天底下没有什么制度是万能的,科举同样如此。尽管科举制度在打通精英与平民流动通道以及用德治控制暴政两个方面可谓是穷尽人算,然而它毕竟从一开始就存在着一个自身无法解决的死穴——“皇权”的合法性问题。在一个人人心向科举的社会里,官员通过最严苛的科举考试上位,看似未经全民投票,实则具有极大的合法性。而且这些士子自幼“两耳不闻窗外事,一心只读圣贤书”,等到进士及第的时候,很大程度上已经被孔夫子洗脑了。即便做不到“六根清净”,但在那样一个“非进士不入翰林,非翰林不入内阁”的气场里,这些人起码的道德自持力总还是有的。问题并不出在他们身上,而是出在皇帝身上。虽然皇帝们自幼也接受严格的儒家教育,但是他们的上位是不需要考试的,而是比赛投胎是否准确及时。换句话说,科举的发明将欧洲贵族身份性的缺点几乎全都避免了,偏偏留下了一个最大的漏洞:中国的皇权依然是身份性的。虽然中国的皇权事实上受到了科举制度造就的官僚系统的有力牵制,但是由于理论上皇权高于一切,因此如果皇帝够自觉,那么皇权与官僚之间就可以形

---

〔1〕 王日根:《中国科举考试与社会影响》,岳麓书社2007年版,第178页。

成良性互动，如果皇帝不够自觉，那么官僚最终是挡不住皇权滥用的。与搜尽天下英才的科举相比，皇帝的产生本来就具有十分狭窄的家族封闭性；后来为了早早在大位问题上“定分止争”，以免皇家内部骨肉相残，古人更是发明了“立嫡不立长”、“立长不立幼”之类的继位规则，从而将“皇上圣明”的希望完全寄托在皇家投胎比赛上。由于缺乏必要的竞争和选拔，仅仅依靠教育，皇帝的智商和道德事实上是很难保持在一个高水准上的。智商问题尚不足惧，因为一个国家高智商能干活的官员海了去；然而皇帝的道德自觉若是出了问题，在位期间胡来一气，那么官员的道德水准再高也是挡不住的。倘若诸君有兴致以某个朝代为样本，研究一下皇帝们的道德曲线，一定会发现这条道德曲线基本上都是先阳后阴，一路呈下降趋势，最后突然“高台跳水”。以一个王朝300年为标准的话，前100年的几位皇帝由于刚从马上下来不久，其道德水准基本上还比较高，中间100年的几位皇帝由于下马太久，其道德水准基本上已经相当平庸了，而最后100年的几位皇帝由于被外戚和太监轮番异化，其道德水准基本上已经不知其所以然了。至于王朝中后期的皇帝为什么常常会受到外戚和宦官的异化，说来也是命定的劫数。由于权力过大，享受太多，同时责任过重，压力山大，古代皇帝其实是个“高危职业”，多数皇帝都比较短命。曾有人做过统计，中国历代皇帝有确切生卒年月可考者共209人，平均寿命39岁，远低于古代57岁的人均寿命。先帝早薨，太子年幼，年轻的太后一介女流，当然只能信任自家兄弟，于是外戚干政就会自然上演；而太子自幼长在深宫之中，只有那些不男不女的宦官陪伴玩耍。倘若不幸遇上刘瑾、魏忠贤之流的坏蛋，从小就曲意侍奉腐蚀，自然容易博得小孩子的信任乃至于依赖。等到有朝一日太子登基，宦官干政的风险自然就会变得极大。外戚一般不是科举出身,宦官更无及第可能,所以孔夫子想要给他们洗脑也没有机会。想一想就能够明白,外戚之所以飞黄腾达,主要是因为自家姐妹长得比较漂亮,跟他的智商和道德没有半点的必然因果关系;而宦官本来就是皇权极大化的扭曲产物,身"残"志"坚",其道德水准自然就更加没有保障了。在王朝中后期,这两拨人或轮流执政或联合执政,把朝政搞得乌烟瘴气。作为逻辑起点的皇权一旦被突破,整个官僚队伍就成了一副多米诺骨牌。用不了多久,那些坚持原则的君子一个个被戮害出局,阴险毒辣的小人一个个地飞黄腾达,一个体制最可怕的逆淘汰开始了。孔夫子曾经说过:"唯女子与小人为难养也。"关于"女子"是不是难养,甚至是不是指"女人"都还有争论,不过关于"小人难养"似乎是没有什么异议的,这说明孔夫子自己也没有什么对付小人的好办法。因此只要小人一多,用儒家经典和科举制度武装起来的官僚队伍就像被注入了致命病毒一样,迅速陷入土崩瓦解之中。在中国这样一个以德治抑制暴政的国度里,由于缺乏自下而上的民主倒逼,精英团队的道德自觉一旦土崩瓦解,问题就是致命性的了。平民没有用手投票的机会,只好在忍无可忍的情况下用脚投票,用暴力与精英拼个鱼死网破,于是"其兴也勃焉,其亡也忽焉"的"王朝周期律"登场,无数生命在历史轮回的巨轮下被碾为齑粉。历史从来都是公平的,300 年的社会稳定是历史对这个体制优点的慷慨褒奖,而可怕的王朝周期律则是历史对这个体制缺陷的无情惩罚。要想摆脱这种惩罚,跳出"王朝周期律",今天的中国人必须想方设法弥补体制缺陷。作为儒家在制度领域的巅峰之作,科举虽然在很大程度上打通了平民自下而上的流动通道,但在本质上依然是依附于皇权的附属性制度。因此只要人民缺乏对皇权的终极性约束,那么这个体制就没有办法获得制度意义上的自圆其说。由此可见,要想跳出“王朝周期律”,办法依然还是毛泽东 1945 年“窑洞对”时回答黄炎培那句话:“这条新路,就是民主。只有让人民来监督政府,政府才不敢松懈。只有人人起来负责,才不会人亡政息。”共产党人既然这么说了,就一定要这么做。

除了无法制约皇权这一个致命缺陷之外,科举制度还有很多毛病。首先,把考试作为选拔人才的唯一标准,是注定会走向僵化之路的,因为真正的人才最好是在工作中发现和检验,不是仅用考试就能够选拔得出来的。顾炎武说:“八股之害,等于焚书。而败坏人才,有甚于咸阳之郊。”而统治者对此也是心知肚明的,乾隆的大臣鄂尔泰说,“非不知八股无用,而牢笼志士,驱策英才,其术莫善于此”。[1] 为了自己的统治地位不受挑战,宁可以牺牲民智为代价,这就是典型的“帝王之术”。回到过去的历史现场,过多指责这一制度是不公平的,然而站在今天的历史高度眺望未来,我相信执政者的执政合法性应当来之于民,断不可再以此术禁锢民智来维持统治。民智迸发乃是时代的主题,民族的希望,一个自信的执政团队应当顺势而为,而不是逆势而动;其次,古代科举以诠释儒家经典为主要内容,重人文,轻理工,重理论,轻实践。在漫长的农业时代,人类社会主要依靠经验积累来推动社会缓慢进步,因此尽管科举一直都有使人“五谷不分、四体不勤”的尴尬,但是这一缺陷还没有得以充分暴露出来。当年朱元璋就曾因此而决定暂停科举 10 年,“别令有司察举贤才。必以德行为本,而文艺次之”,然而荐举的情况最后并不比科举好,无奈之下还是下诏恢复科举,说明在漫长的农业时代,科

---

〔1〕《满清稗史》第三十七节,转引自《科举史话》,第 130 页。

举制度在选拔人才方面的确还是利大于弊的。然而到了工业时代，人类社会终于插上了“科技”与“资本”的翅膀。在科技进步和资本经济的交互推动下，欧洲社会开始逐渐从封建制中脱胎而出，民族国家的逐步成型使得官僚机构逐渐削弱了贵族统治，资本主义的迅速发展导致资本新贵快速挤入上流社会。面对这些不可逆的社会变迁潮流，传统的欧洲贵族开始迅速分化，不能适应变化的贵族大量衰亡。研究表明，15 世纪法国的小贵族当中，大约 1/5 的家族姓氏在一代人之后消失了；在德国下萨克森，1430 年到 1550 年间就有超过一半的贵族家族消失了；在莱茵兰的两个地区，15 世纪的贵族家族中只有不到 1/5 在 1550 年还存在。在西班牙，1300 年的显赫贵族家族中，只有 6 家幸存下来，名列 1520 年的 55 家爵位贵族当中。同样的进程也出现在英国，在 1300 年的 136 个上院贵族家族中，到 1400 年由男系传承下来的不到一半，1500 年只有 16 家。〔1〕而另外一些贵族则在挑战面前成功转型，与资本新贵们结成了新的联盟，“这是欧洲文化的一个根本性转变：土地和军事贵族接纳了商业是一项高贵和重要活动的观念。”〔2〕“正如开明的贵族和平民都指出的那样，特权阻挡了社会进步的道路。他们认为，法国贵族应该成为更广泛的社会精英的核心，他们的优势应当建立在优越的财富、趣味和能力的基础上，而不应当建立在与其出身相适应的不合理的特权基础之上。”〔3〕从大航海到工业革命，从启蒙运动到资产阶级革命，西方社会经过几百年的剧烈变迁，终于完成了“从身份到契约”和“从身份到资本”的历史性飞跃，摆脱了封建桎梏的西方文明

〔1〕［美］乔纳森·德瓦尔德：《欧洲贵族 1400～1800》，商务印书馆 2008 年版，第 19 页。
〔2〕［美］乔纳森·德瓦尔德：《欧洲贵族 1400～1800》，商务印书馆 2008 年版，第 110 页。
〔3〕［美］乔纳森·德瓦尔德：《欧洲贵族 1400～1800》，商务印书馆 2008 年版，第 221 页。

开始狂飙突进。而与此同时,中国的科举制度却依然将中国最优秀人才的注意力全部集中在道德文章之上,把科学研究当成了旁门左道,使得中国迟迟不能打开进步的大门。此消彼长数百年之后,长期落后的西方终于在近代完成了对曾经遥不可及的中国的超越。落后就要挨打,痛定就要思痛。1905 年,长达 1300 年的科举制度终于在革命风暴来临前夕寿终正寝,一个时代结束了,另一个时代开始了。

讨论精英与平民之间的流动变迁,还撇不开一个十分重要的话题——教育。事实上当我们讨论科举的时候,就已经在讨论教育了。关于教育可以讨论的问题实在太多了,因为教育大概是人类社会除了生产之外最为重要的事情了,这里主要还是从精英与平民的流动变迁角度对教育问题进行一点探讨。在这一方面,中国的科举的确是遥遥领先于欧洲的。正如乔纳森·德瓦尔德所说,"17 世纪 20 年代,法兰西学院在这方面首开先河。法兰西学院在其章程中宣布,法兰西学院对所有有才干的人开放,不论其社会地位如何。欧洲各地的其他学院也纷纷效仿;17 世纪是个名副其实的创建学术机构的年代,他们选择有才能的人而不是出身高贵的人作为其主要成员"[1]。通过教育实现社会地位的变迁,欧洲原来直到 17 世纪 20 年代才真正开始,而中国早在隋炀帝大业三年(公元 607 年)就正式设置了进士科,二者整整相差了 1000 年。教育之所以会在社会流动变迁中扮演十分重要的角色,是因为相比起政治和经济,教育大概是与个人的天赋和勤奋最为密切相关的一个因素了。老爸若是有权有钱,完全有机会通过直接或间接的提携和让渡来暗中协助儿

---

〔1〕[美]乔纳森·德瓦尔德:《欧洲贵族 1400~1800》,商务印书馆 2008 年版,第 59 页。

女,唯独在教育问题上,除了生孩子时的一次性遗传之外,老爸的智力和勤奋基本上是一点忙也帮不上的。而即便老爸动用政治和经济的优势暗中协助那些不成器的儿女,毕竟教育的基本面摆在那里,想要大做手脚也不是那么容易。反过来,对于那些平民子弟来说,即便家里没权没钱,只要受教育权得到有效保障,他们就有机会凭借自己的天赋和勤奋杀出一条血路,完成人生境遇的大逆转。从古代的科举到今天的高考,从中国的书院到西方的大学,究其本质都是平民向精英流动的通道,所差别的大概只是这个通道的宽窄罢了。就像克里斯托弗・拉希在《精英的反叛》中所说的,"在柯南特看来,'社会的高度流动'是'无阶级社会的本质'。民主不需要'世界产品的统一分配'、'财富的极端均等',它需要的是一个'权力和特权在每一代结束的时候会自动进行重新分配的持续过程'。由于'拓荒的消失'和'现代工业主义的来临',美国已经培养成了一种'世袭的财富贵族统治'。'恢复社会流动'的唯一途径就是用学校体制代替拓荒,它是机会重新分配的'巨大引擎'"[1]。

然而教育的问题显然并没有那么简单。不要以为克里斯托弗・拉希是在赞同这些话,事实上他在《精英的反叛》中不断地对今天的美国教育提出质疑:"正如劳埃德・沃纳在1953年所写的,'每个人拥有的社会流动机会编织了"美国梦"'。沃纳的研究说明了传统的向上流动'渠道'正在干涸,是高等教育而不是最高效或最公平的抱负'传送带',取代了传统渠道的位置。即便社会研究结果并不能说明存在机会平等,大多数美国人仍然相信它的存在。'梦想'好像有自己的生命力。它已经变成了一种必需的幻想,它的存在让人

〔1〕［美］克里斯托弗・拉希:《精英的反叛》,中信出版社2010年版,第53页。

们与不平等和解,也缓和了平等主义意识形态和现代工业所需要的层级化的劳动分工之间的矛盾。因为自我奋斗的神话已经深植于心中,工人们常常会牺牲团结去追求个人成功的幻梦。大家普遍认可的核心命题是美国梦始终与'垂直流动机会'画等号。"[1]"西拉库萨指出,美国坚持'社会是一个阶梯'这种极不现实的概念,认为任何有能力和有抱负的人都有希望攀爬上去,而大家本该清楚那些在阶梯之上的人早已把梯子撤掉了。"[2]"左翼的人(跟他们的右翼对手一样)最喜欢攻击世袭特权。他们不理会反对精英统治的真正理由(它把下层阶级的人才都挖走了,也就剥夺了下层阶级的领导地位),而满足于争论教育是不是起到了加强社会流动性的作用。他们似乎暗示说,如果成功地做到了这一点,人们也许就没有理由抱怨了。"[3]"天才贵族统治(表面上看是一个吸引人的理想,似乎可以将民主和以世袭特权为基础的社会区分开来)却是一个矛盾的词语:这些人才保留了贵族的许多缺点却没有学习其美德。他们的势利心让他们认为少数得势者和大众互相没有任何义务和责任。尽管他们对穷人充满'同情',但他们从不赞成'地位高则责任重'的理论,因为承认它就意味着愿意身体力行地为公众谋福利。同其他所有事情一样,责任与个人无关,而是由国家机构来履行。"[4]"贝瑞对莫里尔的质疑界定了一个民主社会必须作出的选择,究竟要在整体上提高能力、精力和奉献(古老的政治传统称之为'美德')的水平,还是仅仅促进精英队伍的扩大?我们的社会显然选择了后者。它已经把机会等同于向上流动,并把向上流动界定为社会政策的首

---

〔1〕[美]克里斯托弗·拉希:《精英的反叛》,中信出版社 2010 年版,第 38 页。
〔2〕[美]克里斯托弗·拉希:《精英的反叛》,中信出版社 2010 年版,第 41 页。
〔3〕[美]克里斯托弗·拉希:《精英的反叛》,中信出版社 2010 年版,第 33 页。
〔4〕[美]克里斯托弗·拉希:《精英的反叛》,中信出版社 2010 年版,第 33 页。

要目标。关于'平权行动'的辩论显示了机会这个受到限制的可怜概念对公众舆论的影响有多深。"[1]

克里斯托弗·拉希的这些话事实上提出了几个十分严肃的问题:其一,教育是否真的为平民提供了足够多的流动机会,抑或只是通过给平民提供一种幻想来维持社会的稳定?其二,教育是否只是像榨油一样地从平民中选拔出少数精英加入精英队伍并将剩下的多数平民像油渣一样地扔掉,抑或是在整体上提高平民的素质和生活?其三,通过教育选拔出来的精英是否只需心安理得地享受自己的成功,抑或应当承担起反哺社会的道德责任?这几个问题基本上都涉及了对教育本质的认识,更是对精英以及那些一心想要成为精英的人的严厉拷问。对于今天的中国而言,这几个问题同样具有十分重要的现实意义,值得我们每个人认真思考。教育当然应该为精英与平民的流动变迁提供尽可能便利广阔的通道,然而教育的价值绝不能局限于此。教育承载着人类传承文明和提升文明的希望,无论如何都不应该只沦为狭隘的生物学意义上的进化通道以及功利主义者的谋生谋利工具。在我的理想中,一个完整的教育既要认真选拔精英,又要着力提升平民,更要激发人类的"爱"和"自觉",实现精英与平民的统一,从而为这个世界打造一个真正的命运共同体。

除了美国的教育之外,中国的教育还可以从法国的教育中吸取必要的经验教训。正如前文所述,作为欧洲中央集权传统最为浓厚的一个国家,法国在很多方面都堪称欧洲的"小中国",在教育方面也同样如此。我阅读勒庞的著作本意是想研究民主生活中的群众心理,没想到在这些著作中却意外地发现一些关于法国教育的文

[1] [美]克里斯托弗·拉希:《精英的反叛》,中信出版社2010年版,第55页。

字。更令人惊讶的是,这些分析法国教育的文字是如此的似曾相识,仿佛这些文字不是在讲法国,而是在讲中国——“前公共教育部长朱勒·西蒙先生写道:‘学习课程,把一种语法或一篇纲要牢记在心,重复得好,模仿也出色——这实在是一种十分可笑的教育方式,它的每项工作都是一种信仰行为,即默认教师不可能犯错误。这种教育的唯一结果,就是贬低自我,让我们变得无能。’如果这种教育仅仅是无用,人们还可以对孩子们示以同情。但是这种制度的危险要比这严重得多,它使服从它的人强烈地厌恶自己的生活状态,极想逃之夭夭。工人不想再做工人,农民不想再当农民,而大多数地位卑贱的中产阶级,除了吃国家职员这碗饭以外,不想让他们的儿子从事任何别的职业。法国的学校不是让人为生活做好准备,而是只打算让他们从事政府的职业,在这个行当里取得成功,无须任何必要的自我定向,或表现出哪怕一点个人的主动性。这种制度在社会等级的最底层创造了一支无产阶级大军,他们对自己的命运愤愤不平,随时都想起来造反。在最高层,它培养出一群轻浮的资产阶级,他们既多疑又轻信,对国家抱着迷信般的信任,把它视为天道,却又时时不忘对它表示敌意,总是把自己的过错推给政府,离开了当局的干涉,他们便一事无成。”〔1〕“培养一些机械工人或者铁匠,需要几年的学艺。而培养一个科长,一个邮政人员,一名征收人员,一个信差,则几个星期就够了。”〔2〕“国家用教科书制造出这么多有文凭的人,然而它只能利用其中的一小部分,于是只好让另一些人无事可做。因此,它只能把饭碗留给先来的,剩下的没有得到职位的人便全都成了国家的敌人。从社会金字塔的最高层到最底层,从最

〔1〕［法］古斯塔夫·勒庞:《乌合之众:大众心理研究》,中央编译出版社2005年版,第73页。
〔2〕［法］古斯塔夫·勒庞:《心理学统治世界》,金城出版社2011年版,第205页。

卑贱的小秘书到教授和警察局长,有大量炫耀着文凭的人在围攻各种政府部门的职位。商人想找到一个代替他处理殖民地生意的人难上加难,可是成千上万的人却在谋求最平庸的官差。只在塞纳一地,就有 2000 名男女教师失业,他们全都蔑视农田或工厂,只想从国家那里讨生计。被选中的人数是有限的,因此肯定有大量心怀不满的人。他们随时会参与任何革命,不管它的头领是谁,也不管它有什么目标。可以说,掌握一些派不上用场的知识,是让人造反的不二法门。"[1]在前述原文的脚注中,勒庞还特地写道:"然而这并不是拉丁民族所特有的一种现象,它在中国也可以看到。这也是一个掌握在等级森严的士大夫手里的国家,就像法国一样。这支受过教育的无业大军,在今天被视为真正的民族灾难。"勒庞写作《乌合之众》的时候恰逢 1894 年中日甲午战争爆发。100 多年时间过去了,今天的法国早已经不是那时的法国,今天的中国也已经不是那时的中国。然而从某种意义上说,今天的法国依然是那时的法国,今天的中国也依然是那时的中国。勒庞的这些话对于今天的法国人有意义,对于今天的中国人来说也同样还有意义。任何人只要看看今天中国全社会根深蒂固的"官本位"思想以及近乎疯狂的"国家公务员考试",就完全可以理解这一点。对此托克维尔也有过类似的表述可供印证:"真实情况而且是可悲的真实情况是:追求公职和希望依靠国家的税收生活,在我国已不是一个党派特有的病症,而是我们公民社会民主长期存在的重大弱点,即我们公民社会的民主集中和我们政府权力过度集中的重大弱点。也可以说是已经腐蚀所有的旧政权和又将同样腐蚀所有的新政权的隐而不现的疾病。"[2]没错,

---

〔1〕［法］古斯塔夫·勒庞:《乌合之众:大众心理研究》,中央编译出版社 2005 年版,第 73~74 页。
〔2〕［法］托克维尔:《托克维尔回忆录》,商务印书馆 2010 年版,第 59 页。

追求公职和希望依靠国家的税收生活也正是今天中国社会的重大弱点,它之所以会产生和长期存在,也是与中国社会权力配置长期的头重脚轻直接相关的。就像往池子里扔一块面包就能看到无数的鱼儿冲过来争夺一样,哪里有权力,哪里就有资源,哪里就有无数的求职者。中国的政治场域的确需要打造强大的引力场,以保持对最优秀人才的吸引力和整个"天下国家"的向心力。然而凡事"过犹不及",在向心力与离心力的平衡问题上,的确要相信孔子的那句话:"不偏不倚,中庸之道。"如果恒星的向心力过大,导致行星全部撞向恒星是一场灾难;如果政治的吸引力过大,导致学子全部涌向公职也是一场灾难,因为相对于经济基础而言,上层建筑的体量从来就不能太大,头重脚轻之日,便是摇摇欲坠之时。平心而论,改革开放30多年来,中国已经成功地向基层领域转移了很大一部分权力和资源,因为市场经济的本质就是自下而上的,市场经济越发达,基层力量就越大,今天中国的许多聪明才智的确已经可以在经济场域和知识场域里实现自己的价值了。然而公平地说,今天的中国更多的人依然对政治场域趋之若鹜,毋论是精英还是平民。这说明今天的中国依然尚未在向心力和离心力之间找到最佳的平衡点,尚未完成自己的体制改革任务。从权力配置的合理性,到社会观念的再转变,再到社会保障的安全度,未来的中国还有很长的路要走。

除了权力对教育的异化之外,资本对教育的异化也是个大问题。在中国科举时代,经济上的不平等其实不会对学习造成太大的影响,是因为经典考试所需书籍不多,笔墨纸砚不贵,平民子弟只要稍得资助便可读书,"耕读传家"因此一直可以与"书香门第"并称千年。就像有人所说的,"中国之民素贫,而其识字之人所以尚不致绝无仅有者,则以读书之值之廉也。考试之法,人蓄四书,合讲诗韵并房行墨卷等数种即可，终身以之，由是而作状元、宰相而不难，计其本，十金而已。以至少之数而挟至奢之望，故读书者多也”[1]。然而如今的情况已经发生了巨大变化，从小学到中学到大学再到硕士博士，教育的时间越来越长，教育的成本也越来越高。印象中我自己在20世纪90年代初就读本科之时，每年学费不过区区200元之数，而每个月居然还会有28.5元钱的补贴，算起来竟是倒贴我们去读书的。而如今除了军队院校，这种情况似乎早已成为绝响。普通高校收费动辄每年过万，真不知某些食肉者在做这些决策的时候是否计算过平民家庭尤其是边远农村家庭的经济承受力。倘若平民家庭咬紧牙关挨到大学毕业便能找到一份过得去的工作倒也罢了，问题是就业形势日趋严峻，当年的“天之骄子”如今颇有点“零落成泥碾作尘”的感觉了。其实公平地说，大学毕业本来也只是打一个基础，大学生放低姿态本身并无不当，只是可怜了整个家庭苦苦奋斗十余年的成本付出。依个人愚见，既然全社会都把大学的学习当作打基础，那么就应该按照打基础的价格来让家庭承担，而不是让平民家庭投入巨资最后却收获无几。既然全社会都把大学生当做“白菜”，那么大学收费就应该按照“白菜价”来算，否则就是“拦路抢劫”。“拦路抢劫”的道道是这样的：算准了你非得从我这儿过，所以就得忍受我砍你一刀；大学高收费的道道大概也是如此：算准了你要读硕士、博士就得先读本科，所以就得忍受我高收费。把必需品垄断起来高收费，是很不地道的一件事，古有官府卖盐，今有中国卖房，都是一脉相承、同理可证的事情。当年科举好歹是“以至少之数而挟至奢之望”，如今大学教育却变成了“以至奢之数而挟至少之望”，

[1] 《东方杂记》1905年第11期，转引自《中国科举考试与社会影响》，第27页。

真是令人情何以堪。如果没有记错的话,当年决定大学收费的理由似乎是教育产业化。过去教育投入少,只能搞产业化,这理由似乎也说得过去。不过最近听说教育投入要“大跃进”到每年 GDP 的 4%,于是大大小小的学校都在大兴土木。而且据说这 4% 把很多学校都给吃撑了,只好死命花钱。有些发达地区的名校基础设施已经很好了,如今还要每年 4% 地往里撑,只好“拆了建,建了拆”地来回折腾。反正就是没有听说有哪个学校拿了纳税人的钱之后决定降低大学收费的。想想当年要军队忍耐,军队只好搞经商,后来国防投入大了,军队也就不经商了,不知这个逻辑是否也适用于如今的大学收费。反正每当自己想起那些农村的孩子,心里就会很痛,只是不知道别人痛不痛。在我写下这些文字的时候,正值 2013 年中国高考。与往年的高考相比,今年的高考依然是不变的多,变化的少。不变的是孩子们依然单纯的眼,家长们永远焦虑的脸,变化的是多了那么几条耐人琢磨的新闻:其一,全国高考生数量已经连续 5 年呈下降趋势,从 2008 年的 1050 万人一路下降为 2013 年的 912 万人;其二,全国弃考人数近年来以每年接近 10 万人的速度增加,今年全国弃考学生最多,大约 100 万人,其中不到 20 万人选择出国留学,其余 80 多万人绝大多数为农村考生;其三,全国每年的弃录率也在 10% 左右,许多农村考生因为学费太贵,拿到录取通知书后也没有到学校报到。[1] 我不知道自己能否肯定这些新闻背后的全部含义,唯一能够肯定的是:只要教育的费用继续狂飙不止,那么资本的力量总有一天会成为教育的主宰,多数平民将在一场高成本的教育投入比赛中未战先败,集体出局。无节制的“教育产业化”某种意义上

---

〔1〕“2013 年全国高考报名人数 5 连降,百万学生弃考”,载《京华时报》2013 年 6 月 8 日版。

就意味着资本对教育的异化，一旦资本完成对教育的异化，那么教育作为平民与精英之间流动通道的基本功能将会大大萎缩，至于期望已经被资本异化了的教育来“唤醒人类的爱和自觉”、“打造一个命运共同体”云云，自然更是痴人说梦、天方夜谭了。

收了那么多的钱，质量如何呢？关于中国教育的质量问题似乎还可以探讨一二，我们还是从研究法国入手。就像今天一些中国人在批评中国的时候心中往往是以西方国家为参照系一样，当年勒庞和托克维尔们在批评法国的时候，他们的心中也有一个参照系，那就是英美国家。勒庞对法国的书本教育十分反感，而十分推崇英国的实践教育。他说：“泰纳先生做过出色的说明。他说：观念只有在自然而正常的环境中才能形成。要促进观念的培养，需要年轻人每天从工厂、矿山、法庭、书房、建筑工地和医院获得大量的感官印象……并且或迟或早会产生出一些提示，让他们着手新的组合、简化、创意、改进或发明。而法国年轻人恰恰在最能出成果的年纪，被剥夺了所有这些宝贵的接触、所有这些不可缺少的学习因素，因为有七八年的时间他一直被关在学校里，切断了一切亲身体验的机会……十人之中，至少九个人在几年里把他们的时间和努力浪费掉了，而且可以说，这是非常重要的甚至是决定性的几年。他们中间有一半甚至三分之二的人，是为了考试而活着——我这里是指那些被淘汰者。还有一半或三分之二成功地得到了某种学历、证书或一纸文凭——我指的是那些超负荷工作的人……一个得到充分发展的人出现了，然而他也是个筋疲力尽的人。他成家立业，落入生活的俗套，而只要落入这种俗套，他就会把自己封闭在狭隘的职业中，工作也许还算本分，但仅此而已。这就是平庸的生活，收益和风险不成比例的生活。”[1]“在教育的三个阶段,即儿童期、少年期和青年期,如果从考试、学历、证书和文凭的角度看,坐在学校板凳上啃理论和教科书的时间是有点长得过头了,而且负担过重……我们的教育制度只会培养头脑狭隘、缺乏开拓精神和意志力的资产阶级或无政府主义者,他们是两种同样有害的文明人,只会陷入无关痛痒的老生常谈或肆无忌惮的破坏。”[2]“盎格鲁—撒克逊人并没有我们那样多的专业学校。他们的教育并不是建立在啃书本上,而是建立在专业课程上。例如,他们的工程师并不是在学校,而是在车间里训练出来的。这种办法表明,每个人都能达到他的智力允许他达到的水平。如果他没有进一步发展的能力,他就可以成为工人或领班,如果天资不俗,他便会成为工程师。与个人前程全取决他在 19 岁或 20 岁时一次几小时考试的做法,这种办法更民主,对社会也更有利。”[3]“因此在英国或美国,年轻人很快便处在能够尽量发挥自己能力的位置上。在 25 岁时——如果不缺少各种材料和部件,时间还会提前——他不但成了一个有用的工作者,甚至具备自我产业的能力;他不只是机器上的一个零件,而且是个发动机。而在制度与此相反的法国,一代又一代人越来越向中国看齐——由此造成的人力浪费是巨大的。”[4]说着说着,勒庞又不自觉地提到了中国。原来我把法国当成中国的镜子,勒庞却把中国当成法国的镜子。唐太宗李世民说过,“以铜为鉴,可正衣冠;以古为鉴,可知兴替;以人为鉴,可明得失”。那么,以法国教育为鉴,中国人看到了自己教育的是非得失了吗?

---

〔1〕[法]古斯塔夫·勒庞:《乌合之众:大众心理研究》,中央编译出版社 2005 年版,第 75 页。
〔2〕[法]古斯塔夫·勒庞:《乌合之众:大众心理研究》,中央编译出版社 2005 年版,第 78 ~79 页。
〔3〕[法]古斯塔夫·勒庞:《乌合之众:大众心理研究》,中央编译出版社 2005 年版,第 77 页。
〔4〕[法]古斯塔夫·勒庞:《乌合之众:大众心理研究》,中央编译出版社 2005 年版,第 78 页。

CHAPTER 06 >>

第六章

资本与政治

西方社会的资本与政治

2011年10月,恰逢美国“占领华尔街”运动烽烟四起之时,我随团到美国访问。代表团在华盛顿的最后行程是参观国家航空航天博物馆,第二天博物馆就爆发了上千名“占领者”与安保人员的冲突。到了纽约后发现抗议活动更是如火如荼,纽约证券交易所对面的祖科蒂公园已经被来自全国各地的底层民众完全占领。整座公园就像开了一个底层民众的大Party,帐篷四处乱搭,标语随处可见,那句著名的运动口号——“WE ARE THE 99%”(我们才是99%)贴满了整个公园。占领民众黑白黄棕都有,有戴着耳机看书的,有接受记者采访的,有聚在一起喊口号的,居然还有个摇滚乐队,敲锣打鼓,吵吵嚷嚷,好不热闹。穿过苦中作乐的祖科蒂公园,通过如临大敌的安保防线,我们访问了金碧辉煌的纽约证券交易所。华尔街一位资深的基金经理为我们介绍了美国的银行制度,尤其介绍了美国的中央银行——美国联邦储备系统。华尔街的“生钱术”不消说自然是世界一流的,听懂的自然就是“行家”,没听懂的自然就是“笨蛋”了。而我刚好“半懂不懂”,介于“行家”和“笨蛋”之间。为了免于自己成为“皇帝新装”的看客,我举手提了几个问题:既然美联储是私人资本控制的银行系统,那么为什么可以发行货币呢?既然美联储是私人的,而美国政府是公共的,为什么二者的货币政策和财政政策会配合得如此默契呢?如果说美国政府不能控制美联储,那么是否反过来证明是美联储控制了美国政府?抑或二者都受到了同一个老板的控制?

印象中,那位华尔街基金经理的脸一下子就白了,接着马上又红了。不过这位老兄肯定没有看过中国的样板戏《智取威虎山》,不知道杨子荣当初是怎么对付“座山雕”的——“脸红什么?”“精神焕发”,“怎么又白啦?”“防冷涂的蜡”,因此支支吾吾了半天,最终也没说出个所以然来。还好这是一个无须他回答的问题,也是一个他回答不了的问题。因为这个问题问的是前提,一个国家体制的前提,而一个在体制下活得很好的人是不会去质疑这个体制前提的。如果他这么做了,就等于是在撼动自己的生存基础,用过去的话来说,就是在“背叛自己的阶级”。这位华尔街基金经理满面红光,精神焕发,日子应该过得不错,看不出来他有什么理由背叛自己的阶级。不过我不是美国人,和他也不是一个阶级的,所以没有那么多的顾忌。既然他不方便说,那就我来说几句吧,关于美联储,关于资本。

美国联邦储备系统(Federal Reserve System,简称 FED),1913年根据《联邦储备法》成立,包括联邦储备委员会、联邦储备银行、联邦公开市场委员会三个相互联系的部分,负责履行美国的中央银行的职责。耐人寻味的是,在很长一段时间里,各种公开资料一般都会介绍美联储的核心机构联邦储备委员会的 7 名成员是由总统提名,经参议院同意,任期 14 年,却几乎没有资料提到过这家名曰“联邦储备系统”的中央银行的全部股份其实都是由私人资本控制的,联邦政府在里面没有一分钱的股份。在一个资本至上的社会里,股权就代表着一切,联邦政府没有任何股份,怎么会有话语权呢？反过来说,既然私人资本掌握了美联储的所有股份,为什么又要让总统和参议院来“掌握”人事权呢？难道就不担心总统和参议院因此夺走美联储的控制权吗？从一个正常中国人的思维习惯出发,这件事听上去确实有点别扭。不过一般人只要想想美国人都别扭了 100 年,而且还别扭出了世界第一,就会怀疑自己是不是因为确实是个笨蛋才看不见新装的,因此别扭了一会儿也就不敢继续别扭下去了,关于美联储控制权的“理论与实践相互脱节”的问题也就这么一直不求甚解地挂在超级大国的巨大阴影之后。然而真正的理论与真正的实践是不会脱节的,只要中国人换上另一种思维习惯,关于美联储的“理论困惑”也许就可以迎刃而解了。这种思维习惯就是:美国的政治的确是受到资本控制的,资本才是美国真正的老板。假设一下,如果资本真的同时控制了美联储和联邦政府,那么偶尔让自己的左手“管管”自己的右手,又有什么配合不好的呢？当然这还只是一种理论假设,事实的情况是否真的如此呢？

事实的情况大概就是如此。研究西方的问题要回到西方的历史现场,不能只站在自己的历史传统和思维习惯上以己度人地想当然。美国是欧洲人拓殖出来的,其主要基因都是从欧洲带来的,因此研究美国的问题就得从欧洲说起。正如前文所述,由于历史上欧洲大陆长期分裂,导致欧洲各国长期混战。战争是一台绞肉机,更是一头吞金兽，每当到了战事吃紧的节骨眼，已经杀红了眼的各国政府别无退路，只能拼命借钱，甚至达到饥不择食的地步。1689 年通过著名的“光荣革命”将老丈人詹姆士二世赶下台的威廉三世继任英国国王后，为了和老对手法国“太阳王”路易十四进行“八年战争”(1689 ~ 1697)，就是这么饥不择食地到处借钱的。于是一批私人银行家就向威廉国王提出了一个“伟大”的设想：设立一个私有的英格兰银行，专门负责为国王融资。具体办法是由这家银行向政府提供 120 万英镑的现金作为政府的永久债务，政府只要每年支付给银行 8% 的利息，就可以立即拿到这 120 万英镑去打那讨厌的路易十四了，而且永远不用还这 120 万英镑的本金。当然有一个条件，那就是威廉国王必须允许英格兰银行发行不超过 120 万英镑的银行券(Bank Note)作为国家认可的货币，因为这背后有 120 万英镑的国债信用做保证，而这国债信用又是用国家未来的税收做抵押的。这个道理说起来似乎也很讲得通，然而玄机就在后面这个条件上。放贷得息，欠债还钱，本来是天经地义的，偏偏私人银行家只要国家付利息，不要国家还本金，就让国家永远欠着私人的钱，条件是让国家把货币发行权交给私人银行。也就是说，私人银行家一方面得了利息，另一方面通过发行与本金等值的货币事实上把本金也收回来了，同时顺手牵羊拿到了本应属于国家的发钞权，简直是在变魔术。仔细想想，这个魔术之所以能够变成，除了因为国王打仗急着用钱之外，很可能还是因为国王自己也没有发行过货币，从来只是老老实实地借钱还钱，像设立中央银行发行法定货币这样的“金融创新”也只有银行家才能想得出来，结果导致本该属于国王的国家信用就这样被私人银行家窃取了。反正不管如何，1694 年，威廉三世颁发了皇家特许执照，英格兰银行这家可以发行货币的私人银行就此开张了。

听到这里，中国人可能还是觉得有点别扭："我咋觉得这国王挺窝囊的，就几个私人老板居然也把他给玩弄了，你说他一时糊涂被骗也就算了，等以后明白过来了，干嘛不狠狠地收拾一下他们？"不用觉得别扭，欧洲的国王从来就是这么"窝囊"的，而欧洲的私人老板从来就是这么"牛"的。原因我在本书的第一篇以及《文明与法治》一书中已经说过多次了，由于欧洲高度分裂的地缘政治现实导致每一个国家都处于外部替代性竞争的压力之下，从而倒逼着每一个国家的国王都必须善待那些有实力的商人，否则资金和人才必会流失。"一个莱茵兰的男爵因对商旅过度征税而发现，商路改到别的地方，他的收益不翼而飞了。一位赖债的君主，在面临下一次战争威胁并急需资金去装备他的陆军和舰队时，很难再借到一笔贷款。银行家、军火商和手工工匠都是社会的重要成员，而不是敲边鼓的。有时那些较少洞察力的领导者，如西班牙卡斯蒂利亚的君主或法国一个偶尔上台的波旁国王，企图杀掉下金蛋的鹅，但结果便是财富减少，以及随之而来的军事实力的衰退。"[1]保罗·肯尼迪的这句话再清楚不过地告诉世人，由于欧洲的分裂导致欧洲各国的相互竞争，在外部竞争压力的倒逼之下，没有一个欧洲国王能够完全控制住自己王国内部的贵族和臣民，更弗论控制住那些跨国流动的资本了。没有稳固的对内控制，就不可能有强有力的对内管理，因此像动用国家信用强制发行法定货币这样的事情在当时的欧洲的确是很难想象的。欧洲王权比较强大的"主权国家"直到16世纪以后才逐渐成形，而欧洲的商业活动早已经进行了几千年，大大小小

〔1〕［美］保罗·肯尼迪：《大国的兴衰》，国际文化出版公司2006年版，第19页。

的王公贵族向跨国经营的商人们借钱打仗也早已经进行了几千年,从金银货币一直借到了银行券货币,一切都处于历史的连续性之中,没有什么值得大惊小怪的。而金融活动从一开始就操于私人资本之手,关于货币问题的各种"量变"和"质变"基本上都是私人资本在操心,自然也都是私人资本在操盘,这也没有什么值得大惊小怪的。简单一句话,国家政治不强大,私人资本就强大;"政治"和"资本"这一对天生的对手从来就是在坐"跷跷板"的,谁强谁弱,那得要看机缘。而欧洲的机缘就是这样的:一方面,欧洲的高度分裂导致了欧洲政治的长期碎片化;另一方面,欧洲的经济竞争最终导致了欧洲的资本垄断。尽管欧洲政治的总趋势也是在不断的"结晶"之中,然而历史已经证明,欧洲政治的结晶速度远远赶不上欧洲资本的集中速度和联合速度。这是欧洲地缘政治的宿命,怨不得别人。至于欧洲为什么会分裂,本书第一章的文字已经交代得很清楚,这里就不再重复了。资本一旦率先完成垄断或者联合,那么政治就很难有机会翻盘了。因为资本既然把政治当作自己的最大对手,就必定会想方设法对政治进行"分而治之",不让后者轻易联合起来,而其中最厉害的"必杀技"大概就是策动战争了。战事一起,血流成河,家仇国恨,齐上心头,哪里有空考虑与敌人联合的问题?而战端一开,就得借钱,想借多少?多多益善,哪里有空考虑被资本绞首的危险?由于欧洲的战争有其地缘政治的必然因素,因此我不能肯定资本的黑手究竟在其中起到了多大的推波助澜的作用。我唯一能够肯定的是,由于打仗必须借钱,因此每一场战争事实上就是一道资本的绞索,一道尚未挣脱,另一道就又套上。想想欧洲近现代都打了多少场战争啊!在重重绞索之下,欧洲的政治想必早已被私人资本紧紧地套牢吊起,动弹不得,越动越紧,再动断气。在搞定了政治这个最大的对手之后，资本从此“独孤求败”，很快便加冕“主义”，成了不折不扣的“资本主义”。

英格兰银行的设立是西方货币史上的一次“质变”，也是私人资本的一次“突破”。拿到法定货币发行权的私人银行家和获得寅吃卯粮通行证的英国政府都不会把胃口限制在120万英镑上。借债，发钞，多借债，多发钞，国债越借越多，货币越发越多，英格兰银行凭借着国家信用作担保的底气，逐渐在与其他银行的竞争中脱颖而出，傲视群雄。1844年英国国会通过了《比尔条例》，限制和削弱其他银行的货币发行权，逐步归拢授予英格兰银行；1928年英国国会又通过《通货与银行钞票法》，英格兰银行最终垄断了英格兰和威尔士地区的法定货币发行权，成为全世界第一家中央银行，私人资本就这样完成了对公共政治的渗透和控制。回顾这一历史可以发现，私人资本在获得货币发行权的时候的确也付出了相应的对价，因此从形式上看似乎也是公平的，然而从实质上看，这个过程其实就是私人资本用金钱从过去的军事贵族手里买走了国家主权。想当年军事贵族凭借自己的武力获得了统治资格和国家主权，如今却被资本贵族用金钱悄悄地买走了。如果用法律的语言来描述，那就是：这一场买卖的形式似乎是公平的，然而买卖的标的却是非法的，因为西方人自己都说了，国家主权本应“在民”。而在突破了英国这个最强大的国家之后，垄断金融资本再接再厉，鼓动起“战争”和“金钱”的强大双翼，迅速席卷了欧洲各主要大国。可以这样说，第二次世界大战之前的整个欧洲资本主义时代，就是欧洲政治向金融资本俯首称臣的时代。

美国是欧洲金融资本的下一个猎物。八年独立战争之后，新生的美国政府欠下了一屁股的巨债，必须得想办法还钱。于是开国元勋们在美国中央银行究竟“姓社还是姓资”的问题上展开了激烈博弈。以财政部长亚历山大·汉密尔顿为首的“走资派”代表的是精英阶层的利益,极力主张拷贝英国的英格兰银行模式,为美国成立一家私有的中央银行,不过允许联邦政府在里面当一个小股东;而以国务卿托马斯·杰斐逊为首的“民主派”则更多地考虑到了平民大众的利益,杰斐逊说:“一个私有的中央银行发行人民的公共货币,这对人民自由的威胁比敌人的军队更严重。”“我们不能容忍统治者将永久债务强加在人民的身上。”眼看左膀右臂在央行问题上发生了严重的分歧,老好人华盛顿总统有点不知所措了,而国会也深陷精神分裂的痛苦之中:联邦宪法授权国会发行货币,可没有授权国会转让货币发行权呢。犹豫了好久之后,总统和国会还是顶不住战争债务的巨大压力。1791 年,怀着对金钱极度的渴望,美国通过了对美国第一家私有中央银行的授权,有效期 20 年。这家名为“美国第一银行”的私有中央银行总共发行 2.5 万股股票,包括英格兰银行在内的外国私人资本购买了其中的 1.8 万股,价值约 720 万美元,占美国央行 2/3 的股份。而联邦政府压根就没钱,勉强认购了 200 万美元股票,就这点钱还是向私人银行贷的款。经过激烈的博弈,国际金融资本终于还是暂时控制了美国的货币发行权。

美国“民主派”将狙击私人资本的希望寄托在了 20 年之后。1811 年,美国第一银行的授权到期,此时恰逢“民主派”领袖杰斐逊的第二个总统任期。果然,经过一番近乎白热化的博弈之后,美国第一银行的授权延期提案被国会否决。几个月之后,被称为美国“第二次独立战争”的英美 1812 年战争爆发。甭管谁胜谁负,反正被死命折腾了 3 年之后,美国政府再次债台高筑。万般无奈之下,麦迪逊总统只能于 1816 年再次授权成立第二家私有中央银行。这家名为“美国第二银行”的私有中央银行依然由英格兰银行为首的外国私人资本控股80%，联邦政府依然只是个小股东，但是它同样也只得到了20年的授权。这是一场12回合的“拳击赛”，不管是“走资派”还是“民主派”都不要太着急。20年之后，杰斐逊总统变成了杰克逊总统，同样的博弈再次上演。军人出身的安德鲁·杰克逊总统是杰斐逊思想的忠实信徒，对私人资本更加深恶痛绝。在国会已经通过美国第二银行授权延期的情况下，杰克逊总统毅然动用否决权将其否决，并下令财政部长路易斯·麦克莱恩将政府资金从第二银行全部撤走，转存到各州银行。没想到麦克莱恩居然拒绝执行命令，杰克逊立即解雇了麦克莱恩并任命威廉·约翰·杜安为财政部长，不料杜安居然也拒绝执行命令。杰克逊再次解雇了杜安并任命罗杰·B.特尼为财政部长，最后特尼按照杰克逊的要求，从1833年开始取出政府存在美国第二银行的存款。在《关于合众国银行的否决咨文》中，杰克逊总统这样写道：“令人遗憾的是，有钱有势的人太经常地迫使政府屈从于他们的私利目的。我们的许多富人不满足于平等的保护和平等的照顾，他们还要我们通过国会的立法使他们变得更富。我们坚决反对我们的政府为少数人谋取私利而损害众多人利益的那种卖淫式的行为。”而在自己的墓志铭上，杰克逊只写下一句话——“我杀死了银行”。关于美国第二银行的存废较量的确不是一个简单的经济问题，而是资本与政治之间的一场殊死较量，是对货币发行权这一金融制高点的反复争夺。杰克逊的暂时获胜使得美国从此进入了没有中央银行的70多年时间，然而合众国的经济和政治也从此进入了一个真正的多事之秋：1837年经济大恐慌；1857年经济大恐慌；1907年经济大恐慌；1835年刺杀杰克逊总统未遂；1841年哈里森总统“意外”死亡；1841年约翰·泰勒总统被辉格党开除出党;1850 年扎卡里·泰勒总统“意外”死亡;1861 年南北战争爆发;1861 年林肯总统发行政府自己的“绿钞”;1865 年林肯总统被刺杀;1881 年詹姆斯·加菲尔德总统被刺杀;1901 年威廉·麦金莱总统被刺杀。作为一名法学院的毕业生,我没有习惯在缺乏确凿证据的情况下进行有罪推定和有罪指控,这也正是我一直不愿意正面讨论“阴谋论”的原因所在;然而只要我们还相信“偶然之中有必然”这句话,就的确会发现一个难以解释的“巧合”:为什么这个时期的总统会频频出现意外,而且这些出了意外的总统都曾经纠结于货币问题?

历史上很多人都曾经问过这个问题,不过那些资本寡头是不屑回答的,他们还有更重要的事情要办。因为在经过 70 多年的殊死折腾和无孔不入的经济渗透之后,美国人终于顶不住资本的压力,准备再次成立中央银行了。当然不消说,这个中央银行一定还是私有的,否则很可能还得“千万颗人头落地”。1910 年 11 月,在佐治亚州海岸的一个私人海滨度假胜地哲基尔岛上,一群最有影响力的私人银行家召开了一次秘密会议,敲定了成立“美国联邦储备系统”的一整套方案。这次为了糊弄住“民主派”的信徒们,银行家们可谓绞尽脑汁。从经济的“里子”到政治的“面子”,虚虚实实,实实虚虚,最后打出了“总统任命,国会审核,分权制衡”等一连串烟幕弹,终于成功地瞒天过海。1913 年圣诞平安夜前夕,美国国会通过了《美联储法案》,全世界最强大的私有中央银行就此诞生,私人资本就此完成了对西方政治的控制。

这个世界有太多太多复杂的现象,当你说 A 的时候,有人就要说 B;当你说是“白的”的时候,有人就要说是“黑的”;当你说“子非鱼”的时候,有人就要说“子非我”。没有关系,当我们无法穷尽了解所有现象的时候,不妨就去观察一些标杆,就像是士兵在千军万马的厮杀中观察军旗一样。标杆在,本质就没变,标杆若不在,本质也就变了,而中央银行大概就是这样的一个值得观察的标杆。仔细想想,这个世界的每个人一辈子都要拿着一张纸头去买东西,你说这张纸头厉害不厉害?当然厉害了。那么这么厉害的纸头是谁搞出来的?是中央银行。好吧,最后一个问题:这家中央银行是谁开的?现象总是复杂的,本质则是简单的。如果有时间,关于美国资本与政治的关系史还可以继续追究下去,如果没有时间,那么只要观察一下美联储是不是还在就行了。既然今天美联储还活得好好的,我想美国社会的本质从1913年到现在就不太可能有什么大的改变。

过去人们常说美国是一个"民主社会"(A democratic society),也常说美国是一个"资本主义社会"(Capitalist society),却很少有人说美国是一个"民主主义社会"或"资本社会"。为什么"主义"这顶王冠要戴在"资本"的头上而不是戴在"民主"的头上呢?要想回答这个有趣的问题,就得回到马克思那里去。马克思说得再清楚不过了,经济基础决定上层建筑。很显然,"民主"只是上层建筑,"资本"才是经济基础,"主义"这顶王冠当然只能由"资本"戴着了。我曾经问过一位朋友一个假设性的问题:如果让你选择当"富二代"还是"官二代",你选择哪一个?朋友毫不犹豫地回答:我选择当"富二代"。问:为什么?答曰:财产可以直接赠与和继承,想买什么就买什么,合理合法,谁也管不着;官位可不能这么干,多少人盯着你呢,再说退休以后怎么办。诚然,在一个私有财产"神圣不可侵犯"的世界里,金钱的力量的确远远超过了其他力量。当一切都可以被定价和购买的时候,有钱就意味着拥有一切。李普曼说:"既然一切差不多都可以为某人所有,那么某人就有可能支配一切。这是一种极端的复数主权。这是任人发挥经济哲学的经济统治,尽管据认为它受到了政治经济学不变法则的支配、最终必定带来和谐。它产生了许多美好事物,但也制造了一些足够可恶而可怕的事情,从而启动了逆流。"[1]托克维尔也说过:"对享有特权者来说,最危险的特权是金钱特权……追求荣誉、渴望领导国家的人,为数不是太多,但是不想发财致富的人却少而又少。许多人对谁在统治他们可以不闻不问;但是对其私有财产的变化漠不关心的,却寥寥无几。因此,金钱特权比起权力特权来,所给无几,却危害更大。法国贵族宁取金钱特权而舍弃其他,结果从不平等中保留下来的是些有害无益的东西。"[2]托克维尔批判的是法国,而对于美国,我们都知道托克维尔还是比较欣赏的。不过托克维尔的《论美国的民主》上卷是在 1835 年出版的,而真正在美国考察的时间则是 1831 年至 1832 年,其时恰逢杰克逊总统像战士一样地"杀死"美国第二银行,美国"民主派"的士气正处于历史的最高点。托克维尔 1859 年就去世了,他并没有看到美国 1861 年南北战争,也没有看到 1865 年林肯遇刺,更没有看到 1913 年美联储成立。而这一切,比他晚一个时代的勒庞全都看到了,因此勒庞说:"一般来说,正在美国兴起的贵族制绝不是建立在头衔和勋章的基础上,它纯粹是财富上的贵族制……当托克维尔在《论美国的民主》一书中谈到人们对平等的普遍渴望时,他没有意识到他所预言的那种平等将要终结,人们将重新划分等级,这种划分的唯一基础就是人们拥有的美元数量。在美国不存在其他等级,而且,确定无疑的是,总有一天,欧洲也会出现同样的情形。"[3]

---

〔1〕 [美]沃尔特·李普曼:《公众舆论》,上海世纪出版集团 2006 年版,第 213 页。
〔2〕 [法]托克维尔:《旧制度与大革命》,商务印书馆 1992 年版,第 289 页。
〔3〕 [法]古斯塔夫·勒庞:《革命心理学》,广东人民出版社 2012 年版,第 285 页。

现在有一个问题：如果说在资本的巨大力量面前，政治已经无力单独抵抗，那么平民的加入难道不是一种牵制力量吗？民主体制之下的政治至于如此一边倒吗？说得对，就在资本与政治开展“精英赛”的时候，平民的力量的确也在悄然壮大，并且以民主投票的方式在形式上决定了政治家的去留，因此民主时代的政治绝对不能继续小瞧平民的力量了。然而正如本书第四章所说的那样，平民参与政治是有一些天然缺陷的，“信息不对称”和“经济不平等”这两个隐形的“民主杀手”都能够在很大程度上影响到民主的真实效能。平民有选票，精英有钞票，究竟是选票厉害，还是钞票厉害，理论上当然可以见仁见智，实践上则似乎是钞票更厉害一点。这就像是观看拔河比赛，不能因为看到两边都有队员在摩拳擦掌，就断言最后一定会势均力敌，究竟谁厉害只有下场比过才知道。而只要想想连在中国这样一个“政治挂帅”的国家里，如今的人们都宁当“富二代”，不当“官二代”，我们就可想而知在西方这些“资本主义”国家里，什么才是决定性的力量了。而更加吊诡的是，西方民主中引以为傲的“多党竞争”和“轮流执政”一方面似乎加强了平民大众对政治精英的约束，另一方面却在事实上将政治精英更深地推向了资本精英的怀抱。对于这个判断很多人一下子有点迷惑不解，于是我就问他们一个问题：你觉得为什么电视剧里的乾隆皇帝要同时任用和珅和纪晓岚这两个死对头吗？多数人都回答得很快：制衡啊。没错，是制衡，帝王的“驭人之术”。只要和珅和纪晓岚互相掐架，乾隆皇帝就睡得着觉了，下次想治治哪一个，不用自己亲自动手，只要抬抬另一个就行了，而且力气还不用太大；因为这两个死对头已经势均力敌了，一个小小的砝码就足以打破平衡，决定胜负。对于乾隆皇帝来说，谁胜谁负没什么要紧的，要紧的是这两个人从此都乖乖地听自己的话。倘若把这个道理转换一下时空,放到西方“多党竞争”的场景里,不知道是不是也适用呢?倘若资本是垄断的,政治也是垄断的,那么二者狭路相逢之时或许还有一番恶斗,谁胜谁负恐怕也还有点悬念;而倘若资本是垄断的,政治则是竞争的,那么二者之间孰强孰弱恐怕就没有多少悬念了。剥夺政治家的世袭地位是平民的一次胜利,也是历史的一次进步,不曾想到的是,由于资本家的世袭地位并没有同时被剥夺,导致政治家从此在资本家面前矮了三分。正所谓“铁打的资本,流水的政治”,资本家的世袭制使得资本的联合变得容易和必然。几代人交易下来,彼此知根知底,交易费用也低;几代人交手下来,彼此深知“合则两利,斗则两伤”的道理;几代人交往下来,岂不是门当户对,亲上加亲?因此几代人下来,资本家们要想不联合都难。就像托克维尔所说的,“不动产的不均使一些家族富足,它使有钱人彼此联系,把几代人之间也联合起来,并在国家中建立一个单独的小民族,他们在自己所在的大民族中,总能获得某种凌驾于大民族之上的权力。对民主制政府最为有害的恰恰是这些东西”[1]。一旦资本家联合起来形成垄断,相互竞争的政治家就真的很难与之抗衡了。资本家们很快就会发现,要在垄断性政治中搞倒一个政治家没有那么方便,而要在竞争性政治中搞倒一个政治家却是十分容易的。倘若哪一位政治家不听招呼,竞选时减少点捐款就足以警告他了;若不思悔改,那就给他的竞选对手多捐点款;再不行,开动舆论机器给他抹点黑;还不行,那就派一个搅局的把他的选票分掉一点。在对阵双方势均力敌的时候,一个搅局者是足以颠倒一场胜负的。而在人人搏出位的民主政治中,找到一个愿

〔1〕[法]托克维尔:《旧制度与大革命》,商务印书馆1992年版,第301页。

意搅局的人并不是什么难事。政党不提名又有什么关系，宪法从来就不禁止独立候选人参选的。1912 年，威廉·塔夫脱总统竞选连任，对手是名不见经传的伍德罗·威尔逊。塔夫脱的选情明显占优，正踌躇满志间，不料前总统西奥多·罗斯福突然杀了个回马枪也来竞选，直接就把塔夫脱的连任梦给搅没了。要知道塔夫脱曾经是罗斯福的战争部长，是罗斯福亲手培养的接班人，所以这玩笑开得实在是有点大。罗斯福卸任总统后都已经跑到非洲去打了一大圈的猎，捕获了从昆虫到大象的 11397 种动物，怎么会有心情回来搅这个局，是很耐人琢磨的一桩悬案。罗斯福的真正想法也许我们永远无从知道，但是他的搅局从塔夫脱手中生生抢走了 27% 的选票，最后将得票率仅 42% 的威尔逊送上了总统宝座，这一点我们是知道的；而威尔逊上台之后仅一年，《联邦储备法案》就获得通过，美联储正式成立，这一点地球人都知道。总统已经是顶级的政治家了，如果对总统都可以采用这种办法来“制衡”，那么其他中小政治家就更不难办了。竞争性政治起起落落，浮浮沉沉，对于政治家来说，真是上一顿不知下一顿在哪里，前四年不知后四年行不行。看着政治家“今天不努力工作，明天努力找工作”，看着他们拿着不高的薪水，平民们别以为这就是“民主”的威力而光顾着高兴了，还得想想政治家也是人，也有老婆孩子，也有七情六欲。在一个一切按照金钱排序的社会里，资本家有的是办法和机会俘获政治家，尤其是在平民不肯出钱或者无钱可出的情况下。当然也许有人会说，虽然政治家在位期间薪水不高，但是有了名气，卸任后可以到公司里去当个董事顾问什么的，钱是少不了的。没错啊没错，“到公司里去，钱是少不了的”，什么叫作公司？什么叫作资本？“在任不努力，卸任徒伤悲”，精英的“旋转门”岂是白转的？

马克思在《1844年经济学哲学手稿》中曾引用亚当·斯密的话说:"继承了大宗财产的人并不因此直接得到政治权力。这种财富直接和径直提供给他的那种权力是购买的权力……就是他的资本的那种不可抗拒的购买的权力。"[1]恩格斯在《家庭、私有制和国家的起源》中也说:"民主共和国已经不再正式讲什么财产差别了。在这种国家中,财富是间接地但也是更可靠地运用它的权力的,其形式一方面是直接收买官吏(美国是这方面的典型例子),另一方面是政府和交易所结成联盟……除了美国以外,最新的法兰西共和国,也是这方面的一个显著例证,甚至一本正经的瑞士,在这方面也作出了自己的成绩。"[2]作为私有财产的高级形态,资本的确具有无比巨大的力量,足以异化它遭遇到的所有东西。"不可抗拒的购买的权力"事实上就是"不可抗拒的异化的力量"。前文所有关于资本与政治的论述,其实都是在力图阐明一个论断:当资本遭遇政治,资本异化了政治,而在资本主义社会里,民主也难以防止这种异化。关于马克思主义的这一个论断,许多西方学者在后来的民主实践中也都慢慢地意识到了。克里斯托弗·拉希说:"限制财富影响的重重困难说明财富本身就该受限制。当金钱万能的时候,一切就只能臣服听命了。因此,一个民主的社会绝不会允许财富的无限聚敛。"[3]安东尼·阿伯拉斯特也说:"财富和经济上的不平等是政治不平等的一种形式,这与被表述为'人人皆有投票权'口号的政治平等的原则是相矛盾的。例如,报纸、电视台和广播频道的所有权和支配权从某种角度来说完全是经济力量的一种形式,它们通过购买这类商

[1] 马克思:《1844年经济学哲学手稿》,人民出版社2000年版,第21页。
[2] 恩格斯:《家庭、私有制和国家的起源》,人民出版社1999年版,第179页。
[3] [美]克里斯托弗·拉希:《精英的反叛》,中信出版社2010年版,第13页。

品来获取,与其他任意一种私人所有权的取得一样。但是明白无误的是,媒体的所有权也是政治权力的一种形式,并为其所有者作为政治权力所使用。单个的个人所有的投票权与这些拥有此类影响乃至决定政治结果的权力的人比较起来,在参与政治的形式中是那么的微不足道和毫不相关……事实证明,在多数现代代议制民主政治中,在投票站是我们都拥有平等权力的地点和时刻——人人皆有投票权。而其他形式权力的分配却很不平均,很不平等……如果我们有心想要创造一个完全民主的社会,那么毋庸置疑的是远远超出狭隘政治意义的和形式上的平等必须作为我们的目标之一。"〔1〕没错,"一个民主社会绝不会允许财富的无限聚集","如果我们有心要创造一个完全民主的社会,那么毋庸置疑的是远远超出狭隘政治意义的和形式上的平等必须作为我们的目标之一",克里斯托弗·拉希和安东尼·阿伯拉斯特的话是对西方社会资本与政治关系的反思,更是对马克思关于资本异化的科学论断的印证。

中国社会的资本与政治

作为一个社会最有权力的两种精英,资本与政治是一对天生的对手,不论是在西方还是在中国都莫不如此。资本精英倚仗的是金钱,政治精英倚仗的则是权力。在欧洲的贵族政治时代,权力是与身份相互联结的,政治地位往往有钱也买不到;不过由于欧洲政治的多元化导致了权力与权力之间的相互竞争,使得有限的权力最终也没有办法控制住流动的金钱。可见在古代欧洲,资本与政治之间的斗争可谓各有长短,难分高下。进入资本主义社会之后,在资本

〔1〕[英]安东尼·阿伯拉斯特:《民主》,吉林人民出版社2005年版,第112~113页。

主义生产方式的冲击之下,欧洲完成了“从身份到契约”的转变,权力不再与身份相互联结,从而使得金钱有了很大的作为空间。托克维尔说:“资产阶级却富裕起来,有了教养;资产阶级就生活在贵族身边,他们不需要贵族,反对贵族;贵族既不愿把资产阶级当作合伙人,也不愿把他们当同胞;贵族不久就发现资产阶级乃是他们的竞争对手,过后就成其敌人,而且最终成为他们的主人。”[1]虽然在民主时代,平民的投票在形式上决定了权力的归属,但是一旦私人资本完成最大规模的集结,就有可能在事实上对政治的走向产生决定性的影响。从这个意义上说,西方民主政治的主要矛盾其实是分散的平民如何与垄断的资本争夺对政治的影响力问题。当西方社会经济繁荣、资源充裕的时候,资本有足够的利润空间用来调和自己与平民的关系,这个矛盾往往就会被暂时掩盖起来,一旦西方社会经济萧条、资源萎缩,资本的利润空间缩减,这个矛盾就会凸显出来,美国“占领华尔街”运动就是一个“一叶知秋”的典型例证。不过“占领华尔街”运动的结局似乎并不太好,美利坚平民们在祖科蒂公园“以头抢地耳”地折腾了两个月之后,还是被美国纽约警方的突袭行动彻底清场。1%的资本精英依然在华尔街翻云覆雨,99%的平民大众则证明自己连个公园也占领不了,只好回家继续生闷气。有什么办法呢?“这是一个资本的世界,空气里都是金钱的味道,没钱的人是可耻的”。[2]

那么中国的情况又是如何的呢?中国的情况有点反过来了。正如前文所述,由于独特的地缘政治结构发挥作用,中国人早早地

---

〔1〕 [法]托克维尔:《旧制度与大革命》,商务印书馆1992年版,第173页。

〔2〕 中国歌手张楚有一首歌《孤独的人是可耻的》,其中有一句歌词是这样写的——“这是一个恋爱的季节。空气里都是情侣的味道,孤独的人是可耻的”。

在亚欧大陆的东部完成了一次史无前例的统一,从而孕育出了一个举世无双的“天下国家”。因为长期缺乏外部的选择性竞争压力,所以中国的政治最终完成了对国家的垄断性控制,权力成为尊卑排序和资源配置的决定性力量。而一旦政治完成了对整个国家的垄断性控制,就不会再允许有任何竞争对手出现。因此除了严厉对待内部的政治挑战者之外,资本自然而然地成为了政治的主要打压对象。在漫长的农业时代,对资本的打压是与对农业的扶持相互联系在一起的,也就是“重农抑商”。用清朝雍正皇帝的话来说,那就是“朕观四民之业,士之外,农为最贵。凡士工商贾,皆赖食于农,以故农为天下之本务,而工商皆其末也”,“重农抑商”因此又称“重本抑末”。在农业至上的古代产业结构下,“重农”当然没有任何问题,“抑商”则是大可商榷的。以中国政治精英的能力,在经过长期的经济实践之后,不会不知道商贾之便对于一个庞大的国家来说同样是不可或缺的。然而这些政治精英依然用了很大的力量来抑制整个国家的商业冲动,其中自有其超越经济范畴的考量:其一,抑制商业的逐利性对农民的“异化”,以让农民们本本分分地守着土地搞农业生产;其二,抑制商业的流动性对农村“父母在,不远游”的小农生活方式的破坏,阻止横向社会结构的发育,以免影响权力对社会的纵向控制;其三,抑制财富的大规模集中,防止资本精英向政治精英发起挑战。明眼人都能看得出来,这几点考量很显然都是有利有弊的。然而由于农业在几千年时间里一直保持了人类社会顶级产业的桂冠,因此只要农业发达,其他问题也就可以忽略不计了,可见“重农抑商”的政策在古代基本上还是利大于弊的。当然了,“福兮祸之所伏”,一个政策如果成功得太久,就一定会轮到倒霉的时候。缺乏商业传统的社会即便有了远行的本领,往往也没有了远行的冲动,中国人虽然在陆地上凭借农业的扩张缔造了史无前例的辉煌,然而漂洋过海创造另一个辉煌的事情却只能拱手让给别人了;而等到社会生产力终于量变到了足以引发工业革命的质变时刻,缺乏资本传统和契约传统的乡土中国更是只能目送西方文明一骑绝尘了。

在完成了对国家权力的垄断性控制之后,中国古代政治精英对资本精英的态度基本上都是"边利用边打压"——利用他们通商生财的经济本领,打压他们稍有膨胀的政治野心。资本精英自己若是"拎得清",那就老老实实躲在角落里闷声发大财,否则难保不会招来杀身之祸。当然在这个政治挂帅的社会里,如果不和政治打交道估计也是发不了什么大财的,而且还难保不会被贪官污吏当成猪来宰。中国民间至今流传着沈万三因富招祸的传说,说是朱元璋打天下的时候,苏州商人沈万三不知是因为"通番"还是真有个"聚宝盆",反正"资巨万万,田产遍于天下",富可敌国。朱元璋攻打苏州时,沈万三鼎力支持张士诚守城,搞得朱元璋费了 8 个月的劲才破城。于是朱元璋得了天下之后,沈大财主赶紧花钱消灾,结果用力过猛,马屁拍到了马腿上。《明史 · 马后传》记载:"洪武时,富民沈秀者助筑都城三分之一,请犒军。帝怒曰:匹夫犒天下之军,乱民也,宜诛之。后谏曰:不祥之民,天将诛之,陛下何诛焉!乃释秀,戍云南。"再有钱也还是个"匹夫",胆敢炫富就更是个"乱民",露头就打,绝不姑息。在政治精英挂帅的古代中国,资本精英的地位和命运大抵上就是如此罢。沈万三的事情虽有正史记载,史学界却还有争论,大概是说老沈和老朱的年代对不上,老朱坐天下的时候,老沈似乎已经"翘辫子"了,不可能帮老朱筑城墙。不过老百姓可不管你正史野史的,把沈万三的故事越编越神,说是朱元璋在南京城墙的竣工宴会上还给沈万三"素封"了个"白衣天子"的绰号,这简直就是唯恐天下不乱了,俗话说"王不见王","白衣天子"见到了"真命天子"那还有救?编出这样的传说颇有点"精英台上干架,平民台下看热闹"的心理在里头。其实几千年来中国精英干架,资本就没有赢过政治的时候,沈万三斗不过朱元璋,胡雪岩也玩不过李鸿章,这一台戏本来就没有多少悬念可言。平民既爱编又爱传,大概也是在借机发泄一下几千年如一日的"仇官仇富"情绪罢了——"狗咬狗,一嘴毛"。

自从公元前221年秦始皇统一中国之后,中国大一统的政治格局就未曾有过任何改变,因此政治压倒资本的格局也就不会有什么变化。政治压倒资本固然在一定程度上避免了资本异化政治的危险,然而这并不意味着过于强大的政治反过来异化资本就不是一种危险了。勒庞批评法国的官僚主义说:"至于它耗费如此之多,就像委员会所揭发的,都是因为专断的国家官吏,不惜侵吞国家财产造成的。比如建造一个楼梯,工程已经完工,却说它不符合装饰,毁了重造……某科长的贵重的脚或许可以不至于受寒,可是国家已经耗费了数十万……如果私人像这样经营,早就倒闭了,可是国家还不至于灭亡。"[1]连欧洲"小中国"的官僚都能有这等派头,我等大中华帝国的官僚当然只能是有过之而无不及了。别以为资本就意味着罪恶,其实资本还意味着效费比,意味着成本节约,意味着财富增值,意味着自负盈亏,而关于这些问题,垄断型政治可就不管那么多了。多么熟悉的一句话啊——"如果私人像这样经营,早就倒闭了,可是国家还不至于灭亡"。国家不是不会倒闭,只是要捆绑着全体人民一起倒闭罢了,中国社会从古到今真不知发生过多少这样的事

〔1〕［法］古斯塔夫·勒庞:《心理学统治世界》,金城出版社2011年版,第57页。

情。不按照市场经济规律办事,粗暴干涉企业的经营活动,铺张浪费纳税人的钱财,随意侵夺人民群众的财产乃是政治异化资本的基本特征,其为害之烈,一点都不逊色于资本异化政治。除了异化资本,过于强大的政治权力甚至可以异化整个社会,以至于一个社会的一切事情最后都要跟政治权力挂上钩。勒庞批评说:"广义上讲,一切拉丁民族;狭义上讲,法国人,都认为国家是公认的领导,应该管理一切、创造一切、指挥一切,并避免接触公民的轻易的自我行为……种植葡萄的人的葡萄不能够售出,如果国家不购买的话,就会群体起来暴动;船主不能和国外去竞争,就会要求国家赔偿他的损失……"[1]以法国为鉴,中国人是否看到了自己的品行相貌?"这是一个政治的世界,空气里都是权力的味道,没权的人是可耻的"。无论是"空气里都是金钱的味道",还是"空气里都是权力的味道",都不是一种健康和自由的味道,真心希望中国人不要"如入鲍鱼之肆,久而不闻其臭,亦与之化矣"(《孔子家语》)。

2012年春节,震惊于富士康"十三连跳"的我写了一篇题为《辩证对待资本关乎共产党人的立场》的理论文章,投给了一家著名的大报。尽管有编辑力荐此文,然而最后还是没能见诸报端。事后想来,报纸的顾虑并非不可理解,把资本与共产党人放在一起讨论,那真的是叫作左也不是,右也不是,要多为难就有多为难,要多敏感就有多敏感。既然左右为难,里外敏感,还不如干脆不吭声,也算是明哲保身了。明哲保身自然是无可厚非的,只是不应该是共产党人的风格。共产党人曾经向这个世界发表过自己的宣言,承诺过自己要全心全意为人民服务,告诫过自己要解放思想,实事求是,为什么就

[1] [法]古斯塔夫·勒庞:《心理学统治世界》,金城出版社2011年版,第56页。

不敢讨论自己与资本的关系呢?《资本论》沉甸甸地在心里放着,资本市场明晃晃地在眼前开着,全是共产党人的大手笔,为什么就不敢讨论自己与资本的关系呢?既然这篇文章放在报纸上有顾虑,那就把它放在这里吧。稍作说明的是,因为是专门为报纸所撰,所以文章的风格和写书有很大的不同,不过为了不破坏其完整性,就不作文字修改了。

辩证对待资本关乎共产党人的立场

改革开放三十多年以来,社会主义市场经济建设取得了举世瞩目的成就,中国共产党人驾驭市场经济的本领与日俱增。相应地,中国共产党人与市场经济中最活跃和最深刻的因素——资本之间的关系也在与时俱进。关于资本,共产党人的感受是十分复杂的,因为自诞生之日起,中国共产党人就与资本有着十分复杂和深刻的关系。从曾经的"割资本主义尾巴",到后来的"发展资本市场",再到如今人民群众深恶痛绝的所谓"权贵资本"、"官商勾结",中国共产党人前进和探索的每一个历史时期,都有资本的身影出现。因此,从理论上彻底厘清与资本之间的关系,有助于共产党人更加透彻地认识自己,更加科学地发展经济和更加坚定地为人民服务。

重温共产党人的理论:以资本为对立面的批判

共产党人诞生于资本主义的母体之中,也诞生于对资本主义的批判之中。《共产党宣言》用直截了当的语言宣告:"整个社会日益分裂为两大敌对的阵营,分裂为两大相互直接对立的阶级:资产阶级和无产阶级。""从这个意义上说,共产党人可以把自己的理论概括为一句话:消灭私有制。”世界上没有无缘无故的爱,也没有无缘无故的恨。只要看看马克思在《资本论》中对当时欧洲工厂令人发指的工作条件的客观描述,人们就会理解为什么资本会遭到批判了:“他们在整整10年内,每天用10小时从那些必须靠人放在凳子上才能干活的幼童的血中抽出丝来。”“如果但丁还在,他会发现,他所想象的最残酷的地狱也赶不上这种制造业中的情景。”然而更大的问题还在于资本的冷漠态度:“人们为体力和智力的衰退、夭折、过度劳动的折磨而愤愤不平,资本却回答说:既然这种痛苦会增加我们的快乐(利润),我们又何必为此苦恼呢?”“资本只有一种生活本能,这就是增殖自身,创造剩余价值。资本是死劳动,它像吸血鬼一样,只有吮吸活劳动才有生命,吮吸的活劳动越多,它的生命就越旺盛”(《资本论》第一卷)。正是基于对这些丑恶表现的痛切认识,共产党人才会自诞生之日起就选择了自己的立场和观点——批判资本,消灭私有制。在当年共产党人的理论中,资本完全站在了人民利益的对立面。

回顾共产党人的实践:从消灭资本到重建资本的曲折探索

然而唯物辩证法不会允许人们如此简单地看待矛盾对立双方的关系。对立统一规律决定了对立面之间的关系既是相互斗争的,又是相互依存的,甚至是相互肯定的。简单地消灭对立面,其实就等于消灭自己。中国共产党人对待资本的曲折实践印证了这一真理。

中国共产党人与资本之间的关系经历了一个相当曲折的“否定之否定”的历史过程。1921年，初生的中国共产党人在自己的第一个党纲中表达了对资本的态度：“消灭资本家私有制，没收一切生产资料，如机器、土地、厂房、半成品等，归社会所有。”不过由于当时中国革命面临的首要问题不是与资本展开对决，而是奋力推翻比资本的统治更加野蛮更加落后的“三座大山”的反动统治，因此资本反而成为中国共产党人需要联合的进步力量。然而客观地说，当时这种联合主要还是革命斗争的策略需要，中国共产党人并未真正从矛盾的长期对立统一的哲学高度来看待资本的地位和作用，因此埋下了新中国成立后消灭资本的思想根源。1955年，毛泽东提出了“让资本主义绝种”的口号：“我们的目的就是要使资本主义绝种，要使它在地球上绝种，变成历史的东西。”于是在随后的“文革”浩劫中，我们看到了“割资本主义尾巴”，看到了“狠批私字一闪念”，看到了“宁要社会主义的草，不要资本主义的苗”。自新中国成立一直到“文革”结束的近三十年时间里，当年的共产党人对待资本的主要态度可以归结为一句话：消灭资本。

然而历史无情地证明，简单消灭资本的后果是十分严重的。在经历了“文革”浩劫之后，中国的国民经济已经濒临崩溃。在生死存亡的历史关头，以邓小平为核心的第二代领导集体洞察到了矛盾的关键所在，从而做出了一个看似石破天惊实则完全符合唯物辩证法规律的重大决定：重建资本。小平同志指出：“在小范围内容许资本主义存在，更有利于发展社会主义。”小平同志是这么说的，也是这么做的。从1979年亲自“点将”请“红色资本家”荣毅仁“出山”创办实业引进外资,到1992年南巡讲话提出建立社会主义市场经济,再到沪深股市的横空出世,都是以小平同志为代表的中国共产党人重建资本的必然结果。

重建资本意味着新时期的中国共产党人在经历了对资本的简单否定之后,开始重新认识资本的合理性和进步性的一面。其实认真重读经典,就会发现《共产党宣言》对此早已肯定过了:“资产阶级在历史上曾经起到非常革命的作用。”“资产阶级在它的不到一百年的阶级统治中所创造的生产力,比过去一切世代创造的全部生产力还要多,还要大。”而在《1844年经济学哲学手稿》中,马克思也批判过对资本的简单否定:“这种共产主义——由于到处否定人的个性——只不过是私有财产的彻底表现”,“粗陋的共产主义……不仅没有超越私有财产的水平,甚至从来没有达到私有财产的水平”。资本之所以具有合理性和进步性,一方面与资本对社会化大生产的理性认识有关,另一方面也与资本与人性某个方面的深刻契合有关。可以这样说,至少在大规模创造物质财富方面,人类社会目前还没有找到比资本更加高效的生产方式。除非人们找到这种新生产方式,否则资本在现代社会的存在将是长期的。

三十年重建资本的努力使得中国共产党人成功重构了对立统一的新平衡。实践已经证明,重建资本的成就是巨大的,如今中国的经济总量已经迈上了世界第二的高峰,中国人正在以更加自信的姿态向着新的高峰进发。

重申共产党人的立场：重建资本不等于投奔到资本怀抱中去

然而三十年重建资本的巨大成功遮蔽了许多人的眼睛。共产党人学会了招商引资，于是有些人便习惯了与老板们觥筹交错、称兄道弟；共产党人学会了“与资本共舞”，于是有些人便在“舞步飞旋”中拜倒在资本的“石榴裙”下；共产党人学会了成本收益分析，于是有些人便对民生大计盘算起了盈亏得失；共产党人学会了GDP竞争，于是有些人便“圣人不仁，以百姓为刍狗”地大搞“GDP主义”。只要到基层走走，就会发现这些不良现象早已相当普遍；而只要不掩耳盗铃，就能知道这些现象人民群众是不会不看在眼里，记在心里的。

这些现象的发生与一些人忘却自己的立场有关。资本之所以为资本，就在于它对利润永不满足的追逐，最近一段时间西方国家的金融危机又一次印证了这一点。共产党人必须明了，就像“与狼共舞”永远不会让狼变成人一样，“与资本共舞”也永远不会让资本变成天使。不要指望资本会突然改变它逐利的本性，全心全意地去为人民服务。相互对立固然不会消除相互依存，相互依存同样也不会消除相互对立。共产党人重建资本，绝不等于从此投奔到资本的怀抱中去，否则就会从一个极端走到另一个极端，犯下形而上学的根本错误。

投奔到资本怀抱的后果是十分严重的，因为只服从于增殖逻辑的资本具有强大的异化能量。这种异化不仅可以作用于劳动，也可以作用于权力，更可以作用于人本身。

正如马克思在《1844年经济学哲学手稿》中所揭示的那样,当资本遭遇劳动,“工人降低为商品,而且降低为最贱的商品”;当资本遭遇权力,“并不因此直接得到政治权力,这种财富直接和径直提供给他的那种权力是……不可抗拒的购买的权力”;当资本遭遇到人,“私有制让我们变得如此愚蠢和片面,以致一个对象,只有当它为我们拥有的时候……才是我们的……一切肉体的和精神的感觉都被这一切感觉的单纯异化即拥有的感觉所代替”。马克思的这些论断并没有过时。在今天的中国,由于资本化生产方式的普及,这种异化现象也已经大量发生。我们看到了富士康令人震惊的“十三连跳”,也看到了泛滥成灾的毒奶粉和地沟油;我们看到了野蛮的拆迁和天价的楼市,也看到了漫天要价欲壑难填的“钉子户”;我们看到许多官员津津乐道于GDP的增长,也看到他们敷衍了事于民生的投入;我们看到在资本的“糖衣炮弹”下“前仆后继”的贪官污吏,也看到社会道德底线已经完全失守的“小悦悦事件”。必须提出警告的是,一旦资本的逻辑完成对整个社会的控制和异化,一个民族都将面临灵魂被扭曲的危险。

挫败资本的异化需要共产党人重申自己的立场。共产党人的立场是什么?是“全心全意为人民服务”,是“代表最广大人民群众的根本利益”,是“立党为公,执政为民”,是“权为民所用,情为民所系,利为民所谋”。这不是空洞的政治说教,而是共产党人与生俱来的基因,也是共产党人最终能够驾驭资本的根本保证。“海纳百川,有容乃大”,共产党人既然有着博大的胸怀,那么就不会拒绝包括资本在内的任何有助于增进人民总利益的发展手段；“壁立千仞，无欲则刚”，共产党人既然没有过当的私欲，那么拥有“无可抗拒的购买权力”的资本最终也只能为共产党人所驾驭，而绝不是相反的。

在走过一个“否定之否定”的历史过程和付出了无数昂贵的代价之后，共产党人是到了学会辩证对待资本的时候了。既然已经认识到资本将会在相当长的历史时期内继续合理存在和发挥积极作用，那么剩下的问题便是如何善用它和驾驭它了。资本有着巨大的能量，放任资本，资本就是一只危险的猛兽；驾驭资本，资本就是一匹神骏的坐骑。当代共产党人既不消灭资本，也不放任资本，当代共产党人要驾驭资本为人民服务。

也许这真的是一篇让人“左右为难”的文章，因为站在左边的同志可能认为它太靠右边了，而站在右边的朋友又会认为它太靠左边了，不知道有没有人认识到其实它只是站在“左”和“右”的中间？然而一个社会的左翼和右翼如果互不买账，那么中间的价值就很难被认同。倘若左翼的眼中没有右翼，那么中间的就会被当成右翼来批判，倘若右翼的眼中没有左翼，那么中间的就会被当成左翼来攻击。也许在未来相当长的一段时间里，这种“尴尬”都会伴随我的左右，不过这并没有什么值得奇怪的，更没有什么值得抱怨的。关于左右翼的问题经常会有人在课堂上向我提问，我的回答一般都是：其实一个社会分成左翼和右翼是非常正常的。就好比一只小鸟，如果没有左翼和右翼又怎么能够飞得起来呢？左和右的差别从来都是相对的，除非是一个混沌未开的“奇点”，否则任何事物都可以分成左右。那么,有没有“极左”和“极右”呢?当然有了,左翼梢就是“极左”,右翼梢就是“极右”。一只小鸟的“极左”和“极右”相距尚且不远,倘若是一只鲲鹏鸟,翼展十八丈,它的“极左”和“极右”自然相距甚远,而中国就是这样的一只“鲲鹏鸟”。然而必须提出警告的是,这个世界最可怕的从来不是差别,而是断裂。如果左翼和右翼的差别能够统一于这只鲲鹏鸟的飞翔梦,那么翼展越大,力量就越大;如果左翼和右翼因为彼此的差别而打成一团,甚至相互断裂开来,那么这只鲲鹏鸟岂不是马上就要摔死?左翼和右翼可以有各自的观点,却不能有各自的立场,它们的立场只能有一个,那就是这只鲲鹏鸟的立场。想想就能够明白,一只鸟儿就是一个命运共同体,左翼和右翼都是其中不可分割的一部分,哪来的那么多的立场?观点不同最多只是差别,立场不同却可能导致断裂。倘若大家都没有什么不可告知的小九九,那么还是多替这只鲲鹏鸟的命运着想吧。别忘了,这个世界最可怕的从来不是差别,而是断裂。

关于“差别与断裂”的问题我们会在第七章“平民与革命”中再作论述,现在还是回到“资本与政治”的话题上来。要想驾驭资本为人民服务,这事说起来容易做起来难。既要充分发挥资本的增殖本领,又要控制资本的异化危险,既要和资本相敬如宾,又不能和资本勾肩搭背,这种平衡注定是危险而高难度的,除非拥有最坚定的信仰和最成熟的心智,否则根本就做不到这种平衡。最坚定和最成熟可不是随便说说的。正如最坚强的生命不可能是在无菌环境下成长一样,只有真正见识过资本异化威力而没有动摇的信仰才堪称最坚定;正如最熟练的骑手不可能没有被烈马摔过跤一样,只有真正吃过“消灭资本”和“资本异化”两头亏的心智才堪称最成熟。从这个意义上说,中国人在新中国成立以来的曲折探索其实都是有其历史必然性的。没有经历过“文革”浩劫的伤痛，中国人又怎知“极左”的“消灭资本”竟会有如此巨大的破坏力？而没有见识过拜金主义的疯狂，中国人又怎知资本对人性竟有如此颠覆性的异化能力？对于一个从历史深渊中重新崛起的民族来说，如果所有的这些曲折和苦难都注定要发生的话，那么唯一需要提出告诫的是，历史的代价不应该白白付出，伤痛不能仅仅停留为对过去不堪回首的痛苦记忆，更应该及早地转化为整个民族不断走向成熟的宝贵财富。

要想依靠政治来驾驭资本，首先就得解决如何制约政治的问题。政治权力本身也具有强大的异化能量，要想控制住这种异化能量，仅仅依靠政治精英自己的信仰和心智是远远不够的，必须同时建立起平民制约政治权力的常态化机制，也就是民主法治。资本与政治的对手戏已经在历史舞台上演出了几千年，无论谁胜谁负，都不过是精英之间的游戏，与平民无涉。“东山的老虎要吃人，西山的老虎也要吃人”；对于平民来说，光是祈求老虎的道德自觉终究不太靠谱，比较靠谱的办法还是给他一把猎枪。东山的老虎来了给它一枪，西山的老虎来了也给它一枪，老虎自然就老实多了。话虽如此，由于中国社会和西方社会的情况略有不同，因此具体问题还得具体分析。在“政治—资本—平民”的“大三角关系”中，目前西方社会的情况大致是这样的：尽管民主制度已经建立，平民在一定程度上可以制约政治，然而由于资本主义的存在，政治事实上很难有效制约资本，而平民与资本之间又不存在契约关系，因此整个社会都缺乏对资本的有效制约。对于西方社会来说，这一缺陷将是长期的，一定条件下甚至会是致命的；而目前中国社会的情况大致是这样的：政治依然还有效地压制着资本，倘若平民能够有效制约政治，那么资本与政治这两大力量就都处于相对可控的状态，但是由于目前民主法治尚不健全,使得平民无法有效地制约政治。如果平民的制约长期缺位,政治与资本就有可能勾肩搭背,相互异化,最后繁殖出官商勾结的“权贵资本”。到了那个时候,中国社会也将丧失建立一个好社会的历史机遇,全球抵抗资本异化的希望也将最终落空。从这个意义上说,中国未来能否跨越历史的门槛,的确在很大程度上取决于能否发展出属于自己的民主法治;而这也正是《文明与法治》和《精英与平民》的主要使命所在,希望它们为此付出的艰苦努力是有益和有效的。

西方社会与中国社会的知识精英

完整的精英游戏并非资本与政治的“二人转”,而是“资本—政治—知识”的“三国杀”。李普曼在《公众舆论》中一再提出,要想解决社会管理中信息不对称的问题,就一定要建立一个独立的专家组织。他说:“如果我们同意,所有大规模形式的人类联合体,由于绝对的实际困难,必定会认识到需要让专家来报告他们的特定环境,那么这种想象力就有了一个能够发挥作用的前提……在公民个人和他所处的大环境之间必须插入某种形式的专门知识。”[1]为了解决信息不对称问题,李普曼连自己所在的媒体行业都不相信,而是相信所谓的“专家”,可见他对这个“专家”寄予了多大的希望,而这个“专家”又因此掌握了多大的权力!没错,资本精英掌握的是金钱,政治精英掌握的是权力,而“专家”掌握的则是知识,我们不妨称其为“知识精英”。培根说,“Knowledge is power”,中文通常译为“知识就是力量”。其实“power”也有“权力”的意思,因此这句话也

〔1〕[美]沃尔特·李普曼:《公众舆论》,上海世纪出版集团2006年版,第268页。

可以译为“知识就是权力”。权力是一种硬通货,硬通货可以用于交易,也可以用于兑换,权力同样如此。伯特兰·罗素在《权力论》中说:“用物理学来做一个比喻:权力和能一样,必须被看作是不断地从一个形态向另一个形态转变,而求出这种转变的规律,应该是社会科学的任务。”[1]世人皆知的美国精英“旋转门”(Revolving door)就是一种典型的权力形态转变机制。多少年来,在这扇神奇的“旋转门”作用下,美国的政治精英、资本精英和知识精英十分频繁地互换着角色,其数量之大,层级之高,令人完全相信权力真的就和物理学上的“能”一样,可以不断地转变形态。美国政坛大佬基辛格在成为国务卿之前,曾在哈佛大学教了18年的书,卸任国务卿之后,又到乔治敦大学担任客座教授,同时兼任全国广播公司顾问、大通曼哈顿银行国际咨询委员会主席、阿斯彭学会高级研究员;“四朝元老”拉姆斯菲尔德在担任福特政府的国防部部长之前,曾经当过投资银行的经纪人,在再次担任小布什政府的国防部长之前,又抽空到通用仪器公司等几家公司当了几年的董事长和首席执行官;2006年佐利克卸任副国务卿之后,由于没当成财政部长,一气之下跑到了高盛集团担任国际副总裁和高盛投资银行副董事长,不料高盛公司的董事长和首席执行官保尔森却跑去当起了财政部长。两个人一进一出,如同卓别林在钻旋转门,颇有点喜剧色彩。这些算是中国人比较熟悉的名字了,而中国人不太熟悉但同样重要的名字则不知还有多少。具体到知识精英来说吧。美国著名智库布鲁金斯学会现任200多名研究员中有一半的人具有政府工作背景,仅仅是加入奥巴马政府的就有几十人,其中苏珊·赖斯担任美国驻联合国大使,

---

[1] [英]伯特兰·罗素:《权力论》,商务印书馆1991年版,第4页。

杰弗里·贝德担任国家安全委员会亚洲事务高级主任,而彼得·奥斯泽格则担任白宫管理和预算办公室主任。白宫管理和预算办公室主任被公认是白宫权力最大的职位,不过年轻的奥斯泽格当了一年半之后就辞官而去,很快花旗银行宣布奥斯泽格加入花旗,出任全球银行部门副总裁。除了布鲁金斯学会之外,美国外交关系委员会更是出产了十几位国务卿,几十位财政部长、国防部长或副部长;而胡佛研究所、企业研究所、兰德公司等著名智库以及哈佛大学、耶鲁大学等著名大学在推动"旋转门"方面自然也是不遑多让。每逢政府换届之日,便是权力兑换之时,这就是美国的精英生态,从来如此,无须奇怪。

相比起美国"三合一"的旋转门,中国也曾经有过一道"二合一"的旋转门。中国人都很熟悉《论语·子张》的一句话:"子夏曰:仕而优则学,学而优则仕。"科举时代的中国人用举国体制践行了先哲的这一理想。北宋嘉祐元年(1056 年),年仅 20 岁的苏轼出川赴京赶考,翌年在礼部考试中以一篇《刑赏忠厚之至论》得到主考官欧阳修的赏识,以第二名高中进士。若不是欧阳修误以为该文是自己的弟子曾巩所作,故意避了避嫌,苏轼肯定就是状元了。不过三年"京察"之后,苏轼在吏部的制科考试中还是得了三等的第一名,由于一等和二等都是虚设的,因此苏轼的成绩不仅是第一,而且被称为"百年第一"。年仅 25 岁的苏轼旋即被授大理评事、签书凤翔府判官,大概相当于今天的市委办公厅主任(正处级,也有说是副厅级),仕途就此起步。然而元丰二年(1079 年),时任湖州知州(正厅级)的苏轼因为涉嫌"文字诽谤君相"的"乌台诗案"入狱,犯下严重的"政治错误"。只是因为宋神宗"独怜爱之",遂被贬黄州团练副使、检校水部员外郎,大概相当于今天的县武装部副部长(副科级),而且还是个不用上班的虚职，基本上是一撸到底了。心灰意冷的苏轼从此不问政事，在黄州的东坡要了50亩荒地自己耕种，还在其上修筑了“东坡雪堂”，自号“东坡居士”，没事就到黄州城外的赤壁山游览。正是在那里，苏东坡写下了千古名作《赤壁赋》、《后赤壁赋》、《记承天寺夜游》和《念奴娇·赤壁怀古》。宋神宗驾崩之后，高老太后重新起用司马光，苏轼又被重用，很快升至翰林学士知制诰、知礼部贡举，成了三品官。后因看不惯新旧党争而自求外放，并以龙图阁学士的身份回到杭州当太守，著名的西湖“苏堤”也因此诞生。元祐八年（1093年），高老太后去世，宋哲宗再次起用新党，苏轼又成为政治的牺牲品，被一路贬到海南儋州，只比满门抄斩好一点，这一次他再也没能翻过身来。几年后，一代文豪苏东坡卒于大赦北归的途中，完成了他跌宕奇瑰的一生。苏轼的人生可谓中国古代知识精英宦海浮沉的一个典型例子。在长达1300多年的科举时代，这扇“知识—政治”二合一的精英“旋转门”就这样转转悠悠，开开闭闭，吞吐着无数精英的才智与心情，奠基了一个时代的辉煌与遗憾。与美国今天的“旋转门”相比，中国古代的“旋转门”的功效毫不逊色，只不过由于“重农抑商”的政策所致，使得这一台本应由政治精英、资本精英和知识精英共同演绎的“三国杀”，最后变成了一出只由政治精英与知识精英联合主演的“二人转”。而与美国“旋转门”的重心放在“资本”上不同的是，中国古代“旋转门”的重心无疑是放在“政治”上的。“学而优则仕”比较普遍，而且总是令人“春风得意马蹄疾”；“仕而优则学”却很少见，更多时候是“仕而不优则学”，而且“缥缈孤鸿影，寂寞沙洲冷”，总是被当事人当作人生的低潮来看待。想当年苏东坡虽然在赋闲的时候写出了千古名篇，其心情却始终郁郁寡欢，可以想见政治上的进取在中国知识分子的心目中究竟有多大的分量了。

从某种意义上说,当一个社会出现了"旋转门"现象,说明这个社会已经进入了一个比较成熟稳定的阶段。因为不同形态的精英之间能够十分方便地互换角色,说明他们之间拥有十分趋同的价值观和十分强大的共识,也说明一个社会的理论与实践是融为一体的,而这样的情况只有在一个成熟的社会里才会出现;古代的中国社会和现代的美国社会大概都堪称这样的社会。虽然美国的"旋转门"因为资本的介入而多了点铜臭味,但是人家的社会基础本来就是资本主义,各路精英早就"久入鲍鱼之肆",习惯了那味道,外人似乎也不能简单指责什么,若要指责的确也只能讨论他们的前提——资本主义;而中国古代的"旋转门"虽然很有点"喻于义而不喻于利"的君子之风,但是完全排斥了资本精英的社会总归是不太完整的。"天下熙熙皆为利来,天下攘攘皆为利往",只要生命还需要利益来发展,只要人性还存在利己的本真,一个社会的精英就总归不能把这件事情撇得太干净,否则看上去是一种清高,其实是一种不负责任。

然而即便是当年的"二人转",如今的中国社会也演得有点磕磕绊绊的。相比起自然科学领域,社会科学领域的知识精英本来就有一些天生的困难,就像李普曼所说的,"社会科学家得不到实验室试验的保障,一旦他的建议被采纳而他又是错的,其后果便无法估量了……如果他呆在书房里潜心思考,就只能依赖官方报告、报纸或访谈所提供的极为偶然而贫乏的书面记录。如果他想实际入'世',他就必须耗费——往往还是白白耗费——漫长的时间去学徒,然后才能获准进入密室……身负重任的人看到社会科学家只是从外部了解到他至少部分从内部了解的东西,便认为社会科学家的假设本质上得不到实验验证，只有在‘现实’世界中才能得到检验，于是对那些与他的公共政策意见相左的社会科学家便很不以为然”[1]。李普曼说的是社会科学的一个普遍现象，不过在中国人看来，这段文字就好像是专门对中国说的，因为知识精英理论脱离实践的问题在今天的中国尤为严重。这不是社会科学界单方面的问题，而是一个时代的问题，是一个民族从衰落走向复兴的必经阶段。自 1840 年被西方的坚船利炮打开国门以后，中国延续了 2000 多年的老共识就被彻底打破了。“礼崩乐坏”的后果是十分严重的，重建整个民族的共识则是十分困难的。尽管随着中国的不断进步，中国人的信心正在前所未有的恢复之中，然而客观地说，直至目前为止，这个社会依然没有建立起强大的新共识。中国当代许多知识精英的内心主要还是服膺于西方社会的成熟理论，并力图以此来解释中国的问题和改造中国的社会。一旦求而不得，就难免牢骚满腹；而另一方面，中国当代的政治精英已经摸着石头过了几十年的河，颇有了点自己的实践经验，虽然说不出这些知识精英的理论究竟有什么问题，但是内心的确对后者是颇不以为然的。理论与实践严重脱节所带来的政治疏离感一旦与转型期社会的不公平事实相互纠结，知识精英就会对政治精英产生出十分严重的叛逆性，从而进一步加剧了知识与政治、理论与实践之间的紧张感。托克维尔在《旧制度与大革命》中说：“荒谬可笑的特权泛滥，使人们越来越感到沉重，越来越认为特权没有存在的理由，这种景象把每个哲学家的头脑同时推向，或不如说抛向人的社会地位天生平等这种思想……他们很容易就对旧事物和传统感到厌恶，自然而然地趋向于各自以理性为唯一依据，

---

〔1〕［美］沃尔特·李普曼：《公众舆论》，上海世纪出版集团 2006 年版，第 265 页。

勾画出崭新的蓝图去重建当代社会……他们的生活远远脱离实际，没有任何经历使他们天性中的热忱有所节制；没有任何事物预先警告他们，现存事实会给哪怕最急需的改革带来何种障碍。对于必然伴随着最必要的革命而来的那些危险，他们连想都没想过。他们对此毫无预感；由于根本没有政治自由，他们不仅对政界知之甚少，而且视而不见。他们在政界无所作为，甚至也看不到他人的所作所为……作家们就敢于更大胆创新，更热爱那些普遍的思想和体系……民众对他们言听计从，衷心拥戴。假如法国人像以前一样在三级会议中参政，每天在省议会中继续致力地方行政，那么可以断定，法国人绝不会像此时此刻那样，被作家的思想所煽动；他们会维持事务的一定规章，以防止纯理论。”[1]在《旧制度与大革命》中，托克维尔还提到了英美国家“旋转门”的好处，他说：“在英国，研究治国之道的作家与统治国家的人是混合在一起的，一些人将新思想引进实践，另一些人借助事实来纠正和限定理论；然而在法国呢，政界仿佛始终划分为两个互不往来、彼此分割的区域。在前一个区域，人们治国理民；在后一个区域，人们制定抽象原则，任何政府均应以此为基础。在这边，人们采取日常事务所要求的具体措施，在那边，人们宣扬普遍法则，从不考虑用何种手段加以实施：有些人负责领导事务，另一些人负责指导思想。”[2]其实早在古希腊时期，柏拉图就对理论与实践相脱节的坏处提出过告诫了，他说：“没受过教育不知道真理的人和被允许终生完全从事知识研究的人，都是不能胜任治理国家的……因为没受过教育的人不能把自己的全部公私活动都集中于一个生活目标；而知识分子又不能自愿地做任何实际的事

〔1〕［法］托克维尔：《旧制度与大革命》，商务印书馆1992年版，第181页。
〔2〕［法］托克维尔：《旧制度与大革命》，商务印书馆1992年版，第185页。

情，而是在自己还活着的时候就想象自己已离开这个世界进入乐园了。”[1]在今天的中国，这种所谓“没受过教育不知道真理的人”和所谓“终生完全从事知识研究的人”真可谓不知凡几，不过要命的是他们一点都不认为自己“不能胜任治理国家”的重任。更要命的是，在今天的“政治金字塔”和“知识金字塔”里，这两类“伪精英”的权力恐怕还很不小，所有主张理论与实践相结合的真正精英都必须具备承受“逆淘汰”风险的坚强神经。就像柏拉图所说的那样，“这极少数的真哲学家全像一个人落入了野兽群中一样，既不愿意参与作恶，又不能单枪匹马地对抗所有野兽”。[2]

然而“二人转”总还是有人演的，无论是在政界还是在学界，真正的精英总还是有的，倘若他们有缘相遇，也许就能够为这个社会上演一场精彩的对手戏。不过这种情况似乎还不太多，更多的时候我们看到的只是“异化”，权力对知识的异化。在一个权力至上的社会里，热衷于求官的知识分子总是有的，过去如此，现在也如此。只不过在科举的时代，整个官僚系统都是由知识精英构成的，因此法家在异化儒家，儒家也在影响法家，政治和知识的关系是双向互动的。然而今天的情况则大不相同，政治权力对知识精英的异化力远远地大于知识精英对政治权力的影响力。我们都见过一些所谓的知识精英，他们对自己的知识似乎并没有太多的执着，“穷则搞搞学术，达则扔得光光”，“课题诚可贵，文章价更高，若为官职故，二者皆可抛”，一个不大不小的官位就可以让一些人放弃半生的积累，的确让人怀疑他们过去在知识领域的所有努力似乎都只是为最终谋得一官半职作铺垫，也让人怀疑他们过去生产出来的所谓知识究竟能

〔1〕［古希腊］柏拉图：《理想国》，商务印书馆2002年版，第279页。
〔2〕［古希腊］柏拉图：《理想国》，商务印书馆2002年版，第246页。

有多少的价值。也许在他们的眼里,生产知识的目的本来就是为了"零存整取"地赢得一个高级职称,以便将来有机会的时候与政治权力进行"通存通兑"罢了;当然我们也一定见过另一些所谓的知识精英,他们"处江湖之远则骂其君,居庙堂之高则欺其民",在台下的时候总是显得桀骜不驯、阴阳怪气,仿佛所有的领导都欠他五百吊。忽然一日得了一乌纱帽,马上180度大转身,该打的官腔就打,该拍的马屁就拍,该整的小民就整,该捞的利益就捞,一点都不含糊,甚至连走路都踱起了方步,真是令人怀疑他们当初还没得官的时候,是不是天天都在家里练习着呢;当然我们还见过第三种所谓的知识精英,他们与权力走得很近,甚至就是依附于权力生活的。然而他们并不是真心想要教育权力或者帮助权力来解决问题,而是为了从权力那里分得一杯羹,于是一边巴望着,一边怨望着。托克维尔说:"他们分享大领主的喜悦,但大领主的权利始终没有他们的分儿。贵族和他们相当靠近,使他们能具体看到出身所赋予的所有好处,但贵族还和他们保持相当的距离,以致他们无法分享或品尝这些好处。在作家的眼前仿佛放着一个平等的幻影,当他们靠近想抓住它,平等即行消失。这样,贵族阶级如此宠爱的作家们组成第三等级中最焦急不安的那一部分,他们竟然在特权者的宫殿里诽谤种种特权。"[1]鲁迅先生曾经写过一篇杂文《二丑艺术》,十分传神地描绘出这种"伪知识精英"的脸谱。先生的文字是如此的精练,以至于我无法进行任何的删节。既然如此,那就全文抄上,温故而知新:

浙东的有一处的戏班中,有一种脚色叫作"二花脸",

〔1〕 [法]托克维尔:《旧制度与大革命》,商务印书馆1992年版,第298页。

译得雅一点，那么，“二丑”就是。他和小丑的不同，是不扮横行无忌的花花公子，也不扮一味仗势的宰相家丁，他所扮演的是保护公子的拳师，或是趋奉公子的清客。总之：身份比小丑高，而性格却比小丑坏。

义仆是老生扮的，先以谏诤，终以殉主；恶仆是小丑扮的，只会作恶，到底灭亡。而二丑的本领却不同，他有点上等人模样，也懂些琴棋书画，也来得行令猜谜，但倚靠的是权门，凌蔑的是百姓，有谁被压迫了，他就来冷笑几声，畅快一下，有谁被陷害了，他又去吓唬一下，吆喝几声。不过他的态度又并不常常如此的，大抵一面又回过脸来，向台下的看客指出他公子的缺点，摇着头装起鬼脸道：你看这家伙，这回可要倒霉哩！

这最末的一手，是二丑的特色。因为他没有义仆的愚笨，也没有恶仆的简单，他是智识阶级。他明知道自己所靠的是冰山，一定不能长久，他将来还要到别家帮闲，所以当受着豢养，分着余炎的时候，也得装着和这贵公子并非一伙。

二丑们编出来的戏本上，当然没有这一种角色的，他那里肯；小丑，即花花公子们编出来的戏本，也不会有，因为他们只看见一面，想不到的。这二花脸，乃是小百姓看透了这一种人，提出精华来，制定了的角色。

世间只要有权门，一定有恶势力，有恶势力，就一定有二花脸，而且有二花脸艺术。我们只要取一种刊物，看他一个星期，就会发见他忽而怨恨春天，忽而颂扬战争，忽而译萧伯纳演说，忽而讲婚姻问题；但其间一定有时要慷慨激昂的表示对于国事的不满:这就是用出末一手来了。

这最末的一手,一面也在遮掩他并不是帮闲,然而小百姓是明白的,早已使他的类型在戏台上出现了。

先生的文字总是犀利得很,以至于有人会怨他"刻薄"。知识分子和政治走得远了是个问题,走得近了看来也是个问题,这可真是叫人为难了。其实,知识分子和政治走得远还是走得近都不是问题的关键,问题的关键在于知识分子心中是否还有着良知和担当。苏轼和政治走得不近吗?可又有谁敢说他就是那"二丑"呢?只要心中坚守着良知和担当,就算和政治走得再近,知识分子依然可以"出淤泥而不染,濯清涟而不妖";而如果心中没有了良知和担当,就算离淤泥再远,也难保不是另外一团烂泥巴。鲁迅先生在《二丑艺术》中要批判的并不是知识分子与政治的距离,甚至也不是政治的丑恶,先生要批判的是知识分子的无良。中国知识精英最重要的价值就是成为社会良知的载体,这个使命是几千年来的不绝传承,今天的知识分子没有任何权力忘却和抛弃。在权力至上的中国,如果没有知识精英的良知,一个社会根本就维持不下去。就好像当年没有儒家的道德自觉,强大的秦王朝居然连 15 年都保不住,而后来有了儒家道德自觉的牵制,那些具有结构性缺陷的王朝居然可以稳定 300 年之久,可见知识精英的良知对中国社会的重要性。没有了良知的所谓知识精英绝不是真正的精英,而是彻头彻尾的"伪精英"。这种"伪精英"放在哪里都是个祸害,放在权力之外,他们就是唯恐天下不乱的煽动者;放在权力之内,他们就是有了知识的流氓;而放在权力边上,他们又会成为不折不扣的"二丑"。

除了政治的异化,如今的知识精英又多了一种被异化的可能性,那就是资本的异化。改革开放之前,连男女谈恋爱见面都要叫对方“同志”,改革开放之后,连买菜的和卖菜的见面都要叫对方“老板”,似乎当老板是一件“很赚很光荣”的事情。这也没什么,只是后来不知不觉地,居然连研究生也在背后称导师为“老板”了。是啊,导师可以拿到有钱的课题,跟着做课题的研究生能不把他当老板吗?做课题无可厚非,做课题有钱也无可厚非,可以厚非的是金钱的属性居然可以盖住导师的学术人格,以至于“老板”居然成了比“老师”更加贴切的称呼。课题费的重要性超过了导师的“传道、授业、解惑”,这究竟是资本对学生的异化?还是资本对老师的异化?抑或二者兼而有之?在本书的第五章中我们曾谈到了资本对教育的异化问题。如果资本完成了对教育的异化,事实上也就完成了对知识的异化。“脑体倒挂”的时代早已远去,如今许多知识精英早已经纵身跃入市场经济的海洋,凭借他们掌握的知识权力,很快地成为了市场经济的弄潮儿。这没什么问题,因为前面我就说过了,只要生命还需要利益来发展,只要人性还存在利己的本真,一个社会的精英就总归不能把资本这件事情撇得太干净。在今天的时代里,知识精英死抱着“君子喻于义,小人喻于利”的老观念不放也不见得就是全对的。然而关键的问题还在于,就算是资本深似海,利益如潮涌,知识精英也切不可忘却自己的良知和担当。政治精英应该驾驭资本为人民服务,知识精英就更有责任要做到这一点了。克里斯托弗·拉希在《精英的反叛》中描绘了那种像资本家一样计算的知识精英:“他们的不同之处在于,他们不是把生计建立在拥有财产的基础上,而是建立在对信息和专业知识的控制上;他们不是投资于不动产,而是投资于教育和信息……无论是勇猛和狭义精神还是与这些价值观紧密相连的优雅而浪漫的爱情,在这些最优秀最聪明的人的世界观里毫无地位。勇猛和狭义精神对精英统治来说,就如同大脑对世袭贵族一样毫无用处……他们对‘自己在宇宙中的那个角落’有多么精通,对其他知识就有多么无知……社会流动性却因为支持了他们对‘成就代表一切’的错觉,而巩固了他们的影响力。它只会让这些精英更加不负责任地行使他们的权力,原因就在于他们对自己的前辈或他们自称要领导的社群没什么责任感。这些精英统治者的忘恩负义使他们无法承担领导责任,而且无论如何,与其说他们对领导权感兴趣,还不如说他们更愿意独善其身,这正是成功的精英统治的定义。”连西方社会都担心知识精英的资本化,中国社会就更不能任由我们的大学批量生产出那种“精致的利己主义者”了[1]。2013 年世界黄金市场剧烈动荡,于是无数据说擅长“铁口算命”的“精英”们跑到了电视荧屏上,大谈黄金已经失去了保值功能。在下不才,又不是研究此道的专家,因此不敢像他们一样信口开河,不过每当看到这些“精英”在给黄金算命的时候,我就忍不住会笑起来。这块黄色的金属纵横人类历史数千年,从来都是人类社会纸币信用崩溃的牵制力量,因此每当有人开始骂它的时候,大抵上也就是纸币信用即将崩溃的时候。1944 年在布雷顿森林开会的时候,西方的精英们还将这块金属奉为上帝,没想到短短几十年过去,这些精英就准备把上帝“打入冷宫”了,如此没有“信仰”的人又怎么会有信用呢?在今天这个贪欲横流兵荒马乱的时刻,不相信黄金,难道相信那些资本精英“量化宽松”的 QE3 直至 QEn 吗?我不知道这些知识“精英”在电视上“算命”的时候,是否真的是出于自

---

〔1〕 北大钱理群教授曾批评说:“我们的一些大学,正在培养一些‘精致的利己主义者’,他们高智商,世俗,老到,善于表演,懂得配合,更善于利用体制达到自己的目的。这种人一旦掌握权力,比一般的贪官污吏危害更大。”

己的独立研究和独立判断。出于对知识分子的尊重，我就宁愿相信他们是吧。

精英的异化与被异化走的是同一条道路。政治精英、资本精英与知识精英由于各有权力，而且圈子不大，因此十分容易形成相互勾结与利益交换，这就是人们深恶痛绝的所谓官、商、学“铁三角”现象。“贪官”与“奸商”的坏处自不待说，不过如果没有“无良学者”的参与，那么他们的破坏力也就少了点欺骗性和持久性。鲁迅先生说：“唯有民魂是值得宝贵的，唯有他发扬起来，中国才有真进步。但是，当此连学界也倒走旧路的时候，怎能轻易地发挥得出来呢？”〔1〕埃里克·霍弗说：“每当我们看到一个体制明明无能已极却能够苟延残喘时，就可以断言，这个体制要不是完全没有读书人阶级，就是当权者已经与言辞人结成紧密同盟。如果所有读书人都是教士，那教会就是不可动摇的；如果所有读书人都是官吏，那现政权就不太容易遇到反抗。”〔2〕李普曼也说：“作为代表之间的中介，作为行政当局的镜子及量具而被雇用的专家，却对事实有着非常不同的把握。他不是去总结采取行动的人们抛给他的事实，而是为采取行动的人们准备事实……如今的顺序是，大人物发现事实并据此作出决策，一段时间之后，社会科学家推出充分的理由说明大人物有所为有所不为的英明之处。”〔3〕不管是充当马前卒，还是成为马后炮，作为被平民寄予厚望来承载社会良知的人格以及解决信息不对称问题的专家，知识精英的这些行为都是对平民信任的严重欺骗，也是对平民利益赤裸裸的出卖。鲁迅先生在《学界的三魂》中说：“所

〔1〕　鲁迅：《鲁迅杂文精选集》，北京燕山出版社2009年版，第109页。
〔2〕　［美］埃里克·霍弗：《狂热分子》，广西师范大学出版社2011年版，第168页。
〔3〕　［美］沃尔特·李普曼：《公众舆论》，上海世纪出版集团2006年版，第265页。

谓学界,是一种发生较新的阶级,本该可以有将旧魂灵略加前洗之望了,但听到‘学官’的官话,和‘学匪’的新名,则似乎还走着旧道路。那么,当然也得打倒的。这来打倒他的是‘民魂’。”[1]诚然,作为一个完整的精英阶层,“铁三角”可谓什么都不缺,唯独缺少了精英的良知;作为一个社会精英的联合体,“铁三角”可谓什么都不怕,唯独害怕平民的革命。

---

〔1〕 鲁迅:《鲁迅杂文精选集》,北京燕山出版社 2009 年版,第 109 页。

CHAPTER 07 >>

第七章

平民与革命

革命是精英与平民的断裂

当一个社会的精英阶层完成了"铁三角"的构建,这个社会的平民阶层就会面临很大的困难。正如前文所述,任何社会的公共资源和主动管理权事实上都掌握在精英手里,民主社会与非民主社会的差别也只在于平民是否有能力监督和倒逼精英而已。然而恰恰是这个差别才是问题的关键。在一个民主社会里,由于倒逼机制的存在,平民多多少少能够对政治精英的行为实施一定的牵制,政治精英即便要与资本精英和知识精英结盟,毕竟不敢脱离平民的利益轨道太远。而平民在自己的利益大致能够得到代言和保护的情况下,也无须推翻现有的体制来重起炉灶。即便有一天发现政治精英真的脱离了自己的利益轨道,也只需要用手投票便可以表达自己的意志,无须诉诸暴力的革命。然而在一个非民主社会里,由于倒逼机制的缺乏,平民对政治精英的行为无法实施及时有效的牵制。一旦政治精英的自觉性消退,不再选择为平民的利益负责,而是选择与资本精英眉来眼去,勾肩搭背,以便从中谋取自己私利的话,平民就只能"以头抢地耳"了。然而这个世界的能量终究是守恒的,精英与平民之间的关系亦是如此。当压迫与仇恨积累到了一定程度的时候,精英与平民之间的张力就有可能超过可承受的极限而突然断裂。这就是革命,平民对精英的革命。如果说民主是精英与平民的统一,利益的统一,意志的统一,那么革命就是精英与平民的断裂,利益的断裂,意志的断裂。世界上最可怕的不是差别,而是断裂。一个社会存在精英与平民的差别并不可怕,可怕的是这个社会最终无法统一这种差别,而是任由其走向对抗和断裂。平民如水,精英如舟,水能载舟,亦能覆舟。"载舟"就是一种统一,"覆舟"便是一种断裂。

然而用墨写的"断裂"二字并不足以描绘出革命的真实面目,革命的真实面目只有用血才能刻画得出来。米兰·昆德拉在《不能承受的生命之轻》中说:"如果法国大革命永远地重演。法国的史书就不会那么以罗伯斯庇尔为荣了。正因为史书上谈及的是一桩不会再现的往事,血腥的岁月于是化成了文字、理论和研讨,变得比一片鸿毛还轻,不再让人惧怕。"[1]毛泽东同志在1927年3月《湖南农民运动考察报告》中有一段著名的话:"革命不是请客吃饭,不是做文章,不是绘画绣花,不能那样雅致,那样从容不迫,文质彬彬,那样温良恭俭让。革命是暴动,是一个阶级推翻一个阶级的暴烈的行动。"[2]革命不是请客吃饭,革命是暴力,这是一个地球人都知道的事实;不过每当历史在时间的长河里洗涤了血迹之后,革命就成为

[1] [捷克]米兰·昆德拉:《不能承受的生命之轻》,上海译文出版社2010年版,第3页。
[2] 毛泽东:《毛泽东选集》(第一卷),人民出版社1991年版,第17页。

了许多人心中的浪漫传奇。如今在介绍1789年法国大革命的绝大多数文字中，人们就很少能够直接看到血，甚至很少能够看到屠杀的数字。事实上在法国大革命期间，不仅仅是巴黎在流血，全国各地都在流血。1793年至1796年，共和国军队曾在西部的旺代省与支持国王的农民军进行过一场长达3年的拉锯战，史称“旺代叛乱”，又称“旺代大屠杀”。这是法国社会“捍卫共和”与“保卫国王”之间的一次断裂，也是法国历史的一次突变，而代价就是血。在镇压“旺代叛乱”的过程中，保王党军队与共和国军队在艰苦的拉锯战中逐渐从惨烈的战斗走向了残酷的屠杀，甚至是系统性的大屠杀，至少50万条生命被革命的车轮碾为齑粉。维克多·雨果的名作《九三年》就是以“旺代叛乱”为背景展开的。在大文豪的笔下，“绝对正确的革命”与“绝对正确的人道主义”演绎了一场震撼人心的生死缠斗。什么叫革命，什么叫断裂，什么叫暴力，后人的确可以从法国大革命这面镜子中看到很多。勒庞在《革命心理学》的第五章“革命暴行的实例”中引用了当时的许多《政府通报》，详细记录了许多屠杀的细节：“我看到在攻占努瓦木提埃后，许多男人、妇女和老人被活活烧死……妇女，十四五岁的女孩遭强暴后被残杀；稚弱的婴儿被刺刀挑来挑去；他们把幼儿从母亲身边拉开，并当场绞死。”“在对卡里埃的审判中，他还被证实曾下令溺死、射杀妇女和儿童，并且命令哈克索将军屠杀旺代所有的居民，焚毁他们的住所。同所有集体屠杀的凶手一样，卡里埃从目睹受害者的痛苦中获得了极大的乐趣，‘在革命法庭捕杀牧师的过程中’，他说，‘每当看到他们垂死前面部的扭曲表情时，我就会开怀大笑，生平快事莫过于此。’”“‘我承认’，他（卡里埃）说，‘每天有150名或200名囚犯被枪毙，但那都是委员会的命令，我只不过是奉命行事而已。我告诉国民公会说，数以百计的匪徒被击毙,他们对这一数字叫好,并命令把它载入公告。为什么当初这样做的代表们现在却对我如此愤慨激昂呢?为什么他们当时会拍手叫好,并继续让我执行任务呢?难道因为那时我是国家的救世主,而现在却成了一个嗜血的人?'"对于卡里埃的辩白,勒庞评论说:"卡里埃被送上断头台当然是罪有应得,但整个国民公会也难辞其咎,他们应该一道被处死,因为他们批准了屠杀。卡里埃的辩白为救国委员会留下的信件所证实,这些信件始终督促那些'执行任务'的代表们采取行动,这就表明大恐怖时期的暴行源自一种机制,而不是像某些人声称的那样,是少数几个人的自发冲动……这一关于破坏的生动记录所显示的不仅仅是狂热盲信的力量,它还告诉我们:人们一旦摆脱了一切社会约束,将会变成什么样子;国家落在他们手里,将会有什么样的后果。"[1]

没错,可怕的正是"暴行源自一种机制,而不是少数几个人的自发冲动",这就叫作断裂。当一个社会陷入断裂之后,对立双方的利益冲突和价值观冲突已经无法妥协,唯有诉诸暴力来消除对立。而断裂的社会一旦施加暴力,立即就会引发反抗,暴力越大,反抗就越大,反抗越大,暴力就更大,这就是革命暴力的自我强化机制。法国大革命前,三级会议已经170多年没有召开了,社会的积怨事实上已经超过了社会的承受限度。于是当路易十六决定召开三级会议时,断裂立即显现。而断裂一显现,暴力便开始登场。先是第三等级的代表不顺从国王的征税要求,国王就企图派兵逮捕代表,于是巴黎人民立即发动起义,攻占巴士底狱。全国各地纷纷效仿,城市夺取管理权,成立自卫军,农村攻打庄园,烧毁地契。当革命走到这一步

---

〔1〕[法]古斯塔夫·勒庞:《革命心理学》,广东人民出版社2012年版,第208~210页。

的时候，折中的立宪派还能够占据主导地位，因此尽管颁布了《人权宣言》，法国依然被宣布为君主立宪的国家。然而问题在于，当一方的暴力暂时压倒另一方的时候，被压倒的那一方一定不会甘心失败，而是想方设法地引进外援反扑。法国王室在筹划利用雇佣军推翻制宪会议未遂之后，终于援引普奥联军干涉法国。由于路易十六的王后、奥地利皇帝的妹妹玛丽·安东尼特泄露军事机密给普奥联军，法国军队被打败，联军攻入了法国。接下来的问题就严重了。1792 年 7 月 11 日立法议会宣布祖国处于危急中，巴黎人民再次发动起义，攻占杜伊勒里宫，拘禁了国王和王后，打倒波旁王朝。立宪派被推翻后，激进的吉伦特派掌握了政权，1793 年 1 月 21 日，路易十六终于被送上了断头台。杀死一个国王是对整个欧洲王室的挑战，而且法国军队此时也反攻进入了外国，于是反弹力随之升级。1793 年 2 月，普鲁士、奥地利、西班牙、荷兰、萨丁尼亚、汉诺威、英国成立了反法同盟，对法国进行武装干涉。这次轮到吉伦特派招架不住了，重压之下的法国人终于走向了歇斯底里，巴黎人民发动第三次起义，推翻了吉伦特派的统治，建立起更加激进的雅各宾派专政。雅各宾派在对外、对内和对己的暴力上都走向了极端："对外"居然将外国联军赶出了法国，"对内"残酷镇压了吉伦特派的叛乱，"对己"则实施了恐怖的内部暗杀和清算。结果马拉被吉伦特派暗杀，罗伯斯庇尔则以搞阴谋为名先后将雅各宾派的右派丹东和左派埃贝尔及其追随者统统送上断头台。暴力走向极端就是恐怖，断裂走向极端就是孤立，仅仅几个月之后，既恐怖又孤立的罗伯斯庇尔就被联合起来的敌对力量推翻并送上了断头台。

法国大革命的每一波暴力几乎都是通过巴黎人民的武装起义推动的，因此法国平民在大革命中的心理和行为就成了许多人反复玩味的研究对象。作为大众心理学研究的专家,勒庞对平民在革命中的作用评价很差。他说:“在九月屠杀中,囚徒们被慢慢地用马刀一块一块地割成碎片,以延长他们的痛苦取悦观众,而那些暴徒则从受害者抽搐的场景和痛苦的尖叫声中获得了极大的快乐……如果把这些数以千计的暴民压缩成一个人,那么这将是一个何等残忍、狭隘、可憎的怪物,它比历史上最残酷嗜血的暴君都要可怕。不过,一旦他们受到一个强有力的权威的镇压,这些冲动而残忍的大众就会立即变得俯首帖耳;其暴戾程度越高,其奴性也就越强。”〔1〕至于为什么平民在革命的时候会变得如此暴戾,勒庞认为是由于革命摧毁了社会的约束机制,从而放纵了人性中的恶——“革命原则的巨大力量就在于它们放纵了野蛮的原始本能,而在此之前,这些本能一直受到环境、传统以及法律的约束……既然大家都是主权之人民,还有什么事情是不允许的呢?在大革命开始的时候,自由、平等、博爱之类的格言确实表达了人们的真实希望和信念;但是,随着革命的发展,嫉妒、贪婪以及对优越者的仇恨到处泛滥,而这些格言则很快地成了人们为此进行辩护的合法借口,沦为这些邪恶情感的遮羞布……这就是为什么革命不久就以失序、暴力、无政府状态而告终的原因。”〔2〕“这就是为什么大众的激情被释放以后会变得如此危险的原因。它就像奔流的洪水,一旦冲垮了堤坝就一泻千里,直至泛滥成灾,浮尸遍野。把一个民族的糟粕激将起来无异于引火烧身!”〔3〕除了认为社会约束机制被破坏之外,勒庞还创造性地总结出了“群体心理”在革命暴力中的作用:“一切精神结构都包含着各种

〔1〕[法]古斯塔夫·勒庞:《革命心理学》,广东人民出版社2012年版,第84页。
〔2〕[法]古斯塔夫·勒庞:《革命心理学》,广东人民出版社2012年版,第78页。
〔3〕[法]古斯塔夫·勒庞:《革命心理学》,广东人民出版社2012年版,第79页。

性格的可能性,环境的突变就会使这种可能性表现出来。这解释了法国国民公会中最野蛮的成员为何原来都是些谦和的公民。在正常环境下,他们会是一些平和的公证人或善良的官员。风暴过后,他们又恢复了平常的性格,成为安静而守法的公民。"〔1〕"在集体心理中,个人的才智被削弱了,从而他们的个性也被削弱了。异质性被同质性所吞没,无意识的品质占了上风……首先从数量上考虑,形成群体的个人也会感觉到一种势不可当的力量……群体是个无名氏,因此也不必承担责任……第二个原因是传染的现象,也对群体的特点起着决定的作用,同时还决定着它所接受的倾向……第三个原因,也是最重要的原因……是易于接受暗示的表现……它类似于被催眠的人在催眠师的操纵下进入的迷幻状态……暗示对群体中的所有个人有着同样的作用,相互影响使其力量大增。在群体中,具备强大的个性,足以抵制那种暗示的个人寥寥无几,因此根本无法逆流而动。"〔2〕

公正地说,勒庞对平民的认识和评价既有其精华的一面,又有其糟粕的一面。从"社会约束机制崩解之后群体心理的破坏性作用"角度来看,勒庞的研究无疑是一次精彩的"本垒打"。作为一个社会的绝大多数,平民的权力不如精英,实力却远超精英。所谓"权力"指的是法统之下的"力量",而所谓"实力"则是指法统之外的"力量"。也就是说,借助着法统的保护,精英的力量是压过平民的,如果没有法统的保护,平民的力量则是超过精英的。这种反差以不平等的名义静静地潜藏在平民的内心深处,一旦社会约束机制崩解,就会迅速地发酵和发作。而社会约束机制崩解又如同大坝决

〔1〕[法]古斯塔夫·勒庞:《乌合之众》,中央编译出版社2005年版,第13页。
〔2〕[法]古斯塔夫·勒庞:《乌合之众》,中央编译出版社2005年版,第16页。

堤，势将每个人都卷入生死叵测的狂潮之中，那些伪精英与伪平民更是借机兴风作浪。就好像勒庞所说的，“一旦新的信条得到了传播，我们就会看到，聚拢在这一信条周围的是一群鱼龙混杂的人物，他们对新教教条漠不关心。但是，这些人都找到了借口或机会以满足他们的热情或是贪婪”[1]。在这种情况下，精英尚且难以自保，作为个体的平民就更是无法掌握自己的命运，只能惊恐地随波逐流，在呛了几口水之后，求生的本能会使他死死拽住所有能够拽住的东西，不管那是物还是人，也不管是魔鬼还是天使，更不管是被那东西带入地狱还是将那东西拽下地狱，从而经常在成为受害者的同时不知不觉地成为加害者。中国明末大将袁崇焕之死便是这种“群体无意识”的典型例证。明崇祯二年(1629 年)10 月，皇太极率大军绕过劲敌袁崇焕的宁锦防线，从蒙古突破长城，兵临北京城下。袁崇焕闻讯率九千关宁铁骑日夜兼驰，抢先一步赶到京师，11 月 20 日在广渠门外与满洲左翼四旗数万清兵及两千蒙古兵展开血战。袁崇焕身中数箭，两肋如猬，依然身先士卒，拼死力战。激战 8 个小时后，其竟将野战无敌的清兵全军击溃。然而朝野在一片惊恐之中还是中了皇太极的反间计，竟然认为是袁崇焕引清兵入关，遂将其逮捕入狱，并于崇祯三年(1630 年)8 月以通敌叛国罪将袁崇焕磔刑处死于西市。行刑之时，袁崇焕毫无惧色，令人凛然，然而可悲的是，他拼死保护的京城百姓此时的表现却令人无比心寒，“刽子手割一块肉，百姓付钱，取之生食。顷间肉已沽清。再开膛出五脏，截寸而沽。百姓买得，和烧酒生吞，血流齿颊”(《石匮书》)。一代名将袁崇焕居然就这样被“不明真相”的老百姓咬牙切齿地吃了个干净，西人勒庞

[1] [法]古斯塔夫·勒庞：《革命心理学》，广东人民出版社 2012 年版，第 52 页。

若是熟悉明史，相信《乌合之众》定将此事录入，因为类似的事例他已经记下不少："罗伯斯庇尔在被杀之前，是巴黎平民所崇拜信奉的神，等到他被押上断头台的时候，同一群平民在他的车后欢呼雀跃。马拉遗骸运往万神殿的时候，群众喝彩声不绝，数年之后，同一遗骸被同一帮群众弃之于沟渠，克伦威尔也曾经受过同样的待遇。"[1]勒庞批判群众的暴虐，鲁迅先生则经常批判群众的麻木，他在《娜拉走后怎样》中说："群众，——尤其是中国的，——永远是戏剧的看客。牺牲上场，如果显得慷慨，他们就看了悲壮剧；如果显得觳觫，他们就看了滑稽剧。北京的羊肉铺前常有几个人张着嘴看剥羊，仿佛颇愉快，人的牺牲能给与他们的益处，也不过如此。而况事后走不几步，他们并这一点愉快也就忘却了。"[2]无论是暴虐还是麻木，究其本质都是一种"群体无意识"，乌合之众无论是在中国还是在西方都是一个德性。

然而即便如此，勒庞的研究依然有其明显的糟粕之处。在勒庞那里，"群体"基本上就是一个贬义词。他说："创造和领导着文明的，历来就是少数知识贵族而不是群体。群体只有强大的破坏力……群体无一例外地证明，仅靠他们自己，所有这些事情是不可能实现的。由于群体的力量有着纯粹的破坏性，因而他们的作用就像是加速垂危者或尸体解体的细菌。"[3]"群体中累加在一起的只有愚蠢而不是天生的智慧。如果整个世界指的是群体，那就根本不像人们常说的那样，整个世界要比伏尔泰更聪明，倒不妨说伏尔泰比整个世界更聪明。"[4]无论勒庞在研究大众心理时击出过多少记"本

[1] [法]古斯塔夫·勒庞：《心理学统治世界》，金城出版社2011年版，第95页。
[2] 鲁迅：《鲁迅全集》（第一卷），人民文学出版社2005年版，第170页。
[3] [法]古斯塔夫·勒庞：《乌合之众》，中央编译出版社2005年版，第5页。
[4] [法]古斯塔夫·勒庞：《乌合之众》，中央编译出版社2005年版，第16页。

垒打”，都不能掩盖他极端蔑视平民的错误立场和错误观点：其一，从本质上说，平民乃是精英的母体，他们每时每刻都在为这个世界孕育着最为杰出的精英。精英蔑视平民就如同有了出息的儿女蔑视自己的父母一样，等同于割裂了精英与平民之间的血肉联系，是一种典型的机械论观点。其二，在“精英—平民”的社会关系中，精英从来都是掌握主动权的一方，而平民从来都是被动的一方。倘若不是因为精英的倒行逆施，胡作非为，一向被动的平民又如何会有机会冲破长堤的约束，汇成革命的洪流呢？不主动施加作用力，又怎会得到反作用力呢？其实勒庞自己不也承认吗：“可以客观公正地说，没有哪个政府是被人推翻的，它们的失败常常是自取灭亡。”[1]是啊，精英不是被平民推翻的，他们的失败常常是自取灭亡，既然是自取灭亡，就不应该将这笔烂账全算在平民的头上。其三，勒庞说过任何文明都是由精英创造的，平民只有纯粹的破坏力，此话更是荒谬。精英的创造性如果没有奠基在平民的执行力上，同样是一事无成的。当年新中国能够制造出原子弹，师从居里夫妇的钱三强等顶尖核物理学家可谓居功至伟，然而倘若没有数十万战士用生命和忠诚在死亡地带打造出罗布泊核试验基地，没有全国人民以极大的革命热情节衣缩食地支援第一线的科研人员，仅凭寥寥几个知识精英就想成功试爆原子弹，无异于痴人说梦。精英与平民从来就是一个对立统一的命运共同体，任何将二者完全对立和割裂开来的立场、观点和方法都是极其错误的。其四，平民的“破坏力”倘若运用得当，同样也可以成为建设性的能量。在《文明与法治》一书中，“信任民主”还有一个别名叫“否决式民主”，其实就是赋予平民

〔1〕［法］古斯塔夫·勒庞：《革命心理学》，广东人民出版社2012年版，第68页。

对精英说“不”的权力，以此来倒逼精英为人民服务。在革命中，平民的“破坏力”足以摧毁精英，在民主中，平民的“破坏力”足以威慑精英。在我看来，与其将平民蔑称为“加速垂危者或尸体解体的细菌”，还不如把平民比喻成足球场上的后卫。后卫的脚法往往不如前锋好，不过他们的主要任务不是进攻，而是防守，防守的主要内容就是破坏对方的进攻。没有后卫“破坏力”的帮助，一个球队是不可能赢球的，没有平民“破坏力”的倒逼，一个社会也是不可能民主的。精英如前锋，平民如后卫，有后卫在后场稳固防守，前锋尽可在前场犀利进攻。而万一哪个前锋参与了赌球，想“自摆乌龙”地把球往自家球门踢，后卫照样可以一个大脚将球破坏掉，你能说后卫的“破坏力”不重要吗？再说了，现在的后卫脚法也越来越好了，参与助攻早已成为家常便饭，有机会的时候就算射上两脚又有何妨呢，反正都是球队得分。一支好球队的前后场总是融为一体的，一个好社会的精英与平民总是辩证统一的。

除了“暴力”，革命的断裂性还会产生另一个后果——“颠倒”。其实“革命”的英文名“Revolution”的本意就是“颠倒”，“下”对“上”的颠倒，平民对精英的颠倒。当一个社会的精英极端忽视平民利益的时候，平民别无选择，只有选择颠倒。然而问题在于，形而上学颠倒过来还是形而上学，坏结构颠倒过来还是个坏结构，所以简单的颠倒从来就是一种重复，一种无奈的重复。如果颠倒不伴随着改造，革命不伴随着自觉，那么无论谁在上，谁在下，整个社会结构的本质依然是剥削与反剥削，压迫与反压迫，精英与平民的关系依然是“梦里依稀平民泪，城头变幻大王旗”。小时候的老家农村有一陋习，大人见到别人家抱出小孩，都要伸手在小脸蛋上狠狠地拧上一把，小孩疼得哇哇大哭，拧人的就哈哈大笑。习俗如此，做父母的也只能在一旁心疼。有一次,一邻居又拧了别家的小孩,小孩的母亲忍不住说她了:“你怎么这么心狠啊,自己小时候没有被别人拧过吗?”邻居不屑地翻了翻眼:“就是因为小时候被人拧过,所以长大了才要拧回来呢,否则岂不是亏本了?”鲁迅先生说过:“记性不佳,是有益于己而有害于子孙的。人们因为能忘却,所以自己能渐渐地脱离了受过的苦痛,也因为能忘却,所以往往照样地再犯前人的错误。被虐待的儿媳做了婆婆,仍然虐待儿媳;嫌恶学生的官吏,每是先前痛骂官吏的学生;现在压迫儿女的,有时也是十年前的家庭革命者。这也许与年龄和地位都有关系罢,但记性不佳也是一个很大的原因。”[1]在我理解中,先生所说的“记性”应该不是指“记忆力”,而是指“自觉”。那位拧小孩脸蛋的邻居岂能没有记忆,她的心中有的是曾经痛苦的“记忆”,没有的是中断重复的“自觉”。没有自觉的革命者不会想到要去改变这个必然会引发痛苦的社会结构,而是被艰难的生活和满腔的仇恨所驱使,条件反射般地报复和颠覆这个社会的精英。在这个过程中,革命者将仇恨完全倾注到了具体的精英身上,而忽略了抽象的社会结构,扭曲的补偿心理和变态的报复心理完全占据了他的心灵,体制的受害者颠倒过来变成了体制的加害者。没错,受害者与加害者的确是颠倒过来了,不过受害与加害却重复开始了。就像鲁迅先生所说的,中国历史上的改朝换代,都归结为争夺“金交椅”,而不是取消“金交椅”。改来改去的,只是坐“金交椅”的人,而“金交椅”的特权地位如故。

托克维尔在《旧制度与大革命》中用各种各样的实例反反复复地告诉人们,轰轰烈烈革命一场,最后却发现一切照旧。我想这大

---

〔1〕 鲁迅:《鲁迅全集》(第一卷),人民文学出版社2005年版,第169页。

概就是“颠倒即重复”的规律在作祟的缘故吧。托克维尔在革命中发现了“重复”:“几乎所有被视为大革命成果甚或大革命战利品的一切,在何等程度上在旧制度下便已存在:行政的中央集权制、管理监督、行政风尚、针对公民的官吏保障、职位繁多和酷爱职位、征兵本身、巴黎的优势地位、财产过分分割,所有这些在1789年之前都已存在。”[1]托克维尔在革命中也发现了“报复”:“突然成了政权主人的下层民众在这个时候表现出来的充满仇恨的激情,而一般可以真正成为有活力的激情却并不多。”[2]“其实即使他们真正挣脱了主子的统治,他们也无法摆脱主子灌输给他们的或听凭他们吸取的种种错误思想、罪恶习俗、不良倾向的束缚。人们有时看到,人民在行使自由权时,竟然把奴隶的好恶也搬了过去,对自己的行为不能控制,以致蛮横地对待自己的老师。”[3]而在《托克维尔回忆录》中,亲历了法国1848年“二月革命”的托克维尔对于什么叫作“报复”更是深有体会,他记录说:“布朗基从家乡把他认为可怜的一个穷人的儿子带回巴黎,当他家的佣人。在发生造反的那天晚上,这个男孩子边做晚饭边说:‘这个星期天(当天是星期四),吃童子鸡鸡翅的该是我们了。’对此,一位也受雇于布朗基家的小女孩回答说:‘穿美丽的丝绸连衣裙的也该是我们了。’谁能比这两个孩子的天真的贪婪表现对造反的精神状态的合理思想说得更为明白呢?对此再补充一点,那就是布朗基装作没有听见这两个孩子的讲话,可是他心里却非常害怕。于是,在骚乱被平息后的次日,他就打发那个野心勃勃的男孩和那个虚荣心旺盛的女孩回他们贫困的家去了。”[4]

---

〔1〕［法］托克维尔:《旧制度与大革命》,商务印书馆1992年版,第9页。
〔2〕［法］托克维尔:《旧制度与大革命》,商务印书馆1992年版,第106页。
〔3〕［法］托克维尔:《旧制度与大革命》,商务印书馆1992年版,第175页。
〔4〕［法］托克维尔:《托克维尔回忆录》,商务印书馆2010年版,第191页。

“颠倒即重复”的规律有时候表现为简单的直接重复,有时则以略微复杂的“钟摆”形式出现,也就是从一个极端摆到另一个极端后,再重复出现原来的极端。关于这一点,柏拉图曾经说过:“极端的可怕的奴役,我认为从极端的自由产生。”[1]“人民发现自己像俗话所说的,跳出油锅又入火坑;不受自由人的奴役了,反受起奴隶的奴役来了;本想争取过分的极端自由,却不意落入了最严酷最痛苦的奴役之中了。”[2]面对法国大革命的“钟摆式重复”,托克维尔痛心疾首地说:“我可以预见,不管我们的子孙会是什么命运,我们这一代人将在交替使用宽容和压迫的反动统治中消磨悲惨的一生……接替旧制度的是立宪王朝,接替立宪王朝的是共和国,而在共和国之后是帝国,帝国之后是王朝复辟,后来就到了七月王朝。在这相继出现的政权转移的每一次之后,新的掌权者在接近完成自诩为自己的事业的时候,都宣称法国革命完成了。可悲!”[3]“当发动大革命的精力旺盛的一代人被摧毁或丧失锐气时——这种情况通常发生在进行类似事业的整代人身上,当对自由的热爱按照这类事件的自然规律,在无政府状态和人民专政中被挫伤而软弱无力时,当混乱的民族摸索着寻找他的主人时,专制政府便有了重新建立的极好机会,而这些机会是那位天才(拿破仑)轻而易举地发现的,他后来既是大革命的继续者,又是大革命的摧毁者。”[4]其实从本质上说,任何“重复”都是一种钟摆式运动,只不过有的时候钟摆摆动的幅度不大,社会结构在短暂失序之后很快就出现了重复,人们很可能没有意识到其间经历过的反动。然而在法国大革命这样

---

〔1〕[古希腊]柏拉图:《理想国》,商务印书馆2002年版,第342页。
〔2〕[古希腊]柏拉图:《理想国》,商务印书馆2002年版,第351页。
〔3〕[法]托克维尔:《旧制度与大革命》,商务印书馆1992年版,第100页。
〔4〕[法]托克维尔:《旧制度与大革命》,商务印书馆1992年版,第244~245页。

的强力革命中，历史的钟摆在强大的作用力推动下从一个极端向另一个极端猛烈摆动，高高荡起，从而使得社会在每一个极端都有建立临时秩序的停顿时间。虽然时间不长，却足以在历史上留下印记，这个时候"颠倒即重复"的规律就以钟摆式运动出现在了世人面前。实际上究其本质，所有的重复运动都应该是钟摆运动。

中国的革命与西方的革命

尽管革命本质上都是精英与平民的断裂，然而由于文明发育环境的不同，中国与西方的社会结构有着很大的不同，因此颠覆社会结构的革命在具体的表现形式上也有着很大的不同。正如前文所述，欧洲由于长时间处于分裂竞争的状态，各个国家的君主在外力竞争的有力牵制下，基本上无法实现对国内的垄断性控制，从而被迫与贵族和教会分享权力，形成了"君主—贵族"二元政治结构。倘若再加上教会某种意义上的宗教仲裁权，事实上很早就有那么点"三权分立"的模样了。自罗马帝国崩溃以后，欧洲各国的国内政治结构就事实上形成了"横向分权"的基本格局，国王与国王之间、国王与贵族之间、贵族与贵族之间的横向矛盾成为欧洲社会的主要矛盾。贵族与骑士，骑士与农民之间的纵向矛盾当然也存在，不过由于横向矛盾的长期存在，贵族为了争取自己附庸的支持，同样会对附庸实施分权政策和缓和措施，从而使得农民附庸于骑士，骑士附庸于贵族，三者形成一个封建共同体，共同参与对外竞争。换句话说，欧洲各国社会的主要矛盾乃是精英与精英之间的矛盾，平民与精英之间的矛盾当然存在，但从表面上看并不是欧洲社会的主要矛盾。横向矛盾大致上包括国王与国王之间、国王与贵族之间以及贵族与贵族之间三种矛盾，其中国王与国王之间、贵族与贵族之间的矛盾基本上是完全横向的矛盾,唯有国王与贵族之间的矛盾似乎还有那么一点纵向矛盾的性质,因此三大矛盾中能够跟"Revolution"(颠倒)搭上边大概也就是这个矛盾了。其实究其本质,国王和贵族之间的关系还是比较平等横向的。以英国为例。中世纪时期英国全国的土地大概1/4属于国王,1/4属于教会,1/2属于贵族,因此贵族一旦联合起来,国王肯定吃不消的。1215年,英王约翰就是由于向贵族过度征税而与贵族闹翻,结果就在内战中被联合起来的贵族击败,被迫签署限制国王权力的《大宪章》。在随后的400多年时间里,围绕这份《大宪章》的存废与条款争议,国王与贵族进行了四十多个回合的博弈,平均每十年一个回合。国王实力弱一点,《大宪章》的条款就多一点,严厉一点;国王实力强一点,《大宪章》的条款就少一点,宽松一点,中间自然少不了武力和以武力相威胁。反正是谈得拢就契约,谈不拢就战争,上帝给的那两个礼物一个都不能少。1689年,不满于国王詹姆斯二世的英国新贵族里应外合,接应荷兰执政威廉率军登陆英国,兵不血刃地赶走了詹姆斯二世,并最终颁布了《权利法案》,确立了君主立宪制度,英国国王和贵族的这一笔历史账总算是做了一个了结。因为没有流血就达到政治变革的目的,所以1689年政变又被英国历史学家称为"光荣革命"(Glorious Revolution)。英国国王和贵族之间的关系向来都是比较平等横向的,因此从"revolution"的本意来看,说贵族"颠倒"了国王的确有点勉强,这"革命"二字也就将就着用吧。

尽管欧洲社会的主要矛盾乃是精英之间的横向矛盾,然而这并不意味着欧洲社会就没有纵向矛盾了。恰恰相反,欧洲社会所有的横向矛盾最后都必然要转嫁到纵向矛盾之上。战争是一台吞金兽,不管是国王与国王之间的战争,还是国王与贵族之间的战争,抑或是贵族与贵族之间的战争,都需要征收大量税赋来支付战争的巨大开销,而所有的税赋看似向贵族征收,事实上“羊毛出在羊身上”,每个子儿最后都得从平民那里掏。从这个意义上说,欧洲社会所有的横向矛盾其实最后都是纵向矛盾,所有的精英与精英之间的矛盾其实最后都是精英与平民之间的矛盾。因此不管是什么革命,光荣也罢,不光荣也罢,背后的本质依然是精英与平民之间的断裂。欧洲的贵族为什么要反抗国王的过度征税,究其本因难道不是因为自己实在没法找“下家”的农民收这么多钱吗?所以要么自己去革国王的命,要么就让农民来革自己的命,两害相权,还是自己去革国王的命算了,于是欧洲革命的矛盾点往往就锁定在了国王与贵族之间。可即便如此,不堪重负的平民总还是要闹点革命的,尤其是在精英之间的战争旷日持久、欲罢不能、自顾无暇的时候。1337 年至 1453 年,英国和法国展开了一场人类历史上时间最长的战争——英法百年战争,断断续续一共打了 116 年。这一场战争能打上一百多年,充分说明英国和法国的内在矛盾需要一次大清算。这事说来有点话长,自从 1066 年法国的诺曼底公爵威廉征服英国之后,整个英国就在法国面前矮了三分,不仅英国的大部分官员由法国贵族担任,而且连宫廷语言都是法语,英语沦为了乡巴佬的语言。更要命的是,英王理论上还是法王的臣民,法国是可以对英国发号施令的,然而由于英王起家于诺曼底,因此英王在法国还有大片的属地,于是这笔账怎么算就有点意思了。如果英国算是法国的属国,法国当然就厉害了,如果英国不算法国的属国,那岂不是成了英国侵占了法国的大片领土?英法两国不君不臣、不伦不类的关系就这么持续了二百多年,双方心里都十分不爽。英国人从上到下,包括从法国来的王公贵族在内,对指手画脚的法国人都十分不满,而法国人对这些怀有不臣之心的英国人自然更是来气。双方正怄气的时候，法王查理四世却咽了气，卡佩王朝绝嗣，于是各支裔一拥而上争夺王位。英王爱德华三世乃是查理四世的外甥，灵机一动也跑去法国争起了王位，企图以此一举解决英法之间的君臣问题。却不料最终还是没能争过腓力六世，这下子偷鸡不成反捅了马蜂窝，英法百年战争爆发。这一场战争关涉两国的“国格”问题，的确属于国家大战的范畴，两个国家的王室、贵族都卷入其中，双方的战争意志都比较坚定。问题来了，国王和贵族全都忙于战争，可怜的平民自然就遭了殃，不仅税赋不堪承受，生活条件极端恶化，而且法国平民还要承受兵火之祸，两国社会的纵向矛盾一下子就暴露了出来。1358 年，法国率先爆发了农民大起义——扎克雷起义。“扎克雷”的词源是法语 Jacgues Bonhomme——“呆扎克”，即“乡下佬”的意思，乃是法国贵族对农民的蔑称。乡下佬大起义，证明这次革命是真的要“Revolution”了。而只要是真的“颠倒”，革命的面目就很熟悉了：没有契约，没有妥协，没有什么东西是不敢破坏的，没有什么人是不敢杀的。扎克雷起义的口号就是“消灭一切贵族，坚决不留一个”，够彻底，也够暴力。起义很快席卷了整个法国，起义军四处捣毁城堡，杀死贵族，烧毁地契，并向巴黎进军。而王室和贵族在被彻底“颠倒”的威胁之下，也别无选择，只能与农民决一死战。历史证明，无组织的农民被迫起义的获胜概率的确十分之低，扎克雷起义最终也难逃这一命运。在起义领袖吉约姆·卡勒被贵族以“斩首”策略诱捕之后，群龙无首的农民起义军迅速溃败。贵族的报复自然是十分残酷的，2 万多人被杀，吉约姆·卡勒则受尽酷刑而死，轰轰烈烈的扎克雷起义最终失败。

扎克雷起义失败 23 年之后，英国农民终于也不堪忍受残酷的奴役和沉重的赋税,于1381年5月发动起义。英国的贵族向来反对国王过度征税,不过这次情况的确不同,为了对法战争,贵族居然为国王的征税开了绿灯。查理二世1377年、1379年和1381年连续三次通过议会"创新性"地开征人头税,甚至连教士也要征税,期间议会还两次批准征收动产税。可见为了赢得这次战争,国王和贵族的确全都赌红眼了。国王和贵族一旦穿上同一条裤子,得不到领主权保护的农民就只有忍受和造反两条路可走了。英国农民最终选择了造反,埃塞克斯郡农民杀死了征收人头税的税吏,率先发动起义。起义狂潮很快席卷了全国40个郡中的25个郡,农民纷纷杀死税官和领主,捣毁修道院、法庭和监狱,释放罪犯,焚毁档案,并杀死所有抵抗者。1381年6月13日,埃塞克斯郡和肯特郡的农民起义军会师伦敦城外,传教士保尔作了一场著名的演讲——"当亚当耕田夏娃织布的时候,谁是贵族?""上帝造人时就是平等的。"听听,多么像中国农民起义时的那些口号——"王侯将相宁有种乎?""等贵贱、均贫富。"热血沸腾的起义军下午就杀进了伦敦,焚烧萨伏依宫,攻占监狱,直抵伦敦塔下。6月14日,起义军在迈尔恩德广场与查理二世会面,迫使查理二世承诺废除农奴制,减轻赋税。然而此时农民起义的"松散性"和"颠倒性"开始暴露出来了,一部分农民得到国王的承诺后立即散去,另一部分农民则留下来坚持,并进一步提出了废除王国法律、领主权和主教区以及没收教会财产进行分配等更加激进的要求。同时起义军在伦敦城四处烧杀抢掠,将许多大贵族斩首焚烧。毫无疑问,这样的谈判注定破裂,背水一战的贵族发动袭击杀死了起义军领袖瓦特·泰勒。群龙无首的起义军立即又成了乌合之众,很快就被贵族击溃扑杀。接下来的事情自然是残酷的报复,至少数千名起义者被吊死或斩首,直到贵族担心自己以后成了光杆司令才不得不罢手。这就叫革命,这就叫颠倒,颠得倒就是我死,颠不倒就是你死。没有妥协,没有契约,何其残酷,何其痛苦!

1358年法国扎克雷起义和1381年英国农民起义是欧洲历史上规模比较大的农民起义。除了这两次农民起义,欧洲历史上还有1524年德国农民战争、1667～1671年的俄国拉辛农民起义等著名的农民起义。从表现形式上看,这几次农民起义的确属于"Revolution"的范畴,是比较典型的精英与平民之间的断裂。然而总体而言,与欧洲几千年来不计其数的国王与国王之间、国王与贵族之间、贵族与贵族之间,甚至宗教与宗教之间的战争相比,农民起义在欧洲历史上依然寥寥可数。万物无绝对,若以相对论,欧洲社会的主要矛盾的确更多地表现为精英与精英之间的横向矛盾,或者更准确地说,就如同"力"和"能"可以转化一样,欧洲社会精英与平民之间的纵向矛盾更多地转化为了精英与精英之间的横向矛盾而表现出来。也正因如此,当欧洲社会终于跨入民主法治时代之后,这种常态的横向矛盾自然而然地转变成了常态的横向制衡,贵族们进了议会,国王权力不断受限,司法裁判替代了宗教裁判,"三权分立、分权制衡、多党竞争"的"横向民主"(约翰·奈斯比特:《中国大趋势》)也就自然而然地成了欧洲政治的必然选择。

与欧洲不那么正宗的"Revolution"相比,中国的革命就是属于纯粹的"颠倒"了。其实在夏商周三代的近2000年时间里,由于中国的社会形态依然处于与欧洲相类似的封建时代,王朝统治者对各部落首领和各诸侯国也没有绝对的控制权,因此三代时期的中国社会矛盾主要也是以横向矛盾的形式表现出来的。统治者的暴政事实上是让平民百姓苦不堪言,最后的革命却是以部落首领反对和替代王朝统治者的形式出现,也就是说,精英与平民的纵向矛盾同样被转化为了精英与精英之间的横向矛盾。当然了,由于中国独特的地缘政治结构倾向于“合”,因此即便是在生产力低下、控制力薄弱的封建时代,中国依然形成了松散型的“准统一”格局,所以三代时期部落与王朝之间的矛盾也具备了一定的纵向性特征,至少比起欧洲封建时代的“Revolution”更像“Revolution”。“商汤”灭“夏桀”与“周武”灭“商纣”的所谓“汤武革命”,就是典型的“三代版”的中国“Revolution”。

历史真正的分水岭出现在公元前221年。秦朝对中国的彻底统一既是中国历史上开天辟地的一次创造,又是中国地缘政治结构从量变到质变的一种必然。大一统彻底消灭了横向竞争,甚至消灭了横向竞争的土壤。在随后的两千多年的时间里,门阀政治几经打压一蹶不振,贵族血统遭到科举彻底解构,中国社会没有了封建,没有了割据,没有了贵族,也没有了贵族革命,整个社会被最大限度地约化成了以皇权为核心的“垄断精英集团”和以农民为主体的“分散平民群体”相对立的两大部分。由于政治精英集团近乎铁板一块,权力高度向上集中,因此一旦德治松弛,暴政开始,中国平民的确没有办法像欧洲平民那样诉诸地方精英的保护,于是只能咬牙苦忍。而等到“是可忍孰不可忍”的时候,退无可退、忍无可忍的中国平民只好绝地大反击,歇斯底里地造反了。从个体的力量来讲,中国的平民与欧洲的平民都是同样微小的,而从面对的体制来讲,中国的皇权比起欧洲的王权却不知道要强大上多少倍。一个人与一只豺狼搏斗和与一只霸王龙搏斗既是一回事,又是两回事。说是一回事,是指斗不过一样都是死;说是两回事,是指敌人的压倒性力量必定会给自己造成巨大的心理压力,因此要么绝对不敢反抗,一旦反抗必定歇斯底里。没错,这就是正宗“帝国版”的中国“Revolution”:要么绝不造反,要么往死里整;要么全盘接受,要么全盘否定;要么极其温顺,要么极其暴戾。中国2000年帝制时代的农民起义其破坏力之大、影响面之广、时间段之长都是欧洲农民起义所望尘莫及的(若真要比破坏力,只能拿欧洲的横向战争来与中国的纵向起义相比)。从规模来看,1358年法国扎克雷起义,起义军主力在麦洛村附近与大贵族“恶人”查理的1000名骑士军决战时,总共不过7000人之数;而1381年英国农民起义,会师伦敦的农民起义军看上去有10万之众,一听说查理二世答应废除农奴制,一天之内便跑得只剩2万人了;从时间和破坏力来看,这两次起义都是5月起义,6月失败,连2个月都撑不住,英国农民刚到伦敦城打砸抢了2天就没戏了,而法国农民甚至还没来得及杀进巴黎城就失败了。反观中国,每逢王朝末期农民起义,动辄百万大军,席卷大半中国,时间短则一两年,长则几十年,兵火过处,尸横遍野,赤地千里,十室九空。人口是历史的吃水线,从战争对人口的杀伤力是可以推算出其破坏力来的,而中国农民起义对人口的杀伤力无疑是极其巨大的:西汉末年的汉平帝元始2年(公元2年),全国有户1223万,总人口5959.4978万(《汉书·地理志下》)。经过绿林赤眉农民起义等内战之后,到东汉初年的汉光武帝建武中元2年(公元57年),全国有户427.9634万,总人口仅2100万(《续汉书·郡国志五》);东汉末年汉桓帝永寿2年(公元156年),全国有户1067.7960万,总人口5647.6856万(《续汉书·郡国志五》)。经过黄巾起义和三国分裂后,到西晋初年的晋武帝太康元年(公元280年),全国有户245.984万,总人口仅1616.3863万(《晋书·地理志》)。而在三国分裂期间,中国人口更是锐减。公元263年,魏元帝景元4年,魏国有户66.3423万,总人口443.2881万(《晋书·地理志》);公元263年,蜀汉后主炎兴元年,蜀国有户28万,总人口94万(《通典·食货七》);公元280年,吴主皓天纪4年,吴国有户52.3万,总人口200万(《晋书·地理志》)。三国相加,总人口不足750万。数字是用墨写的,历史是以血书的。极度的温顺,极度的暴戾,究竟是怎样的熔炉才炼就了中国人如此极端反差的双重性格?是举世无匹的“大一统”体制,是数千年如一日的垄断性政治结构。

法国大革命爆发之后,法国学者对法国革命者身上暴露出来的“要么温顺,要么暴戾”的极端反差性格感到十分震惊。其实无须震惊,作为欧洲的“小中国”,法国的中央集权制是整个欧洲最为强大的。在长期的强势王权控制之下,法国农民也在一定程度上表现出了中国农民的性格特质。直到今天人们还会在新闻里看到法国农民动不动就开着拖拉机冲到巴黎,“无法无天”地瘫痪交通以抗议政府的某项政策,颇有那么点农民造反的做派。托克维尔说:“假如同英国人一样,法国人也能够不废除旧的体制,而是通过实践来改变体制的精神,他们也许就不至于心甘情愿地臆想出新花样。但是每个法国人每天都在他的财产、人身、福利或自尊方面受到某种旧法律、某种旧政治惯例、某些旧权力残余的妨碍,而他看不到任何他本人能采用的医治这种特殊疾病的药方。似乎要么全盘忍受,要么全盘摧毁国家政体。”〔1〕“它的性情桀骜不驯,有时却适应君主的专横甚至强暴的统治权,而不适应主要公民的正规自由的政府;今天它坚决反对逆来顺受,明天它又俯首帖耳,使那些最长于受人奴役的民族都望尘莫及;只要无人反抗,一根纱线就能牵着它走,一旦什么地方出现反抗的榜样,它就再也无法控制……请问世界上有过这样

〔1〕［法］托克维尔:《旧制度与大革命》,商务印书馆1992年版,第182页。

一个民族吗?"[1]古斯塔夫·勒庞同样发现了法国革命的这一特点,他认为大陆国家的革命有其类似性,大陆国家具有一种刚性的文化传统,中国革命与法国革命有点类似。这亦为中国史学界认同,陈寅恪认同中、法两国人习性的相似。黄仁宇将法国大革命、俄国的十月革命以及中国的长期革命归为一类,认为这三种运动"皆发生于在大陆性格的国家……"[2]所谓"大陆性格"云云其实内涵指向不明,究其本质,"大陆性格"大抵上就是指中央集权传统。由于中央集权必定会产生稳定而大规模的陆地控制,因此多建立在面积较大的大陆地区,人称"大陆国家";而依托海洋发展的岛国和半岛国家由于面积不大,无法自足,所以边缘开放,资金人才流动方便,地方离心力较大,因此王权难以形成垄断性的政治结构,不太可能建立起稳定的中央集权制,国王只能与地方贵族分享权力。从这个角度来看,作为全世界中央集权传统最强大最悠久的"天下国家",中国的确是一个最典型最正宗的"大陆国家";而"双头鹰"俄国介于中国和欧洲之间,属于西方文明的亚文明国家,却又具有广袤的土地和深厚的东方集权传统,也可算是一个"大陆国家";至于法国虽然身处欧洲中心地带,具有明显的欧洲封建传统,但是与周边其他国家尤其是英国这样的岛国、半岛国家相比,法国的中央集权显然更为强大,因此也不妨算是一个"大陆国家"。只不过法国这个"大陆国家"跟中国这个"大陆国家"比起来,只能算是小巫见大巫,因此我也常把法国称作欧洲的"小中国"。如果连法国人都具有双重极端性格的话,那么中国人自然更是有过之而无不及了。比起法国,中国的中央集权更加强大,所以崩溃时更加混乱;比起法国,中国的民

---

〔1〕[法]托克维尔:《旧制度与大革命》,商务印书馆 1992 年版,第 246 页。
〔2〕[法]古斯塔夫·勒庞:《革命心理学》,广东人民出版社 2012 年版,第 12 页。

众在生活中更加温顺,所以在革命时更加暴戾。法国虽然王权强大,毕竟还有贵族,还有三级会议,还有一定的横向牵制;而中国的皇权则是“独孤求败”两千年,甚至连皇帝最后也只好自称“寡人”或“孤”了。其实学究地说,“寡人”是皇帝认为自己乃“寡德之人”,“孤”是皇帝认为自己“特立无德能”,都是一种“过分谦虚就是骄傲”的谦称。不过我宁可没来由地认为,这些皇帝称孤道寡十有八九是抱着“君临天下”的得意心理,因为中国历史上的皇权实在是“一股独大”。法家加上儒家,皇权加上科举,中国的精英就这样结成了最稳固的同盟。没有了横向制衡,“独孤求败”的皇权就只剩下了最后一个对手,那就是平民。而平民也只剩下了最后一个绝招能够制衡如此强大的皇权,那就是玉石俱焚的“王朝周期律”。这个世界的能量从来就是守恒的,国家越是大,皇权越是强;皇权越是强,平民越是忍;平民忍越久,能量就越大;能量积越大,爆发越可怕。中国的革命,我们读懂了吗?

革命与改良的历史纠缠

经历了大革命的法国人心有余悸了100多年。从托克维尔到勒庞,许多法国人一直都在反思和批判自己的“暴力革命偏好”,进而十分推崇英国人的“渐进式改良偏好”。勒庞说:“如果一个民族使自己的习俗变得过于牢固,它便不会再发生变化,于是就像中国一样,变得没有改进能力。在这种情况下,暴力革命也没多少用处,因为由此造成的结果,或者是打碎的锁链被重新拼接在一起,让整个过去原封不动地再现,或者是对被打碎的事物撒手不管,衰败很快被无政府状态所取代。因此,对于一个民族来说,理想的状态是保留过去的制度,只用不易察觉的方式一点一滴地加以改进。这个理想不易实现。使它变成现实的几乎只有古罗马人和近代英国人。”[1]“英国经历了两次革命,并且还把一位国王送上了断头台,但仍可称得上是一个稳定的国家。情况之所以如此,是因为其民族精神既稳固得足以守成传统,取其精华;又柔韧得足以修正自身而不逾规矩。英国人从来没有像我们大革命的革命者那样,梦想以理性的名义彻底打破古代的传统,建立一个全新的社会。”[2]作为一名心理学家,勒庞主要是从民族心理的角度来解释革命与改良的选择与优劣,这当然也是一种有效的解释方法,不过显然还不够彻底。世界上没有无缘无故的爱,也没有无缘无故的恨。法国人偏好革命,英国人偏好改良,都不是没来由的心血来潮,而是两国不同的地缘政治和体制传统长期酝酿而成的民族精神,是有其机缘,有其客观必然性的。还有,刚刚经历大革命不久的法国人难免还有“一朝被蛇咬,十年怕井绳”的心理阴影,从而导致他们一味贬低自己,抬高英国,贬低革命,抬高改良。其实革命与改良从来都不是绝对对立的,更不是这样分出高下的。作为社会变革的两种基本手段,革命与改良本来就是相互推动和互为补充的。而在特定的环境下究竟是选择革命还是选择改良,既会受制于客观规律性,又会受制于主观能动性。本书前文关于革命断裂性、暴力性和颠倒性的论述并不是为了简单否定革命,一味颂扬改良。对于人性来说,倘若没有革命可怕后果的倒逼,又怎会产生主动改良的自觉?倘若没有平民革命的威慑,又怎会赋予平民民主的权力?从主观上看,革命总是一种无奈的选择;从客观上看,革命往往又是社会变迁的最后动力,任何将革命与改良“断裂”开来的观点都是违背历史唯物主义基本规

---

[1] [法]古斯塔夫·勒庞:《乌合之众》,中央编译出版社 2005 年版,第 64 页。
[2] [法]古斯塔夫·勒庞:《革命心理学》,广东人民出版社 2012 年版,第 75 页。

律的。而且公平地讲,革命的颠倒并非只是简单的重复,所谓“颠倒即重复”指的是单靠革命不可能收获革命者所希望的即时变革的功效,历史的粘滞性会让社会在能量释放过后又钟摆式地恢复原有的某些性状。法国大革命摧毁了旧制度,又恢复了旧制度,这令托克维尔感到十分沮丧。然而如果我们把时间拉得再长一点,就会发现这场大革命在整个法国历史的变迁中所起到的作用终究是不可抹杀的。如今的法国大概不会有人再称帝了,不管他是路易十四还是拿破仑,如今的法国大概不会再有断头台了,不管是为了处决路易十六还是罗伯斯庇尔。三级会议已成往事,民主制度已经确立,革命者的血终究不是白流的。而即便是尚未受到西方文明启迪之前的中国“王朝周期律”,恐怕也不能全然指责其为“重复”。“王朝周期律”乃是一个近乎封闭的巨系统释放内熵的自我调节机制,看似重复,实则重生,尽管无奈,却是必需。每次改朝换代的革命的确都会让中国社会元气大伤,然而毋庸置疑的是,革命之前与革命之后的中国社会既是完全一样的,又是完全不一样的。完全一样是指社会基本结构依然如故,这便是“重复”,完全不一样是指执政者的道德自觉重新焕发,这便是“重生”。尽管“重生”最终也难逃“重复”的命运,然而还是那句话,一个人如果只活了15岁无论如何都不能算是很成功,倘若能活到300岁,则无论如何也不能算是很失败吧。

不过正所谓“天若有情天亦老,人间正道是沧桑”,历史当然可以冷血地俯瞰芸芸众生,不时地用革命的血来惩罚一下那些不够自觉的人,推动着社会“进两步,退一步”地向前发展。不过我不是历史,也不是天,我是人。人有情,不怕老,所以我还是想在这个问题上多尽人力,再听天命。无论如何,革命的暴力始终是一个社会变革的悲剧,革命的一代始终是一个民族历史的牺牲。即便革命的一代愿意像鲁迅先生所说的那样,“自己背着因袭的重担,肩住了黑暗的闸门,放他们到宽阔光明的地方去;此后幸福的度日,合理的做人”[1],然而倘若可以两全,为什么一定要让自己的父母用血肉之躯去“肩住那黑暗的闸门”呢?他们的身体因为困苦而虚弱,还要“背着因袭的重担”,万一肩不住闸门又该如何是好呢?没错,在那革命年代里,无数的父母的确没能肩住那闸门的沉重,他们死了。而我们之所以还能够来到这宽阔光明的地方,是因为他们最终还是用自己扭曲的尸体架住了闸门,为我们留出了逃生的路。今天的生活一直都有许许多多的不如意,但我一直没敢忘却自己正在那宽阔光明的地方,也一直没敢忘却那黑暗的闸门下背着因袭重担的尸体。我希望昨天的孩子、今天的孩子和明天的孩子从此都能够好好活,因为我知道这一定是昨天的父母在闸门下的最后遗愿。他们已经竭尽全力,希望将那所有的因袭重担背上,希望将那最最黑暗的闸门肩住。他们甘愿承受最可怕的牺牲,不就是为了让孩子们从此能够好好活吗?为了那不曾忘却的共同纪念,他们的孩子今天究竟应该做些什么呢?

他们的孩子据说又在思考革命与改良的问题了,原因是有些人认为自己还不在“宽阔光明的地方”,还没有“幸福的度日,合理的做人”,而这一切都要归咎于另一些人正在制造新的“黑暗的闸门”。他们曾经携手从那旧的黑暗闸门下逃生,从父母尸体边上爬过的时候,他们曾经发下誓愿要彼此照顾,直到永远。却不曾想刚刚到了宽阔光明的地方,有些人就忘却了那闸门的黑暗,忘却了那父母的牺牲,忘却了那曾经的誓愿。有些人从此做了精英,有些人从此当

[1] 鲁迅:《鲁迅全集》(第一卷),人民文学出版社 2005 年版,第 135 页。

了平民,这并不要紧,要紧的是精英与平民又开始渐行渐远,一场新的断裂似乎又在悄然逼近。断裂就意味着新的血,而要阻止断裂,唯有唤醒中国人的“爱”和“自觉”。“爱”是我们超越利益鸿沟的动力,“自觉”则是我们超越利益鸿沟的能力。因为“爱”,我们愿意相信,我们愿意相信中国是一个命运共同体,相信彼此的利益休戚相关,相信精英与平民都是人民;因为“自觉”,我们愿意改良,我们愿意改良彼此相处的方式,改良利益分配的格局,改良精英与平民之间的关系。什么叫作改良?改良不是随意的改变,改良是朝向更合理方向的改变;什么叫作合理?合理不是精英与平民的混一,合理是精英与平民的统一,利益的统一,意志的统一。

然而改良终究是有其限度的。不是所有的精英都愿意改良,改良不可与虎谋皮;不是所有的时候都可以改良,改良不可错失时机。什么叫作与虎谋皮?一个被既得利益彻底异化的精英是不会有改良自觉的,一颗被膨胀的利欲完全遮蔽的内心也是看不到危险的,怀着最美好的愿望去奉劝这样的人,与怀着最良善的动机去规劝嗜血成性的豺狼一样,只怕都是天真幼稚的代名词,这就叫作与虎谋皮。倘若一个社会真的已经到了不将某些毒瘤割去便无法继续存活的地步,那么通过高风险的外科手术与之“断裂”也没有什么不可以的。什么叫作错失时机?不是所有的改良都会成功,改良必须在信心尚未崩溃的时候发动。托克维尔在《旧制度与大革命》中说:“大革命前一年,国王敕令在司法秩序的所有各部门造成了混乱;若干新的法庭设立了,其他法庭大批被废除,管辖权的一切规定均被更改。”[1]“这已为时太晚了。随着有钱阶级的人们向农村人民靠

〔1〕［法］托克维尔:《旧制度与大革命》,商务印书馆1992年版,第231页。

近,试图和他们打成一片,农村人们却退回到他们一向的孤立状态,据守不出。有些郊区的市议会拒绝接纳领主参加;另一些市议会则十分挑剔,不愿接受已致富的平民。"[1]勒庞也在《革命心理学》中描述了大革命前夕的情景:"在1614年召开的一次等级会议上,第三等级的代表被迫取下礼帽放在膝盖上;当一个第三等级的成员冒昧地说三个等级如同三个兄弟一样时,贵族代表的发言人立即回答说:'贵族与第三等级之间不存在兄弟般的关系,我们可不愿与皮匠和鞋匠的后裔称兄道弟。'……泰纳对此做出了明白无误的解释:既然贵族已经丧失了特殊的才能,而第三等级却获得了一般的才能,他们在教育与才智方面就没有什么区别了,所以把他们分开的不平等就是有害的、多余的。不平等仅仅是习惯的产物,现在它不再为人们的意识所认可。第三等级有理由对特权表示愤慨,既然贵族并没有什么特殊才能,而资产阶级也不缺乏才能,那么,特权的存在也就没有了理由……我们看不出有什么力量能说服贵族与教士放弃他们的特权。当然,在那个令人难忘的夜晚,当事态发展到已由不得他们做主的时候,他们最终还是放弃了自己的特权;但此刻为时已晚,大革命已经如脱缰野马,难以驾驭了。"[2]

在辛亥革命100周年的2011年,互联网上曾经流传过李泽厚先生的一篇访谈录《告别辛亥革命》。在这篇访谈录中,李泽厚先生通过评述辛亥革命,阐述了他"革命不如改良"的基本观点。李泽厚先生认为,"在辛亥革命之前,清政府已经在进行改革。比如,那时制订的法律,在今天看也是很超前的","遗憾的是,就在这期间,也就是在1908年,慈禧死掉了。如果她早死十年就好了,戊戌变法就成

---

[1] [法]托克维尔:《旧制度与大革命》,商务印书馆1992年版,第237页。
[2] [法]古斯塔夫·勒庞:《革命心理学》,广东人民出版社2012年版,第143页。

功了；如果她晚死十年也好了，就不会有辛亥革命了”，“为什么呢？因为辛亥革命的成功是非常偶然的。武昌起义后，清廷派袁世凯去镇压起义军。北洋军队把汉口、汉阳打下来后，袁世凯就按兵不动，开始和清廷讨价还价。假如慈禧在世，袁世凯根本就不敢这样做。慈禧有权谋，能够统帅、控制比袁世凯的权势大得多的曾国藩、李鸿章等人，在慈禧面前，袁世凯是非常畏惧的，根本不敢心存异想。所以，如果慈禧活着，即使发生辛亥革命，很快就会被慈禧压下去的”，“慈禧死后，清廷搞皇室内阁，是非常愚蠢的。慈禧太后不会干这种蠢事，她在世时是重用汉人的。重用李鸿章，重用张之洞，谈判都是让李鸿章出马。慈禧太后也不会推出‘铁路国有化’，引起保路风潮”，“只要给予充足时间，变化就会发生。慈禧废科举是不得了的事情，谁也不敢做，她做了。废科举，斩断了一切士大夫的传统道路，等于斩断了皇权制度的基础啊。她能够做出这等大事，还有什么不可设想的呢？那真是向世界看齐啊”，“一个要垮的政府也比没有政府强，无政府是最可怕的，因为任何人可以干任何事情。一个国家没有一个最高权威，任何地方军阀、任何个体都可以为所欲为，社会就会重新陷入野蛮杀戮的‘丛林状态’。就是任何人可以杀任何人。清政府垮台以后，尤其是袁世凯去世后，中国不就是陷入了长期的军阀混战了吗？”

在我看来，李泽厚先生不主张暴力革命而主张渐进式改良的观点并没有什么不对，反而体现出了一位成熟知识分子应有的稳健；然而他从这一基本观点出发对辛亥革命进行一番“以今非古”的评述以及折射出来的历史观却是很值得商榷的。慈禧也许的确是一强人，然而她是早晚要死的，甚至可以说她已经活得够长了。如果清王朝的集体自觉足以持续支撑一场渐进式改良的话，那么慈禧的死与活都不是必然的决定因素;如果清王朝的集体自觉不足以做到这一点的话,那么慈禧的死与活就成了一种偶然的影响因素。换句话说,如果清王朝的不自觉是必然的,慈禧的"自觉"是偶然的,那么清王朝是早晚要输的。李泽厚先生认为辛亥革命之所以能够成功是因为慈禧死得早了一点,因此是非常偶然的,实际上这个观点完全没有搞清楚什么叫作偶然,什么叫作必然。如果慈禧不死,中国无人与之抗衡,辛亥革命就不会成功;如果慈禧一死,清王朝必定后继无人,辛亥革命就会成功,那么只能说,辛亥革命的成功恰恰是必然的,而慈禧这个强人的出现推迟了革命的成功才是偶然的。一个体制如果集体自觉还在,那么代代相传则大可开成百年老店,一个体制如果集体自觉沦丧,那么一个强人的存在最终是不可能力挽狂澜的,因为他(她)早晚是要死的。将一个体制的命运完全寄托在一个人的身上是必然要输的,因为没有人可以长生不老。从李泽厚先生的访谈中我们完全看不出除了慈禧之外还有什么要素可以让清王朝推进改良、阻止革命,既然如此,革命就是必然的,慈禧才是偶然的。如果慈禧不死,革命就不会发动,慈禧一死,革命就会发动,那么就算慈禧再多活几年,革命也不过多推迟几年而已,革命者总会等到慈禧死的时候,就算那一年不是"辛亥",但一定还是革命;所以"辛亥"是偶然的,"革命"却是必然的。还有,李泽厚先生认为清王朝末年已经推行了一系列的改良措施,甚至废除了科举,如果不被辛亥革命打断的话,就有可能逐渐过渡成功。这个观点也是很值得商榷的。清王朝的改良不是1905年才开始的,自从1840年鸦片战争之后,清王朝在列强入侵与内部革命的双重刺激下就已经开始了蹒跚的改良之路,其中又以推行洋务运动的"同治中兴"为最。然而在折腾了几十年之后,清王朝最终还是没能成功突围,这只能证明导致清王朝最终失败的因子很可能在洋务运动之前乃至于在鸦片战争之前就已经种下了,之后的所有改良也只不过延缓了失败的时间而已,就如同一个绝症病人最后总要做一些延缓死亡的努力罢。其实从大历史的视角来看,清王朝作为中国古代政治体制的载体,即便遭遇西方现代政治体制的冲击,也是很难一下子转型成功的。一个曾经如此成功的体制具有极大的历史粘滞性,除非一败涂地,否则绝无可能自觉转型,而等到一败涂地的时候,人心必然丧尽,那时候想转型也不可能了。清王朝在受到打击之后搞一些"中体西用"的改良是触及不到根本的,这种改良注定要失败。在这个问题上,把中国的戊戌变法与日本的明治维新相提并论其实也不合适。中国是一个原生性文明的"天下国家",是一个小世界的中心,而日本是一个亚文明的岛国,是一个跟随型和学习型的小国,二者完全不在一个层次上。形象地说,中国是一艘大船,日本是一艘小船,大船从来就不好调头,而小船从来就好调头。既然日本今天能够学习中国,明天就一定可以学习欧洲,对于日本来说,跟谁学不是一样学,只要中国和欧洲决出谁是最强者就行了。而像中国这样的泱泱大国,携数亿人口之体量,挟五千年成功之惯性,怎么可能在短时间内就来个"华丽转身"呢?由此可见,清王朝改良的最终失败,辛亥革命的最终爆发,以及此后一系列"钟摆式"革命运动的渐次登场,其实都是命中注定的。这是从大历史的视角来看的,倘若我们单从清王朝的改良这一特定视角来看问题,那么今天的人们也可以从中得出一个十分重要的启示,那就是:改良应该在人心尚未彻底溃散、体制尚未病入膏肓的时候发动。一旦错失时机,你不会马上输,只是注定输,就好像晚清苟延残喘70年,它没有马上输,只是注定输。

关于革命与改良还有一个问题需要讨论,那就是改良会不会反而引爆革命?这是一个严肃的问题,托克维尔的《旧制度与大革命》最近一段时间在中国的流行更是加剧了中国人在这方面的担心。托克维尔在书中描绘了大革命前夕路易十六的改良图景:“对自由和人的生命的尊重经常可见。尤其可以见到对穷人的苦难的真正关心:这种现象以前是找不到的。对穷苦人,税务部门极少施行强暴,蠲免捐税更频繁,赈济更多。国王增加所有基金,专门用于在农村创办慈善工场或救济贫民,他还经常设立新基金……公共繁荣在大革命后任何一个时期都没有大革命以前20年那样发展迅速……如果人们想到政府还含有许多弊病,想到工业还遇到许多难处,那么已经展现的这派如此巨大、如此兴旺的繁荣景象,就会让人惊奇……因为在所有那些制造低劣、啮合不好、似乎注定要减速而不能推动社会机器的齿轮之外,掩藏着两种极简单、极强大的动力,足以使整部机器结成一体,并推动全部朝着公共繁荣的目标运转:一个依旧非常强大有力但却不再实行专制、到处维持秩序的政府;一个从上层阶级看已成为欧洲大陆最开明、最自由的民族,在她的内部,每个人都能随心所欲地发财致富,可保住已取得的财富……国王继续以主子身份讲话,但他自己实际上服从公众舆论,每日每时都受公众舆论的启发带动,不断向它咨询,对它敬畏恭维。”[1]托克维尔还说:“当人们读18世纪大臣和总督们的来往信函时,就会十分惊异地看到一种怪现象,臣民百依百顺,这个政府是如此地富于侵夺性和专制特征,但一当它遇到最微小的反抗,它便不知所措,最轻微的批评也会使它惶惶不安,简直到了风声鹤唳、草木皆兵的地

〔1〕［法］托克维尔:《旧制度与大革命》,商务印书馆1992年版,第212~214页。

步，于是它停顿下来，犹豫，商议，折中，常常不敢超越自己权力的天然范围。”[1]“绝不能轻信法国人在他们最大的痛苦中经常表现出来的轻松愉快；轻松愉快只不过说明法国人相信他们的厄运是不可避免的，所以自寻开心，不去想它，而绝不是完全忘怀。给这些人打开一条出路吧，让他们摆脱他们似乎不介意的苦难，他们立即会朝那个方面飞快地跑出，势头暴烈，要是你挡他们的道，他们连看都不看你一眼，就从你的身上踏将过去。”[2]从托克维尔的这些表述中人们很容易就会得出一个印象：路易十六的改良在改善了人民生活的同时也放松了对人民的管制，导致统治者在限制了自己权力的同时也唤醒了人民的不满，满怀善意的改良最终引爆了惹火烧身的革命。其实何止托克维尔，许多杰出的思想家都提出过类似的警告。帕累托说：“那种追求根本改变的意愿，使旧的精英付出了无数血泪代价。这是因为，一方面由于旧的精英愚蠢地大谈人道主义，从而自己解除了武装，变得衰落了；另一方面，它排斥新的精英，从而迫使后者奋起战斗……旧精英的衰落表现为人道主义和利他主义情感的增长，而新精英的兴起则表现为卑微之众对强大权威的报复。”[3]勒庞说：“贵族像今天的资产阶级那样沉溺于人道主义和理性主义，他们通过批评不断地挖着自己特权的墙角。就像今天最热心的改革者往往是命运的宠儿一样。”[4]“革命之初，没有人能够预料它的将来的可怕。谚语说：‘舟之将沉，舟客互贺’，可以用来比喻这种情况。”[5]柏克说：“这种人对自己的人权理论是如此之感兴趣，以至于

---

〔1〕［法］托克维尔：《旧制度与大革命》，商务印书馆1992年版，第150页。
〔2〕［法］托克维尔：《旧制度与大革命》，商务印书馆1992年版，第177页。
〔3〕［意］维尔弗雷多·帕累托：《精英的兴衰》，上海人民出版社2003年版，第18~20页。
〔4〕［法］古斯塔夫·勒庞：《革命心理学》，广东人民出版社2012年版，第151页。
〔5〕［法］古斯塔夫·勒庞：《心理学统治世界》，金城出版社2011年版，第28页。

他们已经全然忘记了人性。他们对于人的理解力并没有开辟一条新的途径,反而是成功地堵塞了通向人心的那些途径。”[1]而霍弗则说得更加直白:“悲愤会在它几乎得到补偿的时候最为蚀骨……最危险的时刻将会是国家经济已有相当改善而极权统治因为某种缘故稍见松动之时。”[2]

这些思想家们异口同声的警告不是仅仅建立在理论推演的基础之上,而是建立在对革命事件长期观察思考的基础之上的,因此对于他们的警告后人绝不可等闲视之。“改良引爆革命”的危险的确是现实存在的,然而这并不构成对改良的否定。只要认真研究一下,就可以发现这个问题之所以会发生是有其主客观上的原因的。原因之一就是精英改良的虚伪性。在谈论了精英的“人道主义”之后,帕累托紧接着就揭露说:“当一个精英衰落时,一般可以看到两个同时出现的迹象:1. 衰落着的精英阶层变得比较温良恭俭,比较有人情味,同时也不太能捍卫自己的权力。2. 另一方面,它对其他人财富的贪婪和强取豪夺却丝毫不减,反而变本加厉地增加自己的非法占有物,而且大量鲸吞国家财产。”[3]“他们的多愁善感是语言的宣泄,常常掩盖着肮脏的利润。这种软弱通常也是很卑鄙的。他们从事于高明的偷窃,而不必冒武装抢劫的危险。处于衰落阶段的精英一般都表现出人道主义情感和无限仁慈,但是这种仁慈假使不是一种弱点的话,那么它也更多的是表面上的,而不是实质上的。塞涅卡是个彻底的斯多葛派学者(禁欲主义者),但是他拥有巨大的财富,许多所华丽的宫殿以及无数奴隶。法国贵族颂扬卢梭,但也

〔1〕［英］柏克:《法国革命论》,商务印书馆 1998 年版,第 85 页。
〔2〕［美］埃里克·霍弗:《狂热分子》,广西师范大学出版社 2011 年版,第 53 页。
〔3〕［意］维尔弗雷多·帕累托:《精英的兴衰》,上海人民出版社 2003 年版,第 42 页。

知道如何迫使佃户交租，他们对美德的新热情并没有妨碍他们耽于声色犬马的生活。他们的钱财是从食不果腹的农民那里榨取来的……在花天酒地之余，对一贫如洗的穷人抛洒一滴同情之泪，恰能给感官一些愉快的刺激……这就是我们最热烈的'人道主义者'掠夺穷人的办法。召开各种防治肺结核的大会当然很好，但是如果不抢走饥寒交迫者的面包就更好了。同样，如果少一点'人道主义'，或多一点对其他人财产的尊重就更好了。但是毫无迹象可以表明，统治阶级打算抛弃错误的道路。可以设想，它将继续走下去，直到最后大祸临头。这一点在法国旧贵族的命运中已经可以看到。直到革命前夜，他们还在围攻路易十六，为金钱吵闹……其他人则在铁路、银行、铁厂和商船上大牟其利。统治阶级全都围在政府周围，大喊大叫，要求至少分得一杯羹。正是在那个时期播下了有害的种子。"[1]托克维尔也在《旧制度与大革命》中揭露："这点在1775年第尔戈致国王的呈文中看的十分清楚。他向国王进谏，要进行自由的全民选举，每年在国王周围召开为期六周的代议制议会，但不给议会任何实权。议会只谈行政，绝不涉及政府，只提供咨询，不表达意志，说实话，只有权讨论法律，无权制定法律。蒂尔戈道：'这样，王权就会得到启发但不受阻碍，公众舆论将会满意，而无任何危险。因为这些议会无权反对国王的必要行动，万一——尽管不可能——它们不听话，国王陛下永远是国家主宰。'……一国国民倦于冗长的辩论时，只要能获得安定，心甘情愿地任人欺骗；历史告诉我们，要使国民满意，只消在全国纠集若干无名的或无独立性的人，发给薪金，让他们在国民面前扮演一下政治议会的角色就够了。这样

〔1〕［意］维尔弗雷多·帕累托：《精英的兴衰》，上海人民出版社2003年版，第52～55页。

的例子多得很。但是,在一场革命的开端,这样做法无不失败,不仅不能使人民满意,反倒使人民愤激。"[1]唯有"格物致知,正心诚意",方能"修身,齐家,治国,平天下"。改良一事,必定涉及利益的重大调整与思想的重大改变,精英如果不"正心诚意"地把自己的立场放在"命运共同体"上,如何能够面对必要的既得利益牺牲?如何能够赢得平民的信任?那些抱怨平民不知足的精英不妨先摸摸自己的良心,问问自己:我做到"正心诚意"了吗?还是那句老话——"共产党就是要奋斗,就是要全心全意为人民服务,不要半心半意或者三分之二的心三分之二的意为人民服务。"[2]

主观上的虚伪性必定伴随着改良的被迫性。与革命相比,改良的优点本来就在于"自觉",一旦改良也成了被形势踢着屁股走的东西,那么离革命也只剩两里路了。该给的时候不给,埋下的就是仇恨,不得不给的时候才给,给了也白给,因为没有人会念你的好,而且还会被人看出自己的虚弱和虚伪。1905年清政府的所谓"宪改"大抵上便是此等货色的"改良"罢。当然除了精英主观上的虚伪性之外,"改良引爆革命"在客观上应该也是可以找到原因的,其中最重要的原因大概就是可行性方案的缺失。改良与革命的最终目的其实都是要改变结构,只不过改良是渐进式地过渡,革命是暴力性颠覆之后再建设。从这个意义上讲,真正的改良也是需要一个整体性解决方案的,真正的改良者对于前方究竟是"杨梅林"还是"野猪林"要做到心中有数。那种零敲碎打的所谓"改良"要么就是心中有数的量变阶段,要么就是心中没数的彷徨时刻。若是前者当然没有问题,若是后者那就有点麻烦了。"摸着石头过河"说明改良肯定还

[1] [法]托克维尔:《旧制度与大革命》,商务印书馆1992年版,第185页。
[2] 毛泽东:《毛泽东文集》(第7卷),人民出版社1999年版,第285页。

在浅水区。如果听到有人说深水区也可以“摸着石头过河”，那么这个人要么是属鳄鱼的，要么压根就不准备离开浅水区了。当然还有一种可能性，那就是这个人的智商已经想不出招了，不过声音倒还是挺大的。改良是需要能力的，至少比革命更需要能力，这就好比住在危房里改造危房，难度要比推倒危房再建新房大得多了。至于为什么要选择高难度的改造而不是低难度的重建，自然也是顾虑到我们所有人都住在这栋房子里，除非“天要下雨，娘要嫁人”，否则推倒重来永远都不应该是一种最优的理性选择。再打个比方，倘若有一枚炸弹被埋在我们家里，而我们又没有“两套房”，那么唯一的办法大概就是请来拆弹专家把炸弹给拆了。结果这“专家”能力太差，拆着拆着居然就给引爆了。你说，是该怪这拆弹的决定，还是该怪这“专家”不行？如果这“专家”不敢动手，反而责怪起拆弹的决定，那以后就不妨让他天天抱着炸弹睡觉，否则“养兵千日”干什么呢？也许“专家”会抗议说这炸弹实在太厉害了，但是这个世界有本事造出这么厉害的炸弹，却没有本事拆掉它，甚至连拆它的勇气都没有了，你说，这又是谁的悲哀？还有啊，最重要的问题是：不拆它，它就永远不爆炸了吗？秦朝的暴政坚持到了最后一刻，难道结果就会更好一点吗？

关于改良与革命还有最后一个问题，那就是精英的分化。按照托克维尔和帕累托们的理论，精英先是专制，接着变得软弱，然后爆发革命，“专制—软弱—革命”似乎成了革命的三步骤。从某种意义上讲这三步骤的确是有点规律的。当精英的专制走向极端之后，在统治阶级的这一头由于触动了人性和道德的底线而逐渐变得“柔软”，部分精英开始走向了反思和改良；而在被统治阶级那一头也由于触动了生存和生活的底线而逐渐变得“暴戾”，许多平民开始走向了觉醒和革命。两个力量从各自的底线反弹之后又在途中相遇,统治阶级的“软弱”撞上了被统治阶级的“暴戾”,结局自然可想而知了。不过有几个问题需要特别指出:其一,软弱不是改良的代名词。拆弹乃是“勇敢者的游戏”,改良也是。真正的改良是坚毅者的自觉行动,而“软弱”只是被迫的仓皇让步,二者有着天壤之别。其二,不要让对立走向极端。一旦精英与平民的对立走到极端之后,事情就很难有挽回的余地了。发现炸弹从来都是立即报警,为什么发现问题就不想立即改良呢?坏制度其实天天都在杀人,改良从来就是宜早不宜迟的。放纵矛盾令其自行发展,一旦走到极端触底反弹,事情也就无药可救了。其三,平民的革命必定伴随着精英的分化。当精英与平民的对立走向极端之后,精英的分化就成为一种必然。精英的分化有两种,第一种是真正的精英与伪精英的决裂分化,因为真正的精英一旦自觉被唤醒就不会甘于沉沦,就像帕累托所说的,“它迫使较优秀的部分站到自己的对手方面,因而使这个统治阶级大为削弱。它丧失了最强有力、最有道德的正派人士,因而变得贫弱了。例如,在意大利有教养的人面临困难的选择:要么拥护自己阶级的不正当行为,如银行舞弊和诺塔巴托罗审判,要么加入社会主义者行列。他只能选择后者”[1]。第二种则是伪精英之间的内讧分化。有道是“小人同而不和”,因为利益而啸聚,必定会因为利益而内讧。就像托克维尔所说的,“国民已经习惯于暗中观察议会斗争中的才能的表演,而不是严肃的讨论;在不同党派——多数派、左翼中心、王朝反对派的对立中,观察它们如何像同一家族的子女在分配共同遗产中互相欺骗的内讧。偶然曝光的腐败的一些明显事

[1] [意]维尔弗雷多·帕累托:《精英的兴衰》,上海人民出版社2003年版,第59页。

实,使国民觉得腐败到处存在,认为整个统治阶级已经腐败透顶,心中对它轻视,表面上对它的统治表示屈从"[1]。精英的分化是平民革命能够取得成功的重要前提:一方面,精英的分化极大地削弱了精英集团的实力,不仅真正的精英与伪精英的决裂会削弱精英集团的实力,而且伪精英之间的内讧也会削弱精英集团的实力;另一方面,分化出来的精英往往加入了平民革命的队伍,从而大大增强了革命的力量。不仅真正的精英最后成为革命的领袖,而且那些在内讧中失败的伪精英也会加入革命队伍浑水摸鱼。千万不可小看伪精英的能量,这些人成事或许不足,败事绰绰有余,对于革命队伍是如此,对于统治集团也是如此。伪精英从伪精英的堡垒中来,他们的反戈一击往往也是致命的。

---

〔1〕［法］托克维尔:《旧制度与大革命》,商务印书馆1992年版,第35页。

CHAPTER 08 >>

第八章

自觉与倒逼

底线公平与机会公平

“平等”是革命者的第一党纲。从中国农民起义的“均贫富、等贵贱”到法国大革命的“人生来而且始终是平等的”，但凡平民革命，没有不以“平等”为号召的，革命要革的就是“不平等”的命。然而耐人寻味的是，历史一旦走出革命年代的激情，革命者所说的平等似乎就从来没有在生活中扎根过；而理论家们一旦走出启蒙时代的激情，也纷纷对“平等”嗤之以鼻。勒庞竭力反对那种超过法律面前人人平等的“地位和财产的平等”，认为这种渴求“与一切生物学和经济学的法则相背离”，不平等是习惯的产物，是符合自然的，而平等则是自然法则的对立物。[1] 勒庞说：“自由已经变得疑窦重重，博爱也消失得无影无踪，然而就在此时，平等

---

〔1〕 [法]古斯塔夫·勒庞：《革命心理学》，广东人民出版社 2012 年版，第 24 页。

的原则却在毫无节制地疯长。在上一个世纪法国所发生一切政治变革中，平等原则取得了至高无上的地位，它的发展已经达到这样一种程度，以至于我们的政治生活和社会生活、我们的法律、行为模式以及风俗习惯都必须建立在平等的基础上，至少在理论上是如此。平等原则构成了大革命的真正遗产。对平等的渴求——不仅是法律面前的平等，还包括地位和财产的平等——正是民主的最新产物即社会主义运动的枢轴。这种渴求尽管与一切生物学和经济学的法则相背离，但它仍然非常强烈，以致在社会各个方面散布开来。"[1]勒庞的话对不对姑且不论，至少我们可以从他的话中分明地感受到了两种相反的力量——"不平等的事实"与"对平等的渴求"——在相互较量和相互拉扯。没错，这就是关于"平等"的历史辩证法。本书既然要研究"精英与平民"，"平等"就一定是绕不开的话题，而当人们在表达某种具体的平等观时，往往更多地使用"平等"的一个近义词"公平"——公正平等。关于"公平"有很多提法，如"起点公平"、"结果公平"、"形式公平"、"实质公平"。那么，这个世界上真的有"公平"吗？

就拿"起点公平"来说吧。哪怕从相对意义上讲，这个世界也很难有真正的"起点公平"。一个富人家的孩子从小在贵族学校里接受最优质的教育，而一个农民工的孩子从小只能在农民工子弟学校里勉强完成学业，不同家庭出身的孩子在起点处实际上就已经被大致地分出高下了，哪儿来的公平？不过再仔细想想，我们似乎又不能只站在这个不公平的事实上来仇视那些富人家。可怜天下父母心，不管是穷爸爸还是富爸爸，谁不想给自己的孩子最好的教育？

[1] ［法］古斯塔夫·勒庞：《革命心理学》，广东人民出版社2012年版，第268页。

再说了,如果穷人有了钱,难道就不想这么做吗?既然有钱本来就是穷人的理想,那么为什么又要仇视自己的理想呢?难道只是因为那有钱的不是自己吗?既然自己没钱的时候就要仇视别人,那么自己有钱的时候岂不是也要被别人仇视?在这个问题上如此相互仇视很显然是没有出路的,因为只要财产可以私有,只要人类还存在差别,起点就不可能真正公平。彻底消灭财产的私有至少在现阶段被证明是完全行不通的,而消灭人类的差别更是妄图替代上帝做功,可见起点的确难言公平。起点不公平,结果当然就更难公平了,而这一轮的结果不公平往往又会加剧下一轮的起点不公平,马太效应,循环往复。真可谓是“千金易得,公平难求”,难怪有人会说所谓公平只不过是对不公平事实的一种抽象而已。然而即便如此,我们依然不能轻下断言,认为公平就是不可实现的乌托邦。既然对公平的渴望一直如影随形地伴随着不公平的事实,只能说明前者与后者同样是出乎于人性的,那么在今天这个差别化似乎已成定局的世界里,究竟有没有某种真实存在或值得追求的“公平”?

我想在这里向读者们推介一下我心目中的公平观——“底线公平”和“机会公平”。我常常在课堂上用这样一个虚拟的案例向学员们解释什么叫作“底线公平”:有一个人在路上开车,一不小心与前车追尾了。下车一看,原来撞了一辆 QQ。为免于耽误时间,双方同意按惯例以 200 元“私了”,然后各自走人;不过倘若撞的不是一辆 QQ,而是一辆宝马呢?区区 200 元自然是搞不定的,少说也得 2000 元吧;倘若撞了一辆劳斯莱斯呢?2 万元?20 万元?投保数额不够,那就等着“破产”吧,难怪现在人家都说豪车碰不得。仔细想想,同样一个追尾行为,同样一个主观意愿,只因为撞了不同的车子,结果就完全不同乃至于天壤之别,哪有什么“公平”可言。而且需要提醒的是，法律是完全保护这种“不公平”的，就算你诉至法院，同样也是这个处理结果。如此看来，这个世界真的是“不公平”的，强者恒强，弱者恒弱，就连法律也喜欢充当强者的“保安”。不过且慢下此断言，我们不妨把这个虚拟的案例进一步推演下去：倘若这个人脾气大，下车就和对方打起来了，刚好手里又有一把刀，一刀过去就把对方给杀了，那么结果又会如何呢？假设这个人把开 QQ 的给杀了，就算他自以为是“激情杀人”，恐怕也最终难逃死刑的惩罚；假设这个人把开宝马的给杀了呢？当然也不过是死刑而已；把开劳斯莱斯的给杀了？依然还是死刑；就算把开航天飞机的给杀了，也不过是死刑而已。现代法律绝对不可能规定因为被杀的是开劳斯莱斯的，所以这个人就要死两次。反过来，这个人别说是杀了一个开 QQ 的，就算是杀了一个乞丐，同样也难逃死刑的惩罚。突然间我们发现，在那生死一线之间，不分贫富贵贱，不管精英平民，所有的人突然间都公平了，平日里“不公平”的法律此时完全展示出了一副绝对公平的面孔。“公平”尽管姗姗来迟，然而毕竟还是出现了。那么它出现在哪里呢？它出现在“底线”之处。绝对公平出现在对每个人生命尊严的尊重保护上，出现在每个人不可退却的最后底线上。每当我讲到这个问题的时候，都会情不自禁地想起电影《简·爱》中家庭女教师简·爱对贵族罗切斯特所说的那段经典台词：“你以为我穷，不好看，就没有感情吗？我也会的，如果上帝赋予我财富和美貌，我一定要使你难以离开我！就像现在我难以离开你！上帝没有这样！我们的精神是同等的！就如同你跟我经过坟墓，将同样的站在上帝面前！”是啊，当你我经过坟墓站在上帝面前的时候，每个人都是一样的，不管富贵贫穷，不分精英平民，每个人都是一样的。在生命的底线上，每个人是一样卑微的，在生命的底线上。每个人又是一样高贵的。在今天这样一个差别化的世界里，一个平民也许可以接受一个精英开着宝马而自己挤着地铁，但绝不会接受他开着宝马随意撞人而不受惩罚。从某种意义上说，一个高度差别化的社会之所以还能够维持稳定，是因为这个社会还能够守得住底线。一旦底线被突破，这个社会很快就会陷入断裂的危险之中。

正如马斯洛的需求层次理论所展示的那样，生存与安全乃是人类最基本的需求，这种最基本的需求实际上就是底线。这条底线并非恒定不变，它会随着时代条件的变化而不断做出调整。在战争的年代，能够活着就是底线；而在饥荒的年头，一口吃的就是底线。一旦底线被洞穿，人不能为人，则只能为兽。2012 年上映的冯小刚电影《一九四二》曾经给我以很大的震撼。这部电影艺术地再现了 1942 年河南大旱之后的那场惨绝人寰的生死博弈，我们可以看到，一旦生存的底线被洞穿，无论是屯着粮食的东家，还是家无余粮的长工，最终都无法在混乱的漩涡中保护自己的生命财产安全，因为底线的失守顷刻间就让人类社会倒退成了动物世界。而在一个动物世界里，没有规则，只有暴力，没有道德，只有生存。生活是要讲规则的，生存却是不择手段的，这些年来，当城管的规则撞上了摊贩的生存，当摊贩的生存撞上了城管的生存，每一次冲突都是那样的令人痛心和叹息。

俗话说“水涨船高”，倘若一个社会终究还是摆脱了生存与温饱的困扰，那么这条社会底线又该设定在哪里呢？我想大概有四个方面的问题是需要人们认真面对的——住房、教育、医疗、养老。将心比心地讲，在和平时代的社会里，一个人要想拥有一份基本体面的生活，他的家庭大概都需要一套基本的住房，他的孩子大概都需要接受基本的教育，他和他的家人肯定都会生病，他和他的家人也肯定也都会老的。一个平民家庭可以终生没有劳斯莱斯开,终生没有带泳池的别墅住,不过这四样东西大概是不可以没有的吧。既然不可以没有,那么这四样东西大抵上就是他的“底线”了。别的方面且不多说,就说说城市里的住房吧。2012 年夏天,我随团访问新加坡。在新加坡建屋发展局参观访问的时候,我问一位介绍情况的官员:今年组屋摇号需要摇几次才能摇中呢?回答:基本上摇一次就可以了。于是我笑了,然后她也笑了。2011 年新加坡第 12 次国会大选,人民行动党破天荒地丢掉了一个阿裕尼集选区,引发了一场不大不小的政坛地震,究其原因当然有很多,不过许多新加坡的老百姓一口咬定跟最近的组屋供应太慢有关,许多人摇了几次号都没摇上,所以“很生气”。有些国家的平民生气了,大不了只能“以头抢地耳”,新加坡的平民生气了,后果却有点严重,因为他们手中毕竟还有一张票。而这张票终究也向很多人证明了自己并不只是一张观看精英表演的戏票,尽管“李叔也很生气”,然而平民们最终还是选择在阿裕尼集体退了人民行动党的票,压力终于传递到了该传递到的地方。“我们许部长上任后,要求加大组屋的投放力度,以保证月均收入 1 万新元以下的家庭都能够尽快买上组屋”,那位官员补充说。没错,自从担任国家发展部部长以后,组屋问题一直就是许文远博士的工作重点。而作为一名长期观察新加坡的中国人,我也一直关注着许文远部长的组屋政策。这两年来他在国会的很多发言都给我留下了深刻的印象,比如 2011 年 10 月,许文远曾在国会作了一个题为“幸福就是为所有新婚夫妇提供负担得起的第一个家”的发言,誓言在 5 年任期内推出 10 万多间组屋,协助所有家庭月入低于1万元、首次购屋的新婚夫妇尽早买到组屋,以鼓励他们组织家庭。[1] 2013年3月,许文远部长在国会拨款委员会辩论该部门的预算开支时重申:“建屋发展局最基本的使命是为绝大多数新加坡人提供负担得起的住屋,这项使命未来将保持不变。”他说:“我们承诺会调整价格,为绝大多数首次购屋的新加坡家庭提供负担得起的新组屋。他们‘像父辈那样拥屋的新加坡梦’是有保障的,这一点我们绝对保证。”[2]许文远说得没错,新加坡人的确有一个“像父辈那样拥屋的新加坡梦”,这个梦源自于李光耀时代。早在1960年代新加坡独立之前,李光耀就开始编织这个举世无双的“居者有其屋”之“新加坡梦”了。他说:“我早就在想,如何建立每个公民跟国家以及国家前途之间的利害关系。我要建设一个居者有其屋的社会。人们购买住房和租赁组屋的态度形成强烈的对比。屋主为能购买住房而感到自豪,而政府津贴的廉价组屋则被严重滥用,维修也差。这使我深信,如果每个家庭都有自己的住房,国家将会更加稳定。1963年9月我们在大选中获胜后,在还没脱离马来西亚之前,我通过建屋发展局公布了‘居者有其屋’计划……如果国民服役人员的家庭没有自己的住房的话,那么他们迟早会得出结论:他们所捍卫的是有钱人的财产。我深信拥有的感觉至为重要。”[3]李光耀说到做到,经过几十年的不懈努力,如今新加坡的组屋已经覆盖了大约86%的平民家庭,其余14%富裕的精英家庭反正有的是钱,因此不被允许购买组屋,只能到房地产市场购买更好更贵的公寓房,新加

〔1〕 “许文远:新加坡5年内将建组屋10多万间”,载海外房产网2011年10月20日报道,http://www.hwfcw.com/fangxun/renwu/13203.html。

〔2〕 杨丹旭:“许文远:新组屋价格将大约是四年薪水”,载联合早报网2013年3月9日报道,http://www.zaobao.com/consumer/property/hdb/story20130309-200545。

〔3〕 李光耀:《李光耀回忆录》(下),世界书局2000年版,第108~109页。

坡因此基本上实现了“居者有其屋”。而为了帮助新加坡平民更轻松地购买组屋和更好地养老和医疗,李光耀又建立了强制储蓄性质的中央公积金制度。如今在寸土寸金的新加坡,平民家庭大概只需支付15~25万元新元就可以购买到一套像样的组屋,而在公积金的帮助下,平民家庭支付首付和贷款就更加轻松了。还有,“为了确保储蓄足够一个人养老之用,公积金存款或以公积金存款购买的任何资产,是不能在任何抵债或索债行动中被扣押的。公积金会员用公积金购买的建屋局组屋,债权人不能打它的主意。只有建屋局才有权以没缴清抵押贷款的期款为理由,对屋主采取法律行动。”[1]印象中的李光耀似乎从来没有提到过“底线”,然而从他的话里我却常常看到“底线”的灵魂在闪现。霍弗曾说:“在自由实际存在的地方,平等是大众的热望。在平等实际存在的地方,自由是极少数人的热望。有平等而没有自由,会比有自由而没有平等更能创造稳定的社会模式。”[2]我不敢肯定霍弗的这个判断是否完全正确,不过每当看到新加坡建屋发展局底楼大厅那幅著名的书法作品——“安得广厦千万间,大庇天下寒士俱欢颜,风雨不动安如山”——的时候,我对“安居乐业”这个成语的内涵似乎就有了更深一层的理解。

需要特别指出的是,尽管新加坡政府为了维护全社会的“底线公平”付出了巨大的努力,以至于政府不仅没有从出售组屋中获得巨额的土地收益,反而每年都要对组屋建设进行财政补贴,然而这条社会的“底线”从来就不是政府单独守卫的,而是政府与每个新加坡人并肩守卫的。新加坡并不是一个欧洲式的“高福利社会”。李光耀说:“眼看着英国和瑞典的福利制度使成本不断上升,我们下定

〔1〕 李光耀:《李光耀回忆录》(下),世界书局2000年版,第119页。
〔2〕 [美]埃里克·霍弗:《狂热分子》,广西师范大学出版社2011年版,第58页。

决心避免推行这种消耗国家元气的制度。我们注意到七十年代在很多由政府履行家长基本职责的先进社会里,人民追求成就和成功的干劲都被削弱了。福利制度破坏了人民的自立本能,人们不需要为了家计而工作。施舍成了一种生活方式,因此人们的进取心和生产力都在不断下滑。人们缴税缴得太多,因而失去了争取成就的干劲,进而依赖国家照顾他们的基本需要。"[1]"在这么一个平均主义制度下,每一个人所感兴趣的,主要是他能够从共同资源中得到些什么东西,而不是他应该怎样工作,为共同资源作出贡献。其实,个人设法多赚钱以改善生活条件,在人类进化史上,是进步的动力。"[2]李光耀是这么说的,也是这么做的:其一,作为政府建造的经济适用房,新加坡的组屋尽管不算贵,然而依然需要每个家庭付出一定的努力和代价,绝不是免费的午餐;而等到旧组屋翻新的时候,同样也是政府与家庭共同承担费用,可见组屋本质上就是政府与家庭共同创造的一种混合型财富。其二,中央公积金虽然统筹能力十分强大,但是本质上却是每个新加坡人的强制个人储蓄,政府并没有采用高税收高福利的方法将这部分基础性财富全部统收统支,而是采用个人公积金账户的方式与每个人的利益直接挂钩,从而既实现了统筹的功能,又调动了个人的积极性,从而避免了"高福利陷阱"。其三,李光耀还推动新加坡平民广泛持有国有企业的股票,将个人利益与国家利益进一步捆绑。李光耀说:"允许公积金会员利用不超过5000元的公积金来购买挂牌时推出的新巴股票。我要让大多数人拥有股权,让利润回流到公共交通的主要使用者,也就是工人手中。人们因此不会执意要求把巴士车费订得低廉和要求政

〔1〕 李光耀:《李光耀回忆录》(下),世界书局2000年版,第118页。
〔2〕 李光耀:《李光耀回忆录》(下),世界书局2000年版,第135页。

府津贴公共交通……政府在1993年新加坡电信公司上市时，是以比市价低一半折扣价，把大部分股票售卖给新加坡所有成年公民……使新加坡人又多了一道跟国家成就息息相关的有形联系……结果，拥有新电信股票的新加坡人占劳动力的将近90%，这个比例相信是全球最高的。”[1]从新加坡的案例研究中，我明白了一个十分简单而又十分重要的道理：一个社会如果要想成为一个完整而韧性的命运共同体，就必须在其经济基础中做出一种共同的安排，以将所有人的基础利益紧紧地捆绑在一起，需要注意的是，这种利益捆绑的最佳方式并不是“公”对“私”的包办替代，而是“公”与“私”的水乳交融。因为前者依然是“公”与“私”的对立，后者才是“公”与“私”的统一。正如李光耀所说，“当初如果我们不重新分配人们在自由市场经济体系中竞争所创造的财富，必然会削弱新加坡社会的团结，也就是人们同舟共济的意识。东方人的阴阳象征，我想最能说明个人竞争和集体团结之间的平衡”[2]。还是那句话，人生不过生与死，社会不过分与合，生死之间是信仰，分合之中见平衡。在生活的底线处将个人利益与集体利益紧紧捆绑在一起，让每个人与国家一道并肩守卫这个社会的“底线公平”，李光耀的话和新加坡的实践堪称“分合之中见平衡”的典型写照。

我相信认真研究新加坡的案例对于中国走好未来的路十分重要。勒庞曾经批评法国的社会政策说：“这种所谓的人道法令，各自具有不利的影响，影响越积越多，就会酝酿成大的祸患……保罗·德隆布尔说过：‘因为今天的所谓的社会政策所增加的社会负担很大，假如能产生缓和与抚慰的效果，又有什么好说的。只怕它在平

---

〔1〕 李光耀：《李光耀回忆录》（下），世界书局2000年版，第117页。
〔2〕 李光耀：《李光耀回忆录》（下），世界书局2000年版，第120页。

息社会过激民众的开始阶段,就导致了我们人民的破产的境地。'朱雷·勒内说:'我们这些议员,在我们国家倡导一种神奇心理。不过是让群众深信,议员有变水为酒、变铜为金、变面为饼、变贫为富的能力。'"[1]"德隆布尔说:'下院表决的强迫养老法,足以导致公共财产的破坏,和国民劳动的衰微。'……制定很多破坏性的法律,能博得劳动者的感激和高兴吗?不能,因为群众用威胁而获得的,未必会知道感谢,对于政府妥协后获得的好处,只是怨恨而已。"[2]不管勒庞的话是站在怎样的立场上说的,也不管当年法国的社会政策是否真的过了头,渴望"底线公平"的中国人只需切记不可"未富先骄"和"未富先娇"就行了。凡事量力而行,不可过犹不及,中国人的财富不会从天上掉下来,它终究需要中国人用自己的双手去努力创造。

关于"底线"还有一个形象的比喻:"长指头"与"短木板"。什么叫作"长指头"?一个人跳起来摸高,他能够摸到的最高点一定是他最长的那根指头摸到的,所以从某种意义上说,一个人的高度实际上取决于他最长的那根指头的高度;那么什么叫做短木板?我们都知道一个木桶里究竟能盛下多少水,其实并不取决于最长的那块木板,而是取决于最短的那块木板,这就是所谓"木桶效应"。笼统地说,在一个差别化的社会里,精英就是社会的长指头,平民就是社会的短木板。如果说精英的高度决定了一个社会的高度,那么平民的幸福度就决定了一个社会的幸福度。我曾经在2005年参加过一次拓展训练,其中有两个游戏给我留下了深刻的印象。第一个游戏是两个团队比赛下棋,地上画了一个大棋盘,两队各选出一名棋手,其余队员则全部充当棋子,听从棋手的命令,在规定的时间内先将

〔1〕[法]古斯塔夫·勒庞:《心理学统治世界》,金城出版社2011年版,第45页。
〔2〕[法]古斯塔夫·勒庞:《心理学统治世界》,金城出版社2011年版,第52页。

己方棋子全部运行到对方大本营者获胜。不消说，这个游戏获胜的唯一关键在于棋手，可以说这名棋手的个人水平完全决定了整个团队的胜负。我所在的团队挑出了一名好棋手，经过一番鏖战，赢得了这场游戏。第二个游戏则是两个团队比赛走路，每个团队分得两根长竹竿，每个队员都将自己的两只脚绑在这两根毛竹上，然后一齐迈步走向终点，先到者获胜。我所在的团队刚刚获得棋赛的胜利，每个人都信心满满，却不料一出发就乱了节奏，很快就输掉了游戏。原来我们团队里有一名队员动作不太协调，有点“同手同脚”，当其他人一齐迈左脚的时候，他却一紧张迈了右脚，整个团队一下子阵脚大乱，勉强迈了两步就摔了一地。这两个截然相反的游戏就是典型的“长指头”项目和“短木板”项目。在“长指头”项目中，一个最强的人可以决定一个团队的胜负，在“短木板”项目中，一个最弱的人同样也可以决定一个团队的胜负。对于一个团队来讲，不管是最强的还是最弱的，都属于同一个命运共同体，忽视任何一方的利益和感受都是有害于团队的；而对于一个社会来讲，不管是精英还是平民，也都属于同一个命运共同体，忽视任何一方的利益和感受都是有害于社会的。

就像前面那个“开车追尾”的虚拟案例一样，这么多年来我还常常用另一个虚拟案例来向学员们解释什么叫作“平民的幸福度决定了一个社会的幸福度”：假设有一辆坐满了 50 名乘客的公交大巴，其中 49 名乘客都很幸福，他们辛苦工作了一天，现在下班回家，想到家里热腾腾的饭菜和女儿如花的笑脸，幸福感就不由自主地涌上心头。然而所有人都没有发现的是，还有一名乘客阴沉着脸，看上去很不幸福，因为他认为自己受到了这个社会不公平的对待，以至于无法维持生活的底线。也许有人会说，任何社会总有这样的失败者,只要大多数人幸福就行了。我却要说,不见得吧,也许这名乘客的身上正绑着一个炸药包呢。在这辆大巴车组成的“小社会”里,1个人的不幸福完全有可能毁掉49个人的幸福。每当我说到这里的时候,总会有一些学员笑起来,而我总是慢慢地看着他们说:不要笑,千万不要告诉我它不会发生,它是虚拟的,却又是真实的。不幸而言中,2013年6月7日傍晚18:20,高考第一天,在一辆车号为闽D-Y7396的厦门BRT公交车上,一个脸色阴沉的魔鬼就这样点燃了随身携带的汽油,罪恶的大火顷刻间夺走了46条无辜的生命,一个人的不幸福就这样毁掉了80多个家庭的幸福。这个世界是一定有魔鬼的,魔鬼也是一定要下地狱的,因为天命素来如此,从无例外。然而我们每个人除了大声谴责之外,是否也应该扪心自问一下:在那阻止堕落、拯救灵魂的最后底线上,这个社会是否已经做到了“多尽人力,再听天命”?

在“底线公平”的基础上,还有一种“公平”值得我们认真研究和慎重对待,这就是“机会公平”。在这个差别化的世界里,即便守住了底线公平,也主要是守住了多数平民之间的起点公平,在与少数精英的比赛中,平民难免还是会在起点上落后几拍。如果精英与平民之间的起点差别真的无法避免,那么就请赋予他们公平的机会吧。真正的千里马不一定在乎起步的那一点早晚,赛道上后来居上的逆转从来都会发生,人生中后来居上的逆袭也一定不会消失,然而千里马需要最起码的机会。如果精英阶层的好马、劣马与庸马瓜分了全部的机会,那么平民阶层中再神骏的千里马也不可能脱颖而出,精英与平民之间的差别最终将扼杀精英与平民之间的流动。上下流动是一条上下联系的纽带,流动减少,纽带变细,流动消失,纽带断裂。还是那句话,这个世界最可怕的不是差别,而是断裂。要想不让社会差别最终引致社会断裂，纵向打通的“机会公平”就是这个社会必须捍卫的另一条底线。与“底线公平”的那条横向的底线相比，“机会公平”的这条底线是纵向的，可见在这个差别化的世界里，我所能够设想的公平观大概是“倒 T 字型”的——“底部一横，上面一竖”，“横”的是“底线公平”，“竖”的是“机会公平”。我希望这个社会的所有人都能够在底线之上生活，如果愿意竞争，那就沿着“机会之索”向上攀登吧。能力有大小，攀登有高低，没有关系，“会当凌绝顶，一览众山小”，“又恐琼楼玉宇，高处不胜寒”，人生的高高低低从来就没有绝对的好与坏，曾经尽力就好，人生一样精彩，因为我们每个人都已经共享了人生出彩的机会；而万一“马有失蹄，人有失手”，你在竞争中从高处跌落，没有关系，“底线公平”依然可以为你托底，站起来，你还是一个完整的人，有着一颗完整的心。有机会，有底线，人生就没有真正的遗憾，社会就没有真正的失败。

精英的自觉与平民的倒逼

但凡要做成一件事情，离不开两个方面的动力，一曰“自觉”，二曰“倒逼”。一家企业就是一座金字塔，在这座资本的金字塔里，老板的话就是命令。倘若某一天老板心血来潮，想要生产一个三角形的电冰箱呢？没有问题，您怎么说，我就怎么做，谁叫您是老板呢？在企业里，老板的确可以“胡来”，员工很难对他说“不”。不过员工不会说“不”，另一个声音却会说“不”，那就是市场。市场是企业的下线，却不是企业的下级。倘若市场不接受这种三角形的电冰箱，那么这个企业就等着破产吧。如果忌惮于市场的否决，那么企业还是老实一点，多弯下腰听听市场的意见吧。如此看来，市场也不是企业的上级，市场只是企业的上帝。上级可以直接指挥企业的生产活动，市场却没有这种“权力”，也没有这种“雅兴”，市场只是通过说“不”的惩罚和威慑，反过来间接“指挥”企业罢了。这的确有点像上帝的“做派”：平时不管你，到时收拾你，害怕被惩罚，那就老实点。如果我们把上级的那种权力叫作“正逼”的话，那么上帝的这种做派大抵上就可以叫作“倒逼”吧，市场就是对企业的倒逼。与企业相类似的还有军队。一支军队也是一座金字塔，在这座军令如山倒的金字塔里，将军的话就是命令。倘若这位将军平日带兵松松垮垮，演习练兵弄虚作假，士兵们自然是不敢说“不”的。不过士兵们不敢说“不”，另一个声音却敢说“不”，那就是战场。一支纪律涣散、演习造假的军队是经不起敌人武器批判的，一旦在战场上丢盔弃甲，这位草包将军估计也离上军事法庭不远了。而如果忌惮于战场的失败，那么军队就得老老实实地贴近实战开展演练，以形成真实可靠的战斗力。由此可见，就像市场是对企业的倒逼一样，战场也是对军队的倒逼。没有市场的倒逼，企业的效率肯定好不到哪里去，没有战场的倒逼，军队的战斗力也肯定高不到哪里去。

如果说市场是对企业的倒逼，战场是对军队的倒逼，那么民意就是对政府的倒逼。一个政府当然也是一座金字塔，如果领导想胡来，下级也是不会说“不”的。下级不敢说“不”，那么老百姓呢？是不是也只能“以头抢地耳”？不对，老百姓最终是有办法对胡来的政府说“不”的，这种说“不”的能力就是“倒逼”。一般而言，老百姓的倒逼大概可以分成两种：“破坏性倒逼”与“建设性倒逼”。所谓“破坏性倒逼”，在中国就是王朝周期律，就是暴力革命。一个政府若是恐惧于暴力革命的杀伤力，那么就老老实实地去为人民服务；所谓“建设性倒逼”又叫作“制度性倒逼”，即通过某种制度上的安排，让人民能够定期地表达自己的意见和意志，从而自下而上地牵制和倒逼政府。这种制度安排本质上是将平民革命瞬间的破坏性能量转化为平民民主持续的建设性能量。一旦转化成功，这个社会大抵上就可以称得上是一个民主社会了：正如前文所述，民主的关键其实不在于选择，而在于倒逼——人民对政府的倒逼，平民对精英的倒逼。民主并不意味着平民要直接指挥精英，因为就像市场没有兴趣直接指挥企业，战场没有兴趣直接指挥军队一样，平民也没有兴趣直接指挥精英。每天开门七件事，柴米油盐酱醋茶，平民自有生活的琐碎需要操心，哪有空每个人都天天跟在那些精英的后头转？柏拉图在《政治家》中反复向人们解释说，政治乃是一门专门的技艺，只有行家才能精通它，如同患者会向专门受过医术训练的医生求诊；如同渡海的旅人会向专门受过航海术训练的船员求助，当人们面临最重要的问题，也是他们最大的幸福所在，即指导他们成为国家的公民时，也必然会向真正的专家求助。[1] 由此可见，就像我们在求诊时最希望找到一个值得信任的医生一样，平民在政治生活中最希望的大概也是找到一些值得信任的精英，然后将权力托付于他们，定期地检查他们的成绩。倘若做得好，那就继续信任和托付，倘若做得不好，依然有权投票予以否决。相信只要有那“最后一刀”的威慑力在，精英就不敢脱离平民的利益轨道太远，平民对精英的倒逼大抵上就能够形成。所谓“选举民主”，所谓“信任民主”，究其本质大抵上都不过如此吧。

除了“倒逼”之外，要做好一件事情还离不开“自觉”。同样面临市场的倒逼，一家企业盈利了，另一家企业倒闭了。盈利的企业往往是自觉的企业，懂得如何顺应市场规律办事；倒闭的企业则是不

〔1〕［古希腊］柏拉图：《政治家》，云南人民出版社2004年版，第22页。

自觉的企业,不懂得如何顺应市场规律办事。同样面临战场的倒逼,一支军队打了胜仗,另一支军队吃了败仗。打了胜仗的军队往往是自觉的军队,懂得如何贴近实战生成战斗力;吃了败仗的军队则是不自觉的军队,不懂得如何贴近实战生成战斗力。而同样是民意的倒逼,一个政府赢得了信任,另一个政府则被淘汰出局;赢得信任的政府往往是自觉的政府,懂得如何聆听民意为人民服务,被淘汰出局的政府则是不自觉的政府,不懂得如何聆听民意为人民服务。没有倒逼的力量,自觉很难单独办好事情,可是没有自觉的力量,倒逼也只是停留在破坏性的结果上,不可能取得建设性的成绩,人们依然没有达到办好事情的最终目的。正如没有后卫的防守,球队肯定是要输球的,但是没有前锋的进攻,球队终究也是赢不了球的;没有平民的倒逼,精英很容易就没了自觉,而没有精英的自觉,平民的倒逼岂不沦为重复的泄愤?作为一支好球队的两大力量,前锋的进攻与后卫的防守从来就是一个命运共同体不可分割的两个部分,作为一个好社会的两大动力,“精英的自觉”与“平民的倒逼”从来都是互为条件,相互统一的。

除了分为“破坏性倒逼”与“制度性倒逼”,“倒逼”还可以分为“实质性倒逼”与“虚拟性倒逼”。前文所说的“倒逼”大致上都是在实质性意义上说的,近年来随着互联网技术的发展,一种前所未有的“倒逼”开始浮出水面,这就是网络民意的“虚拟性倒逼”。从“倒逼”的角度来说,互联网对于中国平民的意义要远远超过对于西方平民的意义,因为在一个“制度性倒逼”机制比较通畅的社会里,平民可以直接通过正式的意见表达机制和意志表达机制实现对精英的倒逼,没有什么必要在网络上匿名发泄对精英的不满。这大概也是西方人在网上发言时多数都比较平和的原因所在。然而中国自古以来就相对缺乏这样的"制度性倒逼"机制,几千年来中国平民只能将内熵郁积于心,一直等到"破坏性倒逼"来临的那一刻。互联网在中国的极速普及改写了历史,借助互联网无边界的表达能力、传播能力和动员能力,今天中国的平民从此拥有了一种"虚拟性倒逼"的能力,可以即时地向中国的精英非暴力地表达自己的意见和意志了。无论这种"虚拟性倒逼"还有多少的问题,就冲着"非暴力表达"这几个字,中国的精英就应当予以珍视。民心向背从来都是成败的关键,无论是在革命战争年代,还是在民主投票时代,抑或是在虚拟网络时代。一个够自觉的精英应该"闻弦歌而知雅意",无须等到"虚拟性倒逼"最后转化为"破坏性倒逼"的那一刻。俗话说,"树林子大了,什么鸟都有",网络世界当然也会有"坏分子"乘机捣乱,然而在革命战争或者民主投票的时候难道就没有吗?"伪精英"和"伪平民"从来都不会甘于寂寞,在革命战争年代如此,在民主投票时代如此,在虚拟网络时代也是如此。当年勒庞写作《乌合之众》的时候,互联网根本就没有诞生,说明乌合之众从来就不是网络时代特有的产物。这是人性与社会的本来面目之一,一个勇敢与成熟的政府应该主动运用法治的手段治理好网络舆论环境,同时重视网络舆论背后折射出来的民意走向,而不应该因为担心有人捣乱而选择轻视或者逃避。候选人在选举前从来就不敢轻视和逃避民意测验的结果,一个负责任的政府也不应该以网络的虚拟性和煽动性为由而轻视和逃避网络民意的"虚拟性倒逼"。这种倒逼虽然形式是虚拟的,甚至连事情也是虚构的,但是情绪却是真实的。至少从社会心理学的角度来说,倘若一个政府最终输掉了网络民意,大概也没有什么理由可以让人相信它居然能够赢得民主选举吧。

互联网的发展让我们相信,人类社会的发展似乎的确存在着一个不可逆的进化维度,即知识和权力从精英向平民的不断转移和扩展,人类正在变得更加自治,社会正在变得更加扁平。我想这应该是一种合理的进化趋势,因为一个趋向高级的系统必然是系统要素不断增强其自组织能力的系统。系统要素具备一定的自我判断、自我照顾和自我发展的能力,是整个系统实现利益最大化的前提条件。从这个意义上说,自由民主的确是一种顺应社会发展规律的价值判断。然而正如马克思在《共产党宣言》中所说的那样,"每个人的自由发展是一切人的自由发展的条件"[1],一个系统就是一个命运共同体,每个系统要素的自由发展也应该成为整个系统的自由发展的条件。系统进化的趋势并不是系统要素的绝对均等,恰恰相反,高级系统从来都是以系统要素的差异性和层次性为基本特征的。即便互联网赋予了平民前所未有的能力,却依然不能改变"精英—平民"的基本结构。对于人类社会而言,互联网毕竟只是一种工具,而一种工具的发明有可能让人类社会矛盾的主被动方面易位,却不可能改变矛盾的基本结构。在我的理解中,就像武器的变革可以让攻守之间的主动权易位,却始终改变不了"攻—守"的基本矛盾结构,医学的进步可以延长人类的预期寿命,却始终改变不了"生—死"的基本矛盾结构一样,互联网的发明的确可以增大平民的话语权,却始终改变不了"精英—平民"的基本矛盾结构。无论互联网时代如何深化发展,所谓的平民"直接统治"也不可能出现。李普曼曾说:"现在有了一条出路,一条虽然漫长但确实存在的出路。这基本上是能够让一个芝加哥市民即使没有一个雅典人那么出色的眼光也会看到和听到极遥远地方的事件的同一出路。这在今天是

[1] 马克思、恩格斯:《共产党宣言》,人民出版社1997年版,第50页。

可能的,今后随着更多人力的投入,减少想象的环境与有效环境之间的差异将会变得更加可能……电子仪器、区域控制或是财产制度的变革都不会触及问题的根源。你不可能从人的现有政治智慧中得到更多的政治智慧。任何瓜葛,无论多么激动人心,都不可能是真正彻底的瓜葛,因为它不可能自觉提出一种方式,克服以个人有限经验为基础形成的主观主义见解。"[1]去世于1974年的李普曼并没有看到互联网时代,他的判断是建立在哲学的认识论基础上的。只要社会依然由人组成,只要人依然存在着限度,那么这个社会的存在方式就不可能彻底颠倒。民主也罢,互联网也罢,它们的发展改变的只是精英与平民的社会关系,却改变不了精英与平民的哲学结构。世界的确在趋向于"平",不过在人类可以想象的未来里,这个世界将永远接近而不能达到真正的"平"。

一个正常运作的社会需要精英的自觉与平民的倒逼,一个改革中的社会更需要这两方面的有效合作。胡适有句著名的口号,叫做"大胆假设,小心求证"。从某种意义上讲,精英的自觉就是"大胆假设",平民的倒逼就是"小心求证"。当改革进入所谓的"深水区"时,人们的结论往往是:不发展民主,改革就不可能获得突破。这个结论当然是对的,但是如果我们的看法只停留在这个结论上,恐怕就失于片面了。平民的倒逼当然很重要,没有平民倒逼的参与,不自觉的"伪精英"是不可能动手割自己肉的,而在一个沉疴积弊乃至于劣币驱逐良币的体制里,自觉的精英往往也很难单独对抗不自觉的"伪精英",因此改革的确需要谨慎而坚定地引入平民倒逼的正能量。然而必须提出警告的是,平民的倒逼不能以牺牲政治核心的权

---

〔1〕［美］沃尔特·李普曼:《公众舆论》,上海世纪出版集团2006年版,第280页。

威为代价,否则改良将失去基本的平衡,乃至于引致颠覆性的革命。革命不需要太精准的方案,只要能发动就行,四川没机会,湖北也可以,反正只要能推翻这座危房,从哪儿动手都行;然而改良需要十分精准的方案,住在危房里面维修危房,本质上是一种建设而不是一种破坏。破坏是容易的,建设是困难的;破坏是粗放的,建设是精细的;因此改良必须要有人进行通盘的考虑和全面的方案设计。这时候这个人就如同惊涛骇浪中的船长一样,不仅需要卓越超群的智慧,更需要一锤定音的权威。换句话说,我们需要"大胆假设"他是对的,否则这个人连个改良的完整方案都提不出来,哪还有后面"小心求证"的事?要想改良一个常年集权的体制,很多人的第一反应就是:先从上层开始分权制衡,然后慢慢向下推广。这在一定意义上是对的,因为民主的确是需要学习的,先在"庙堂"操练操练,再出去闯荡"江湖",似乎并无不妥。然而这里面有一个很大的"陷阱":如果"庙堂"里有很多人早就不想闯荡江湖了怎么办?练功是很苦的,那是自己给自己找罪受的活;这时候如果有个大师傅每天管着逼着,小和尚们只好天天早起练功,倒也练出了一身的本领,即便以后下山闯荡江湖也不怕。然而倘若有一天"庙堂"里忽然搞起"民主"了,小和尚们一人一票,大师傅也就是一票,少数服从多数,没准庙堂里先"革命"了:算了,大家都别真练功了,要点"花架子"就行,庙堂里有吃有喝的,闯什么江湖?都别去了。担心以后江湖人物打上门来?没事,以后的事情以后再说吧。这就是"庙堂民主"的误区,改良的方案当然还会继续出,不过经过一番赤裸裸的博弈分肥之后,也许人们看到的就是一个千疮百孔的"伪命题",而拿到这种"伪命题",你究竟是该"小心求证"还是该"粗心求证"呢?没有"好假设",就没有"真求证";没有精英的"自觉",就没有平民的"倒逼”,即便“倒逼”也不是“制度性倒逼”,而是万念俱灰之后的“破坏性倒逼”。如果芸芸众生之中注定总是少数人会更自觉,那么在关键时刻赋予更少数的人以更大的权威恐怕并不是在走向专制,而有可能是走向民主的关键一步。改良当然不一定总能够成功,不过如果注定要冒一点险的话,我宁可选择更大胆的假设。

更大胆的假设有可能押对宝,也有可能输得更厉害,因为那个被寄予厚望的船长的确有可能滥用权力。可见仅有精英的“大胆假设”终究还是不够的,必须加上平民的“小心求证”。如果“大胆假设”最终被证明是错的,那么精英就必须承受平民说“不”的惩罚。无论赋予精英多大的信任,平民终究要拥有对精英终极约束的能力,而如果忌惮于平民说“不”的惩罚,那么精英就应该谨慎对待平民的信任,不可滥用手中的权力。由此可见,没有“真求证”,也就没有“好假设”,没有平民的“倒逼”,也就没有精英的“自觉”,“大胆假设”与“小心求证”从来就是辩证统一的。在我的理解中,一个成功的改革往往需要两个相辅相成的动力机制,一方面向上加强政治核心的权威,另一方面向下扩大平民民主的分量;一方面更加大胆地假设,另一方面更加小心地求证。如果一个社会能够有幸同时拥有这两大力量,而这两大力量又能够在一个共同目标的指引下有效配合,互相支持,那么这个社会的改良就有可能突出重围,最终获得成功。

对于许多人来说,改革需要加大平民民主的参与乃是一种老生常谈的常识,而改革需要加强政治核心的权威倒是一个新鲜的提法。其实这个提法一点都不新鲜,我们只要认真读一读法国人的书就知道了。托克维尔在《旧制度与大革命》中回忆大革命前夕的情况时说:“临近 1750 年,全体国民对政治自由的要求还表现得不如经济学派那样迫切;由于国民们已经不再运用政治自由,他们对政治自由的兴趣以致观念也已消失。他们盼望改革,甚于盼望权利,假如当时有个见识和度量皆如腓特烈大帝的君主在位,我毫不怀疑他会在社会和政府中完成许多大革命所实现的重大变革,不仅不会丧失王位,而且会大大增加他的权威。有人说路易十五最能干的大臣之一德·马肖尔先生曾模糊地预感到这一思想,并向他的主上建议;但是这类事业是不能根据建议决定的:只有当人们构想出这类事业时,才能去完成它们。20 年后,形势改观,政治自由的形象已呈现在法国人的精神中,而且一天比一天更加吸引人。正反面迹象很多。外省开始产生恢复自治的要求。全体人民均有权参加治理的思想深入人心,占了上风……法国人不再局限于要求政府进行改良,他们开始要亲自来改革,而且人们看到一场全面酝酿的伟大革命即将爆发,它不仅获得了人民的赞同,而且由人民亲自动手。我想,从这个时刻起,这场彻底的革命就不可避免了,它必然使旧制度所包含的坏东西和好东西同归于尽。没有充分准备的人民自行动手从事全面改革,不可能不毁掉一切。”[1] 到了 1848 年二月革命的时候,托克维尔又说:“我坦白承认,比起制定完善的共和国宪法,我更希望尽快给共和国安排一位强大的首领。那时我们正处于执行委员会这个分裂而不稳定的政府的管理之下,社会主义就在我们的门口,六月事件即将发生。”[2] 而勒庞在《革命心理学》中说起拿破仑的执政时也说过类似的话:“考虑到第一执政在如此短暂的时间里完成了这么繁重的任务,我们就会明白为什么他首先需要的是一部能够授予他绝对权力的宪法。如果他把重建法兰西的一切措施

---

〔1〕 [法]托克维尔:《旧制度与大革命》,商务印书馆 1992 年版,第 204 页。
〔2〕 [法]托克维尔:《托克维尔回忆录》,商务印书馆 2010 年版,第 231 页。

都提交由律师们组成的议会，那么他绝不可能将国家从无政府状态中解救出来。”[1]他山之石，可以攻玉；前车之鉴，后事之师。不管站在革命废墟上的法国人是否可能因为曾经的伤痛而过多强调了政治核心的重要性，然而他们的痛苦经验终究不应该被渴望改良的中国人所完全忽视。

从《文明与法治》开始，我就十分重视“政治向心力”的命题。在本书的第一篇“信任与民主”中，我又进一步论证了在中国这样一个“多样性的统一”的“天下国家”里，构建“向心力”与“离心力”之间的新平衡的重要性。前文之所以提出所谓政治核心的“大胆假设”问题，究其思想根源也是一脉相承的。然而这并不等于说庙堂之内就不需要民主了，恰恰相反，“精英民主”也是一个十分重要的范畴，如果一个社会能够群策群力，把多数精英的力量既民主又集中地整合起来为人民服务，自然是最好不过的事情了。只不过这种理想状态不是很好找，尤其是在人们准备改革一个长期缺乏平民民主的社会的时候。为什么这样说呢？因为在一个平民长期失声的社会里，难保许多精英不会凭借手中的政治权力、资本权力和知识权力，各自获得了许多扭曲的巨额利益，进而蜕变异化成为或“鱼肉平民”或“消费体制”的“伪精英”。这些“伪精英”本身就是改革的对象，你却以“精英民主”“先行先试”的名义赋予他们在体制内更大的话语权，就不担心他们可能凭借人数的优势牵制乃至于控制住那些真正的精英，从此将改革命题的“求证”之路扼杀在“假设”的摇篮之中？早在古希腊的时候，柏拉图就在《政治家》中论述过“少数人统治”的坏处了，并把这种统治称为“贵族统治”或“寡头统治”。[2] 勒庞在

[1] [法]古斯塔夫·勒庞：《革命心理学》，广东人民出版社2012年版，第249页。
[2] [古希腊]柏拉图：《政治家》，云南人民出版社2004年版，第83页。

《乌合之众》中也说:“我一点都不相信,如果只让有教养的和受过教育的人成为选民,受到谴责的普选的投票结果就会大为不同。一个人不会因为通晓希腊语或数学,因为是个建筑师、兽医、医生或大律师,便掌握了特殊的智力或社会问题。我们的政治经济学家全都受过高等教育,他们大都是教授或学者,然而他们何曾在那个普遍性问题——贸易保护、双本位制等等——取得过一致意见?原因就在于,他们的学问不过是我们的普遍无知的一种十分弱化了的形式。在社会问题上,由于未知的因素数量众多,从本质上说人们的无知没有什么两样。因此,完全由掌握各种学问的人组成的选民,他们的投票结果不会比现在的情况好多少。他们将仍然主要受自己的感情和党派精神的支配。对于那些我们现在必须对付的困难,我们还是一个也解决不了,而且我们肯定会受到身份团体暴政的压迫。”[1]在《革命心理学》中,勒庞更是毫不留情地批判道:“知识分子民主的唯一目标就是要建立一种选择机制,以便从他们当中挑选精英,充当领导阶级……不幸的是,知识分子民主只能导致一小撮专制寡头的神圣权力取代国王的神圣权力,他的狭隘与暴虐有过之而不及。自由之花并不会因一种暴政取代另一种暴政而绽开……知识分子民主与大众民主之间有着深刻的差异,工人阶级对此远比那些知识分子有更清楚的认识。在知识分子与工人阶级之间不存在任何共同的精神状态,这两个阶级甚至连语言都不相同。”[2]勒庞的话可能听起来有点刺耳,不过精英与平民的差别的确从来就不是在道德意义上的,精英的队伍里有“伪精英”,平民的队伍里也有“伪平民”,不是因为你在能力上似乎是个“精英”或者是个“平民”,就一

〔1〕[法]古斯塔夫·勒庞:《乌合之众》,中央编译出版社2005年版,第156页。
〔2〕[法]古斯塔夫·勒庞:《革命心理学》,广东人民出版社2012年版,第270页。

定愿意为人民服务的。所谓的“精英民主”如果未经一番痛苦的自觉，又缺乏“平民民主”有效的牵制，一旦放纵开来，那么将改革拖入所谓“权贵资本”的陷阱是完全有可能的。

然而“精英民主”毕竟还是需要的，倘若这个社会能够同时重视“政治核心”的权威建设以及“平民民主”的倒逼机制的话。在我的理解中，“精英民主”的最大价值在于创造出一个纵横交错的开放结构，为这个社会选拔出最优秀的管理人才。所谓“纵向开放”就是赋予平民中的优秀人才通过自身努力获得上升的可能性；所谓“横向开放”就是赋予不同类别的精英通过一定机制相互转化的可能性。开放是一个系统能够保持稳定健康的基本特质，精英集团一旦失去应有的开放性，必将走向灭顶之灾。“精英民主”的最大隐忧就是精英之间的相互妥协，而精英的相互妥协也是“纵横交错”的。由于各自拥有一定的话语权，不仅不同类别之间的精英可以形成“横向妥协”，而且上层精英与下层精英之间也会形成“纵向妥协”。妥协乃是民主的本色之一，因此妥协本身并不要命；要命的是，由于平民没有机会参与博弈，精英之间的妥协很有可能是以牺牲大多数平民的公共利益为代价的。归根结底地说，精英民主之所以总是令人心生警惕，就是因为民主主体的非彻底性。如果我们站在一个命运共同体的角度来看，精英固然也是十分重要的利益群体，任何民主都不能无原则地牺牲他们的利益，然而对于一个社会来说，大多数平民的利益毕竟是主体利益，况且“沉默的大多数”自古以来就是正式制度安排中的弱者，他们有理由在现代民主制度的设计中获得特别的关照。当然如果我们还能够站得再高一点的话，那么在我看来，“平民如水，精英乃器，水从器范，器为水生”，真正的精英来到这个世界上的任务，本来就是为大多数平民服务的。上帝赋予他们特别的

“天赋”,并不是为了让他们独自享受的,而是想通过他们的双手来帮助那些需要帮助的人;否则,总有一天“天可赋之,亦可夺之”,“报”不在这一代人身上“应”,就一定会在下一代人身上“应”。从这个意义上说,精英只是手段,平民才是目的,“精英民主”不是为精英服务的,而是为人民服务的。

如果说“精英民主”的最大价值在于开放,最大隐忧在于妥协,那么“平民民主”的最大价值和最大隐忧是什么呢?在我的理解中,“平民民主”的最大价值在于创造一个自下而上的倒逼机制,包括意见表达机制,也包括意志表达机制。“平民民主”的要义不在于平民事事都由自己做出决定,而在于有能力逼迫精英做出有利于自己的决定,这就是“倒逼”;“平民民主”的最大隐忧在于平民的“短视”,一个命运共同体每时每刻都面临着外部客观环境的严峻挑战以及其他共同体的激烈竞争,要想获得持续向前的动力,毕竟不是只做好“分钱到户”这一件事情就可以解决的。平民需要真正的精英提出更加远大的目标,然后在这些先进分子的带领下,克服种种困难,共同创造更加美好的未来。如果说“权力导致腐败,绝对的权力导致绝对的腐败”,那么这个原则对精英适用,对平民也是同样适用的。一旦一个社会的精英与平民之间的互动进入恶性循环,那么彼此之间相互腐化是完全有可能的。就像孟德斯鸠所说的:“当人们所托付的人为了隐匿自己的腐化而试图腐化人民的时候,人民就倒霉了。为了不让人民看透他们的野心,这些人只跟人民大谈人民如何伟大,为了不让人民发觉他们的贪婪,他们不停地煽动人民的贪婪心。腐化将会在拖人下水的人之间增长,也将在腐化分子中增长。人民将把所有的公共财产分光。他们懒惰,却还要管理公务,他们贫穷,却要奢侈享乐。可是,既懒惰又奢侈,那就只有把国库当做追求目标了。”[1]

精英民主与平民民主之间的关系还可以通过一个比喻来加深理解。在这么多年的高考作文中，1983 年的高考作文令人印象深刻。这是一篇看图作文，在一幅题为《挖井》的漫画中，一个正在离开的挖井人的身后留下了几个半途而废的水井，其中有一个都快挖到地下水了，可惜挖井人依然选择了放弃：“这下面没有水，再换个地方挖。”这道别出心裁的高考作文题目给我留下了深刻的印象，多年后当我研究精英民主与平民民主的时候，这幅漫画不由自主地又从我的脑海中跳了出来。民主建设其实如同挖井，水总是自下而上地涌，然而井总是自上而下地挖，从这个意义上说，民主建设似乎总是从精英圈子开始着手的。假设有一天你正在挖着井，路人甲问：你这是在做什么呢？你回答：挖井啊。路人甲探头一看：真的在挖井啊，都挖得这么深了，不错不错，继续努力。结果你一受表扬，就有点飘飘然了，挖着挖着就停下来不挖了。结果路人乙又问：这是什么东西呢？你回答：水井啊。路人乙探头一看：这哪儿是水井啊，分明就是一个土坑嘛。难道不是吗？如果你一直朝着地下水的方向挖井，那么就算还没有挖通，上面的这个部分也是水井建设的一部分。就算将来挖通了，它依然还是整个水井不可分割的一部分；然而如果你没有挖通水井就半途而废，那么它的确就是一个土坑，就算挖得再深也是一个土坑。土坑往往会蓄积一些从上面掉下来的雨水，因此偶尔也会有一点水井的假象，不过那并不是真正的水井。没有源头活水的土坑，水积得少了会干枯，水积得多了会腐烂。永远缺乏平民参与的精英民主，不是一个水井，而是一个土坑，或是

〔1〕［法］孟德斯鸠：《论法的精神》，商务印书馆 2012 年版，第 134 页。

一潭死水,甚至是一个陷阱。

精英与平民的对立统一

对于一个社会来说,精英与平民都是人民,除了那些自绝于人民的"伪精英"与"伪平民"。如果所谓民主是指人民当家做主,那么民主既不是精英统治,也不是平民统治,民主是精英与平民的对立统一。一个社会的精英总是少数,平民总是多数,因此少数与多数的关系一直就是人类社会的关键矛盾。就像柏拉图所说的那样,"每个城邦,无论大小,实际都是两个彼此正在发生战争的城邦——穷人的城邦和富人的城邦。"[1]"这样的城邦必然不是一个而是两个,一个是富人的国家,一个是穷人的国家,住在一个城里,总是在互相阴谋对付对方。"[2]人类社会毕竟是脱胎于动物世界的,因此在中外历史的大多数时间里,人类社会在很大程度上都处于弱肉强食的"泛达尔文主义"的逻辑控制之下,精英与平民的分野从来都是以暴力和统治为基础的。其实从词源意义上看,"精英"本来应该是一个褒义词,如今却在一定程度上被人们附着了贬义,究其原因应该不在生物学意义上,而在历史学意义上。是历史上精英与平民之间长期对立的事实,造就了平民对精英的深刻怀疑。在人类社会的大多数时间里,精英都牢牢占据了对平民的优势,从奴隶制到封建制,从西方到中国,概莫能外。尽管平民对精英的反制也十分严厉,然而总体而言并非历史的主流,最多只能算是"逆袭",算不上是"逆转"。平民对精英的真正"逆转"似乎出现在近现代的西方社会,随

---

〔1〕[古希腊]柏拉图:《政治家》,云南人民出版社 2004 年版,第 12 页。
〔2〕[古希腊]柏拉图:《理想国》,商务印书馆 2002 年版,第 323 页。

着启蒙运动和民主时代的开启，平民的自觉开始苏醒，平民的力量得以展现，“精英—平民”矛盾结构的主要方面第一次实现了从精英向平民的转移。然而民主时代来得如此突然，以至于人类实践的脚步似乎超过了人类自觉的脚步，从而引发了另一误区。在民主的旗号下，很多人都忽略了一个问题：“精英—平民”的矛盾结构并不会因为民主时代的来临而消失，平民的胜利并不意味着精英的出局，如果说民主时代的平民是从“阴”转向了“阳”，那么精英也只是从“阳”转向了“阴”，二者依然在构建一种“新平衡”。再“新”的“平衡”依然还是一种平衡，不理解这一点，就不能真正理解今天的民主时代。

“知易行难”与“知难行易”是互不矛盾的，“平衡”要想做到并不容易，其实明白这个道理更不容易。将矛盾的主要方面当成矛盾的全部是我们很容易就会犯的哲学错误，哪怕是对于那些最聪明的人来说同样如此。在精英统治的时代，无数哲学家曾以最美好的语言赞美着“君权神授”，而到了民主时代，又有无数的哲学家毫不吝啬地颂扬起“主权在民”，历史的钟摆似乎总要从一个形而上学的极端摆向另一个形而上学的极端，相对稳定的平衡总要在钟摆多次剧烈摆动之后才有可能获得。从这个意义上说，人类社会的每一次进步其实都是辩证法对形而上学的胜利，所谓“祛魅”不仅是唯物主义对唯心主义的祛魅，更是辩证法对形而上学的祛魅。当然了，西方社会并非不懂得这个道理，事实上很多人也一直在努力地寻找属于他们的“平衡”。亚里士多德说：“关于城邦的最高治权应该寄托于什么（怎样的人们），这也是个疑难：寄托于‘群众’或‘富户’或‘高尚人士’或‘全邦最好的一人’或‘僭主’。选取任何一项，都会发生不相宜的后果,那些后果怎么会不随之而来呢?”[1]安东尼·阿伯拉斯特说:“‘所有的社会都分成少数人和多数人。少数的人富有、出身好,另外的人是人民群众。’汉密尔顿在1787年的联邦大会上讲的这席话,被人当做至理名言一再重复。‘将一切权力授予多数人,他们会压迫少数人。将一切权力授予少数人,他们会压迫多数人。’因此,有必要让那些‘富有、出身好的人在政府中享有独特的、固定的比重’,这样他们就可以‘制约民主制的轻率’。这可能是亚里士多德说过的。约翰·亚当斯解释说,这种制约职责由参议院承担:富人应该在宪法中设立有效的屏障,以避免被剥夺、被抢劫、被谋杀,这跟穷人一样,因此,不能没有一个独立的参议院。”而勒庞则把话挑得更明了,他反对多种民主和人民主权,主张精英与大众之间的平衡。他认为,大众与精英之间的斗争在人类历史上绵延不绝。精英从事创造,而平民则倾向破坏;精英一旦失势,平民就开始了破坏性的工作。在勒庞眼里,人民主权的胜利使这种平衡毁于一旦,成为“一种文明行将结束的显著特征”。事实上,保守主义的思想家,像帕累托、奥尔特加等人都推崇一种平衡。他们认为,在社会中,精英与大众之间应保持一种平衡,而大众革命无情地打破了这种平衡。帕累托以“精英的平衡”为其社会学的主要目标;奥尔特加则认为,一个文明的社会不但应该是贵族制的,而且应该是平衡的,尤其是在精英与大众之间,应该有一种“动态的平衡”。[2] 在精英占据优势的时代里,很少有精英主义者主张精英与平民之间需要一种平衡,一旦平民开始逆转,马上就有很多精英主义者开始呼唤平衡了。不过倘若立场问题姑且不论,单就其结论而言,这些精英主义

[1] [古希腊]亚里士多德:《政治学》,商务印书馆1965年版,第144页。
[2] [法]古斯塔夫·勒庞:《革命心理学》,广东人民出版社2012年版,第19页。

者的主张也没有什么错，精英与平民之间的确是需要某种“动态的平衡”。一个社会总是在“稳定”与“变革”的交替作用下前行，相对而言，当一个社会进入稳定发展的历史阶段时，这个社会应当赋予平民较大的牵制力量，以便保持传统；而当一个社会面对急剧变革的挑战时，这个社会应当让精英拥有一定的主动权，以便变革传统。而为了在社会变迁时比较顺利地实现这样的转换，就要求这个社会平时在精英与平民之间配置权力和资源的时候就不要走向任何一个极端，否则这个社会的转身往往就会变得十分困难。就像孟德斯鸠所说的，“民主政体应该避免两种极端：一是不平等精神，一是极端平等精神。不平等精神会使民主政体走向贵族政治和一人独裁的政体，极端平等精神会使民主政体引向一人治国的专制政体，犹如一人独裁的专制政体以被征服告终一样”〔1〕。

与民主思想家们所倡导的“平等”相比，我在本书中更多地使用了“命运共同体”的提法。因为在我看来，民主的价值并不在于创造一个平等还是不平等的世界，而在于创造一个真正的命运共同体。人与人之间当然是平等的，不过那只是在抽象意义上说的，而不是在具体意义上说的。问题在于并不是所有的人都明白什么叫作“抽象意义”，什么叫作“具体意义”，就像不是所有的人都能够明白孟德斯鸠所说的那句话——“天地之间有多远，真正的平等精神和极端平等精神之间就有多远”〔2〕，因此平等也就成了一把真正的双刃剑，它既构成了对压迫的反抗，又构成了对秩序的挑战。其实强调平等说明人们对民主的认识依然停留在精英与平民相互对立的基础上，而我们真正需要的是一个精英与平民相互统一的命运共同体。换

〔1〕［法］孟德斯鸠：《论法的精神》，商务印书馆2012年版，第134～135页。
〔2〕［法］孟德斯鸠：《论法的精神》，商务印书馆2012年版，第135页。

句话说，形式意义上的民主平等其实并不是我们的目的，我们的目的是创造一个实质意义上的命运共同体。拉希在《精英的反叛》中说："正如我们在印度和拉丁美洲所看到的，形式上的民主制度无法保证一个行之有效的社会秩序。当美国的城市生活状况开始接近于第三世界时，民主必然重新证明自己。自由派总是认为民主可以摒弃公民美德。按照这种思维逻辑，让民主大行其道的不是公民的品质，而是自由主义的体制……尽管民主有其内在的魅力，但是民主本身并不是目的。我们必须看它是否制造出了更优质的商品、更优秀的艺术作品和学问、更优异的人品。沃尔特·惠特曼在《民主的展望》中写道：'民主要想经得起挑剔，就必须奠定自己的艺术形式、自己的宗教和道德品质，并使其发扬光大。'惠特曼认为，检验民主的标准是看它能否创造出一个由'英雄、品质、开拓、苦难、成功或不幸、光荣或耻辱构成的聚合体，它既是所有人共有的，也是每个人独有的'。"[1]没错，检验民主的标准就是看它能否创造出一个由"英雄、品质、开拓、苦难、成功或不幸、光荣或耻辱构成的聚合体，它既是所有人共有的，也是每个人独有的"，惠特曼所说这个"聚合体"大致上就是我所说的"命运共同体"。当然了，对于这个命运共同体其实还有一种更准确的表述和更高的要求，那就是马克思和恩格斯在《共产党宣言》中所说的："代替那存在着阶级和阶级对立的资产阶级旧社会的，将是这样一个联合体，在那里，每个人的自由发展是一切人的自由发展的条件。"[2]

创造这样的命运共同体需要全社会的集体自觉。个体自觉是微弱的光，集体自觉才是燎原的火。民主不是我们的终极目标，不断向

---

〔1〕［美］克里斯托弗·拉希：《精英的反叛》，中信出版社 2010 年版，第 63 页。
〔2〕马克思、恩格斯：《共产党宣言》，人民出版社 1997 年版，第 50 页。

前、不断向上的集体自觉才是。形式意义上的民主毕竟只是一个共同体集体偏好的整合机制，倘若共同体的集体偏好出现问题，那么共同体的命运就有可能陷入集体沦丧。例如，雅典人可以通过民主投票最后以 281∶220 的结果判处苏格拉底的死刑；又如，德国人可以通过民主投票最后将希特勒选为德国总理。安东尼·阿拉伯斯特说："对民主的检验就是'一个由人民投票选举产生的政府'这样一个事实吗？当希特勒于 1933 年成为德国政府总理时，他就是作为获得多数票党的党魁在德意志国会大选中通过正常的宪法程序当选的。纳粹党赢得了 43.9% 的选票——和不列颠的在玛格丽特·撒切尔领导下的保守党于 1983 年和 1987 年赢得的选票数几乎一致，也和不列颠的工党在 1997 年和 2001 年获得选票数几乎一致。在不列颠，几乎没人置疑只得到低于半数总选票的政府合法性。因此希特勒有民主权利在 1933 年 3 月之后统治德国。然而没有人愿意把德意志第三帝国描述为民主国家。那么是在哪一点上它失败了呢？"〔1〕"德国人在 20 世纪 30 年代早期所给予希特勒的支持，或者说德国人对那些倾向于限制甚或破坏民主的特殊措施的支持。可以想象人民能够同意取消民主。如果同意是民主的本质，我们将不得不接受取消民主的行为算是一个民主举动。"〔2〕还有，形式意义上的民主终究不是什么点石成金的法术，一旦一个命运共同体的集体自觉和整体竞争力衰退，不管是民主还是自由都拯救不了这个共同体的命运，就像在欧债危机沉重打击之下的希腊，平民的示威和投票不仅解决不了国家竞争力的衰退问题，反而只会让衰退问题更加积重难返。对此，勒庞曾经说过："君主政体与民主政体之间的差异与其说

〔1〕［英］安东尼·阿伯拉斯特：《民主》，吉林人民出版社 2005 年版，第 4 页。
〔2〕［英］安东尼·阿伯拉斯特：《民主》，吉林人民出版社 2005 年版，第 125 页。

是实质上的,不如说是形式上的。它们所达到的效果完全取决于人们的精神状态。所有关于政府体系的讨论都是不得要领的,因为这些政府体系本身并没有什么特别的优点,它们的价值总是取决于它们所统治的人民。只有当一个民族发现,决定一个国家在世界上的地位的是每一个个体努力的总和,而不是其政府体系时,这个民族才会走向繁荣昌盛,兴旺发达。"[1]李光耀也曾经在批评英国的高福利政策时说:"更糟的是,在40年代由工党提出,而后通过两党协议由保守党保留下来的福利制度,削弱了人民力争上游的干劲,牺牲了经济。两大政党的多数领袖,甚至是自由党的成员,都知道福利制度折损国家的元气,但是始终没有人敢出手。"[2]"自第二次世界的大战以后将近40年,历任英国政府似乎都想当然地认为财富会自然地创造出来,需要政府注意和巧妙安排的只是重新分配财富的问题。因此政府想出妙方,把成功人士的入息转移给不太成功的人。在这种情形下,国家需要一个胆识过人的首相把实情告诉选民:创造财富的人是社会中的宝贵分子,他们值得我们尊敬,并且应当有权保有他们大部分的耕耘成果……我们看到了一个伟大的民族如何降低水平而变得平庸。"[3]在评价香港地区回归前的争执时,李光耀也说了类似的话:"港督彭定康在美国和英国媒体的支持下,给香港上了民主与人权的速成课,目的是想把自由表达的原则烙印在香港人心里——尤其关于新闻自由、容许最多人为合格选民的普选、保护公民基本自由权利的法案、法律原则和司法独立——之后把民主主张已坚不可摧的香港交回给中国。这导致许多香港人想当然

〔1〕[法]古斯塔夫·勒庞:《革命心理学》,广东人民出版社2012年版,第286页。
〔2〕李光耀:《李光耀回忆录》(下),世界书局2000年版,第431页。
〔3〕李光耀:《李光耀回忆录》(下),世界书局2000年版,第438页。

地以为只要维护民主和人权，经济会自行运作，一切都会顺利。结果却恰好相反。"[1]在我的理解中，一个社会最重要的任务莫过于构建一个真正的命运共同体；这个命运共同体的最终命运并不取决于所谓的民主、自由、平等，而是取决于这个共同体不断向前、不断向上的集体自觉。

---

[1] 李光耀：《李光耀回忆录》（下），世界书局2000年版，第646页。

CHAPTER 09 >>

第九章

信仰与生活

我和汶川大地震

5 年似乎是一个轮回。记得当年《文明与法治》开篇的时候，我是从日本首相安倍晋三和他的"自由与繁荣之弧"开始写起的，没想到5 年时间过去了，当《精英与平民》开篇的时候，安倍晋三又鼓吹着他的"民主安全菱形"回来当首相了；记得当年在写《文明与法治》最后一章"精神"的时候，适逢举世震惊的"5·12"汶川大地震，万万没有料到的是，如今该写《精英与平民》的最后一章了，汶川和大地震居然又重重地闯进了我的生活。

2008 年 5 月 12 日下午 2 点 28 分，源自汶川映秀镇那天崩地裂的一震，在共和国的身上拉开了一道大大的伤口，也在中国人的心中留下了一处深深的痛楚。这 5 年来，我一直都没有去过汶川，因为那伤口的痛楚似乎还在，让我不敢随意触碰它，而重建的压力完全可以想象，我也不敢随便去添乱。

5 年之后,我终于得到了一个机会。2013 年 4 月 18 日,就在汶川大地震 5 周年祭即将来临的时候,汶川县邀请我赴汶做一次讲座,我终于有机会好好地触摸和感受一下汶川了。

从 213 国道进入汶川县境内,一个特别的场景令人印象深刻,那就是我发现沿途所有楼房最崇高的地方,都有一面鲜艳的五星红旗在迎风飘扬,而所有汶川共产党员的胸前,也都别着一枚鲜艳的党旗徽章。大美者无言,我突然明白,经历了生死救援的汶川人民原来是如此地挚爱和信任这面用鲜血染红的旗帜;而经历了生死考验的汶川共产党员也在向世人宣告,他们不准备辜负人民的这种挚爱和信任。途经震中映秀的时候,我凭吊了"5·12"大地震的漩口中学遗址,向死难同胞献上一束黄花,寄托一个中国人的无限哀思。汶川人告诉我,就在那倒塌的教学楼遗址下面至今还掩埋着 9 位孩子的遗体,经征得他们父母的同意,就不再挖掘出来了,且让那遗址作为孩子们永远安息的地方吧,在那猎猎飘扬的国旗之下,在那破碎停顿的时钟之前。伫立在孩子们的面前,我的耳边似乎回响起胡锦涛同志站在地震废墟上所说的那句话——"任何困难都难不倒英雄的中国人民",不由地心神激荡,热泪盈眶。

我将这份感受带到了讲座之中,可以肯定的是这是自己一生中情感最为深切的一堂课。在讲座中,我以一个普通中国人的名义,请求汶川人民要像爱惜自己眼睛一样地爱惜汶川精神,因为汶川精神的本质就是中国精神在特定时间、特定地点与特定环境条件下的集中展现。它是民族精神与时代精神的水乳交融,是中国人民血脉相连的强力纽带。全国人民热切期盼着经历过生死考验的汶川人民能够为这个日益物化的世界打造一个精神的圣地。在讲座的最后,我做了一件 5 年来一直想做的事情——打开《文明与法治》,对着那些曾经穿越生死的汶川人，朗诵第六章“精神”的文字。而当朗诵到“顷刻间天崩地裂，人神共泣，无数生命就此诀别人间”的时候，我差点无法控制住自己的情绪。我相信汶川人也一定感受到了我的心情，他们含泪一次次地鼓掌，为了那不曾忘却的共同纪念，为了那不离不弃的真挚情感。

挥手自兹去，萧萧班马鸣。从曾经的大地震中心离开，我不带走一片云彩，带走的是心灵的震撼与感动。在成都双流机场挥手告别汶川人的时候，是2013年4月19日的下午。接下来的事情便是流控、飞行、回家，到家已是4月19日的深夜。我在汶川讲学的时候，亲人从老家来到上海的医院做手术，明天一早他们就要回老家了。既然这几天不能陪伴左右，那么明天就送送他们吧。第二天，也就是2013年4月20日早晨8点左右，我将亲人送到虹桥高铁后折回。一个人开车行走在都市的雨中，我的心情又回到了汶川，回到了那场大地震。就在这个时候，我的手机突然收到了一条短信，是刚刚送别我的一位汶川朋友发来的——“麻烦查查刚刚震中在哪，好大的地震，电话不通，谢谢”。我一下子没反应过来：地震？什么地震？是形容还是比喻？汶川人怎么知道我心里正在想地震的事情？愣了几秒钟后突然回过神来：汶川人不可能跟我开玩笑的。我马上回拨电话，无法接通。我意识到可能是地震导致通讯信号受限，于是打电话让家人上网查看消息。果不其然，雅安7.0级地震。证实消息的那一刻，来不及悲伤，来不及焦虑，只有一种愤怒从心底慢慢升腾，我毫不犹豫地编发了一条短信给汶川朋友——“我要去，希望双流机场还能运作”，接着立即订票。上午11点15分，我登上了重返四川的飞机。

下午4点多，当我终于抵达成都双流机场的时候，汶川救援队大部已经出发前往震中芦山，一辆刚好经过机场的断后车辆将我捎上。在驱车前往灾区的高速路上，一辆又一辆的民间救援车辆从我们的车旁狂飙而过，有价值百万的豪华越野车，也有价值几万的廉价微型车。印象最深的是一辆奇瑞 QQ，嘶叫着从后面极速超车而过，然后一骑绝尘而去。它那副声嘶力竭的模样是如此地击中我的内心，只有 0.8L 排量的它怎么能跑得那么快呢？不过后来我“明白”了：国产车搭载着国产发动机，排量再小也是一颗“中国心”，当可怕的灾难来临的时候，这个伟大的国家地不分南北，人不分贫富，终究是同呼吸共命运的一家人。高速路很快断绝了，由于地震导致塌方，救援通道须绕山路而行，车流十分缓慢乃至于最后凝滞。天色已经渐渐昏暗，我无法继续等待下去，于是决定弃车徒步前进。经过 7 个小时的艰苦努力，我终于在凌晨 2 点抵达震中芦山龙门乡，寻找到先期抵达的汶川救援队，成为一名编外的汶川民兵战士。4 月 20 日的夜是刻骨铭心的夜，一条微博真实地记录了自己当时的心情：“难忘那深沉的夜，孤身徒步 7 个小时进入震中。走过那战士翻车牺牲的地方，走过那几十公里的钢铁洪流，我知道死神的翅膀就在身边飞舞，然而我无比藐视你。你很可怕吗？我早就想见识见识你了。你不断地在我脚下颤抖，就像一头被踩在脚下的困兽，我知道你还想发作，但是你不敢发作，因为英勇的中国人民不怕你！”

芦山救灾的经历已经化为一生不可磨灭的记忆。我明白了所谓灾后救援的“黄金 72 小时”，不仅仅是生命救援的黄金 72 小时，更是党群关系的黄金 72 小时。在受灾群众十分痛苦、恐慌和无助的关键时刻，共产党人必须排除万难，及时出现。我们早一刻到达，就可以为群众早一刻带来力量和希望。灾区群众急需帐篷，我们就把从汶川运来的 500 顶帐篷争分夺秒地搭建起来；正规帐篷缓不济急，我们就砍来山上的竹子为群众搭建起简易帐篷;灾区群众担心余震再次损坏自己的财物,我们就进入危房和废墟将它们小心取出;住在深山的聋哑人出山安置后不放心家里的粮食,我们就用自己的肩膀和脚板将上千斤的粮食全部运送到集中安置点。在自己亲历的4天3夜里,汶川救援队展示出了丰富的救援经验、饱满的战斗热情和沉着的工作态度,令人十分敬佩。然而最令人感慨的是,救援队的民兵指战员们个个都把共产党员当作一种神圣而崇高的称号,以自己是一名党员或入党积极分子为荣。在战斗的间歇,战士们总是聚集在救援队指挥员身边,汇报自己的想法,诉说入党的梦想。而指挥员同志则向他们耐心解释党的政策和规定,鼓励大家提高自己,为人民服务。那真是一个令人恍若隔世的感人场景,一位指挥员坐在地震的废墟之上,一群民兵战士或蹲或坐地围绕身旁,话题里没有金钱,没有权力,没有灯红酒绿的消费主义,只有一颗颗纯朴得像泥土一样的赤子之心。我会永远记住一位小战士涨红着脸说的那句话:“反正不管是不是党员,只要自己把自己当作党员就行了。”我也会永远记住指挥员同志对我说的那句话:“看到了吗?汶川人认为共产党员就是与普通人不一样的。”我静静地听着,没有回答,却在心底里对全天下的共产党员大声地喊道:“看到了吗?汶川人认为共产党员就是与普通人不一样的。”

再次在双流机场挥手道别汶川人的时候,我突然明白了一件事,在汶川做讲座的时候,我曾经请求汶川人要像爱惜自己的眼睛一样地爱惜汶川精神,现在才知道这句话不单是对汶川人说的,更是对自己说的。伟大的抗震救灾精神是当代中国人薪火相传的精神火种,是用最严酷的生死考验熔炼出来的真金。它是如此的来之不易,我们没有任何理由和权力将它弃如敝屣。我决心用自己的行动来帮助这些经受过生死洗礼的汶川人，共同守卫当代中国人的这一精神高地。我告诉汶川战友，我要走遍汶川的每个乡镇村庄，为所有的群众做讲座。于是战友们毫不客气地将我的想法付诸实施。一个月之后，我再次回到汶川，4 天之内旋风式地走遍所有乡镇，连做 9 场即席演讲。从天地映秀，到山水水磨，从梦幻三江，到美丽草坡，没有讲稿，没有提纲，只有一个中国人赤诚的灵魂、滚烫的内心和执着的梦想。

还记得在草坡乡演讲的时候，淳朴的草坡人民为我准备了无数的“第一次”：第一次在农村的“坝坝会”上露天演讲，第一次边演讲边用手驱赶小蚊子，第一次见到满场身着民族服装的听众，第一次见到有人边绣着鞋底边听课。草坡的夜晚，是羌族阿妈质朴动人的歌声，是熊熊篝火旁幸福快乐的锅庄；草坡的清晨，云雾绕峰，鸟儿翠鸣，地上柴火的灰烬，正是昨夜锅庄的记忆。“人在画中游，最美草坡乡”——这是我在微博中留下的话，也是一生难以忘怀的情。然而，仅仅一个多月之后，也就是在我写下这些文字的时候，这一切的美好又被无情地毁灭了。2013 年 7 月 10 日，四川等地发生特大暴雨洪灾，汶川山区爆发了破坏力惊人的泥石流灾害，威州、绵篪、银杏、龙溪等乡镇严重受灾。“汶川人民历经 5 年时间重新站立起来，还没来得及喜悦一下，再次遭受灾难，重建成果损失殆尽……汶川人眼泪已经流尽，剩下的只有坚强与坚守，“5・12”都过来了，泥石流算什么！”看着汶川人的短信，刚刚从加拿大访问回国的我心如刀绞。泥石流灾害导致大量山体滑坡，洪水冲垮道路，美丽的草坡再次成为孤岛。“5・12”大地震的时候，草坡就曾经是汶川最后的孤岛，直到震后 3 个月才被打通生命通道。5 年一个轮回，情景何其相似。看着那些曾经熟悉的乡镇如今已是满目疮痍，想起加拿大人从安大略湖畔到温哥华海边的安逸闲适,我就再也无法继续我的写作。既然如此,那就收拾行装吧,我要三进汶川,与我的战友们并肩作战。

在我写下这些文字的时候,已是 2013 年 7 月 28 日。10 天之前的 7 月 19 日,我中断了本书的写作,背起行囊再次飞赴成都双流机场。映秀的战友们将我接到映秀暂住了一个晚上,第二天一早便驱车将我送到了救援草坡的物资转运点——草坡电站。草坡电站与草坡乡的核心位置远隔重山,其间的山路已经被泥石流完全摧毁,孤岛草坡这些天来之所以还能够苦苦支撑,就是因为外界一直在依靠人力如同蚂蚁搬家一般地将物资从草坡电站或艰难翻越天梯,或冒险穿越河谷,送到草坡人的手中。在草坡电站,我与解放军武警战士以及芦山救援时的民兵战友再次会合,没有时间叙旧,只有一个拥抱,便背上物资一起出发。我背着一台手摇警报器,一袋从上海带来的大米,几盒从加拿大带回的巧克力,再加上战友们托带的物品以及自己的行李,共计七八十斤,着着实实地塞满了一个大背包。在芦山救援的时候,我也曾多次负重七八十斤上山下谷地为群众搬运粮食,然而没有料到的是这一次的"路"竟会如此的漫长和艰险。而之所以要给那"路"加上引号,是因为事实上并没有路。在冒险穿越河谷的过程中,队伍一边警戒着山上的飞石,一边艰难地在巨大的乱石堆中跋涉前行,体力消耗很大。一旦遇到无路可走的情况,还要像壁虎一样地贴着峭壁攀爬过去。每一处峭壁都是一个鬼门关,在我紧贴着近乎 90 度的峭壁小心攀爬的时候,身后那个沉甸甸的背包严重破坏了我的重心,几次险些将我掀入岷江的激流之中。在那近乎绝望的生死关头,信念成为我战胜困难的唯一力量,经过几个小时惊心动魄的拼搏,我们终于穿越河谷天险,站在草坡的海螺广场上。记得一个多月之前,我就是在这个海螺广场上对着草坡人演讲的；如今一个多月之后，这个美丽的广场已经被可怕的泥石流完全摧毁覆盖，唯有那五个小孩齐心协力托举着海螺的塑像还在坚强地站立着。“站在海螺广场上，你一定会哭的”，汶川的战友们提前告诫了我。然而我愣愣地站在乱石堆中，没有眼泪，只有那痛如同涟漪一般地从心底慢慢泛开。

然而那泪终究还是流了，不是为了那草坡的物，而是为了那草坡的人。到达草坡的第一个下午，我便见识了草坡人一如既往的质朴。在观察灾情的山路上，我们偶遇了正在赶路的一家人，他们每个人都背着一个大大的背篓，衣衫褴褛，想来一定是受了灾。然而看到素不相识的我们，女主人马上从背篓中拿出一个塑料袋，里面还有几个馍馍和鸡蛋，一定要让我们拿上吃。推辞了好久好久，他们却依然坚持着，我想快步离开，他们便小跑跟上，那塑料袋就那样一直在我的面前敞开着，一如他们那最淳朴最敞亮的心扉；他们纯纯的眼神真的好干净好干净，让我想起了最蔚蓝的天，最清澈的水。一转身，我终于流泪了。站在被毁掉的海螺广场上我没有哭，然而为着这些淳朴无暇的人，我却再也无法抑制心中的悲伤，眼泪顷刻间顺着脸庞流成了行。

在孤岛草坡的日子里，我和战友们每天都穿行于茫茫大山之中，观察灾情，动员群众。泥石流对草坡的毁灭性打击深深地震撼了每个人，然而更令人感到震撼的是汶川人在灾难面前那愈挫愈勇的坚强。为了救援孤岛草坡，解放军武警部队远道驰援，汶川也调集了全县各乡镇的民兵运送物资。战士们的肩膀早已全部淤青磨破，一个轻轻的拥抱都会让他们疼得大叫；然而正是这些人用这样的肩膀背负着沉重的物资，每天翻过天梯，穿越河谷，苦苦支撑着草坡的生命通道。没有运送过物资的人不知道那路的艰险，不了解详情的人不知道他们自己的家也多数被淹,然而这些我都知道。每当我看着他们在烈日和暴雨下艰难跋涉进山,然后放下物资默默离去的身影,我就会在心里向这些可敬可爱的战友们默默敬礼。而同样可敬可爱的还有草坡的干部群众。孤岛草坡的日子,没有水,没有电,唯有一烛如豆,扑火飞蛾拌饭吃,然而草坡人的勇敢和坚强却深深地感染了我——“我就是要做一个堂堂正正的中国人,这是你在演讲中告诉我们的”,“房子虽然被毁,国旗还在飘扬,我们相信这个国家”,“海螺的塑像还在,说明希望还在”,“希望有那么一天,草坡还能够恢复小天堂的面貌,还能够在熊熊燃烧的篝火旁载歌载舞”,草坡人是这么说的,也是这么做的。所有道路都已经被山洪泥石流彻底冲毁,为了动员群众出山避险,草坡的党员干部每天都要穿行于随时可能深陷的泥石流之中和随时可能垮坡的山崖之上,在茫茫大山中逐村逐户地走访村民,召开村民大会。我的独特身份和经历终于帮上了忙,草坡的群众听得进我的话,愿意出山临时避险。然而,就在我们竭尽全力动员群众的时候,死神还是抢先一步下手了。7 月 22 日中午,足湾村的刘家河坝发生了可怕的山体整体滑坡,75 万立方的垮塌山体顷刻间将山脚的村落和民兵营房全部掩埋,并截断河谷形成堰塞。足湾村的老支部书记在组织群众撤离的时候不幸被飞石击中头部,在辗转送出山外救治的途中伤重去世。而樟排村的支部书记和一位民兵战士站在对面的山头上为往来的群众观察警戒,居然被百米之外垮坡的气浪直接掀倒,跌入激流之中,全部壮烈牺牲。我在飞奔前往垮坡现场的途中冲进卫生院,看见浑身是血的老书记犹在急救台上痛苦地呻吟;而当我从垮坡的现场黯然回撤的时候,却迎头看见村民们抬着老书记的遗体默默疾走而来。真是顷刻之间,阴阳两隔,人间悲剧,莫过于此。看着烈士家属痛苦失神的样子,在场的每个人都不由得失声痛哭。在那生死存亡的危急关头,这些平凡的英雄将生的希望留给了别人,将死的危险留给了自己,他们用宝贵的生命践行了自己的承诺,他们无愧于一个共产党人的光荣称号。

烈士的牺牲触动了所有人,草坡在两天之内完成了一次绝地反击,将绝大多数群众成功有序地转移出山。而在抢险队伍不眠不休的拼搏之下,通往草坡的便道也终于在灾难发生后的第15天被成功抢通。那天下午,当第一辆越野车突然杀进草坡的时候,在场的所有人都不由自主地欢呼雀跃起来,草坡的孤岛时代结束了。便道抢通,救援车队就可以源源不断地进入草坡,外界的关心也将源源不断地涌入草坡,那么又该是我挥手道别的时候了。走出草坡的那一刻,我转身向废墟中的草坡默默地行注目礼,六天六夜难忘的救援经历就此定格成为永恒的记忆——难以忘怀每天数十里的巡查路上,不断认出我来的草坡人那哽咽的激动;难以忘怀村头路旁的群众会上,每一次讲话时那热烈的掌声;难以忘怀每个早起的清晨,独自坐在海螺广场时那飘忽的思绪;难以忘怀突然惊醒的雨夜,冲到河边观察水位时那揪心的忧愁;难以忘怀生死转移的烈日下,背篓中的孩子那无助的双手;难以忘怀背起行囊说再见时,依依惜别的战友那含泪的双眸。再见草坡,再见汶川,灾难终将过去,家园终将重建;再见朋友,再见战友,永远祝福你们,因为我们永远都是命运与共的一家人。

我们的信仰与我们的生活

记得有一次给香港纪律部队的精英上课,一位学员在课间休息的时候问了我一个问题:“刘老师,你相信共产主义吗?”我毫不犹豫地回答:“我相信啊!”她大吃一惊:“你真的相信共产主义有一天会实现?”我笑了:“那倒不是这么说的。”她被我搞糊涂了:“那你为什么要相信共产主义?”看她认真了,我也认真起来,反问她:“你是基督徒吧?”她回答:“是的。”我又问:“你相信上帝吗?”她回答:“我相信啊!”我再问:“那你真的相信上帝有一天会出现在你面前?”她回答:“哦,那倒不是这么说的。”我笑了:“那你为什么要相信上帝?”

印象中那位学员一下子就愣住了。是啊,为什么要相信?人为什么要相信一个可能不会实现甚至不可能实现的东西?如果相信上帝并不以上帝真的出现在面前为前提,那么为什么相信共产主义就一定要以共产主义真的实现为前提呢?难道我们都忘了,人世间有一种相信叫做信仰,而信仰从来就不是以能否实现为前提的?以能否实现为前提来决定自己是否相信的是人的理性,而不是人的信仰。人当然需要理性,可人又绝不能只有理性。在人与世界的矛盾关系中,只要人终究是一个有限的范畴,而世界又是一个无限的范畴,那么理性就终究不可能解释一切,穷尽一切。于是当理性停止的时候,信仰开始了。我有点不明白的是,既然共产党人从来都宣称共产主义是一种信仰,为什么还会有那么多的人总是要用理性的标准来衡量它呢?你可以“因信称义”,他可以“心诚则灵”,为什么轮到我就不可以了呢?“你有你的天堂,我有我的天堂,如果上帝是你的天堂,那么共产主义就是无神论者的天堂”,我看着那位学员,微笑地说,“难道你不觉得,当每个有信仰的人都为自己的信仰而努力奉献的时候,这个社会就会变得越来越美好吗?”

那位虔诚的基督徒居然被我说服了,不知道是因为我的理性发挥了作用,还是因为我的信仰发挥了作用,抑或二者兼而有之?世界何其无限,生命何其有限,超越生命限度,唯有信仰可籍。如果说生命就是那弯弓一箭,没有回头,那么我决心站在此岸弯弓搭箭,然后向着彼岸倾力一射,弓如满月,箭若流星。你想问我,它能突破生命限度吗？我会回答,我不知道,但我相信。相信就是相信,没有理由,无须理由。在我这里,相信不是逻辑终点,而是逻辑起点;或者更完整地说,在我这里,相信既是逻辑终点,又是逻辑起点——因为我相信,所以我快乐;因为我快乐,所以我相信;因为我相信,所以我努力;因为我努力,所以我相信;因为我快乐,所以我努力,因为我努力,所以我快乐。是不是觉得有点像绕口令？没错,也许这就是人生,也许人生本来就是一场“绕口令”。

禅语当然还可以继续打下去,如果你还有兴趣等到《生命与超越》面世的话,不过现在的我只想和你分享一下我在草坡演讲时是如何讲述“共产主义”的。记得当时的海螺广场,绿水青山,国旗飘扬,羌藏回汉,济济一场。台下的老乡们边绣着鞋底边冲着我笑,逗得台上的我也笑个不停。我说:“我给你们讲一个故事吧:有一个人梦见了上帝,他就问上帝:‘什么是地狱,什么是天堂?’于是上帝把他带到一个房间,房间里有一群人围坐在一个大桌子前,桌子上有很多食物,可是他们每个人手中的勺子都太长了,以至于无法将食物送到自己的嘴里,所以每个人都饿得面黄肌瘦。上帝说:‘这就是地狱。’接着上帝又把他带到另一个一模一样的房间,奇怪的是这个房间里的每个人却都吃饱喝足,幸福快乐,原来他们每天都在用自己的长勺子来彼此相喂。上帝说:‘这就是天堂。’”印象中,整个海螺广场都被我逗笑了。我笑着说:“这大概就是共产主义吧。”没错,这大概就是共产主义吧,既然草坡人已经完全听懂,那么我就无须再用洋文来解释一遍大仲马在小说《三剑客》中的那句话——“One for all,all for one”(我为人人,人人为我),也无须像绕口令一般地解释一遍马克思和恩格斯在《共产党宣言》中的那句话——“每个人的自由发展是一切人的自由发展的条件”,当然也无须再用文言文诵读一遍《礼记·礼运》的话:“大道之行也,天下为公。选贤与能,讲信修睦,故人不独亲其亲,不独子其子,使老有所终,壮有所用,少有所长,鳏寡孤独废疾者,皆有所养。男有分,女有归。货恶其弃于地也,不必藏于己;力恶其不出于身也,不必为己。是故谋闭而不兴,盗窃乱贼而不作,故外户而不闭,是谓大同。”我只需要用中国化和大众化的语言补充上几句他们听得懂的话——“福去福会来,恩去恩会返”,“当你的心里有了别人,别人的心里也就有了你”,“当你把自己忘记的时候,这个世界也就记住了你”。我微笑地看着草坡人,慢慢地说:“其实我喜欢这样的生活。”

没错,我喜欢这样的生活,一种有信仰的生活。也许正因如此,我一生敬重有信仰的人,不管是信仰宗教,还是信仰共产主义。如果生命是一座监狱,狭窄而又苦痛,那么信仰就是有组织的集体越狱,这就是超越,对生命限度的超越。然而我之所以要将未来的第三本书命名为“生命与超越”,而不是“生命的超越”,说明我们的目的并不仅仅只有超越,“生命”与“超越”是一对对等的范畴,二者是同等重要的。曾经有人问我:“刘老师,既然都是对生命的超越,那么宗教和邪教又有什么区别呢?”我的回答是:“宗教的‘超越’是为了更好地发展和照顾生命,而邪教的所谓‘超越’则是建立在毁灭生命的基础上。”超越生命不是毁灭生命,当有人为了“末日拯救”而在地铁里投放沙林毒气的时候,当有人为了“走出生命之门”而关在房间里集体自杀的时候,当有人为了“求得圆满”而将自己9岁的女儿活活掐死的时候,我们完全可以断定,那一定是邪教,而不是宗教。真正的超越是为了让我们的生命更加充盈有力,真正的信仰是为了让我们的生活更加幸福美满。因为相信,所以我们的生命之弓强健饱满,因为相信,所以我们的生命之箭义无反顾。你问,究竟是生命为了超越,还是超越为了生命?究竟是生活为了信仰,还是信仰为了生活?我说,生命与超越,信仰与生活,其实从来都是天人合一,互为因果,矛盾对立,辩证统一的。

那么,什么才是“天人合一,互为因果,矛盾对立,辩证统一”呢?常有人说,“共产主义信仰实在太高太远了。大公无私,毫不利己,谁能做得到?到头来,还不是说的一套,做的一套?”仰之弥高,却又望而却步,这是将信仰与生活相混淆的典型症状。在欧洲文艺复兴与宗教改革之前,基督教会得的大概就是这个病。我们知道,自从罗马帝国崩溃之后,欧洲政治上的统一便彻底瓦解了。政治上的分裂导致了欧洲无休止的战乱,使得欧洲人常态性地陷入了家破人亡的精神痛苦之中,因而唯有乞求于宗教的精神庇护以求得精神上的解脱;同时,政治上的分裂又导致了国与国之间的激烈竞争,使得欧洲的王权不仅丧失了控制金权的能力,也丧失了控制神权的能力。这两个因素交互作用的结果就是整个欧洲中世纪基督教势力的大规模扩张,宗教信仰完全侵入了生活领域,甚至在很大程度上取代了生活,使得宗教成为了中世纪欧洲人的生活重心。不要忘了,宗教要的是超越,是信仰,是全心侍奉上帝的纯粹;可是别说普通教徒是人,即便是教士圣徒首先也是人,是人就一定有生命的逻辑,有生活的逻辑,有七情六欲的牵绊。一旦信仰完全替代生活,生命就会陷入被抽象被扭曲的危险之中。于是一方面是高不可攀的信仰要求,另一方面则是被死死压抑的人性欲望,信仰与生活断裂了。还是那句话,差别并不可怕,可怕的是断裂。信仰与生活之间的断裂制造出来的必然是虚伪,于是在欧洲中世纪的中后期,教会一方面大谈全心敬奉上帝,另一方面又大卖赎罪券敛财,教士们表面上大谈禁欲,私底下则大肆纵欲。19世纪法国大作家维克多·雨果的小说《巴黎圣母院》深刻地描绘了这种断裂:巴黎圣母院的副主教克洛德·弗罗洛表面上道貌岸然,过着清苦禁欲的修行生活,内心里却从未泯灭对世俗生活的欲望和追求。当美丽的吉卜赛女郎爱斯梅拉达出现的时候,克洛德心中的禁欲长堤一下子就垮掉了,他和其他人一样深深地爱上了爱斯梅拉达。可是身为副主教的他已经献身于主,不能有任何的儿女私情,于是在天人交战的煎熬中,克洛德分裂的人格终于走向了虚伪卑鄙的极端,他先是指使卡西莫多劫持爱斯梅拉达,接着因为嫉妒刺伤情敌弗比斯并嫁祸于爱斯梅拉达,最后在得不到爱斯梅拉达的情况下,宁可疯狂地将她送上绞刑架予以毁灭。在雨果的笔下,克洛德也曾是一位勤奋的学生,博学的天才,而且从小就不缺乏爱和同情心:他19岁父母双亡后独立抚养襁褓中的弟弟小热昂,20岁成为巴黎圣母院最年轻教士后收养了丑陋的弃婴卡西莫多。倘若信仰与生活不曾如此断裂,相信克洛德的人格也不至于会如此扭曲。从这个意义上说,与其说是克洛德毁掉了教会的形象,还不如说是教会毁掉了克洛德的灵魂。雨果的人物塑造并非空穴来风,中世纪基督教会的宗教裁判的确曾经将成千上万的美丽女子当成诱惑犯罪的“女巫”绞死或烧死,究其内在根源,大抵莫不如此。从信仰与生活的断裂走向毁灭生命的疯狂,所谓的宗教已经游走在了邪教的危险边缘,难怪14世纪文艺复兴的人文主义大师彼得拉克会那样激烈地批判基督教会了——“基督教会成为全世界的臭水沟,所有的污秽,所有肮脏的东西,无不出于这个基督教会,罗马天主教。”

历史规律告诉我们,当历史的钟摆摆向了信仰的极端,就注定会向生活的极端急剧摆回。果不其然,中世纪的宗教黑暗终于引爆了13世纪文艺复兴的人文主义狂潮,欧洲社会从“神”的极端迅速摆向了“人”的极端。“我是人,人所具有的我都具有”,彼得拉克所引用的这句古罗马诗句正是这一场人文主义运动的号角。然而从信仰的极端摆向生活的极端并不会是历史钟摆的最后均衡,人文主义在解构神权桎梏、张扬人性自由、推动科学进步的同时,也必然带来了信仰崩塌、个性膨胀、物欲横流的严重后果。没有生活的信仰固然是一种残缺,没有信仰的生活同样也是一种残缺,于是宗教再次被推到了历史的前台,不过这一次,人与神之间的较量不再是一边倒了,信仰必须兼顾生活,宗教必须予以改革。1517年10月31日万圣节前夕,34岁的神学教授马丁·路德在威登堡大学教堂门口石破天惊地贴出了宗教改革的第一张战斗檄文——《九十五条论纲》,公开反对教会出卖赎罪券,反对教会充当上帝代言人。在当时印刷条件十分糟糕的情况下,这张战斗檄文在四周之内传遍了整个西欧,撞开了欧洲宗教改革的沉重大门,也给全欧洲带来了激烈的神学辩论、可怕的宗教分裂以及血腥的宗教战争。经过100多年的反复博弈,这一场宗教改革最后还是按照欧洲人的老规矩,以一场席卷全欧的德意志30年战争和一份影响深远的《威斯特伐利亚条约》收官,新教从此获得了独立的合法地位,并与旧教形成了分庭抗礼的格局。尽管基督教至今也没有如马丁·路德所愿那样全盘改成新教,然而新教的崛起还是从根本上冲击了旧教的黑暗与腐败,从而也推动了旧教的变革与自新。今天的人们再也不用买那荒唐的赎罪券了,也不用担心美丽的姑娘会被当成女巫活活烧死了。从这个意义上说,这一场轰轰烈烈的宗教改革的确完全达到了改革宗教的目的。《巴黎圣母院》中的克洛德被维克多·雨果“不怀好意”

地安排在15世纪路易十一统治时期当副主教,真可谓是"生不逢时"。倘若他能够推迟100年出生,甚至只要推迟50年出生,大概就可以赶上马丁·路德的宗教改革了。而按照路德宗的教义,教士若是喜欢上哪个女孩子,完全可以真心追求并明媒正娶了她,大可不必把自己关在黑屋子里玩什么"天人大战"。马丁·路德自己在贴出《九十五条论纲》之后没几年,就与一位从修道院里逃跑的修女卡塔琳娜·冯·苞拉结了婚,一口气生了6个孩子,尽享人伦之乐。而为了给自己的娶妻行为扫平理论上的障碍,路德早在把《圣经》翻译成德文的时候,就有意识地将《路加福音》中耶稣所说的那句"为了天主国而舍弃了房子、妻子、兄弟、父母或孩子"中的"妻子"一词删去了。不要说在过去,即便是在现在,旧教的卫道士们对路德的这种行为也是颇有微词的;然而在我看来,这也许正是路德改革中最伟大的地方。教士既可以侍奉上帝,也可以娶妻生子,看似无关紧要,实则意义重大,因为这标志着"信仰"与"生活"终于从对立走向了统一,从"天人大战"走向了"天人合一"。尽管旧教至今依然不愿如此破戒,然而新教的存在事实上已经为有意侍奉上帝的人们提供了一份选择的自由。而且旧教的坚持也并非没有代价,尽管大多数的神父依然令人尊敬,然而仅凭天主教会每年都要支付数亿美元乃至更多的巨资去摆平世界各地层出不穷的神父性侵案这一件事[1],就足以说明在旧教的教规下,信仰与生活之间至今依然存在着相当的紧张感。

在我的理解中,马丁·路德宗教改革的最大贡献就是为基督教

---

〔1〕"美披露神父性侵案,144名受害者和解金近2亿美元",载中国新闻网2010年10月26日,http://www.chinanews.com/gj/2010/10-26/2612613.shtml;"性侵丑闻重创下的天主教会",载和讯网2013年2月27日,http://news.hexun.com/2013-02-27/151498658.html。

搭建了一道从天堂到人间的梯子,从而让信仰与生活实现了一定程度上的统一。当年被骂成“全世界的臭水沟”的基督教如今居然会获得新生,这大概是14世纪的彼得拉克所无法想象的。生活是土壤,信仰是花朵,远离生活的信仰就如同远离土壤的花朵一样,终将渐渐枯萎;生活是肉身,信仰是灵魂,脱离生活的信仰就如同脱离肉身的灵魂一样,终究只是幽灵。然而只要重归土壤,接上地气,花朵终究还是美丽的。对于人类社会来讲,崇高的信仰终究具有恒久的价值,只要能够重新植根于生活的土壤,就完全有可能再度焕发生机。当信仰与生活断裂的时候,人们真正要做的,并不是用虚伪去裱糊那断裂的空洞,也不是用生活去排斥那信仰的崇高,而是用爱和自觉去搭建一道从天堂到人间的梯子,从而将信仰与生活重新统一起来。“以人为鉴,可以明得失,以史为鉴,可以知兴替”,既然基督教信仰可以搭建成这样的梯子,那么凭什么说共产主义信仰就不能做到呢?共产主义是我们的信仰,社会主义是我们的生活,“恺撒的归恺撒,上帝的归上帝”[1],信仰的归信仰,生活的归生活,我们既不能把信仰当成生活,也不能把生活当成信仰;然而二者之间的确又是连续而统一的。今天的共产党人既要学会仰望星空,又要学会脚踏实地,既要建立崇高的信仰,又要建设美好的生活。没有崇高信仰的指引,我们终究无法建设美好的生活,没有美好生活的托举,我们终究无法保持崇高的信仰。站在中华民族伟大复兴的历史关头,中国共产党人别无选择,必须努力实现崇高信仰与美好生活的辩证统一。

关于“信仰与生活”,还有一个更加通俗的提法——“利益与理

---

〔1〕 语出《圣经·新约》:“Give back to Ceasar what is Ceasar's and to God what is God's”。

想”。利益与理想是人类社会永恒的两翼:没有利益,我们无法发展生命;没有理想,我们无从超越生命。这个道理说起来简单,做起来可就不一定了,远的不说,就拿最近几十年的中国来说吧。60年前,中国人曾经鼓动理想之翼,期望藉此赶英超美,一举迈入共产主义,然而孤翼天使飞上了青天之后,才发现孤翼不可高飞,单足不可远行。于是中国人很快从天上跌落,重重地摔伤在地。这重重的一摔摔痛了中国人,也摔醒了中国人,中国人终于明白了什么叫作利益,怎样创造利益。经过30年市场经济的精心培育,中国人的利益之翼日渐丰满,并藉此创造了前所未有的经济奇迹。万万没有料到的是,当利益之翼日渐丰满的时候,理想之翼却在日渐萎缩,今天的中国人的确有再次成为孤翼天使的危险。一旦中国人的理想之翼完全萎缩,那么无论利益之翼有多么的强壮有力,哪怕“其翼若垂天之云”(《庄子·逍遥游》),中国这只鲲鹏巨鸟也终将难逃再次失速跌落的命运。正所谓“飞得越高,跌得越重”,未来中国这一跌若是成真,其后果必定是毁灭性的。

利益是重要的,因为它可以哺育和发展我们的生命,可以支撑和改善我们的生活。鲁迅先生在《娜拉走后怎样》中说道:“梦是好的,否则,钱是要紧的。钱这个字很难听,或者要被高尚的君子们所非笑,但我总觉得人们的议论是不但昨天和今天,即使饭前和饭后,也往往有些差别。承认饭需钱买,而以说钱为卑鄙者,倘能按一按他的胃,那里面怕总还有鱼肉没有消化完,须得饿他一天之后,再来听他发议论。”[1]“天下事尽有小作为比大作为更烦难的。譬如现在似的冬天,我们只有这一件棉袄,然而必须救助一个将要冻死的苦

〔1〕《鲁迅全集》(第一卷),人民文学出版社2005年版,第167页。

人,否则便须坐在菩提树下冥想普度一切人类的方法去。普度一切人类和救活一人,大小实在相去太远了,然而倘叫我挑选,我就立刻到菩提树下去坐着,因为免得脱下唯一的棉袄来冻杀自己。"[1]虽然孔圣人曾经说过"君子喻于义,小人喻于利"(《论语·里仁》),但是孔圣人可没说过"君子毋需利,小人毋需义"。有理想的君子也需要点利益,重利益的小人也需要点理想。只要君子和小人都是人,那么这个判断就应该没有太大的问题,因为但凡是人,就总也离不开这两样东西。在不同的人那里,这两样东西的比例也许是不太一样的,但是它们终究都是要有的。不懂得利益的理想其实并不是真正的理想,因为这种"理想"只是一种虚幻的乌托邦,是温室里的花朵,是无菌实验室里的生命,一旦接触到真实的利益,往往经不起利益的诱惑。"少年不识愁滋味","指点江山,激扬文字",等到唱着《毕业歌》跳入了利益场的大染缸,又有几个还记得当年许下的理想,最后做到"出淤泥而不染,濯清涟而不妖"的?恩格斯就曾在《家庭、私有制和国家的起源》中评论过日耳曼蛮人进入罗马世界之后的堕落,他说:"如果说德意志人在自己的森林中曾经是这种世上少有的美德骑士,那么,只要和外界稍一接触,便足以使他们堕落到其余一般欧洲人的水平;在罗马世界中,恪守道德准则的最后痕迹消失得比德语还要快得多……不言而喻,在德意志人的原始森林中,不可能像在罗马那样,盛行骄奢淫逸的享乐生活。"[2]而李光耀也曾经在评论"马共"成员在新加坡的兴衰起落时说:"对方一个人就能承担我们三四个志愿人士的工作。对这点我很丧气。长久下去如何是好?由于某种奇怪的原因,我一时没想到的是他们不可能长久坚

〔1〕《鲁迅全集》(第一卷),人民文学出版社2005年版,第168页。
〔2〕[德]恩格斯:《家庭、私有制和国家的起源》,人民出版社1999年版,第145页。

持,革命热忱只能带动他们到此为止。最后,他们得讨生活、养家,而家庭需要金钱、住房、医疗、娱乐和其他生活享受。对他们来说,有一种奇怪的现象是,他们一旦放弃共产主义,便往往变得贪得无厌,急于补偿过去的损失,就像一些华校中学生领袖的情形一样……当革命不能带来乌托邦,经济转为自由市场时,有权发出执照或是能够靠官价购买物资和插手服务业的干部,是最先腐败和下手剥削群众的人。”[1]没错,如果人性的钟摆因为外力的干扰而长期停留在理想的一端,那么一旦外力发生变化,钟摆自然就会报复性地向利益的一端急速摆回,这一点早已是为无数的事实所证明。利益与理想从来都是相反相成的一对范畴,没有见识过利益的理想就如同没有注射过疫苗的身体一样,看上去纯朴无暇,事实上不堪一击。这种“理想”一旦身处利益的包围之中,可能很快就会土崩瓦解。因此从这个意义上说,只有那种见识过利益的厉害与好处,却又能保持理想的坚定与纯真的人,才称得上是一个真正的理想主义者,否则充其量也只是一个空想主义者。

利益是重要的,理想也是重要的。不懂利益的理想国固然不堪一击,没有理想的利益场更与动物世界无异,因为只讲利益不讲理想直接将人降低到了动物的层面。柏拉图在《理想国》中说:“没有经验过真实的人,他们对快乐、痛苦及这两者之中间状态的看法应该是不正确的……由于没有经验过真正的快乐,他们使错误地对比了痛苦和无痛苦。正如一个从未见过白色的人把灰色和黑色相比那样……那些没有智慧和美德经验的人,只知聚在一起寻欢作乐,终身往返于我们所比喻的中下两级之间,从未再向上攀登,看见和

---

〔1〕 李光耀:《李光耀回忆录(上)》,第293页。

到达真正的最高一级境界，或为任何实在所满足、或体验到任何可靠的纯粹的快乐。他们头向下眼睛看着宴席，就像牲畜俯首牧场只知吃草，雌雄交配一样……由于不能满足，他们还像牲畜用犄角和蹄爪互相踢打顶撞一样地用铁的武器互相残杀。"[1]而勒庞在《乌合之众》中也说过类似的话："本来是一个民族、一个联合体、一个整体的人群，最终会变成一群缺乏凝聚力的个人……随着古老理想的丧失，这个种族的才华也完全消失了。它仅仅是一群独立的个人，因为回到了自己的原始状态——即一群乌合之众。它既缺乏统一性也没有未来，只有乌合之众的那些一时的特性。"[2]从本质意义上说，利益的逻辑是自私而排他的，因此利益逻辑的无限扩张在满足个体利益的同时，也存在着解构共同体团结的危险倾向；而这种危险倾向一旦成真，又反过来直接威胁到了每个个体利益的自我实现，从而将人类社会拖入螺旋向下的恶性循环之中。遏制利益逻辑的无限扩张需要我们弘扬社会的共同理想，需要我们用爱唤醒人类的自觉，用自觉驾驭利益的逻辑，从而为我们自己也为我们的子孙后代打造一个既有"分"又有"合"、既有利益又有理想的命运共同体。说到底，理想本身其实也是一种利益，只不过是一种长远与共同的利益罢了；反过来，利益又何尝不是一种理想呢，只不过是一种短浅与狭隘的理想罢了。理想远在天边，利益近在眼前，对于普通人来讲，利益似乎总比理想更具诱惑力；然而正所谓"人无远虑，必有近忧"，要想平衡利益与理想之间的关系，终极考验的是人类的爱和自觉。

爱和自觉并可不是简单说说的。利益本来就是一匹不容易驯

〔1〕［古希腊］柏拉图：《理想国》，商务印书馆2002年版，第374页。
〔2〕［法］古斯塔夫·勒庞：《乌合之众》，中央编译出版社2005年版，第176页。

服的野马,利益场的长期结构失衡更会增加驾驭它的难度。物质生活方式本身就对人具有很大的控制力,过度失衡的利益安排更是如同魔戒一般具有异化人的能力。就像柏拉图所说的,“欲望围着他营营作声,献上鲜花美酒,香雾阵阵,让它沉湎于放荡淫乐,用这些享乐喂饱养肥它,直到最后使它深深感到不能满足时的苦痛。”[1]一旦利益完成对人的异化,那么人的物质欲望无法得到满足时的痛苦将使任何节制的美德都荡然无存,所谓的爱和自觉自然也就成为遥远天边的风。从这个意义上说,尽管本书以《精英与平民》为名,然而第六章关于“资本与政治”的论述也许才是全书所触及的最为重要的命题。倘若我们最终能够明白这一点,那么面对革命先辈用无数的鲜血和汗水为我们打造并传留的这个社会主义体制,当代中国人就应该倍加珍惜。尽管由于种种原因,这个体制目前还存在着各种各样的毛病,甚至还存在着被异化和颠覆的危险,然而毕竟理想尚在,根基尚存,只要我们增强自觉,努力完善,当代中国的确已经具备了建设一个好社会的体制基础和历史机遇。然而倘若我们至今懵然无知,自暴自弃,那么未来干出点自毁长城的事来也未必可知。还是欧文·拉兹诺的那句话,“进化不是命运而是机遇,未来不是被预见而是被创造”,想要把握历史机遇,创造未来命运,当代中国人需要呼唤更多的爱和自觉。

这里的“爱”当然是指“命运共同体之爱”,因为“私人之爱”似乎无须在此呼唤,这里的“自觉”当然是指“集体自觉”,因为“个体自觉”终究微若萤火之光。然而正如李普曼所说的,“按照‘大社会’的尺度进行政治思考需要一种忘我的沉静心态,这可不是任何人在任

〔1〕[古希腊]柏拉图:《理想国》,商务印书馆2002年版,第354页。

何时候都能做到的。我们全都受到了公共事务的影响,但是我们全都沉溺于私人事务之中"[1]。"命运共同体之爱"与"集体自觉"无疑超越了个体生命的直接经验范畴,那么它们是否真的是可欲和可能的?记得有一次学院邀请一位著名的英雄模范来院演讲,有记者在采访中向我提了一个问题:"很多人都说英雄模范的人格太高尚了,好是好,学不了。你是怎么看的?"我回答:"学不了,还得学。人不一定要天天在天上,但是人一定要天天在向上。"没错,对于一个命运共同体中的绝大多数人来讲,他们也许永远都不可能做到像那些英雄模范那样纯粹,那样高尚,然而这一点也不妨碍他们向上攀登的努力。一个社会要的其实不是攀登的结果,而是攀登的过程,不是每个人变成英雄模范,而是每个人学习英雄模范,否则我们还会重复当年"狠批私字一闪念"的左倾错误。古人云,"从善如登,从恶如崩"(《国语》),向上攀登不一定能够保证成功登顶,但是至少可以阻止自己向下堕落。更何况"取法乎上,仅得其中,取法乎中,仅得其下"(《易经》),倘若没有崇高理想对我们的牵引,没有英雄模范对我们的激励,整个社会的道德水准是很难获得有效提升的。在我的心目中,英雄模范的"个体自觉"对于激发整个社会的"集体自觉"意义重大,每一位英雄模范的存在都是一个精神上的高地,一座战斗中的堡垒,一柱寒夜里的灯塔,仰望他们会让我们相信,相信人世间原来真的存在如此的人格,而这种相信无疑又会为我们增添无穷的力量,让我们沿着他们踏出的荆棘之路努力向上攀登。勒庞说过:"譬如高乃依之类的诗人所塑造的英雄往往高超于大多数人,几乎无法模仿,但它们可以极大地激发我们的努力。提升一个民族的

[1] [美]沃尔特·李普曼:《公众舆论》,上海世纪出版集团2006年版,第42页。

心灵,永远需要英雄的榜样。”[1]对于中国这样一个宗教情结并不浓厚的国家来说,世俗英雄的榜样力量当然更是无穷的。只有当这个社会的每个人都朝着理想的方向努力攀登的时候,整个社会才能够获得整体的提升,“命运共同体之爱”和“集体自觉”才不会成为空洞的口号。从这个意义上说,群众绝不仅仅是利益的代名词,群众同样也需要理想的激励与提升。一个社会的真正精英不仅要忠实代表最广大人民群众的根本利益,更要努力提升最广大人民群众的道德理想。让一个社会“利益”与“理想”双翼齐飞,才是“全心全意为人民服务”的完整内涵。

人生不过生与死,社会不过分与合

最想说的话往往会留在最后说,倘若现在要我用一句话来表达自己对这个世界的全部认识,我也许会推荐这句话——“人生不过生与死,社会不过分与合”。对于一个人来说,也许只有看懂了“生”与“死”,才算是看懂了人生,对于一个社会来说,也许只有平衡了“分”与“合”,才算是一个好社会。生死之间是信仰,分合之中见平衡,生生死死,分分合合,诉说的其实都是那永恒不变的“生命与超越”。

人生不过生与死,2013 年 4 月 18 日的那个下午,当我对着汶川人朗诵汶川大地震的时候,我的眼前掠过的是那一场发生在 5 年前的生与死;2013 年 4 月 20 日的那个上午,当我确认雅安真的发生了 7.0 级地震的时候,我的脑中闪过的是又一场正在远方上演的生与死;2013 年 4 月 20 日的那个深夜,当我一次次站在悬崖边上避让那

[1] [法]古斯塔夫·勒庞:《革命心理学》,广东人民出版社 2012 年版,第 140 页。

些咆哮而过的钢铁巨兽时，我的心里其实应该考虑的是下一秒可能发生的生与死；2013 年 7 月 20 日的那个上午，当我紧紧攀住峭壁上的岩石以对抗沉重背包带来的坠崖危险时，我知道自己的每一次呼吸都在吞吐着生与死；2013 年 7 月 22 日的那个中午，当我眼睁睁地看着浑身是血的老书记在简陋的急救床上痛苦呻吟的时候，我清醒意识到自己正在见证一场血淋淋的生与死；2013 年 7 月 22 日的那个下午，当我眼睁睁地看着了无生气的老书记遗体在面前无声抬过的时候，我失声痛哭于那转瞬之间阴阳相隔两茫茫的生与死。人生不过生与死，当一个人一次又一次地站在生与死的边缘线上触摸生死，审视阴阳的时候，人生所有枝枝杈杈的细节问题都会被那两股相反相成的太极力量一扫而光。生与死，阴与阳，生命与超越，一个人的全部人生不过就是这对矛盾范畴的互动展开。生命当然是最可宝贵的东西，因为它几乎承载了我们人生的全部内容。只要生命还服膺于进化的逻辑，珍惜生命就是生命的第一本能；这个世界的每个人都应该热爱生命，珍惜生命，而每一个生命也都应该被这个世界所珍惜，所宠爱。然而关键的问题就在于，无论我们如何热爱和珍惜，我们依然无法阻止生命的最终逝去。就像霍弗在《狂热分子》中所引述的那句话："啊，我的朋友，要是你我能逃得过这场战争就保准永远不死，我就绝不会站在战斗的前排里，也不会差你到战场上去争取荣誉。但永远不死的事实不会有的。死神在我们脚下设下千万个陷阱，没有人有把握骗得了他。所以，我们投入战斗吧，无论把这光荣输给敌人或是赢归自己。"[1] 人生全部的热烈与死寂，屈指不过匆匆数十载，这是一种何等痛苦的无奈。在这条"向死而

---

〔1〕［美］埃里克·霍弗：《狂热分子》，广西师范大学出版社 2011 年版，第 117 页。

生”的不归路上,如果生命真的是我们唯一值得珍贵的东西,那么人生就是一场必败无疑的战争,因为我们每个人都将注定输掉结局。对于一个年届不惑的人来说,距离终点比距离起点更近的事实的确可以让这个问题变得更加清晰,我想圣人所指的“不惑”,大抵便是如此吧。

面对生命无可逃避的限度,只要人类还不想坐以待毙地认输,那么超越生命就会成为生命的第二本能。一旦生命意识到自己终将死亡,对死亡的恐惧就必然会催生出超越死亡的渴望,这同样是十分符合生命进化逻辑尤其是智慧生命进化逻辑的一种判断。从这个意义上说,珍惜生命乃是所有生命的第一本能,而超越生命则是智慧生命的第二本能。或者说,珍惜生命乃是生命的存在本能,而超越生命则是生命的意识本能。两种本能相反相成,构建出的是完整的人性,演绎出的是壮丽的人生。

所谓超越,抽象地说,就是“由此及彼”,甚至是“由此向彼”,形象地说,就是站在此岸眺望彼岸,甚至是站在此岸想象彼岸。生命的限度乃是死神的帷幕,黑暗而沉重,帷幕之后究竟是什么,只有鬼知道,人不知道。而寄望于自己不知道的东西,就如同拓展训练中的“信任背摔”一样,唯有依靠相信。相信的前半程依靠的是理性,相信的后半程依靠的则是信仰,倘若相信就是那弯弓一箭,那么只有前半程飞得强有力,后半程才能飞得足够远,才有可能一箭洞穿那生命的限度。从这个意义上讲,前半程与后半程、此岸与彼岸、生命与超越、信仰与生活,的确不是毫无关联的断裂地带,而是因果互证的连续过程。信仰不是脱离生活的空想,不是毫无理性的迷信,更不是种豆得瓜的侥幸,信仰是对有爱生活的奖赏,是对自觉行动的报答,更是对崇高生命的赞美。一个自私狭隘的生命是不可能拥有真正信仰的，因为他全部的人生目标只是个人理性所及的狭隘生命，他从来不曾相信那生命的尽头还有更加崇高的价值，更加广阔的天地，于是他将自己的全部力量都投入珍惜个人生命的战斗之中，于是他从此不再拥有超越生命限度的足够力量与福报。

自私狭隘乃是信仰的天敌，唯有爱和自觉才是信仰的源泉。无论生命的当午有多么的生机勃勃，生命的迟暮终究还是羸弱不堪。倘若生命所能依靠的只有孤独的自我，那么每一个迟暮的羸弱又如何能够对战那死神的狰狞？突破生命的限度必须依靠生命的互助与接力，舍此之外别无他途。宗教的爱和慈悲就是那生命的互助与接力，中国人的"家国情怀"也是那生命的互助与接力，共产主义与"大同社会"的崇高信仰更是那生命的互助与接力。"生命的互助"超越的是生命的横向限度，"生命的接力"超越的是生命的纵向限度，互助与接力的经纬交融编织出的是一张无边无际、牢不可破、永不衰竭的生命之网。只要置身于这张生命之网，任何个体生命都可以像古希腊神话中的海神波塞冬和地神盖娅的儿子安泰俄斯那样，只要双脚不离大地，就可以从大地母亲那里获得无穷的力量。神话是如此，事实也是如此，置身于这张生命之网，即便面对"方七百里，高万仞"的太行王屋，"年且九十"的北山愚公依然可以自信地说："虽我之死，有子存焉；子又生孙，孙又生子；子又有子，子又有孙；子子孙孙无穷匮也，而山不加增，何苦而不平？"（《列子·汤问》）置身于这张生命之网，即便面对凶残敌人那滴血的屠刀，年仅28岁的夏明翰依然可以坚定地说："砍头不要紧，只要主义真，杀了夏明翰，还有后来人。"置身于这张生命之网，"俯首甘为孺子牛"的鲁迅先生这样说道："老的让开道，催促着，奖励着，让他们走去。路上有深渊，便用那个死填平了，让他们走去。少的感谢他们填了深渊，给自己走去;老的感谢他们从我填平的深渊上走去。明白这事,便从幼到壮到老到死,都欢欢喜喜地过去;而且一步一步,多是超过祖先的新人。这是生物界正当开阔的路!人类的祖先,都已这样做了。”[1]置身于这张生命之网,已是待决之囚的方志敏依然十分相信地将那首爱国主义的千古绝唱《可爱的中国》托付给了从未谋面的鲁迅先生:“不错,目前的中国,固然是江山破碎,国蔽民穷,但谁能断言,中国没有一个光明的前途呢?不,决不会的,我们相信,中国一定有个可赞美的光明前途……朋友,我相信,到那时,到处都是活跃跃的创造,到处都是日新月异的进步,欢歌将代替了悲叹,笑脸将代替了哭脸,富裕将代替了贫穷,康健将代替了疾苦,智慧将代替了愚昧,友爱将代替了仇杀,生之快乐将代替了死之悲哀,明媚的花园,将代替了凄凉的荒地!……这么光荣的一天,决不在辽远的将来,而在很近的将来,我们可以这样相信的,朋友!……我爱护中国之热诚,还是如小学生时代一样的真诚无伪;我要打倒帝国主义为中国民族解放之心还是火一般的炽烈。不过,现在我是一个待决之囚呀!我没有机会为中国民族尽力了,我今日写这封信,是我为民族热情所感,用文字来作一次为垂危的中国的呼喊,虽然我的呼喊,声音十分微弱,有如一只将死之鸟的哀鸣。啊!我虽然不能实际的为中国奋斗,为中国民族奋斗,但我的心总是日夜祷祝着中国民族在帝国主义羁绊之下解放出来之早日成功!假如我还能生存,那我生存一天就要为中国呼喊一天;假如我不能生存——死了,我流血的地方,或者我瘗骨的地方,或许会长出一朵可爱的花来,这朵花你们就看作是我的精诚的寄托吧!在微风的吹拂中,如果那朵花是上下点头,那就可视为

---

〔1〕《鲁迅全集》(第一卷),人民文学出版社2005年版,第355页。

我对于为中国民族解放奋斗的爱国志士们在致以热诚的敬礼；如果那朵花是左右摇摆，那就可视为我在提劲儿唱着革命之歌，鼓励战士们前进啦！”

《可爱的中国》写作于1935年的狱中，方志敏时年36岁。是时的中国，日寇凶残，汉奸卖国，东北沦丧，民族危难。然而仅仅14年之后，中国人民就奇迹般地推翻了三座大山，建立了伟大的新中国；再过了30年，中国人民打开了国门，走上了快速发展的富国之路；又过了30年，中国人民完成了一连串难以置信的超越，创建了世界第二的庞大经济体。“这么光荣的一天，决不在辽远的未来，而在很近的将来，我们可以这样相信的，朋友！”方志敏们的确没有看到这光荣的一天，然而所有这一切他们又的确都看到了，因为他们相信！这种相信赋予了他们超越生命限度的力量，这种力量又带给了我们今天光明开阔的生活。这是一条绵延不绝的路，没有开始，没有尽头。路上有深渊，他们便用那死填平了深渊，催促着，奖励着，让我们走去。我们感谢他们填平了深渊，于是欢欢喜喜地走去。未来还会有深渊吗？没有关系，少的已经成为老的，我们已经成为他们，只要需要，我相信我们也会用那死去填平了深渊，催促着，奖励着，让我们的孩子欢欢喜喜地走去；因为这是生物界正当开阔的路，因为人类的祖先，都已这样做了。

如果人生最重要的命题在于“生与死”，那么社会最重要的命题就是“分与合”。罗贯中的《三国演义》开篇便是那句妇孺皆知的“话说天下大势，分久必合，合久必分”，而我的《文明与法治》通篇也不过是在论证西方文明的“分”与中华文明的“合”，以及二者之间的相反相成。“月有阴晴圆缺，人有悲欢离合”，对于一个生命来说，生与死是一种阴阳，“生”则为“阳”，“死”则为“阴”；对于一个社会来说，分与合也是一种阴阳,“分”则为“阴”,“合”则为“阳”。这个比喻是如此的贴切,以至于从来就不相信什么理论的李光耀先生居然在自己的回忆录中冷不丁地冒了一句“理论”——“东方人的阴阳象征,我想最能说明个人竞争和集体团结之间的平衡”。[1] 一个社会总是由众多的个人组成,“分”意味着个体生命的自我照顾,“合”意味着社会利益的整体安排。如果没有了个人,自然也就没有了社会,因为小河里没有了水,大河里又怎会有水呢?反过来,如果没有了社会,自然也就没有了个人,因为弱肉强食的动物世界里从来只有野兽,没有个人。从这个角度来看,我们会发现马克思关于人的本质的论断的确是十分正确的——“人的本质不是单个人所固有的抽象物,在其现实性上,它是一切社会关系的总和”。[2] 如果说超越生命需要生命的互助与接力,那么一个好社会的建立就是这种互助与接力的根本前提。如果“分”指向的是对生命的照顾,那么“合”指向的就是对生命的超越,超越生命不是消灭生命,超越是为了更好的照顾。分与合,阴与阳,生命与超越,说到底都是对立统一的辩证关系。

“一阴一阳之谓道,继之者善也,成之者性也”(《周易·系辞上》),如果说“分”则为“阴”,“合”则为“阳”,那么在数千年的人类文明史上,欧洲的“分”与中国的“合”早已经在亚欧大陆上互动成了一张巨大的“先天太极图”。中西文明“花开两朵,各表一枝”,真可谓是“太极生两仪”。而阴阳互动,还不仅于此,欧洲的“分”中也自有其“合”,比如罗马帝国的长期统一便是那“太阴”之中的“少阳”;中国的“合”中也自有其“分”,比如春秋战国的长期分裂便是那“太

---

〔1〕 李光耀:《李光耀回忆录》(下),世界书局2000年版,第120页。
〔2〕《马克思恩格斯选集》(第一卷),人民出版社1995年第2版,第60页。

阳”之中的“少阴”。凡是规律必有例外，凡是音律必有离调，然而有例外的规律才是真规律，有离调的音律才能更动听。这不是对规律的推翻，而是对规律的印证。“分”中有“合”，“合”中有“分”，“太阴”之中有“少阳”，“太阳”之中有“少阴”，这便是“两仪生四象”的道理；而“四象”自然还可以生成“八卦”来，因为中西文明内部每时每刻都存在着整体与个体之间的对立统一：欧洲整体上的“阴”内生出了个体上的“阳”，中国整体上的“阳”则内生出了个体上的“阴”。由于长期缺乏强有力的整体控制，欧洲的个体从地方到个人都具有很强的自我意识，个性张扬而饱满，敢于冒险，富于侵略；与之相反的是，由于长期受到大一统体制的控制，中国的个体从地方到个人都具有很强的整体自觉，个性内敛而阴柔，持中守拙，以和为贵。当然这主要是指中西文明的整体分别处于“太阳”和“太阴”的常态时，其内部个体的典型个性表现，倘若中西文明分别处于“少阴”和“少阳”的非常态时，其内部个体的个性往往就表现得截然相反，比如春秋战国时期的中国，虽然整个国家处于长期分裂的“少阴”之时，却也因此诞生出了无数“苏秦相六国”、“田横五百士”的“少阴之阳”。如此说来，当中国整体上处于“太阳之阳”时，个体上就处于“太阳之阴”，当整体上处于“少阴之阴”时，个体上就处于“少阴之阳”；同理可证，当西方整体上处于“太阴之阴”时，个体上就处于“太阴之阳”，当整体上处于“少阳之阳”时，个体上就处于“少阳之阴”，这大概便是“四象生八卦”的道理吧。中西文明整体与个体上的“阴阳”个性若是没有走过头，自然是各有其妙，若是走过了头，肯定是各有其害。站在中西文明交融的历史分水岭上，我真心希望两大文明能够互相学习，扬长补短，最终做到“负阴而抱阳，冲气以为和”（《道德经》）。

人生不过生与死，社会不过分与合。生死之间是信仰，分合之中见平衡。正所谓“阴极则阳生，阳极则阴生”，生命之间的分与合不应该走向任何一个极端，否则必定会受到钟摆规律的无情惩罚。刺猬之间的取暖，婆媳之间的距离，公私之间的分野，服膺的都是这个真理。新中国成立之后的中国社会就曾经在公与私的两端之间急剧摇摆，令中国人付出了十分惨重的代价。我在本书第六章“资本与政治”中所引录的那篇《辩证对待资本关乎共产党人的立场》，事实上就是以资本为题诠释公与私之间的辩证关系，而最后的观点就是主张公与私的平衡，分与合的平衡。在《文明与法治》(修订版)的第五章“法治”中，我也曾对“明星村的‘合’与‘分’”进行了专门的案例研究，其中还特别提到了华西村的吴仁宝与小岗村的沈浩。遗憾的是，在《文明与法治》出版之后修订之前，小岗村第一书记沈浩于2009年11月6日因病去世；而在我写作《精英与平民》的过程中，华西村老书记吴仁宝也于2013年3月18日因病去世。在研究明星村的过程中，我曾经对全国百强村排名前10位的村庄进行过一次统计分析，结果发现这10大明星村不仅无一例外地拥有一位长期“执政”的“带头人”，而且这10位“带头人”的平均“执政”时间与中国改革开放的时间是完全同步的，[1]而如今吴仁宝的去世终结了这一统计数据的继续同步增长。还记得几年前我到华西村考察时，一位年轻的村干部得知我在研究明星村，很高兴地对我说：“我们老书

---

〔1〕 全国百强村前10名村庄的排名来源为2010年10月6日第10届全国“村长”论坛发布的全国百强村排名。截至2013年，这10个村庄的“带头人”及其“执政”时间分别为：江苏江阴华西村的吴仁宝(1957～2013)、山东龙口南山村的宋作文(1988～2013)、江苏江阴长江村的李良宝(1971～2013)、陕西宝鸡东岭村的李黑记(1988～2013)、上海闵行九星村的吴恩福(1974～2013)、山东临沂沈泉庄村的王廷江(1989～2013)、江苏张家港永联村的吴栋才(1978～2013)、山东邹平西王村的王勇(1986～2013)、浙江萧山航民村的朱重庆(1978～2013)、吉林四平红嘴村的卢志民(1971～2013)。10位“带头人”的“执政”时间共计350年，平均35年，恰好与1978～2013年的改革开放时期完全重叠。

记也研究明星村呢!”我来了兴致:“那老书记是怎么说的?”她马上如数家珍地背了出来:“老书记说了,‘大寨大寨,大公无私;小岗小岗,有私无公;华西华西,大公有私’。”印象中我一下子笑了起来,原来人世间尽有那么巧的事:“大公无私”的大寨村偏偏就要搭上一个“大”字,“有私无公”的小岗村偏偏就要搭上一个“小”字,而“大公有私”的华西村偏偏就要有一个“华”字和一个“西”字,又怎不令人联想起中华文明的“合”与西方文明的“分”? 从“大寨”到“小岗”再到“华西”,新中国的历史的确走过了一个从“合”到“分”再到“分合平衡”的钟摆运动过程。“华西”的“大公有私”是否就是这个钟摆运动的最后均衡我们不得而知,但是我相信“有公有私,有分有合”一定是未来中国社会乃至于任何社会都应当掌握的基本平衡。每个社会都应该根据自己的历史渊源和文明特质去寻找属于自己的最佳平衡点,西方社会或许略偏于“分”,中国社会或许略偏于“合”,然而在一个不断走向融合的连续光谱中,任何社会都不应该走向光谱的极端。

最后还是谈一谈命运共同体吧。如果超越生命的限度依靠的是生命的互助与接力,那么这种互助与接力的载体必定是一个命运共同体,否则任何生命都无法相信这种互助与接力真的就会发生。尽管一个社会分与合的对立统一是如此的普遍,然而绝不是所有的“合”都可以被人们寄予超越生命的重托。茫茫人海之中,一个同乡会是一种“合”,一家公司也是一种“合”,甚至一个偶然聚集的人群似乎也是一种“合”。然而“你我本是同林鸟,大难临头各自飞”,从超越生命的意义上说,人世间很多所谓的“合”都远远称不上是“命运共同体”。在中国人的精神世界里,称得上是“命运共同体”的“合”大概只有两个——“家”与“国”。为了“家”的安危,无数的中国人可以奉献乃至于牺牲自己的一切，包括必要时牺牲自己的生命；为了“国”的兴亡，无数的中国人同样可以奉献乃至于牺牲自己的一切，也包括必要时牺牲自己的生命。这不是理论上的推演和空想，而是被无数的生与死所一再证明的铁的事实。超越生命的限度，中国人主要依靠的是数千年不绝传承的“家国情怀”。“家国情怀”不是宗教信仰，而是人文信仰，它不是敬神礼佛的宗教，却是如假包换的信仰。顺便说一句，宗教信仰和人文信仰从来就不是泾渭分明，而是边缘模糊，甚至是相互融合的。不管是在中国人的精神世界里，还是在西方人的精神世界里，宗教信仰和人文信仰往往都是兼而有之，只不过就总体而言，普通中国人的信仰大致上是“三分宗教，七分人文”，而普通西方人的信仰则大致上是“三分人文，七分宗教”罢。

除了“家”和“国”，中国人的精神世界里其实还有另外两个毋庸置疑的“命运共同体”，一个就是“己身”，另一个就是“天下”。比“家”更小的“命运共同体”当然就是自己的生命，这是所有“命运共同体”的逻辑起点和类比对象，只有通过对自己生命的体认，才可以推及对“家国”的认知，因此中国传统文化从来都十分注重“修身”，并将其视为所有修炼的逻辑起点；比“国”更大的“命运共同体”当然就是我们共同居住的这个蓝色星球，在中国人无法认知这个星球本象的时候，他们就已经创造出了一个比“国”更大的范畴——“天下”，以此来表达一个超越国家的全观而广延的人类世界。如此看来，从“己身”到“家国”再到“天下”，中国人的全谱精神世界里的确存在着四个连续的命运共同体。而当自己的研究行进到这里的时候，我才意识到自己的研究从来就不是什么创新，因为在中国古代先贤的信仰中，这四个同心圆式的命运共同体早就拥有了一个十分贴切而响亮的名字——“修身、齐家、治国、平天下”。《礼记·大学》云：“古之欲明明德于天下者，先治其国；欲治其国者，先齐其家；欲齐其家者，先修其身；欲修其身者，先正其心；欲正其心者，先诚其意；欲诚其意者，先致其知，致知在格物。物格而后知至，知至而后意诚，意诚而后心正，心正而后身修，身修而后家齐，家齐而后国治，国治而后天下平。”看来在中国古代先贤的理解中，要想做到“身修、家齐、国治、天下平”，还需要先做到“格物致知，正心诚意”。这两句话又是如此的耳熟，以至于让一个共产党员不由自主地想起了另外两句著名的话——“实事求是，全心全意为人民服务”；而这种时空交错、古今辉映的感受又是如此的强烈，以至于此时在我胸中不断翻腾的，依然是一代又一代的中国人那千年不变的梦想——“为天地立心，为生民立命，为往圣继绝学，为万世开太平”。

后　记

人在旅途

两年前，在《文明与法治》的再版序言中，我曾告诉自己还有两本书要写，如今是兑现诺言的时候了。“精英与平民”这个命题是在2008年《文明与法治》完稿时自动跳入脑海里的。从那以后，我就一直借助这一对范畴来观察这个世界，没有刻意，也没有犹疑。这种自然的行动让我确信，“精英与平民”应该是一个内生的命题，是“文明与法治”命题的自然延伸；这种自然的行动也令我心安，也许我还不能肯定自己是否走在正确的路上，但是的确能肯定自己正走在自己的路上。“格物致知，正心诚意”，作为一名研究者，紧紧跟随自己内心的指引一直以来都是我面对这个世界的主要依凭，能够确认这点就足以让自己心安了。然而作为一名中国人，我对这个命题的情绪又是十分复杂的。记得两年前有一次去北京，一位好朋友，中央电视台《感动中国》节目的制片人Z君开车来接我叙旧。Z君博闻强记，才识过人，交谈中不时将《文明与法治》的文字一字不差地背出，很是让人吃了一惊。当谈及

“精英与平民”的写作计划时，他似笑非笑地看着我说：“其实我真的很想看看这本书，不过我有点担心到时候会有很多人骂你。”两年时间过去了，在我为写书而努力准备的间歇里，Z君的话和他似笑非笑的表情常常会浮现在我的眼前。我意识到自己很可能触碰到了一个十分敏感的命题，如此重要而又如此敏感。精英与平民？好吧，先说说看，谁是精英？谁是平民？还有啊，在说明你的观点之前，先说说你的立场。你是精英还是平民？你想替谁说话？

这的确是一个十分有趣的世界。在有些做梦都想成为精英或者已经是不折不扣的精英的人的手中，似乎也紧紧地拽着一顶“精英主义”的大帽子，准备随时向任何敢于提及“精英”字眼的人士的头上扣将过去。于我而言，尽管并不乐意，但终究是不惮于被扣上这个大帽子的。越是发现有人嘴上一套心里一套，越是发现有人想要隐藏点什么，我就越是有兴趣将这个盖子揭开来瞧个究竟。当然，最重要的原因并不是我的好奇心，而是因为我的目的并不在此。早在《文明与法治》的序言“寻路”中，我就已经再明确不过地为自己设定过目的了——为这个曾经苦难至今彷徨的民族找到一条通往未来的民主法治之路。如今梦在远方，人在旅途，又怎能分心旁骛。我根本就不想知道自己究竟是一个精英还是一个平民，我只知道自己是一个中国人。过去写《文明与法治》的时候，我挤着地铁上下班，似乎是一个平民；如今写《精英与平民》的时候，我开着车上下班，难道就是一个精英？若是某天我失了车，便还得回去挤地铁，岂非又是一个平民？人的一生中会有许许多多的东西在你的身边来来去去，其实绝大多数并不真正属于你，它们会随着各种机缘而改变，而爱上一些可能改变的东西总不是一件令人安心的事。万幸的是，人生中总还有一些东西是不会改变的。比如，我是女儿墨墨的父亲，无论是富贵还是贫穷；又比如，我是一个中国人，无论是活着还是死去。爱上这些东西，才让我觉得安心。而一旦发现某些命题对她们十分重要，那么这些命题本身是敏感还是不敏感对我来说就不是那么重要了。

“精英与平民”是我在旅途中发现的命题。如果说“文明与法治”是一个横向结构的命题，那么“精英与平民”就是一个纵向结构的命题。“文明与法治”是通过对中华文明与西方文明进行深度的横向比较，论证中国与西方在民主法治方面存在的某种结构性的不同。然而有趣的是，当我真正深入其中并求得某种不同的时候，却惊异地发现它们在本质上其实更多的是相同。看上去横向对立的两种不同结构，原来各自的内部都有一个纵向对立的相同结构。在这个金字塔形的纵向结构中，高踞塔尖的人少，筑就塔基的人多。不管是古代还是现代，不管是中国还是西方，也不管是专制还是民主，无一例外。进一步的观察表明，一个社会哪怕是一个民主社会的生活质量，很大程度上也要取决于这种纵向结构中矛盾对立双方的关系究竟如何安排。从一个现实的理想主义者的观点出发，我既不想跟随一些人咬牙切齿地给这个纵向结构扣上“统治者与被统治者”的大帽子，也不想跟随另一些人无视结构性差别的事实而大唱和稀泥的高调，那就姑且将这个纵向结构称为“精英与平民”吧。倘若未来有谁能够找到一对更加准确的范畴来表达这个纵向对立的结构，我一定从善如流，弃己见如敝屣。在此之前，还请将就且用了。况且即便是以目前的认识水平而言，我也已经知道，精英与平民的对立统一其实还不是问题的本质。问题的本质最终还在于每个人的内心，在于人性矛盾两端的奇妙对立，在于强大的生命逻辑与不懈的超越努力之间的有机统一，而这也正是我为什么要将自己第三本书的命题设定为“生命与超越”的原因所在。不过要想回答好这个最后的命题,我的生命恐怕还需要多刻上几圈年轮,本书的任务主要还是集中精力诠释好“精英与平民”这个命题。

在《文明与法治》中,我比较多地运用了对英国和美国的研究。因为从某种意义上说,英美国家算得上是西方文明的典型代表了,既然要比较中西文明的不同特质,英美国家自然最值得研究。而这次为了写作《精英与平民》,我用了更多的时间来研究法国。法国是整个欧洲中央集权传统最为浓厚的国家,从某种意义上可以称得上是欧洲的“小中国”了。既然要总结纵向结构的共同规律,法国自然最值得研究。从托克维尔的回忆录,到布罗代尔的历史观,再到勒庞的心理学,都是本书反复研究的对象。记得 1856 年《旧制度与大革命》出版时,托克维尔曾经对该书的命运忧心忡忡,他写信给他的英国妻子说:“我这本书的思想不会讨好任何人:正统保皇派会在这里看到一幅旧制度和王室的糟糕画像;虔诚的教徒……会看到一幅不利于教会的画像;革命家会看到一幅对革命的华丽外衣不感兴趣的画像;只有自由的朋友们爱读这本书,但其人数屈指可数。”[1] 其实在准备写书的很长一段时间里,我一直都有着类似托克维尔的担心,因为这本书想要触碰与澄清的东西实在太多了,到头来很可能谁也不讨好。然而一旦真的动笔,这些担心就全都放下了。原来只要真正面对自己的内心,很多东西就会得到确认,一个真诚和实事求是的人是没有什么可以畏惧的。况且我本来就不指望这本书能够为我带来什么利益,唯一的指望就是她终究还是对这个国家的成功转型提供了一些力所能及的帮助。在今天这个自我生长的时代里,不知道还有

〔1〕[法]托克维尔:《旧制度与大革命》,商务印书馆 1992 年版,第 9 页。

多少人记挂着这个国家的难，反正自己还是常常记挂的。记得几年前，我是用这样的一段文字为《文明与法治》开篇的：

> 这一天是2007年8月23日，在我的案头摆放着一份今天的《参考消息》，头版头条就是几个黑体大字：安倍要建排除中国“大亚洲”。文章说，日本首相安倍晋三今天呼吁建立由民主制国家组成的“大亚洲”伙伴关系，其中包括印度、美国和澳大利亚，但中国被排除在外。安倍说：“这一伙伴关系是一种联盟，因为我们拥有共同的根本价值观如自由、民主和对基本人权的尊重以及实行法治。”……安倍的主张并不是什么原创，在小泉纯一郎的时代就已经有了所谓构建“自由与繁荣之弧”的说法。

五年时间过去了，日本的短命首相都不知道换了多少个，偏偏在《精英与平民》开篇的时候，又换回了安倍晋三。2013年1月10日，英国“简氏防务周刊”网站登载了一篇似曾相识的报道，题为：日本首相安倍呼吁组成跨亚洲的“民主安全菱形”。文章说：

> 新近当选的日本首相安倍晋三呼吁澳大利亚、印度、日本和（美国的）夏威夷共同组成“民主安全菱形”，与实力日渐增强的中国抗衡……安倍说，“我构想出一种战略，由澳大利亚、印度、日本和美国的夏威夷组成一个菱形，以保卫从印度洋地区到西太平洋地区的公海。我已经准备好向这个安全菱形最大限度地贡献日本的力量。”

从曾经四处兜售的“自由与繁荣之弧”到如今兜售四处的“民主安全菱形”,变化的是巧舌如簧的汤,不变的是半真半假的药,而矛头指向的又是中国。这个诡异的轮回提醒着我,五年时间过去了,许多沉重的事实依然沉沉地压在中国人的心头,姐姐《文明与法治》当年许下的心愿依然遥遥地挂在天边。征程漫漫,孤身行难,疲惫的她如今正在途中的驿站休整,日夜等待着妹妹《精英与平民》的到来。

天 下

图书在版编目(CIP)数据

精英与平民:中国人的民主生活 / 刘哲昕著. --
北京 : 法律出版社, 2013.12(2020.7重印)
ISBN 978-7-5118-5682-1

Ⅰ. ①精… Ⅱ. ①刘… Ⅲ. ①社会主义民主 – 政治制度 – 研究 – 中国 Ⅳ. ①D621

中国版本图书馆CIP数据核字(2013)第280237号

精英与平民：中国人的民主生活
JINGYING YU PINGMIN:ZHONGGUOREN DE MINZHU SHENGHUO
刘哲昕 著

责任编辑 高 山
装帧设计 乔智炜

开本 A5
版本 2014年1月第1版
出版 法律出版社
总发行 中国法律图书有限公司
印刷 中煤(北京)印务有限公司

印张 12.75 **字数** 282千
印次 2020年7月第4次印刷
编辑统筹 学术·对外出版分社
经销 新华书店
责任印制 陶 松

法律出版社/北京市丰台区莲花池西里7号(100073)
网址/www.lawpress.com.cn
投稿邮箱/info@lawpress.com.cn
举报维权邮箱/jbwq@lawpress.com.cn
销售热线/400-660-8393
咨询电话/010-63939796

中国法律图书有限公司/北京市丰台区莲花池西里7号(100073)
全国各地中法图分、子公司销售电话:
统一销售客服/400-660-8393/6393
第一法律书店/010-83938432/8433 西安分公司/029-85330678 重庆分公司/023-67453036
上海分公司/021-62071639/1636 深圳分公司/0755-83072995

书号：ISBN 978-7-5118-5682-1 **定价：**78.00元
(如有缺页或倒装，中国法律图书有限公司负责退换)